文
景

Horizon

[英]赫德 韦利 编

罗念生 译

意大利简史

A Short History

of Italy

上海人民出版社

编者说明

本卷收集的是罗念生先生翻译的欧洲小说和一部意大利简史。

哈代小说选译包括《悲惨的德国骠骑》、《为良心》和《一八零四年的传说》三个短篇。哈代（Thomas Hardy，1840—1928）是英国小说家、诗人，以长篇小说享誉文坛，但他的短篇小说反映纯朴的爱情和优美的乡村风光，富有思想蕴涵和艺术技巧，也颇动人，历来受到读者欢迎。这里收集的罗先生翻译的几个短篇见于上海远东图书公司1929年印行的《哈代小说集》第一集《儿子的抗议》，书名来自于书中收入的哈代的同名短篇（由卢木野翻译）。原书前有罗先生写的一篇短序，这次编辑时把该序仍放在前面。

《傀儡师保尔》是德国作家施笃谟（Theodor Storm，1817—1888，一译施托姆）的一篇颇为有名的小说，发表于1874年。小说情节简单、纯朴，文字清晰、优美。这篇小说前半部分由陈林率翻译，后半部分由罗先生续译，由中华书局1930年出版，收入徐志摩主编的《新文艺丛书》。原书有罗先生作的序言，这次仍放在前面。

《意大利简史》（*A Short History of Italy*）是"文化大革命"期间从"干校"回北京后，由罗先生和朱海观先生应商务印书馆的约请共同翻译的，于1975年由商务印书馆出版。原书由英国人艾迪（C. M. Ady）和怀特（A. J. Whyte）编写，后由赫德（H. Hearder）和韦利（D. P. Waley）改编。翻译时采用的是剑桥大学1963年版（Cambridge University Press，1963年）改编本。书中对意大利历史由古代（古罗马）一直叙述到当代，叙述简明扼要，是当时商务印书馆出版的外国历史系列丛书之一部。书中的"出版说明"为译者所写，这次改为"翻译说明"，仍放在全书前面，代序。

本卷中外文译名一般保持原译，只对个别重要的常用专名略作统一。《意大利简史》附有详细的译名对照表，以便读者查对。

《罗念生全集》编辑委员会

卷　目

小　说

哈代小说选
施笃谟小说选

历　史

赫德　韦利
意大利简史

目　次

哈代小说选

序··· 003

悲惨的德国骠骑··· 004

为良心··· 021

一八零四年的传说··· 037

施笃谟小说选

序··· 045

傀儡师保尔··· 046

意大利简史

翻译说明··· 093

地图目录··· 094

原书出版说明·· 095

第一章　古代意大利…………………………………… 096

　一、罗马征服前的意大利…………………………… 096

　二、罗马征服意大利………………………………… 104

　三、经济、社会史…………………………………… 114

　四、基督教与罗马教会……………………………… 120

第二章　中世纪早期意大利…………………………… 129

　一、黑暗时代，476—800 年 ……………………… 129

　二、神圣罗马帝国，800—1015 年 ……………… 134

　三、帝国与教廷，1015—1250 年 ……………… 138

第三章　中世纪晚期与文艺复兴早期，1250—1402 年 …… 153

　一、但丁的时代，1250—1313 年 ……………… 153

　二、14 世纪的专制君主与共和国 ……………… 162

第四章　文艺复兴时期，1402—1515 年 …………… 184

第五章　几百年的外国专制统治……………………… 205

　一、西班牙的统治，1521—1713 年 …………… 205

　二、18 世纪 ………………………………………… 214

　三、拿破仑与意大利，1796—1814 年 ………… 221

第六章　意大利的统一………………………………… 235

　一、复兴运动，1815—1848 年 ………………… 235

　二、复兴运动，1849—1861 年 ………………… 255

　三、统一的意大利，1861—1870 年 …………… 270

第七章　现代意大利…………………………………… 286

　一、急进派的统治，1870—1915 年 …………… 286

　二、意大利在大战中，1915—1918 年 ………… 308

　三、意大利与法西斯主义，1918—1940 年 …… 310

　四、外交事务，1923—1940 年 ………………… 326

　五、战争、和平与宪法，1940—1947 年 ……… 342

　六、新教权主义，1947—1960 年 ……………… 347

参考书目录…………………………………………………… 359
索　引……………………………………………………… 362
译名对照表………………………………………………… 424

目
次

哈代小说选

序

哈代（Thomas Hardy）这过世了的老头儿在我国很闻名了，那还用得着我来介绍。今年二月间他的死耗传来时，我就同木野商量翻点东西来纪念他老人家，我们想翻 *Jude the Obscure*，我们想翻 *Tess of the D'urbervilles*，只因为时间不容许，后来才决定翻他的短篇小说。此时已翻出了十来篇，拟于最短时间陆续出版。这第一集，内含《悲惨的德国骠骑》，《儿子的抗议》，《为良心》，《一八零四年的传说》等四篇译品，是从 *Life's Little Ironies* 中译出的。《儿子的抗议》是木野译的，除外都是拙译。

这第一集的出版多承徐霞村先生的臂助，敬此道谢。

哈代小说选

十七年十月，北平清华园。

悲惨的德国骠骑

一

　　这儿涌起许多高高的，新鲜的，青蔚的沙墩，经过那多事之秋一点儿也没有变动。犁头从来没有扰动过那草泥，如今还是那样厚厚的。营棚就扎在这儿；海岸上有宽大的路为那些骑兵跑马用的，还有许多贝壳垃圾堆也可以望得见，我晚上打这荒野的地方走过，不由我不听见一些声音，疾风呜呜的吹打芦苇同蓟草，夹着画角与铜号的呼声，马儿的笼头也闹着叮当的响；这些声音唤起我瞧望那一行行的鬼怪的营幕和那行军的辎重。从那帐幕里面透出外国口音的浊喉音，和异邦的零片的歌声；因为那些兵士多半是国王的德兵禁卫团，那时正围着帐篷的柱子睡觉。

　　这是九十年前的事了。那时代的英国军装有很宽大的肩章，古怪的耸起的军帽，短裤，裹腿，笨重的子弹箱，戴扣的鞋子一类的装束，现在看来很稀奇，很粗俗了。如今的观念改变了；发明之后又有发明。那些兵士变成了纪念品。教权还是庇护一切的国王；把战争看做光荣的事。

　　这山中的深谷和崖边有些古旧的贵宅和避静的村庄，那儿自来没有见过生客。直到国王选定了每年到那海滨的消暑行宫沐浴，在偏南几里路的地方，才有客人来过；所以许多兵队云集在那开旷的乡野。用不用得着我来赘述，从那个奇丽的时代起，把那许多的富有色采的传说的回音留在这儿，零零碎碎的说得更是动听？有一些我说过了；有一些我忘记了；但是一件我从来没有道过，决定不会忘记的。

这故事是斐丽亲口告诉我的。她那时是古稀晋二的老太婆了，她的听者是一个十五岁的少年。她吩咐我听了她和这故事的关系，千万要守秘密；一直到她"死了，葬了，人家忘记了她"以后，她述说了这故事过后，还活了十二年，现在她死去差不多二十年了。她在贞静与卑屈中所要请求的赦免只得了一些，反而在她的传说中遭了一个不幸的冤枉的论定；他的故事的片段，那时在外国传闻的，并且长久不忘的，分明是些对于她的品格不利的话。

且从约克骑兵开来的时候说起，就是上面提过的那一队外国禁卫团。从那日以前的几个礼拜差不多没有一个人影走近她父亲的房子。要是听见一个声音像客人的裙裙窸窣的施着响，那一定是飞奔的落叶声。要是听见一辆车轮在门前轧响，那一定是她父亲在花园的砺石上磨他的镰刀，为他的心爱的消遣去修割那黄杨树的边界，一直割到那方方的草场。海外送来的炮声好像行李从车上抛下来的响声；那修剪得玲珑纤细的水松活像一个高长的人黄昏时立在门前。如今的乡下没有旧日那般的冷落。

在那个期间乔治国王同他的侍从到了他心爱的海滨行宫，隔斐丽的家还不到五里路远。

女儿的深闺很宽大，闺房的外边是她父亲的卧室。如果说黄昏是她的娱乐时间，那她父亲该是黑夜。可是父亲到享乐他的黑夜，女儿反抑郁的挨过黄昏。罗夫博士是个有职业的人，他欢喜思考形上学的问题，把他实际的事务耽搁了，直到他的生活都不能维持了；他才改掉了那种习惯，在那避静的内陆租了一个贱价的，荒芜的，一半田土一半贵宅的地方，希图得获一笔够用的进款，这是指乡下的用度说，要是在城市里还不能支持呢。一大半的工夫在园子里面耕种，日子过的越是不耐烦，他越觉得他在摸风捉影的虚度了光阴。他不肯去拜访朋友。斐丽害羞得很，不论在那儿散步，碰见了一位生人，因为怕人家注视她，她走的越欠自然，连她的肩膀都羞红了。

但斐丽在这儿竟被一个拜倒的人碰见了，不意的向她求了婚。

刚才说过，那国王住在邻城，行宫设在鲁色忒罗儿；因为他到了那城里，自然带来了许多权贵臣民。在这些闲耍的人中——大多数都自称他们和宫廷有关系和趣味——有一位鳏夫叫洪富瑞顾尔；他的样儿不老不少：不漂亮也不难看。老是一位"花花公子，"（这是放浪不羁的单身汉的称呼）他是中才人里面近于时髦的人。这位三十岁的鳏夫来到这海滨的村里：瞧见了斐丽；为了要同她巴结，先认识了她的父亲；她极力设法惹动了他的心，每天引诱他；直到他同她订了婚约。

他的老家就在本地，有些亲族前来庆贺他，斐丽，为要使他拜倒裙下，从他有限的地位上，做了一个所谓漂亮的铺张。怎样做的，连斐丽自己也不十分记得了。光景在那些时候不相称的婚姻不仅是违背风俗习惯，（这是一个新的观念，）简直是破坏自然的规律，斐丽本是海滨的一位中流社会的人，被一位绅士选上了，她好比登了龙门，但在那些军人看来这对人的身分并没有什么高低，因为他们看顾尔像一个乌鸦那样穷。

他托辞经济状况很困难，拖延他们的婚期，这许是真的，冬天快到了，国王在那个季候要离开这儿，洪富瑞顾尔先生要到巴斯去，约定几个星期后要回来看斐丽。冬天到了，约下的日期过了，顾尔还是延期回来，他的理由是不轻易离开他的父亲，在一个居留的城市里，那老头子没有别的亲人服侍他。斐丽虽然很寂寞，可是没有什么不满意。那向她求婚的男人是她很想望的丈夫，对她有许多好处；她父亲对这门亲事很赞同；但是这个冷淡使斐丽好不难受，虽说不痛苦。她告诉我，照爱情的真义说，她并不爱他，但对他有一种纯洁的敬意；她佩服他那一种有条不紊的坚固的习惯，他有时也很自得的；她器重他知道宫廷里古往今来的事；她也许还很骄傲；因为他的情人选上了她的时候，他本可以去另攀高门。

但是他还没有来；春天又胎动了。他常常有来信，虽是很正式的，讲究礼节的；这用不着奇怪，她自己地位的摇动，和她对洪富瑞并没有许多情感，便生出了一种说不出的伤感在她的心中。春天变做了夏天，一到夏天国王的御驾又来了；但洪富瑞顾尔没有随驾前来。这些时候他来信说这个婚约还是不能履行。

正在这个当儿，有一带金光照耀在这些人的生命上，用热情诱动了青年的心思。这光亮就是刚才说的那些约克骑兵。

二

现代的人对这九十年前赫赫有名的约克骑兵怕不很有趣，他是国王的德兵禁卫团的一队。他们的漂亮的军装，威武的战马，（虽是后来退化了）尤其是他们的外国的神气和"八字胡"，不论在什么地方都引起一大堆男男女女的观众。因为国王税驾邻城，这些骠骑同着别的卫队在这沙滩上和草地上扎下营盘。

这地方很高，空气很流通，望的又远，前面可以遥望波堤兰岛，东边可以瞧见圣阿德的头顶，西边差不多可以望过斯达尔。

斐丽虽然不是一个十成的本村女子，也和那些村人一样的喜欢瞧那些军人的奇装异服。她父亲的家宅隔的稍远，靠着山住在那地面的最高处，差不多同教区底下的礼拜堂的塔尖相平了。正当她的围墙外，那野草分出了一条长路，被一条直达墙边的小径横起叉过。斐丽从小就喜欢爬到墙上坐在那顶上——这个动作并不难，那一段墙是些烂石碎砖建筑的，没有涂过灰泥，有许多小孔可以用小脚趾爬上去。

有一天她骑在墙上，无精打彩的望着外面的原野，那时她正在注意沿着小径走来的一个孤独的人影。那是一位有名的德国骠骑，他的眼睛盯在地上走来，他的样儿好像要逃避人群。他的头也像他的眼睛，低垂着，因为他的领饰太硬了。走拢来点一看，他的面孔带着愁容。他没有瞧见她，顺着小路前进，差不多直到墙根了。

斐丽见了这高壮的标致的军人带着这样一个愁容，觉得很惊异。她对于军人的推想，尤其是对于那些约克骑士的，完全是传闻的，因为她有生以来没有同兵士讲过一句话，她以为他们的心就像他们的装束一样的华丽和高兴。

这时那骠骑举起眼来望见她在那墙上，那围护衣裳遮不到的肩头与颈项的白纱巾和那全身洁白的衣裙，在夏日的强光中越是鲜明。这突然的相碰使他有点害臊，一下也不停止就溜走了。

那外国人的面孔在斐丽的脑中整天的作祟；那样儿多希奇，多漂亮，他的眼睛多够绿，但是很忧郁，无精打彩的。这也许是很自然的，第二天那个时候她又会立在墙上探望，等他再来经过。这一回他在读一封信，在她看来他的样儿好像有几分想来瞧她。他差不多站住了，笑了，向她致个敬礼。最后他们攀谈了几句话。她问他在读什么，他登时就告诉她，他在重温他母亲从德国寄来的家书；他不常得到家信，他这样说，只好将旧信重读多遍。这就是当天见面的经过，随后又遇着些同样的事。

斐丽常说他的英语虽然不好，但她很可以懂得，所以他们的结识不致于被语言的困难所障碍，若是他们谈到了最精微，最玄妙和最动情的时候，他的英语不能达意，那眼睛无疑的会帮忙舌头——到了后来——嘴唇又来帮忙眼睛。一句话说完，他们的结识如像"无心插柳"，她这方面很急进，不久就发达，成熟了。她像德德孟娜那样儿的爱怜他，并且知道了他的身世。

他的名字叫马德亚西拿，沙尔鲁布是他的家乡，他母亲还在那儿居住。他今年才二十二岁，投军不到几年，官位已经升到伍长。斐丽时常这样说，纯粹的英国兵队的伍长里没有比他更温文更有教育的了，有些外国兵士具有我们本国上级军官的清秀的丰采和品格，不像那些下级兵士。

斐丽渐次的从她那外国朋友的口中得知了他和他的同志们的境遇，在约克骑兵中有这样的人，是她想像不到的。虽然他们的军装很华丽，很快活，可是他们的心中却充满了一种可怕的悲哀，一种长年的乡思，使得许多兵士忧郁难堪，连操演都无心去上了。顶痛苦的是那些少年兵士，他们才到这儿不久，没有习得惯。他们讨厌英国和英国生活；就是对乔治国王和他的岛上王权都漠不相关，他们想逃开这儿，永不再来。他们身虽在此，他们的心神却萦绕那迢遥的亲爱的家乡。说起家乡——不管他们是多么凶勇和忍耐——他们的眼中却流满了泪。他们当中有一位顶是感触"乡愁"的，（他自家的说法叫做"乡愁"）就是马德亚西拿，他那痴念的天性更是感到充军的愁苦，因为他还有位老母独在家中，没有人安慰她老人家。

斐丽听了虽是很受感动，对他的身世很关心，没有奚落那军人，她的知交，可是她经了许久不让那青年（至少是为她自身设想）和她超过友谊的关系——真的，隔了许久，那时期当中她想她自己或许会变做另外一个人的所有；虽是她还未自觉以前，也许对他发生过情感。那不可少的石墙阻碍他们的深交；他又不敢冒昧的闯进，或是请求进园子里来，因此他们一切的交谈显然是隔墙传达。

三

她那太无情，太坚忍的未婚夫的消息传到了村中，是从斐丽的一位父执口中传来的。那绅士在巴斯听说顾尔对斐丽罗夫小姐的求婚只有一半的心意；他说是为他父亲的缘故不得抽身前来，因为他父亲病重得很，要他在旁服侍；但真正的目的是想借故推辞。他们两方并没有一定的许约，他自己都不知道他应不应该另找欢心。

这消息——虽只是一片传闻，并且不十分可靠——同他来信的稀疏和缺乏热情正好符合，斐丽当时竟信以为真；从那时起她觉得此身自由了，可以将自己的心灵寄托与她选上了的人。她父亲可信不来，他说这事情完全是人家捏造的。他从小就知道顾尔的家庭，如其有一句格言可以表明那家庭的婚姻观念，就是"不要太爱我了，但要爱的长久。"洪富瑞是个诚实的人，他决不会想轻看他的婚约。"你耐心等着吧，"他说，"时机到了一切都是很吉利的。"

从这些话中，斐丽起初以为她父亲同顾尔先生通信说过；她的心也就平静了；因为她抛了她本来的志愿，很宽慰的听说她的婚约没有问题。但最近她知道了父亲正和她一样并没有得到洪富瑞顾尔的音信；她父亲又不能直接同她未婚夫写信提及这事，怕的是别人暗中诽谤那鳏夫的名誉。

"你要我饶恕你去鼓励一个外国人用他愚蠢的殷勤来诌媚你，"她父亲嚷道，他近来对她的心情全无慈爱，"我的话头不能达意。没有我的准许不得走出那垣墙一步。要是你想去参观那营盘，那天星期下午我亲自带你去看。"

斐丽的行为没有一点儿违背父亲的心意，但她以为自己的情感应该自由。她对那骠骑的痴念没有断，虽然她不把他认真的当情人看待，这是英国人对恋爱的看法。那年轻的外国兵士差不多是她理想中的人物，没有一点儿家居人的累赘；这个人来无影，去无踪，她简直摸不够；这是一个迷魂的梦中的人物——罢了。

他们近来时常幽会——多在黄昏后——正当太阳落地和那最后一道号声招呼他回营的匆促的时光。她的热情后来越是不能压制；那骑兵也是一样；他一天一天的更觉柔情，他们匆匆会面后正要分离的当儿，她把手从墙顶弯下来让他摸抚。有晚上他握着她的手许久不放，她喊道："这墙是白的，人家在田里面照得见你的影子映在墙上！"

那晚上留恋的太久，几乎使他不容易跑过那中间的草场，不误点的赶回营盘。下一回他去等候她，她不会在那通常的地点和时间出现。他的失望说不出的苦；他留在那儿呆滞的睁着那地点，像一个出神的人。那画角同晚号吹起了，他还是不回去。

她因为一点意外的事耽误了。她走来时和他一样听见那关营的号声，她很着急因为时间太晚了。她恳求他马上回去。

"不，"他忧郁的说。"不盼到你出来的时候我是不回营的，我整天的想望你出来。"

"可是误了点你会受罚的？"

"我到不管它。我早就想逃避这世界，要不是因两个人——我的情侣，在这儿，和我的慈母，在沙尔布鲁。我恨死了军队。我一心想同你多待一分钟，不管军营里的升降。"

于是他就留下同她密谈，吐述他家乡的有趣的故事，同他儿时的遭遇，直到她感到苦闷，因为他不顾利害的留在这儿。后来她固执的同他道了晚安，离开了墙，他才回营去了。

下一回她会见他的时候，他袖上装饰的条纹不见了。因为那晚误了点，把他降成了一个兵丁；斐丽心想这件耻辱全是为她，她的忧愁更大了。现在他们的地位掉换了；他反要来宽慰她。

"不要心痛，我爱！"他说。"不论什么事情发生，我都有个补救的方法。头一点，要是我挣回了我的条文，你的父亲让不让你嫁给约克骑兵里的一位下士官？"

她羞红了。对于他这样理想的人，她脑中还没有想到这实际的步骤；但一会儿的思索便可以决定了。"我父亲不让——一定不让，"她爽快的回答，"不要这样想！亲爱的朋友，请你忘掉我：我怕害了你和你的将来！"

"一点也不！"他说。"你使我对这个地方发生很多趣味，使我好好儿的在这里生活。如其这也是我的故乡，我的老母也在这儿同你居住，那我更是欢喜了，我要尽力当兵。但恨天不从人愿。听我说。这是我的计划。你同我一块儿回到故乡，在那儿你自然是我的妻子，同我的母亲和我一块儿居住。我不是一个汉诺威人，如像你所知道的，虽然我投军时冒称那里的人；我的家乡靠近沙尔，现在同法国讲和了，万一我能够回到故乡，我一定是很自由的。"

"你怎样能够回去呢？"斐丽说。她听了这个提议与其说是受惊，不如说是发痴罢了。她在父亲家中的地位使她烦恼和痛苦到了极点；父亲的慈爱好像完全枯干了。她并不是这村中的本地人，如同她身边那些快乐的女孩一样；并且马德亚西拿用他罣念故乡和思家念母的热情有几分感动了她。

"但是怎样？"她再问，见他还没有回答。"你要赎买你的退伍？"

"呀，不，"他说，"而今是做不到的。不；我从军不是我的本意；我怎的不逃走呢？现在时机到了，我们不久要罢营，那时我就不能再见你了。这是我的计划。我一心要请求你在两里路以外的官道上等我，在下礼拜的一个静夜里，日期我可以定夺。没有什么不妥当，或是羞辱你的地方；你不仅是同我逃走，我还要约同我的少年心腹耶托夫一块儿逃，他是一个阿尔沙堤人，才入伍不久的，他答应了帮忙我行动。我们要到那边码头去察看船只，找一架合用于我们的目的的船。耶托夫已经有了一张海峡的航图，我们可以走向那海口，半夜三更从那碇泊的水面解缆启航，摇出海口人家就瞧不见了；第二天早晨我们不是就到了法国的海岸，靠近谢堡。以后就容易了，因为我积下的钱可以够陆地旅行，并且我能够改换装束。我预先写信给妈，她会到半路来接我们。"

他详细的回答她的问话，使她对于这事的实行没有丝毫的疑虑。但事情的重大几乎骇坏了她；这还是问题呢，她能否加入这凶险的逃奔，她那晚上回到家中她父亲会不会严重的追问她。

"那些约克骑兵怎样了？"父亲说。

"他们还在营棚里；但不久他们就要走了，我相信。"

"你的行动用不着那样鬼祟。你曾经碰着一位骠骑；你曾经同他散过步——外国蛮子，还赶不上法国人文明！我已经决定了——我的话没有说完以前不许开腔，听顺我！——我已经决定了，他们还在那儿的时候，不许你在家里居住。你快到姑母那边去。"

她本想辩护，除了父亲以外，她没有同一个兵士或一位男子在光天化日底下散过步，但这有什么用处呢。她的辩护也站不多住，虽然他的话不是字字都对，实际上也有一半是真的。

她姑母的家是她的监牢。她近来才觉得那屋子很暗淡；她父亲叫她收拾她必需带走的行李时，她的心在胸中僵死了。在过后的许多年中对于那煽惑的一星期内的行为她还不肯认错；她考虑的结果决定去加入她的情人和他的朋友的计划，逃到她想像中富有可爱的色彩的乡间。她时常说他的建议中有一个特点压制了她的疑虑，就是他的心意的纯洁和直爽。他自己是很良善的；他对她很敬重，这个她从来没有享受过；她因为相信他才胆敢去冒那旅行的很明显的危险。

四

在下星期一个宁静的黑夜里，他们就去冒险。西拿要去那官道上一定的地点接她，那道儿是从村里分支的。耶托夫在他们的前面，他先到那泊船的海口去将船摇过罗斯——如今叫做望外——从海角的对岸把他们接上，他们会徒步经过那港里的桥，爬过望外山就到上船的地点。

哈代小说选

她父亲一进了她的寝室，她便逃出家中，手上拿着一包东西，她打那条小径轻快的跑去。在那个时候村中没有一个行人，她奔到小径和官道交叉的地点没有被人家瞧见。她在那墙角的暗处探看她的地位，在那儿她认为不论谁从那有关栅的道儿走来也瞧不见她。

她还没有等上一分钟她的情人——虽然在她紧张的神经中好像过了好一整夜——那驿车的声音从山上响了下来，代替她盼望的脚步声。她知道路上有人的时候，西拿不会出现的，她耐心的等那车子驶过。车子行到靠近她的墙角速度减慢了。不再照常前进，停在隔她几码以外的地点。一位旅客下车来，她听见他的声音。那是洪富瑞顾尔的。

他偕着一位朋友，带着些行李。那行李放在草地上后，驿车又上路向那尊贵的消暑地方去了。

“我很奇怪那小伙子带着车马到那儿去了？”先前崇拜她的那人对他的同伴说。“我希望我们不要在这儿久等。我吩咐他准九点半来接。”

“你送她的礼物是好好儿保存的吗？”

“斐丽的？哦，是的。就在这口箱里。我希望这个使她喜欢。”

“自然会呵。谁个女人不喜欢这好看的讨好的礼物？”

“哪，她该得的。我要很凶的待她。这两天她在我的心中使我觉得更当向人人忏悔。哦，哪；我不愿再提起这事了。她绝对不像他们所说的那样坏。我敢相信像她那么灵敏的女人是很懂事的，该不致于同一个汉诺威的兵士纠缠不清。我信不来她会这样，这回我要把事情了结。”

这两位候车的人不期然的又说了许多话，都是同样的口调；那些话好像闪现的光辉照透了她轨外的行动。那送车马的人来到时，这对话终于打断了。行李放好了，他们上了车，那车顺着她的来路驶去了。

斐丽的良心受了打击，她起初想随着他们回去；但是她想了一会，觉得应当等马德亚来到时才对，坦白的告诉他说自己的心意改变了——这是件很难说的事，当他们会面的时候。她苦苦的抱怨自己不该相信那谣言说洪富瑞顾尔不守他的婚约，她这时听了他亲口所说的话，推测了他一生都信托她。但是她很明白谁取得了她的爱。没有了他，她的人生就像是一个可怕的景象，可是她越考虑他的计策，她越害怕接收——这是多么放肆，多么暗昧，多么冒险呀。她已经许了洪富瑞顾尔，这只是他假意的食言使她不重视那个婚约。他细心的为她带来了一些礼物，很感动了她；她的许约得要遵守，用敬重的心来代替恋爱。她应当保持她的自尊心。她应当留在家中，嫁给他，受苦。

几分钟后斐丽打起精神，异样的果敢，正当马德亚西拿的身影在那后面的牧场的门口出现的时候，她踱向那门，他轻快的跑来。他们没有闪避，他把她拥到怀中。

"这是头一回也是最后一回了！"她立在他的怀中惊异的想道。

斐丽怎样挨过那晚上可怕的困苦的经历，她记不清楚了。他时常以为她的成功是实现她对爱人的忠信的决心，她用微弱的声音对他说明她已经改变了心意，她没有胆量，不能同他一块儿逃，他忍耐着不强迫她，只是悲伤她的决心。从她浪漫的爱上了他的地方着眼，只要他敢于强迫她，无疑的可以唤转他爱人的心。但是他没有做出一点过度的，巧诈的事去试试她。

在她那方面，怕他不平安，她请求他不要逃。这个，他说，决定办不到。"我不能卖我的朋友，"他说。如果只是他一个人到可以抛弃他的计划。但是耶托夫带着船，航海图，和指南针在那海岸上等他呢；潮水，就要退了；他已经禀告了母亲他回去；他一定要逃。

他在这儿待着，不能分离，耽误了许多宝贵的时候。斐丽坚持她的决定，虽然她感受了许多苦痛。最后他们分手了，他下山去了。他的步声还可以听得见时，她想再瞧一瞧他的身影，她轻快的追去，再瞧了一眼他隐没的形影。有一整她很够兴奋几乎要追随他去，同他享受她的命运。斐丽的勇气完全没有了，这正同埃及的克罗巴亚当那紧急的时候所失去的勇气一样。

有一个黑影，正同他自己的相像，在那官道上加入他一块儿。这是耶托夫，他的朋友。她再瞧不见了；他们朝着城市和海口的方向奔去，有四里路远近。她带着一种失望的情怀转身过来慢慢的回家去了。

晚号又在营棚里吹起了；在她看来营棚已经没有了。这营棚死了，好像毁灭的安琪儿经过了的亚叙瑞的营棚一样。

她悄悄的进了门，没有碰见人，回到床上躺下。悲哀起初不让她睡，最后才把她卷入了熟眼。

第二天早晨她父亲在楼梯底下碰见她。

"顾尔先生来了！"他得胜似的说。

洪富瑞住在旅馆里，他曾经来访问过她。他送她一件礼物，一方美观的镜子，框在银丝织的架子里面，她父亲正捧着这银架。他约定了一点钟以内再来，想同斐丽出去散散步。

漂亮的镜子在那时的乡中比起现下希奇多了，斐丽面前的一副取得了她的欢心。她照照芳容，见她的眼色多么沉郁，她试试生一点光辉。她沉入了悲惨之中。这境况驱使一位妇人机械的向着她注定的道儿走去。洪富瑞先生在他没有表明的态度中和先前的情感一致；她也应该是一致的，对于她自己的过错不要提及一字。她戴上了她的领巾和帽子，等他到时跑来，她正在倚门盼望他呢。

五

斐丽谢谢他好看的赠品；他们走上了路，专谈洪富瑞的事。他告诉她最近世界的时髦的趋势——除了个人的事情外，这是她顶喜欢谈论的资料——他吞吞吐吐的言谈压制了她不安的心和脑。不论她的忧愁是为什么，她可以看出他的搅扰。后来他突然改了口。

"我很高兴你欢喜我这轻微的礼物，"他说，"我的真意是用来向你赎罪，要你救助我一个很大的困难。"

斐丽真想不到这位自立的鳏夫——她有几分器重的鳏夫——会有什么困难。

"斐丽呀——我立时要把我的秘密告知你；因为我请教你以前，我有一个很大的秘密要告诉你。事情是这样的，我已经讨了老婆：是的，我偷娶了一位可爱的少妇；如果你认识她，我希望你会认识她，你一定会说许多话恭维她。可是她不十分合乎我父亲为我选择的女子——你同我一样的了解父母的心肠——所以我严守秘密。这无疑会引起一种可怕的风声；但是我想如有你的帮助，我可以遏止这风声。只要你能为我做这件好事——当我禀告父亲的时候，我的意思——要说你从不能嫁跟我，你知道，或是说那一类的话——我用生命担保，这可以大大的帮助我度过困难。我很着急的要取得他的同意，不要发生一点隔膜。"

斐丽不知怎样回答的，或是她怎样的劝戒他度过这意外的情况。可是这消息很明显的给了她一些安慰。她创痛的心很想把她自己的困苦转告他；设使洪富瑞是一位女人，她可以立刻把她的故事向她吐述。但是她却不敢向他忏悔；顶好是缄点着，这很有道理的，等过了许久，让她的情人同他的朋友脱离了危险以后再说。

她回到家中，找一所清静的屋子在那儿度日，她有些悔恨她没有逃走，她梦见马德亚西拿从他们起程一直到家乡。在他自己的故乡，有他的村女作伴，他也许快快的忘掉了她，连她的名字也抛在脑后。

她好几天没有出过门了，真不自在。在一个烟雾沉沉的早上，那海滨的沙墩看来是青灰的；那兵营的形状和那一行行系着的战马也是青灰的。那兵房里的酒店冒出的烟火沉沉的坠下。

她唯一有趣的一寸英国地方就在那花园底下的一个地点，她习惯了从那儿爬到墙上去会马德亚；不管那讨厌的雾怎样浓，她也跑去，一直奔到她很熟识的墙角。一片片的草上压着玲珑的露珠，蛞蝓和蜗牛在草地上伸出头来。她可以听见那营栅里发出的通常的微弱的声音，在另一个方向她可以听见农人的步声在路上响近城边，因为这是逢市的日子。她瞧见了她时常到那墙角，把那儿的草都踏平了，在那石砌上印了些从花园带来的泥痕，她时常站在那石砌上探望。不到黄昏她不会去的，她没有想到她的脚迹在白天可以照得见。也许是为这些痕迹她父亲才知道了她的幽会。

小说 历史

她正停在那儿伤心的盼顾，她觉得那兵营里通常的闹声改变它们的音调。斐丽如今对那兵营的动作虽不很关心，她也从石砌上爬到了墙顶去看。她头一眼瞧见的东西就使她惊异，使她昏迷，她直直的站着，她的手指攀着墙，她的眼珠几乎要突出了她的头，她的脸像石块那样坚硬。

全营里的兵士都在她面前开敞的青草地上排列着，中间停放两口空的棺材。她刚才听见的异样的声音是从那进行的队伍里发出的。这是约克骑兵的军乐队奏着死的进行曲；后面这营里的两个兵士，坐在田车里，两旁有骑兵监视着，还有两位教士随伴着。尾上是一群看热闹的乡下人。这凄惨的队伍开至前线，回到场中，在那棺材的旁边停着，那儿有两个罪人蒙上眼睛，各自跪在他的棺材上面；几分钟的稍息，他们在祈祷。

二十四位炮手端着马枪站在那儿。那军官拔出他的指挥刀，舞了几下刀势，等他的刀向地下斜斜的一砍，炮手们便发了一排枪。那两个犯人倒下，一个的脸仰卧在棺材上，另一个的却伏在上面。

枪声回应的时候，有一个呼声从罗夫博士的墙内发出，有一个人在里面倒下：那时候看热闹的人中没有一位不听见的，那两个枪毙了的骠骑正是马德亚西拿同他的朋友耶托夫。看守的兵士立刻把尸首装进棺材里；那队里的团长，一个英国人，在马上奔驰，厉声喊道："把尸首拖出来露着——做一个逃兵的警戒！"

兵士把棺材立起来，那死了的德国兵倒了出来，他们的脸伏在草上。于是全军一列列的转动，慢慢的开过那地方。等视察完毕，那尸首又殓入棺材里抬起走了。

正当这时罗夫博士受了枪声的惊动，奔到花园里瞧见他可怜的女儿死死的躺在墙根。他把她抱进屋子，过了许久她的知觉才清醒转来；好几个星期都问不出她的缘由。

事情是这样发现的，那约克骑兵里的两位不幸的逃兵，照他们的计划，在那附近的码头底下将那只船从它停泊的水面割走，还偕着两位别的同伴平安的渡过了海峡，那两位同伴曾经遭受过团长的虐待才和他们一块儿逃的。他们认错了航线，驶进了耶尔色，以为那小岛是法国的海岸。在那儿人家发现了他们是逃兵，把他们擒去献官。在军法判决上马德亚同耶托夫替那两个同伴代罪，说完全是他们两位替代人引诱那同伴一块儿逃的。同伴的罪减轻了，只挨一顿军棍，他们两个头目人的判词是处死刑。

一位客人要是去到那有名的乔治的消夏旧地，可以在那山下的邻村里闲散，去看那死者的纪录，上面有两件事这样的记载着：——

"马西拿（伍长），皇帝陛下禁卫团之约克骠骑，以逃犯处决，葬于一八零一年六月三十日，行年二十二岁。生于德国之沙布鲁城。"

"耶托夫勒士，皇帝陛下禁卫团之约克骠骑，以逃犯处决，葬于一八零一年六月三十日，行年二十二岁。生于阿尔沙堤之罗达根。"

他们的坟墓在那小教堂的后身，靠着墙。没有墓碑记明那个地点，只是斐丽指示我的。她在生时，常常去打扫他们的坟；但如今那儿长满了苎麻，坟土快要塌平了。那些老村人从他们父母的口中听过这件故事，还能记忆那兵士埋葬的地方。斐丽如今也躺在那儿。

为良心

一

在道德上不论赞成功利主义，抑或直觉主义，世上总有些精敏的人，以为一个补救行为的善意可以使他们去实行某事，可是倘若有人劝告他们对于某事是否必需去作，他们反有办不到的歉语来了。梅迈先生同潘克兰太太的事特别是一个好例子，恐怕还有更深的意义哩。

地方上的清道夫认识的人里，比梅迈先生再熟的没有几个人了，梅迈先生每日在伦敦那条寂静的走熟了的街道来来去去，他就在那儿门牌十一号的一间屋里居住，他并不是房东。他至少有五十岁了，他的习惯整齐得同那没有事干而想找些事做的人一样。他每次走到这条街道的尽头，多向右转，走下包德街，到他俱乐部去，大约六点钟的时候，又打原路步行回来。若是他去吃饭的话，就较迟些坐车回来。他有些进款，看来虽是不富裕。他是一个鳏夫，并且乐意他现在的生活，寄寓在汤倪太太的最好的一所房间，他布置用具的钱比他的房租多十倍呢，这房子好像是他自己的了。

凡见过他的人们没有一个想要深知他的，因为他的举止同态度都不能引起人们的好奇心或深挚的友谊。他的脑里似乎没有事务，没有事可以瞒人，也没有事可以告人。从他不经心的言谈间，人们大概知道他是在乡下出世的，是萨色某地的人；少年时到伦敦的银行里做事，升到了一个很重要的职务；他父亲死时候，遗下些产业。他的收入颇不少，因此老早就退出了商界。

有一晚，他已经不舒服了好几天，午饭后毕顿大夫从附近的医院到来，两人在火旁抽着烟。病人的病用不着什么考虑，所以他们就随便的谈些无关重要的事。

"我是一个单身汉，毕顿——单身汉，"梅迈乘机说，沉闷地摆摆头。"你真不知道我的孤寂……年纪愈大我愈对自己不满意。今天因为一件偶然的事，比那些一生的往事更使我迷离，烦恼，最不满意——那就是二十年前一个没有实行的许约的回忆。关于平常的事，人们都说我很守信的；恐怕就因为这个原因，我那个特别的誓言后来没有实行，现在（我敢说）使我更大的懊悔，尤其是在今天这个时候。你知道夜里因为门户或窗板没有关上而不能熟眠得来的不安，或是白天想起一封忘了回答的信的急闷。那个许约时常就像这样地烦恼我，特别是今天。"

停了一停，两人抽着烟。梅迈的眼睛虽然盯在那火炉上，其实他在聚精费神地幻想着，英伦西部的一个城镇。

"是的，"他继续说，"我没有把那件事全忘了，虽然我忙碌的生活，纷繁的事务使我暂时把它放在脑后。我才说过，尤其是今天，那法官的报告里有一件和我的事相像的案子，使我清楚地记起它来了。我简单的把事情告诉你，你是一个多见多闻的人，你若是听了，无疑要笑我容易动情……我二十一岁时从外萨色的桐白露来到这儿，我是在那儿生长的，在离开故乡以前，我得了一个同年的女人的爱。我发誓要娶她，我利用了我的誓约，然而——到现在我还是一个单身汉子。"

"很平常的故事。"

他点一点头。

"我离开那个地方，当时以为做了一件很灵巧的事，这样容易地断绝了关系。但是我的年数也仅够给那誓约来烦恼我了——

小说 历史

说老实话——不全是良心的责备，不过对我自己，一种血肉做成的人，发出了一种不满意来。如果我向你借五十金镑，约定在明年夏天还你，可是到时我没有还你，我该自觉是个卑鄙的人，尤其是在你很需要钱用的时候。我这样明白的许了那个女人的约，后来无情的失信，似乎以为这是爽快的行为。并不是下流的举动，承受这件事的刑罚和苦楚的是那可怜的牺牲者，有了个小孩的她，而不是我自己，虽然我给了她些银钱上的帮助。那，那是我内心的痛苦，我时常感受烦恼；你自然不很相信，过了几多年，事情已杳然无有痕迹了，她现在也该是一个老太婆了，同我是个老头子一样，这件事还会时常毁灭了我的自尊心。"

"哦，我懂得。这全看各人的性格，许多人会把这样的事全忘了；如果你结了婚，有了家庭，恐怕你也会忘了。她后来嫁人了吗？

"我想不会的。哦，没有——她决没有嫁人。她离开桐白露，后来改名住在另一个郡邑的野庄密林，那地方没有人知道她的往事。我很少到那儿去，不过有一次我经过野庄密林，探知她在那儿久住，她是一个音乐教员，或是同音乐有关系的职务。这些是我两三年前在那儿无意间听说的。但是自从头一次认识以后，我从来没有见过她，如果现在遇见，也怕认不得了。"

"那孩子活着的吗？"大夫问。

"活着几年，当然，"那朋友回答，"我不很确知她现在还活着没有。她是一个小女儿。照年龄算来，现在也该出嫁了。"

"那个母亲——是一个端正，秀丽的少妇吗？"

"哦，是的，一个灵敏的，沉静的女人，在平常的人看来，说她动人也不动人；一个平凡的女人。我们认识的时候，她的地位没有我的高。我的父亲是一个律师，似乎我已经对你说过。她是音乐店的少女；有人告诉我，如果我娶了她，我的身价就要降低。因此才有了现在的结果。"

"我要说的只是：经过二十年后，要想补救这件事情恐怕不可能了。到了现在这样长久的日子只好让它自了。你最好把事情忘掉，把它当做一个你管不住的恶魔。当然，如果母女都活着，或是有一个还活着，你有能力的话，可以维持她们，要是你觉得是应该的。"

"可惜我没有什么能力；有些亲戚的境遇很是困苦——恐怕比她两人的生活还更苦呢。不是那样说法。就算我很有钱，我觉得金钱并不能买赎已往的罪过。我从前也不会答应她将来能够富裕，我反而对她说过恐怕我们会变做穷人。但是我约定了要娶她。"

"那末你去找她，并且和她结婚罢。"大夫开玩笑地说，站起来告辞了。

"呀，毕顿。这自然是个明白的笑柄。我丝毫没有要结婚的心意；我对于现在的生活满意极了。我生来就乐于做个单身汉，这是我的天性。我的惯习，和我的一切。还有，虽然我尊敬她，（因为她没有可给人家责骂的地方），我对于她却没有表示过半分爱情。她在我的记忆中，和那般你想来是很好的，实际不动趣的女人一样。这完全不过想把错事改正，所以我要去找她，立刻就去做。"

"你不把这件事看得很认真吗？"他惊异的朋友问。

"有时我看得很认真，只要办得到；不过，我已经说过，我要做一个忠信的人。"

"我希望你成功，"毕顿大夫说，"你快要离开这病椅了，那末你可以照你内心的行动做去。但是——经过了二十年没有声息——我以为可以不必做了！"

二

大夫的劝告在梅迈的脑里萦绕着，就是上面所说的庄重的情况：信仰的原则快变成了宗教的情感，这种情感在他胸怀里蕴藏了几个月，甚至几年了。

这感情在梅迈的行为上没有立刻的影响。过了一些时候他的微恙就告痊了；并且自觉懊悔，为什么因一时的冲动，把这种良心上的事告诉别人。

但是那种使他激动的潜力，虽然没有表现于外，却不会消减，毕竟高长了起来，自从他把这事告诉了大夫，又过了四个月，在一个温和的春晨，那种力量使梅迈到柏丁顿车站搭往西去的火车。在孤寂的时候，他越认识自己，那因失约而时常纷乱的思索最后使他决定这样做去。

他这个行动是在一两日前翻看那本邮局人名录才决定的，他知道那个二十年久别的女人还住在野庄密林，离开家乡一两年后，她们寡妇孤女又从外邦回到这个城里居住，依然用那个假姓名。她的境遇显然是没有改变，她的女儿好似还同她在一块儿，她们的名字在那本册子里这样写着："梨阿娜潘克兰太太同潘克兰小姐，音乐教员和跳舞教员。"

梅迈当天下午抵野庄密林，他第一件事，甚至在领行李进城之前，是去找那教员的住屋。那间屋子是在一空地中间，所以不难寻着那块明白写着她们的姓名的光亮的铜牌。在没有十分认定以前，他不敢就进去，后来在对面的玩具店里寄寓，他要了一间小客厅，对着潘克兰家的小客厅，那就是她们的跳舞教室。因此他可以免去别人的怀疑，间接地询问同观察她们的性格，对于这事，他是很细心的。

他探知那个寡妇，潘克兰太太，同她的女儿，法兰士小姐，很是愉快，名声也很好，对于学生很刻苦地教导，她有许多学生，女儿也帮忙教导。她是城里一个很出名的女人，虽然那门跳舞教练恐怕是件俗事，不过她实在是一个庄严的女人，强迫着靠那门职业维持生活，她同时热心于慈善事业，帮忙那些献祭的音乐会，又独自开音乐会，为贫人募款，和做其他的热心事业。她的女儿是那一郡的青年女人中的先进，在圣诞节和复活节时去装饰教堂，她做过教堂里的按风琴的人，她曾经捐了一个银盘赠给吴尔克牧师，纪念他六个月的劳心做教堂里歌诗班的指导，母女两人好像一对代表野庄密林的上等公民。

为要做个简单和天然的广告，她们把音乐室的窗户稍为打开，所以从日出到日落，通街都可以听见那零片的古典音乐，那是十二或十四岁的学生唱出的。有人说潘克兰太太最大的收入还是钢琴的出赁，并且贩卖钢琴。

这个消息梅迈听了很欢喜；她是很荣耀的，真出乎他意料之外。他好奇地要看看那两位过着清白生活的女人。

他用不着费许多时候才能瞧见梨阿娜一眼。到这里的次晨，他就看见了她站在门前，打开她的小伞。她很清瘦。但不萎弱，她年轻时动情的脸儿，变成了一个正经的沉默的脸儿了。她穿件黑衣，这是寡妇的装束。她的女儿跟着出来，同母亲一样的光滑圆润，爽快的举止也和梨阿娜的不差，走路的样儿同她年轻时的有些相似。

起初他决定要去拜访她们。但是第二早晨他先送一封短信给梨阿娜，说要去见她，他提及拜访的时间要在晚上，因为白天她好像给职业忙个不了。他的信使得她没有回音的必要，因为这回信是很棘手的。

没有回音。他自然不会惊异；可是他觉得有些扫兴，虽然她不轻易回封他不需要的书信。

到了他约定的时候，八点钟，他穿过大街到对门去，那个下人自然让他进去。那位自称潘克兰太太的，在楼上一间很大的音乐跳舞教室内接待他，并不是在他希望的一间私有的小客室里。这一来他们别后数年的初会有些像商场往来的模样。他曾经虐待的女人就在他面前，衣服很漂亮，就是给他城市里的眼光看来也够漂亮了，他走近她时的神气简直庄重到不可轻犯，简直是强崛了。显然不高兴见他。二十年的冷淡之后，他能有什么冀望呢！

"你好？梅迈先生，"她强笑地说，招呼过客似的，"我非在这儿招待你不成，因为我女儿的朋友在楼下。"

"你的女儿——也就是我的。"

"哦——是，是的，"她快快的回答，好似她已忘了这一回事。"但是对这事越少提起越好，这是我的方便。你把我当作一个寡妇看待吧，我请求你。"

"当然，梨阿娜……"他再也不能继续说下去，她的态度是这样的冷淡与无情。但想像中的责骂完全没有，因为日子隔久了，怒气也就消了。他一开口就入题，枝节的话全省了。

"你是很自由的，梨阿娜——我的意思是说关于婚姻的事？你没有许别人的约，或者——"

"哦，是的，很自由，梅迈先生。"她说，有些惊异。

"那末我要告诉你我为什么到这里来。二十年前我许下同你结婚；我现在是来实行践约的。老天恕我的拖延！"

她越是惊异了，但是她并不着急。她似乎很忧闷，不愿意了。"到了现在这个时节我不能答应你的意思，"隔了些时候她说，"事情越弄越复杂。我的进款并不坏，用不着别人任何帮助。我不想嫁人……有什么事使你现在怀了这个念头？给我看来。这是很希奇的！"

"我应该——我敢说是的，"梅迈茫然地回答，"我应该说这件事同一时的情感冲动没有多大关系。我要娶你，梨阿娜；我很希望同你结婚。但是这是一件良心上的事，一个誓约的实践。我以前答应过你，我违背了是一件不诚实的行为。我要在死前把它雪去。我们一定能够同早年一样地很亲热？"

她疑惑地摆摆头。"我很体贴你的用意，梅迈先生；可是你也应该为我的地位着想；你想，我已经没有嫁人的愿望，要我把现在的境况改变，那有什么理由，纵使改后能洗去你良心上的污点。我在这城里的身位是给人敬重的；我困苦艰难地起家，一刹那要我更改一切，我是不愿意的。我的女儿快同一个少年定婚，那少年将成为她很好的丈夫。那是她再好不过的配偶。他这时正在楼下。"

"她知道——关于我的一切往事吗？"

"哦，不，不知道；我的天！她以为父亲已经去世，埋葬在地下了。所以，你想想，一切都很顺利，我不愿意骚扰他们恋爱的进行。"

他点首。"好吧。"他说，起身告辞。但是走到门限他又转身回来。

"可是，梨阿娜，"他恳求道，"我蓄了满腔的盛意来；我看是不会发生什么骚扰的。你不过是同一个旧友结婚。你不能这样着想吗；想起这个女儿来，我们越该成为百年偕老呢。"

她摆着头，她的脚胆怯地拍着地板。

"好吧，我不得阻你，"他又说，"我还不会离开野庄密林。答应我再来见你吗？"

"好吧，我不在乎的。"她迟迟地说。

他遭遇的障碍，虽然不使他对梨阿娜的感情增加，不过为着自己心中的安宁，他非克制她的冷淡不可。他常去拜访她。初次遇见他的女儿，实在是个棘手的时机，虽然他并不像他意料的那样亲近她，她也不曾引起他的慈爱。母亲告诉了法兰士"她的旧友"来到的消息，法兰士对梅迈的时常来拜访是不高兴的。她们两人对于他的愿望是这样冷淡，梨阿娜的脑里许久都没有梅迈的印象了。与其说他的用意使她欢喜，不如说使她厌恶。她坚持的心真使他惊讶，后来他说了些道德上的理由，她才心动。"切实的说，"他这样说，"我们应该结婚，和忠实的人一样；这才是事情的真义呢，梨阿娜。"

"我也曾经从这方面着眼过，"她赶快说，"这事一来就使我心动。但是我以为这辩白是没有效力的。经过这长久的时期，我完全拒绝你为着名誉来求婚。在以前那个适当的时节，我应该嫁你，你是很知道的。可是现在的补救有什么用处呢？"

他们靠近窗门站着。一个略带胡须的青年，穿着教士衣服，在底下门前叫门。梨阿娜动情地脸红了。

"他是谁？"梅迈先生问。

"法兰士的情人。我很抱歉——她不在家！呀！他们已经告诉他法兰士的去处，他去找她去了……无论如何！我希望这恋爱圆成。"

"为什么不会呢？"

"可是，他现在还不能结婚；法兰士会见他的时候很少，他现在离开了野庄密林。先前他在本地做事，现在是圣约翰教堂的牧师，离这里的铁路有五十里。他们俩虽是已经默许，但是——因为我们的职业的缘故。他有些朋友反对他要法兰士，好在他看清了这种反对是无稽的，才没有受影响。"

"你我的结婚会帮助他们的成功，并不会像你所说的阻碍他们。"

"你以为这对他们有补助吗？"

"当然，这一来你可以不再做这门职业了。"

他侥幸地感动了她，顺势又向她要求。这个意见告知了法兰士，她的反对也没有那样强硬了。梅迈把他在野庄密林的租房退掉，按时来往于伦敦与野庄密林之间，终久战胜了梨阿娜的拒绝，她勉强允许了。

他们在邻近的教堂行了婚礼；音乐同跳舞的招牌——不管它是什么东西——卖给了别人那人早就想做这门事业，梅迈的家决定了迁到伦敦。

三

　　梅迈在他的旧地方做了个当家人，虽然不仍旧住在先前那条街上，梅迈太太同她的女儿也变作了伦敦人。法兰士因为她的情人对于这迁居很满意也极表赞成。这于他当然是比较方便，他宁愿从爱卫耳走一百里路到伦敦，可不愿打另一个方向走五十里到野庄密林，因为在伦敦他顺便可以做别的事，到野庄密林只为她一人而已。他们现在住在伦敦西区的一条很窄小的，可是很出名的街上，连屋的顶楼都布置好了，那屋的前面污黑得同打扫烟囱的人的脸儿一般；他们把那墙上积了五十年的烟尘刮下，把那淹盖着鲜黄和紫红的砖块给那惊异的路人看呢。

　　结婚以后，那两个女人在社会上的地位实在提高了；但是那初到伦敦居住的兴致，立在世界中心的感觉消没了后，她们的生活似乎比在野庄密林时沉闷得多，在那儿她们和全镇大半的人认识，相见还点首呢。梅迈先生没有诋毁他的老婆，也不能够。无论他当初虐待她同数年分离所积下的无情同苛酷，都给他理想的完成同重圆的自满的观念克服了，把平衡移到她那方去。

　　他们在城内大约住了一月后，决定到淮岛海边游玩一星期，顾朴先生（以前说的那年轻的牧师）到那儿来会见他们，尤其是来看法兰士。那对青年还没有正式定婚，不过人们都明知他两人情投意合的结果惟有是成婚，两家至少不会失望的。法兰士并不是多情的痴女。她是个有些骄傲的女人，实在的；总之，这个少女没有圆满她父亲对她的希望。他要为她谋幸福，对她的希望很大，和别的父亲爱护子女一样。

　　顾朴先生认识了那位家长，同他们在淮岛过了两三天。在那最后一天，他们决定租条小艇去海上游玩两个钟头。小艇游了不远，他们，除了那位牧师以外，都吹不惯海风；他好似很有经验，另外那三位沉默地忍耐着，不佯笑也不怨言，等到那位少年看出了他们的不安，才把小艇即刻驶回。一路到码头的时候，他们默默相对的坐着。

这样的晕船，好似夜半的守望，疲倦，烦难，恐惧，都在脸上表现出来，时常显出一个人和别人不同的地方，平凡的异点这时特别注目，不期然的面容会浮现在相熟的脸上；各人的神色随着死去的，遗忘的先祖的影像俱来了！家族的特别的模型，在平时能给言语和行为蔽盖着，现在却不知不觉地表现出来了。

法兰士坐近她母亲的丈夫身旁，顾朴坐在对面，这当然给那个牧师在驶回时自然地观察；他起初带着同情的微笑。后来那中年的父亲同他的女儿的脸色变成灰白的时候，法兰士动人的羞晕变成了斑点，她柔美的圆满的面容从她平常的，自然的美貌退成了几根线，顾朴渐渐地看出他们在不安中两人的相像的地方，这在通常安闲时是看不出的。梅迈先生同法兰士在他们不舒服的时候是异常地，可惊地相似。

这难解的事实使顾朴很注意。他忘了对法兰士微笑，及握她的手；抵岸时，他还在艇内坐些时候，像个出神的人。

他们一路回家，脸色同形态都复元了，相似的地方也渐次不见了，法兰士同梅迈先生又重行给年龄同性别分开了。好似在游海的时候，把一张玄妙的纱巾取下，暂时显露了旧日的奇怪的哑剧。

那晚上，他偶然地对她说："你的继父是你的叔伯吗？可爱的法兰士。"

"哦，不是，"她说，"没有亲戚关系。他不过是她从前的老友。你为什么这样想呢？"

他没有解释，第二天早晨仍然到爱卫耳去做事。

顾朴很诚实，也很乖巧。他的家在爱卫耳的圣彼得街，他坐在清静的房里，不快地，长久地思索那游船时遇见的情形。事情是很明显的，他开始觉得不安了。他在野庄密林遇见她们。给法兰士迷着了，定下了婚约，现在还不结婚的缘故是他暂时还没有力量养家。她们的已往显然有些神秘，这一来同他决定不娶一个世家不好的女人的志愿不相合。所以他坐下，叹气，为着一方面舍不得丢开法兰士，另一方面又不愿同那些家世不能给旁人追问的家族发生关系。

一个旧式的多情的恋人永不会注意这些事；虽然在教堂里，顾朴的感情简直是吹毛求疵——这明是卑污的世代所融合的特性。他一时不同法兰士写信，在他好似在现在的怀疑和困恼的时候，他是没有热诚的。

梅迈一家人回到了伦敦，法兰士心神不宁。同她的母亲谈起顾朴时，法兰士坦白地说出顾朴好奇的询问，探问她的母亲同她的继父是否有兄妹的关系，梅迈太太与她再说清楚些，法兰士又说了一遍，眼睛凝望着母亲，看有什么改变。

"他的探问有什么可惊的意思呢？"她问，"这和他不给我写信有关系吗？"

她的母亲畏葸的没有告诉她，因此法兰士也坠入疑网中了。当夜她偶然站在她父母的房外，初次听得他们激烈的谈话。

"不睦的苹果"落在梅迈家中了。房内的情景是梅迈太太站在她妆台前，望着她的丈夫，他坐在更衣室里，双眼钉地板上。

"为甚么再来扰乱我的生活？"她粗声地问，"为甚么把你的天良来烦恼我。使我勉强允许了你，免得你再者苦苦的相求？法兰士同我以前过得顺利：我一生的一个希望就是她同那个少年结婚，现在因为你破坏了婚约！你为什么来找我，毁灭了我辛苦得来的名誉——这是我几年来暗自努力所得来的！"她的脸伏在桌上痛哭了。

梅迈先生没有回话。这晚上法兰士不曾合眼，次晨早饭时，顾朴依然没有来信，她恳求她母亲到爱卫耳去看他是否害了病。

梅迈太太去了，当天赶回来。法兰士情急地，憔悴地到车站去接她。

一切平安吗？她母亲不能回答平安：虽然他并没有害病。

她得了个教训，在一个人要躲开的时候，若是去见他简直是个错误。法兰士同她母亲坐马车回家，她固执的要知道她情人同她的秘密。梅迈太太不忍把她白天在爱卫耳会见顾朴时所谈的话重说一遍：但是她究竟承认，那冷淡的原由根本是因为梅迈先生找见她和他们结婚的缘故。

"他为甚么找你——为甚你非嫁他不可？"那困苦的女孩问，零碎的证据在她的敏锐的脑里集合起来，她渐渐变色，追问母亲他们所说的是否事实。母亲承认是的。

一阵烦闷随着那羞晕浮现在那少女的脸上。一个小心正直的情人牧师，好似顾朴先生这样的人，那能要她做妻子，要是她的奇离的身世给人家查出了。她沉默的失望了，双手掩着眼睛。

在梅迈先生面前，她们起初还潜压她们的痛楚。后来渐渐的她们的情感就表现出来了，午饭后，他睡在椅上的时候，梅迈太太就动气了，怀恨的法兰士和她一块儿责骂他，他好似一个妖精到她们预备好的海门晏会上，把希望转成了可怕的失败。

"你为甚这么软弱，妈，允许这样一个仇人到家里来——那明明是你的对头魔鬼——丈夫，过了这许多年，还要他做丈夫？如果你先把事情全告诉我，我总能够好好的劝告你！但是我以为我没有权利责骂他，虽然我很伤心，虽然他把我一生永远地害了！"

"法兰士，我也坚绝过；我想我不该重行和那可咒骂的人说话！但是他不听话，他哆索的说了些他的良心和我的良心上的责任，后来我着了迷，才回答可以——他就带我们离开一个受人尊敬的市镇——这是多大的一件错事！哦，从前的快乐！我们在那儿居住，同着一般境况相似的邻人居住；他们不希望我们什么，我们对他们也是一样。在这儿，希望虽多，毕竟是空的。说伦敦的社会是个多么快乐，多么辉煌的一个世界，恐怕是对那些真正居住在里面的人说的；像我们这样的妇女，不过看它一闪就过去了……哦，傻子，我做了傻子！"

梅迈先生还没有熟睡，他听得见这些谴责，简直是咒骂，以及其他关于这类的话。家里不能够安静地过活，他再到俱乐部去。自从他同梅迈太太结合后，他很少到那儿去了。但是家事的烦闷使他在这里也不安心；他不能和先前一样坐在他心爱的椅上看晚报，安息在单身汉的情感中，以为自己所在的地方就是世界一切的中心。现在他的世界成了椭圆形，有了两个中心，他自己的并不是重要的一个了。

爱卫耳的那个青年牧师仍然不睬，他的躲避使法兰士想念极了。他显然在观风望势。梅迈默默地忍受他妻女的责骂；他渐渐地沉思，好似有新意思要涌了出来。因为他妨害了她们的生活，她们苛刻的咒骂越是愤激。因此有一天梅迈镇定地说明要回到乡间去；不一定到野庄密林，但是，如果她们愿意，到一个小旧的屋子居住，他知道那屋子是出租的，离爱卫耳有一英里。

她们惊愕了，虽然她们当他是倒霉的人看待，她们却允许了。"我想，"梅迈太太对他说，"顾朴先生毕竟要明白问你的旧事，你非告诉他不可；那么我对法兰士的希望终成梦想。她一天比一天像你，尤其是在她不痛快的时候。你们在一块儿时候，人家看得出来的；将来的结局真难预想！"

"我想人家不会看见我们在一块儿吧，"他说；当她坚持的时候，他退让了。搬家是决定了的；城里的屋子卖了，搬家具的人同马车来了，能够移动的东西同用人都搬去了。正在搬移的时候，他带他的妻女到一个旅馆暂时住下，本人到了两三次爱卫耳，去督视布置一切和修理园地。事事完毕后，他才回城来见她们。

房屋预备好了，他告诉她们，一迁过去就完事。他只伴着她们和她们各人的行李到车站，他说他自己要留在城里，因为要同律师有事商量。她们去了，疑虑地，快快地去了，因为令人想爱的顾朴还没有表示。

"如果我们到这儿安慰地过活，"在火车上梅迈太太对女儿说，"并且没有人议论我们的事。……也就算了吧！"

这间在榆林里的小屋是可爱的，她们觉得很合意。第一个人到新屋来见她们的是顾朴。他喜欢她们同他住得近些，并且（虽然他没有明说）这样住下多么体面。可是他还没有恢复爱人的情感。

"你的继父把家事全弄糟了！"梅迈太太低声怨说。

但是三天后她收到丈夫一封信，使她惊异不小。那是从佛伦尔寄来的。

信的起首说些他的财产的分配法，那是在她们离开后就办好了的。重要的意思是要梅迈太太把那些家产作为己有，法兰士也得着一大笔款子，如果她将来有孩子，就分给他们。其余的一段如下：

> 我认识了有些放弃的责任是不能给迟延的实践所能补救的；我们失足的行为不是永和已往同归于尽，还能有转机的；好像移动的植物，它们分布，又在抽根，到一个时候，把老根除去对那植物是没有防害的。我找见你实在是个大错，我承认。如果有补救的方法的话，那便是不结婚；我们顶好是永远不要再见。你切不要来找我，因为那是找不到的；你的供养很过得去了，如果再会见，于我们定是凶多吉少。

> 梅迈

简单说，梅迈今后失踪了。但是询问的结果是这样：在她们到爱卫耳后不久，一个英国人，不再叫梅迈的，在布鲁斯尔居住；如果梅迈太太遇见他，一定是认识的。第二年夏天一个下午，这位绅士看英国报纸，看见了潘克兰小姐出嫁的消息。她是顾朴牧师的夫人了。

"多谢天！"那位绅士说。

这只是他一时的满意，决不是快乐。好像以前受过良心上的谴责，现在才给烦恼弄乏了，和那使安抵康困乏的烦恼一样，因为要尊重礼教习惯，反得了不名誉的错谬。有时他的用人从他常到的俱乐部里扶他回家，因为喝酒稍多，不能自顾。总之，他是个老好人，就是喝酒醉了，也不吵闹。

一八零四年的传说

敌人有渡海峡来攻英格兰的可能，这个纷纷的议论好几次使我想起苏罗门·色尔拜的故事。

我在听众里，听他讲那故事的时候是在一个下午，他坐在店厨里，靠近烟囱，身边围着些别的人，我因为避雨，也走进厨里去。他取下那只常含在缺牙凹处的烟斗，背靠着一个壁龛，对着火微笑，那微笑不快乐也不忧愁。我们认识他的人知道他发笑的意思，那是一个述说故事时发出的微笑。我们停止了杂乱的话，向前坐拢些或站近些，他就开首讲以下的故事：

"我的父亲，你们知道的，一生牧羊，住在一个离阁夫约莫四里的地方，我就在那个地方生长的，我快要结婚的时候，才搬到这里来。我初次瞧见的草屋是靠近海滨，在一个沙滩的高处。附近一里或半里的地方都没有房屋。那个草屋是为牧羊的人修的，并没有别的用处。有人告诉我那草屋现在已经倒毁了。但是你们还可以找出那草屋的旧址，在那土墩的旁边，还有几块破砖头呢。在冬天，那个地方简直荒凉得可怕，可是在夏天呢，倒是个不错的地方，虽然不是一块很好的园地，因为没有遮荫，不能栽蔬菜和果木；并且常刮大风，要栽也栽不活的。

"在我长大的年岁里，一八零三，零四，同零五那几年我记得特别清楚。一来因为我长到那个时期，小孩的眼见耳闻都成为难忘的印象，并且恰巧那个时候，使我永远记在脑里的事特别多咧，真是我生来少有的事呵。那是，不用我多说，第一次太平之后，拿破仑有了个战策要攻打英格兰。他曾经拔过阿尔卑斯山，去攻打埃及，土耳其，意大利同普鲁士，现在要来给我们一个打击了。英伦海峡对岸的人影和喊声，从我们的岸上都可以看得见，听得见；就在那里，法兰西的十六万兵队同一万五千匹马从各地方聚合拢来，每天操练。拿破仑预备了三年，造了两千只平底船，要把兵队，大炮和军用马运到我们岸上来。船身不大，但是造得很巧。有些船上安着小马栏，可以装载两匹马，用来拖那搁在船尾的大炮。他因为要把一切事情预备好，要了五六千人——木匠，铁匠，车匠，马鞍匠，等等。哦，真是个值得惊奇的时期呀！

小说　历史

"每天清早，'邻人坡倪'集合他的兵士到滩上排起队来，练习人马：过渡的方法，要使一兵一马都不给敌人擒去。这年我的父亲赶一群绵羊到萨色去，他顺着路走，经过那块荒地的时候，亲眼看见他们在那儿操练呢——兵队的武器在阳光下闪着同银一般的亮。我的约模叔叔曾经做过步兵下尉，（他知道这些事）他时常这样想并且时常说：拿破仑要在一个静夜里摇桨过海峡呢。我们最大的疑点是那位将军要在那里登岸呢？许多人以为必定是在多卫了；还有些人以为一个老练的将官，他上岸的地方是难得意料的，但是他们依然说，他若不朝东进泰姆士河，必转西到那方便的地方，大多数是在波得兰岛内的小海港，在密耳与圣哑班头之间——选了那三面弯曲的阁夫，人迹不到的地方，恰好我们就靠近那地方住，年轻时，在黑夜里，我常担着两木桶白兰地酒打那里经过。有人听说一部分的法兰西兵队要绕航苏格兰，然后转入海峡到一个合式的海港下锚。无论怎样，这确是一个疑难点；所以后来证实了拿破仑对于上岸的地方，那重要的，特别的问题，没有一定的主见，我们也不觉得奇怪。他犹豫不决，因为他得不到消息，他不知道我们的军队埋伏在那里，怎样预防他们？那些平底船，船上的兵士，要在什么地方才能平安靠岸呢？他真是莫明其妙。船底是平的，所以用不着找个码头给兵士上岸了，只要一个倾斜的，很偏避的沙滩，有一条道儿直通伦敦就成。那问题怎样烦恼那戈西加暴君（我们常叫他这个名字），他怎样困难地把问题解决？后来他怎样在那一晚上，冒险渡兵？只有一个人知道；当然，新闻记者或印书的人都不知道，不然，我说的往事就会叫这许多人听了摇头不肯相信，好像那些绅士，只相信报上的消息。

"我父亲看守的羊，放在我们房子附近的荒地上，靠近那几里长的海滨。在冬天同早春的晚上，我父亲总起床好几次，看护饲喂那生产的牝羊。他时常早睡，夜半十二点或一点就起来；有时看守到十二点或一点才睡。我稍微长大一点，不时的帮他的忙；在他回家时，看看那群羊罢了。这是我在一八零四或零五年中的某月份里的事务——我记不清楚了是那一年，不过总在我还没有离家去当学徒以前。每夜这个时候我都到羊群里去，离家约莫半里，除了大小的羊儿给我作伴外，简直没有半个人了。害怕吗？决不；在那时候没有伴我倒不怕；因为我是在那样一个偏僻的地方长大的，晚上没有伴反使我没有那样害怕呢。可是在黑夜里，在冷静的地方瞧见一个人影，才会骇掉我的魂呢。

"在那个月里的一天，约模叔叔突然来访我们，我们倒觉得很惊讶，他是第六十一队步军的下尉，驻扎在乔治皇帝的消夏海滨，离我们的西边有几里路。黄昏时候，约模叔叔忽然进来，同父亲一块儿到那羊栏里过了一两点钟。他又回来饮了些酒，那是运私酒的人寄存的，装在木桶里，危险的时候，就把桶烧掉。喝了酒，他直躺在高背的长椅上睡着了。我也睡去；半夜一点的时候，父亲回家了，把我叫醒来替他看守羊子，他照常在这时候要回来睡觉。我预备好了出去，打约模叔叔的面前经过。他张开了眼，听了我说要看羊去，他对我说，你这样年轻的小孩独自去看羊，真是不应该；他立时穿上长袜，结上皮带，同我一块儿出

哈代小说选

去，他从那碗碟柜里，拿出一小瓶酒喝了些才出去呢。

"到了羊栏，一切如常，没有什么意外，因为要取暖，我们在茅篱内堆了些稻草，若有风，还可以避风呢，我们就伏在稻草的旁边。那夜倒没有风。真是一个很寂静的夜，若是你站在那高山上，离海约莫两三里，可以听见海滨潮水起落的声音，几分钟内，一起一落，好像世界的鼾声呵。一层薄雾，在那低处飘浮着，但是我们站着的山上，空气清明得很，月尾的半钩月，照在野草上同四散的稻草上。

"我们在那儿待着的时候，约模叔叔说些故事给我听，打仗的故事啦，他怎样受了伤啦。他从前在荷兰同法国打过仗，他还希望有机会再打仗呢。他的故事真长，我听了好像自己也当过兵，同叔叔一样的上过战场。他的惊奇的故事真把我的脑袋迷住了，睡着的时候，我就梦见打仗呀，炮烟呀，飞也似的兵队呀，都是些他告诉我的故事所引起的。

"我不知睡了多久。稻草里绵羊很轻的'沙沙'，小羊的'咩咩'，铃子的'叮叮'把我闹醒了。约模叔叔还在我身边；他也睡着了。向外望望，究竟什么东西把我闹醒了。隔茅篱二十码的地方，站着两个人，披着水手大衣，戴着高耸的帽子，手上还拿着刀呢。

"我把耳朵转向他们，听听他们讲些什么，虽然一字一句都听得见，可是不懂呢。他们说的是外国话——法文呢，这是我后来才知道的。我虽然不晓得他们讲些什么，可是我是个聪明的小孩，猜出了他们商议的事情。因为有月亮，我可以看见当中一个的手里拿着一卷纸，他每次很快的对他同伴说话的时候，总用手左右的指着那海滨。他当然是对那个人解释海港的形势。后来我更明白了他们在那儿干什么事。

"我并没有叫醒约模叔叔，我害怕被他们发见了，因为叔叔的鼾声太响了。我把嘴靠近他的耳朵，轻轻的说，'约模叔。'

"'什么事，我的小孩？'他说，好似他并没有睡着。

"'轻些！'我说，'两个法国军官！'

"'法国的？'他问道。

"'是的，'我回答，'他们来找个地方给他们的军队上岸！'

"我把他们指给叔叔看；我再不能说话了，因为他们越走越近了。他们走到离我们约莫八码或十码的地方，那个手拿纸卷的将官弯着腰，把纸卷打开。他忽然点着一盏灯来看那纸卷，原来是幅地图呵。

'他们看的是什么呢？'我低问约模叔叔。

"'海峡的航图。'叔叔说。（他知道这些东西。）

"另一个将官也蹲下去，他们对着地图商议了好些时候，手指不住地在图上乱指，并且遥指着那底下的海滨。我看出当中的一个对另一个将官是很恭敬的，好像后一个的地位要高些，我真听不懂他们的称呼。不过那官位高的和他的朋友很熟，不时还拍拍他的肩膀呢。

"约模叔叔和我一样地偷望着他们，虽然灯光射在地图上，他们的脸却都在黑暗里。他们站起来的时候，光朝上射，照出当中一个的面貌。约模叔叔一见就喘气，中风似的倒了下去。

"'什么事——什么事？叔叔。'我问道。

"'哦，我的天！'他说，卧在草上。

"'什么？'我问。

"'坡倪。'他呻吟着。

"'谁？'我又问。

"'拿破仑，'他回答，'那个戈西加妖魔。喔，倘若我带了我的枪火来，他就要死给我看！但是我没有带来，他就活得成了。躺下罢，生命是可贵的！'

"我就躺下了，你们猜想得到。可是我忍不住的偷看。虽然是个小孩，我也认识那确是拿破仑的面孔了。我不知道坡倪吗？

我以为我是知道的。在那昏暗的灯光里我也能够认得出他。好像是他的相片，那我见过多次了。他有一个炮弹似的头颅，短的颈子，又圆又黄的下巴同下颏，沉闷的脸儿和光闪闪的眼睛。他拿上军帽来当扇子，额前有头发，同人们描写他的风采一模一样，他一动，大衣稍为开了一点，我看见他的胸前的短衣，和肩上的一个肩章。

"一切都快快的商量好了。他同他的将官就把地图卷了起来，吹熄了灯，朝海滨走去了。

"约模叔叔没有那样害怕了。'夜里偷渡过来，看看兵队怎样才能上岸呵，'他说，'我从来没有见过那冷酷的眼睛！小侄，我要赶紧去报信，不然英格兰就要亡了！'

"他们过了巉岩，我们才爬出来，稍微去张望他们，在中途，他们加入了两个人，几分钟内他们就到了海滨。从石头后面，在微暗的月光下，摇出了一条船，他们下了船就开走了，几分钟内就从阁夫海港的两块大石后摇出去了。我们再爬到刚才站过的地方，我看见，稍微远些的海上，停着一条大船，虽然不见得顶大。那条小船靠近后，大约是拖在大船后面，因为大船一开走，我们就看不见什么东西了。

"叔叔一到兵营，就把事情报告给长官；他们要怎么预防呢。我不晓得——叔叔也不知道。坡倪的兵总没有来，当然是我的希望，照那秘密的计划看来，因为他想在阁夫上岸，我们的家就靠近那儿呵。他们若把我们杀光了，那我就不能坐在这里给你们讲故事了。"

我们那晚听了色尔拜的故事的人，十年来已经听惯了他单调的沉重的声音。多谢世人不相信他的话，所以他的故事也少有人提及了。要是色尔拜所讲的故事，不是他亲眼看见过的，也能使听众相信拿破仑亲身到过这边来找个进兵的海港，那末色尔拜所讲的只是他自己在海滩上的一个冒险的经历了。

小说 历史

施笃谟小说选

序

　　这书的前半部是林率译的，他在去年出国前忙着"玩"，才交给我，叫我继续翻译。隔了许多日子我才有工夫把它译完。有许多地方请教过杨丙辰先生，敬此致谢。封面图案是唐君右先生手绘的，也附笔道谢。

　　　　　　　　　十八年（1929）五月于清华园。

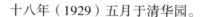

傀儡师保尔

小说 历史

我在年轻时候有些旋东西的本领，并且我从事于这一种工作恐怕还超过了我的校课所能容许的程度里；因为至少有一天我的副校长把我的并非无错的练习本交还我时，很奇怪地问我是否与我的姊姊为她的生日又旋了一个缝具。但是为学旋东西我却认识了一位可敬的人物，尽可把这些小吃亏抵消了。这人是精细的旋匠而兼机器师的保尔孙·保尔，他又是我们城里的县议员。为了我父亲的请求，——我父亲看见我做什么事，总要我有明确的澈底的了解，——他答应教我必需的精巧来作我的小工作。

保尔孙富有各样的学识，他不仅在他自己手艺中有了为人所敬服的本领，就是对于将来工艺的发达也有一种高见，现在许多人们所宣扬为新的真理的，我忽然能想起来，这十年前保尔孙老人早预言过了。——我不久就引起了他的亲爱，并且若是我遇到了休息日期的晚间于原定时间之外再去会他一次两次，他也是很喜欢的。我们不是坐在工场里就是坐在——尤其是在夏天，因为我们有了长年的交情——他的小花园里菩提树下的长凳上。在我们的谈话中，这更可以说是在我的老年的朋友引导之下的谈话中，我学得了把我的思想向许多事理上去运用的本领，这些事理对于人生虽然这样重要，但我后来却在我的中学高级教科书里面再也寻不出一点儿踪迹来。

保尔孙的出身是一个佛理斯人，这种民族的特质在他的容貌上表现得最为美好；纯朴的金黄的头发之下有一部富于思想的前额和一双沉思的碧眼；并且从他的土音的柔和的音调里可以辨出那从他祖先遗传下来的故乡声势。

这位北方人的夫人的发肤略作浅褐色，身段异常的轻盈苗条，她说起话来却又带一种显然是南方的腔调。我的母亲常说，她的黑眼中的热情可以煮沸一海的水，在青春时代她是有倾城的美貌的。——虽然她的鬈发里已经有了银丝，但她脸面上的那一种令人可爱的丰韵尚未曾消没，并且那与青年人们天生的一种好美性却使我借我尽力所能获得的机会去向她献点小的殷勤，作点小的事情，以使得以日渐亲近了。"你看这孩子同我要好，"她对她的丈夫这样说，"你不会吃醋吗，保尔？"

保尔反笑了起来。从她的趣语和他的笑声中可以看出他们的感觉是至诚的一致的。

他们除了一个儿子在外方游行外，再没有孩子了，也许因为这个缘故他们俩才这样欢迎我，保尔孙太太时常说我有一个有趣的小鼻子，同她的儿子约瑟夫的一样。我用不着隐瞒的，这位太太还会做一种很合我的口味而在我们城市中完全不识的面食，并且他们也不断地请我去做客，吃这面食。——因此这一个家庭对于我的吸引力的确是够丰富的了。我的父亲却很愿意我同这样优秀的中等人家自由来往。他只是说，"当心些，别去得太频繁了。令人家觉得讨厌！"这是他唯一的，在这一种关系中往往提醒我的话。可是我相信我却并不曾去得过于频繁，令我的朋友们不欢迎哩。

有一天在我父母的家中，从我们城内来了一位老先生，我的很新的，颇有点成功的手作品拿给了他瞧看。

当他正在称赞不止时，我父亲告诉了他我在保尔孙师父那儿快学了一年的徒弟了。

"啊，啊，"那老先生回答，"是从傀儡师保尔那里学来的！"

　　我从没有听说过我的朋友有这样的一个征号，于是问他这个名字有什么意义，也许这一问有点儿冒失。

　　但是那位老先生却非常小心地笑而不答，再不肯多给我一点消息。——

　　次一星期日，保尔孙夫妇邀我去吃晚餐，为的是帮他们庆祝他们的结婚纪念。这是晚夏时节，我很早就上路前去，那妇还在厨房里备办筵席，于是保尔孙带我到花园中去，我们一块儿坐在菩提树底下的长凳上。我又想起"傀儡师保尔，"这名字浮现在我的脑中，使我不能回答他的话；最后，当他略微指责我"心不在焉"的时候，我竟直接问他那个征号有什么意思。

　　他大大地发怒了。"你从谁人那儿知道了这愚蠢的名字？"他嚷道，从凳上跳了起来。但是当我还未能答复他以前，他又靠近我坐了下来。"算了，算了；"他想了一想说，"这个意思本来是最好的，算我一生所能给我的最好的事物了。——我可以告诉你；我们总还有时间来谈叙哩。——

　　"我是在这屋里同这花园里生长的，我的慈爱的父母也住在这里，很希望我的儿子将来也住在这里！——我的童年早早就过去了；但那时却有一些事体仍旧像用五彩铅笔画了出来地在我的眼前浮现着。

　　"那时我们的大门旁有一条小白凳，凳背和两旁都有绿色的木栏，从这里人们向一方面可以看见一条长街，一直达到教堂，向其他的一方面可以由城内望到野外。在夏天黄昏时候，我的父母于工作完后常坐在那儿休息；在那个时刻以前，我也常坐在那儿做我的功课，一面在那空旷的空气之中爽快地东眺西望。

　　"有一天下午我这样地坐在那儿——我还记得很清楚呢，那是在九月间，正过了节市——当我正在石板上为我的数学教员演代数命题时，我瞧见一辆古怪的车儿从街底下赶了上来。那是一辆双轮车，用一匹粗野的小马拖着。车内载着两只颇不低的箱子，在这箱子中间坐着一位身量高大，头发作褐色的妇人，她的脸纹木头似的呆板，另外还有一个九岁的小姑娘，她很活泼地常把她那蒙着黑发的小头从这方转向那方。车旁随行着一个矮小的，笑容满面的汉子，手中拿着缰绳，他的短黑的鬃样的头发在绿色的尖帽下叉了出来。

"这样在那马颈下的小铃的响声之中，他们就走近前来了。他们到了我们门前的街上时车便停住了。'你这小孩，'那妇人向着我喊，'裁缝旅舍在那儿？'

"我的石笔早停着不写了；这会儿我迅速地跳了起来，走向那双轮车。'您正在这屋的前面，'我说时指着那老屋，那屋前有剪作四方形的菩提树，那树你知道还长在那对面的。

"那美丽的小姑娘在箱子中间立了起来，她的小头从她那褪色的大衣的披肩内伸了出来，用她的大眼瞧着我。但那妇人说了一句'安静些坐下吧，小女孩！'和'多谢你！小男孩！'以后，在马上加了几鞭向着我所指出的屋子的门前赶去，这时那穿着绿色围裙的高大的店老父已经从屋内迎了出来。

"我十分明白这些新来的客人，不是属于在这屋内居住享受会馆特权的客人，没有权利在这儿居住。但是在那屋里——这我现在想来，总觉这光明的手艺的名誉和这旅舍是不相合的——还住有很多其他的我所喜欢的人呢。那边二层楼上，那上面原来的窗子现在只有一个框子向街上开着，自来是各种走江湖的卖唱的人，踩软索的人，和玩狗熊的人的住所，他们在我们城里表演了他们最好的玩艺。

"凑巧，第二天早晨我站在房内的窗前结束书袋，那边的窗子推开了；那矮小的，黑发的人把头伸出来，把两个手臂也伸到新鲜的空气中；然后回头进那黑暗的屋子，我听他唤着'丽沙，丽沙。'——于是一个玫瑰般的小脸从他的臂下拱了出来，她的黑发像鬃毛般垂着。那父亲用手遥指着我，笑着，扯了几次她的如丝的头发。他对她说的什么我听不清，大概是说，'你看他，丽沙！你还认得他吗，昨天那孩子？——这可怜的呆子必得立刻背了书袋上学去！——你是多么幸福的女孩子，你只是常常坐着马车到处去玩！'那小姑娘至少很怜惜地望着我，当我想同她友爱地打招呼时，她很诚恳地点了点头。

"不久那父亲把头伸了回去，在那屋顶间的后面不见了。跟着一个高大的妇人向那小姑娘走来，她抓住了她的头开始梳她的头发。这件事似乎必得安静地做了；丽沙很明显的不许抱怨。虽然当那梳子往颈下梳的时候，她屡次撅起她的小红唇。只有一次，她举起了手，任一根长发往外面菩提树上飘入了朝阳中。这我可以从我的窗里看得十分清楚，因为太阳从秋雾中射了出来，正照在那边旅舍的楼上。

"刚才那不透一些光亮的屋顶间这会我也能看清楚了。我很明白地看见一个人在那黑暗的屋角内靠桌坐着。他手里闪着像金银的东西；后来我见这东西像是个脸子，鼻子非常大；虽然我用力睁开眼看，也看不清楚是什么。忽然我听到一些木制的东西扔进了箱内；于是那人立起来把头伸出了第二个窗子，朝向街中。

"这时那妇人替那黑发的小女孩穿上了一件旧红的小小的衣裳，又在她的小圆头上把辫子盘作一个花冠。

"我还是遥望着。我想，'她仍会向我点一次头吧！'

——"'保尔，保尔'，我忽然听见底下我的母亲的声音在我们的屋外呼唤着。

"来了来了，妈妈！这对我真似恐惧钻进了我的四肢。

"'哪，'她继续喊着，'算学教习会当面责你去得怎样迟啊！你不知道早打过七点了吗？'

"我怎样急促地滚到楼下呀！

"然而我的运气真好！算学教习正在园里采梨，一半学生都在园里，用手和口帮着他。到九点钟时我们才带着笑脸，蒸热了的双颊回到我们的长凳上坐着，拿起算学书和石板。

"十一点钟时，我走出校园，袋里仍装满着梨。一个肥胖的城市宣报人自街上走了过来。他用钥匙打着他的金亮的铜锣，用带着啤酒气味的声音喊着：

"'机器师而兼傀儡师的坦粒·约瑟昨天从茂亨城到这里来了，今晚在猎人旅舍作第一次表演，戏目是法尔地方的伯爵席格弗利与神圣的琴纳佛华，这是带唱的四幕傀儡戏。'

"后来他咳了一咳，正经地向着我回家的路的对面走去。我跟着他，从这条街跟到那条街，三番五次去听那有趣的告白；因为我连喜剧都没见过，何况是傀儡戏呢。

"临了我回转时，我看见一个穿红衣的人迎面而来；真的，这是那傀儡师的小姑娘；她虽是穿那褪了色的衣服，但在我的眼中，她满含着神话中人的异彩。

"我鼓起了勇气向她说：'你在闲散吗，丽沙？'

"她看着我，她的黑眼里射出怀疑的光。'闲散？'她拖长了声音说，'啊你！——你是个懂事的人！'

"'那你到什么地方去？'

——"'我买尺头货物去！'

"'你要买布来做一件新衣吗？'我傻头傻脑地问。

"她大声笑起来了。'不要取笑我！——不；我只是去买些布条儿吧了！'

"'布条，丽沙？'

——"'当然是的！那不过是替木偶做衣裳用的布头吧了，这是不值什么钱的！'

"我脑里忽然想起一桩喜幸的事。我的叔父在街市里有一爿尺头货物铺，他的老伙计又是我的好朋友？'跟我来吧！'我大胆说；'这定不要你化一个子儿，丽沙！'

"'真的吗？'她问；于是我们俩向市中奔去，进了我叔父的铺子。这年老的格伯利尔仍旧着着胡椒色和盐色的外褂，站在柜台后面，我对他说明了我们的来意后，他和气地在桌上堆集了一些布头。

"'瞧，那块美丽的火红布条！'丽沙说，又点着头，似乎想要那一块法国印花布。

"'你用得着这块吗？'格伯利尔问。——要是她需用这块！当晚这骑士席格弗利就可穿一件缝好的新披肩。

"'不过那得加一条花边，'老人说时拿出了各种金银色的布条。不久又拿来了些绿色灰色的绸块同带子，最后又拿出了一大块美丽的黄绒。'这块也拿去吧，孩子！'格伯利尔说，'要是旧衣已经褪了色，可以拿这绒替你们的琴纳弗华做皮袍。'于是他把这些美丽的布条都包了起来，放在这小姑娘的臂下。

"'这不要钱吗？'她焦急地问。

"'不，这不用化钱，'她的眼闪出了光芒，'好人，万分感谢你！啊，我要给父亲看！'

"我们手牵手，离了这店铺；丽沙臂下挟了她的小包，我们走近我们的住家时，她放松我，穿过了街，奔跑到裁缝旅舍去了，她漆黑的辫子在颈下飞了起来。

——"午饭后我站在我们的门前，心头跳着顾虑一桩险事，去向我的父亲请求今天第一次奏演的票钱；我只要有三等座位就满意了，这对我们儿童不过化三四分钱。我正在打算时，丽沙就从街上向我奔来了。'父亲叫我送来的！'她说，我还没有看清白，她已经走远了；可是我的手中执着一张红券，上面写着大号字：头等票。

"我迎头一瞧，对面那身躯矮小的黑发的人从窗口伸出了两臂向我招呼。我也向他点点头，这些玩傀儡的定是多么好的人呀！

"'那么今天晚上'我对自己说：'今天晚上，并且——头等座位。'

——"你知道我们南大街的猎人旅舍，那门上还可见那人般大小的，好看的猎人像，戴着羽帽，执着枪；那一所古屋比现在更是残圮。这会社现在只剩了三个会员，百年前所受的德国老公爵的大银杯，火药角同荣誉链也渐渐糟蹋了；那向侧路伸出的大花园，你知道，已经租给人家牧牛羊去了。那古旧的二层楼屋从没有人住过，也没有人要用；这楼已被风雨剥蚀得败毁不堪，立在邻近许多精致的屋宇中间；只有那荒凉的涂了石灰的大厅，这厅几乎占了全部上楼，有时给那些强壮的人们或过路的玩戏法的人奏演他们的技艺。那时底下一扇大门，上面画着猎人的门，才咿呀地开了。

——"慢慢地天已是黄昏了；——但是在这最后的时间我心里真难过，因为我的父亲只准我在规定时间五分钟前放我出去；他以为这样训练一个人的忍耐是很要紧的，好使我安安静静地坐在戏园里。

"最后我到了戏园了。大门开着，各种人都走了进去；因为那时人们都喜欢去这样的娱乐场所；到汉堡去太远了，就是去也只有少数人能够抛弃家庭琐事，到那里去观光。——我走上橡树做的螺旋梯时，瞧见丽沙的母亲在大厅路口靠钱柜坐着。我很亲密地走近了她，想着她会很像一个熟识的人般招呼我；但她呆板地坐着，默然不语，把我手中的券子收了去，似乎我与她家一些关系也没有。——我有些卑屈地进了大厅；人们在开演以前低声地互相交谈着，那城里来的乐师也同他的三个门徒奏着乐。我瞧见的头一件东西是大厅后面悬挂在奏乐处的红色幔幕，幔幕中央画着两个长喇叭，交叉在一个金黄的月琴上；我觉得很奇怪，喇叭的口上各挂着一个面具，似是钻了孔套上去的一般，有一个面具是愁容，另一个是笑容。——前面三排已坐满了，我挤在第四排中，这里我忽然看见一个同学挨着他的父母坐着。在我们的后面，这地方就一步一步地高了，所以到了末一排，就是没座位只好站立的楼廊，比前面地板差不多高了一个人。但是那里好像挤满了人，我看不很清楚，因为那几支蜡烛，在两旁墙壁上铅烛台内燃着的蜡烛，只散布出些微的光；并且那重压的栋梁组成的大厅天花板也是黑幢幢的。我的邻座要向我说一段学校故事；我不明白他为什么会想到这上面去，我只看着那幔幕，台上的灯同奏乐师的桌上的灯把这幔幕绚烂地照了出来。这会幕面上刮过了一阵波浪，幕后的神秘的世界开始移动了；一瞬间，一个小钟发出了鸣声；观众的嘤嗡的谈话声突然停止，幕就高挂起来了。——向台一看，就使我置身于千年以前。我看见一个中世纪的堡垒，带着塔与吊桥；中间站着两个二尺高的人，灵活地互相谈着。一个留着黑须戴着银色羽盔，在红色衬衣外穿着镶金外套的，是法尔地方的伯爵席格弗利；他要去征伐异教的回子，吩咐他的管家高罗留在堡中保卫伯爵夫人琴纳佛华。这负义的高罗这会穿着镶银短裤站在伯爵旁，装出英猛的神气，让他的良好的主人独自奔向凶恶的战场。这样互相交谈时，他们把头来回地移转着，胳膊也一节一节急烈地伸张着。——于是吊桥外面拖长的小喇叭声音响了，同时美丽的琴纳佛华垂着了天青色的长裙自塔后推了出来，把她的双手放在她丈夫的肩上：

"'啊，我心爱的席格弗利呀，巴不得你别叫凶恶的回子杀了！'但这也无益；那喇叭又响了一次，这伯爵就威风凛凛地从吊桥走出了这庭院；外面很明白地可以听出武装军队的出发声。现在这恶人高罗变做了这堡塞的主人了。——

"于是这戏继续演着，与你在你的读本中印着的一般。——我坐在我的板凳上，完全中了迷似的；这种古怪的行动，这种尖细的傀儡语声，我始终真以为是从他们的口里出来的，——这些小小的木偶人的生活令人可怕，但我的眼如磁石般被吸引到那上面去了。

"这戏的第二幕更好了。——堡中的仆人有一个穿灰色的'南京’做的衣服的名叫客思背。要是这人还不算伶俐，再没有人是伶俐的了；他说出非常可笑的笑话，整个大厅都震动着笑声；他的香肠般大的鼻内一定有一个机关；因为他发出他的趣语时，他的鼻尖会前后摆晃，仿佛他是乐得不知如何是好了；同时这年轻人又张开了他的大口，如夜猫一般，用下腭骨作出吱喳的声音。‘天呀！’他嚷，在戏台上跳跃着；后来他站定了，先只对他的大拇指谈话，他能把这拇指很有意思地来往旋转着，他所说的好像是‘这里没有，那里没有；你得不到什么，所以你没有！’他的斜眼真来得迷人，顷刻间全场的人都学他在脸上把眼横斜起来了。我完全被这可爱的东西迷住了！

"过后戏演完了，我回到家里坐在我们的房内，默然吃着我的好母亲替我温暖了的菜饭。我的父亲坐在靠椅内，吸着他的晚烟。‘哪，孩子，’他呼唤，‘木偶人是活灵活现的吗？’

"'我不知道，父亲，'我说，仍吃着我的菜饭；我脑里还是恍恍惚惚的。

"他带着聪明的微笑向我看了一会。‘听着，保尔，’于是他对我说，‘你再不要常看傀儡戏了，这些东西毕竟会跟你到学堂里去啦。’

"我的父亲说的真对。以后这两天内我演代数命题显得我这样平庸，那数学教习恐吓我，要把我从第一名降下来。——当我心里想算着：‘a 加 b 立刻等于 x 灭’时我耳里单只听到那美丽的琴纳佛华的鸟一般的声音：‘啊，我最心爱的席格弗利，巴不得你别叫那凶恶的邪教人杀了！’有一次，——不过没有人看见——我在黑板上写着‘x 加琴纳佛华。’——夜间在我的卧室里高响着‘天呀，’这叫人爱的客思背穿着‘南京’布衣服向我的床奔跃而来，把他的胳膊向着枕头支在我头的两旁，向我点头冷笑着说：‘啊，你这好兄弟呀，啊，我这心坎儿上的小兄弟呀！’他又用他的长大的红鼻啄我的鼻子，于是我就醒了。我当然知道不过是一个梦吧了。

"我把这些事都闷锁在心里，不敢向家里提起关于木偶戏的一句话。第二个星期日那宣报人又在这街上穿过，打着铜锣，大声宣报着：'今晚在猎人旅舍演四幕木偶戏，《浮士德博士游地狱！》'——于是我再不能忍耐了。我绕着我的父亲同猫绕着热粥般旋转着，临了他看出我这默然的神情了。——'保尔，'他说，'这一定会叫你剜去一块心头肉啊！最好的治法，也许是叫你看一个够。'这样说着他伸手进背心袋内拿出四分钱给我。

"我急急出了门；到了街上我才明白离傀儡戏开幕时还有八个钟头。因此我向侧道旁的花园后面跑去，我到了这旷阔的猎人旅舍的荒园时，自然而然地踱了进去；也许在那窗上可以看见几个傀儡，因为这戏台是在屋宇的后面。不过我得先穿过花园的前面，这里附近长着菩提树同栗树。我觉着胆怯不敢再前进了。突然系在这里的大山羊向我背后一撞，把我撞出了二十步以外。这可帮助了我；我向四周一看，我正立在树下了。

"这是一个沉闷的秋日；黄叶一片一片落在地上；几只海鸥在我头上的空中叫着，飞向海湾去；一个人也看不见，连人声也听不到。我慢慢地穿过了蔓延在小径上的荒草，一直到了一个石砌的小院落，这院落把花园同屋宇隔开了。——我猜对了！那上面有两个窗子可以看到下面的院子；不过在镶铅的小玻璃窗后，只是空虚与黑暗；看不见一个木偶。我立了一会，觉着这四周冷静得可怕。

"后来我看见那重大的院门从里面开着一个手掌宽，同时一个黑发的小头伸了出来。'丽沙！'我喊。

"她睁大了她的黑眼看着我。'上帝保佑你！'她说；'我不知道外面有什么响！你怎样来到这里呢？'

"'我——我来散步的，丽沙！——告诉我，他们这时正演着傀儡戏吗？'

"她笑着摇摇头。

"'你在这里做什么呢？'我往下问，同时我跨过了石砌的院子走到了她的身前。

"'我等着父亲。'她说；'他到下处拿布条和钉子去了；他把今晚的戏都得预备好。'

"'那么你是一个人在这里吗，丽沙？'

"'啊，不是；你也在这里！'

"'我的意思，'我说，'是问你的母亲在不在大厅楼上？'

"不在，她的母亲在裁缝旅舍修改木偶穿的衣服，丽沙完全是一个人在这里。

"'听我说，'我又说，'你替我做一样好事吧，我极欢喜凑近看一看你们的一个木偶人叫做客思背的。'

"'你是说那丑角吗？'丽沙说着，似乎自己斟酌了一会，'哪，可以；不过得赶快，一会儿父亲就要回来了！'

"说着这些话时，我们走进了屋内，急忙跑上了那很陡的螺旋梯。——大厅内很黑暗；因为向院子外开着的窗子都被戏台遮住了，仅由幌幕的细缝中透过一些光线。

"'来吧！'丽沙说，她把旁边墙上由地毯做的遮帘举了起来；我们钻了过去，于是我就立在一个奇幻的庙堂中了——但是从后面在白日里观察这厅很不好看；一个用大小木板做的架子，架上挂着一块复色点染的布，这就是舞台了，在这台上神灵的琴纳佛华的行动曾经把我哄骗了。

"但我抱怨得太早了；自一个帐幕拴到墙壁的铁线上，我看见两个奇怪的木偶摇荡着；但这两个木偶背朝着我，所以我认不出它们。

"'另外的木偶在那里，丽沙？'我问；因为我欢喜把全班木偶一次就看完了。

"'在这小箱里！'丽沙说，用她的小拳拍着立在角上的箱

子，'那里两个是做好了的，你可以走近那儿去看；你的朋友客思背也在那儿！'

"真的，这正是他。'今晚上他也出演吗？'

"'当然啊，什么时候也少不了他！'

"我交叉着胳膊观看我心爱的快活的人。他拴在七根线上摇荡着；他的头低垂着；他的大眼凝视着地板，他的鸟嘴般的大鼻放在胸上。'客思背，客思背，'我向自己说，'你为什么这样可怜地挂在这里！'好像有人回答我：'等着吧，可爱的小兄弟，等到今天晚上吧！'这是我心里这么说呢，还是客思背亲自对我说的呢？

"我回头一看，丽沙已走开了。她大概是在大门前，看看她的父亲是否回来了。我还听到她在厅门口喊着：'你千万不要动木偶！'——是的，——但我总是手痒舍不得。我慢慢踩上在我旁边立着的板凳，先抽动了这一根线，再抽动那一根，那下巴骨就拍拍地响了起来，手高举了起来，那奇怪的大拇指也一节一节地前后折动起来。这件事并不甚难，我从来不想到木偶戏是这般容易的。——但胳膊只能向前后移动；我知道客思背在近来演的戏内，曾经把胳膊左右伸张，甚至于在头上一同拍过。我把线都牵动了，我试用手把这胳膊扭转过来，但是不成功。忽然在木偶身内轻轻地喀啦响了一声。'算了！'我想，'放手吧！也许你闯下了一桩祸事！'

"我轻轻从凳下跳了下来，同时听见丽沙从外面走进厅内。

"'赶快，赶快！'她嚷，拖了我由黑暗中出了螺旋梯；'这本是不应该的，'她说着，'让你进这里来，不过也吧，你到得了一场高兴！'

"我想着那里面的轻轻的喀啦一声。'啊，这没有什么错儿吧！'这样自慰着，我走下了梯子，穿过了后门到露天中。

"这是的确的，客思背正不过是一个木制的傀儡；但是丽沙——她说话多么可爱！她又是多么和气立刻引我去看木偶！——当然，她自己也说过，这是隐瞒着她的父亲做的，这原是完全不对的。这个错——我得很惭愧地招认了——这种隐瞒我并不喜欢，反转来说，这事到使我得到一种浓厚的趣味。当我再穿过园中的菩提树和栗树漫步走向侧路时，我脸上浮现着自负的微笑。

"在这样一人沾沾自喜的思想中，我时时在我的心内还听到那木偶身内的轻轻的喀啦声；我虽是立意不管它，但成天都不能把这不快的，响着的声音置之度外。

"这时已经打过七点了；今天星期晚上，猎人会馆座位都坐满了；这一次我立在后面四分钱的座位处，离地有五尺高。烛光在锡盘内燃着，城里来的音乐师同他的助手奏起了乐；这幕幔也卷上了。

"一个高拱的峨特式的房子现了出来。浮士德博士穿着黑色礼服在摊开了的书本上，苦苦地埋怨他的学问对他没一点好处；身上没有美好的衣穿，反因债务满身，不知道怎样办；所以这会儿他要和地狱发生关系——'谁叫我？'一种可怕的声音从屋内弧角响到他的左边。——'浮士德，浮士德，不要跟去！'另外一个细美的声音从右边响来。——但是浮士德向黑暗的势力发了誓。——'苦呀，苦呀，你这可怜的灵魂！'一阵悲欢的气息似是天使的声音；左面响着尖锐的笑声穿过了屋中。——这时有人敲门。'得罪，学长阁下！'浮士德的助手华格纳进来了。他来向他请示要雇一个帮手，作家中粗糙的工作，好使他自己更可专心读书。'有人，'他说：'向我荐一个年轻人，叫做客思背，似乎是质地优良。'——浮士德和善地点了点头说：'很好，可爱的华格纳，这事我可允许你。'于是两个人都走开了。

"'天呀，'一声，他便来了。他一跳就到台上来了，他背上的褡裢也跳动着。

"'谢天谢地！'我想；'他仍旧是十分完好；他仍旧与上星

施蛰存小说选

期日在美丽的琴纳佛华堡内一般地跳跃着！'这很奇怪，上午在我心里不过是一个可怜的木偶，这会他说了头一句话，又完全把我迷住了。

"他很活泼地在房内走上走下。'要是这会我父亲见了我，'他喊，'他是多么高兴啊！他老是这样说：客思背，你总得事事高升！——哪，现在我是高升了，因为我能把我的东西抛得同房子一样高！'——同时他试把他的褡裢向空中一抛；褡裢真飞上去了，用线把它牵着，一直抛到天花板上面；但是——客思背的两臂仍是贴身放着；振了又振，总举不上一掌高。

"客思背说着；不再动了。——戏台后发出了一种闹声，人们可以听见低微的怒声，于是这戏也就显然中断了。

小说 历史

"我的心儿停了跳！我们可得了个好报应！我巴不得跑了出去，但这使我太惭愧了，要是丽沙完全为了我的缘故发生了什么事呢！

"忽然客思背在台上怪叫人怜的号哭起来，他的头与两臂向下松垂着，那华格纳助手又出现了，问他为什么这般哭哭啼啼。

"'哦，我的牙啦，我的牙啦！'客思背嚷着。

"'好朋友，'华格纳说，'你张开口让我瞧瞧！'——他捏着他的大鼻子向口里看时，浮士德博士也进屋里来了。——'得罪，得罪，学长阁下，'华格纳说，'我不能雇这年轻人替我做事了，必得把他送到病院里去！'

"'那是一个客店吗？'客思背问。

"'不是，好朋友，'华格纳答道，'那是一所屠场。那里他们可以把你的智慧牙从皮肉里割了出来，你就免得痛苦了。'

"'哦，你这可爱的活菩萨，'客思背哭诉着，'我这可怜的人会遭遇这般不幸的事！一个智慧牙，你说，助手先生！我家里的人还没有过这牙齿！难道我客思背的本领就完了吗？'

"'固然，我的朋友呀，'华格纳说；'有智慧牙的仆人我总是不用的好；这些事是专为我们读书人的。幸得你还有一个侄儿，他自己来向我说过，原来跟我当差，也许，'他转向浮士德博士说，'学长阁下，可以允许吧！'

"浮士德把头庄重地扭转了。

"'行，随你喜欢吧，我的可爱的华格纳，'他说，'可是再不要拿这种琐事来打搅我研究魔术的工作了！'

"'听我说，我再好不过的人，'一个裁缝对他的邻座说，这裁缝坐在我前面靠着栏杆，'这段戏是不相干的；我知道这戏，才不久我先在荣弗村看过。'——那邻座只不过说：'闭口吧，你这莱泊漆人！'又在他的手肘闯了一闯。

——"这时戏台上客思背，第二个客思背，出台来了。很明显地他与他的有病的舅舅很相像，说话也很相像，只不过他没有那可以移动的大拇指，他的大鼻内也像没有机关。

"我心里仿佛轻松了些，当这戏安静地继续演下去时，一会我把一切事都忘了。魔鬼似的末非司托弗尔司穿着他的火红长袍出现了，额上长着小角，浮士德就用血签了这鬼条约。

"'你得先服侍我二十四年，然后我的灵魂与肉体都是你的了。'

"两个人披了魔衣，飞腾入空中去了。天上又落下了一个可怕的癞蛤蟆来接客思背，那蛤蟆长着有蝙蝠的翅膀。'我一定要坐这鬼般的麻雀到泊码去吗？'他嚷，那东西摇身点头时，他骑上去飞追那两个人。

——"我一直在后面靠墙站着，前面的人头都可以看见。这会戏幕向上卷起，这是最后的一幕了。

"临了，约下的时间是过去了。浮士德同客思背两人又在他们的家乡了。客思背已经变做了一个更夫；他穿过黑暗的街道，报着钟点：

"'听着，先生们，让我对你们说：

我的妻子打了我了，

你们当心这些女人！

钟打了十二点了！半夜的时辰！'

"人们可以远远听到半夜的钟声。浮士德蹒跚到了台上；他想做祷告，但他的喉咙里只有呻唤声与牙齿振栗声。空中有一种雷声喊着：

"'浮士德，浮士德，你是永远贬入地狱了！'

"这时三个黑发的恶魔从火焰中走了下来，把这可怜虫抓了去，我觉得脚下有一块木板在移动。我俯身想把这板移正时，我似乎在下面的黑屋内听见什么声音；我再凑近听了一听，这像是一个小孩的哭声。——'丽沙！'我想；'要真是丽沙啦！'我的罪恶又如一块石头般落在我的良心上了；这会浮士德博士与他贬入地狱的事和我有什么相干呢！

"我的心急跳着，我挤过观众，从旁边一个木柱上滑了下去。我急忙溜进底下的屋内，在屋内，我可沿着墙一直往前走；不过太黑了，所以我处处碰着竖立的木板与梁柱。'丽沙！'我喊。我正还听到的泣声忽然停止了；但在那边最深的角上，我看见有什么东西在动，我再摸索进去，一直到这屋的尽头，——她坐在那里，缩做一团，把头低垂在双膝中。

"我拉了拉她的衣服。'丽沙，'我轻轻地说，'这是你吗？你为什么到这里来？'

"她一句不回答；自对自又哭了起来。

"'丽沙！'我再问；'你不舒服吗？千万求你对我说一句话！'

"她稍微抬起了头。'我还有什么可说！'她说；'你自己知道你把那丑角扭坏了。'

"'是的，丽沙！'我忧愁地回答；'我自己也这样想，那是我做的事。'

——"'是你！——我当时怎样对你说了的！'

"'丽沙，我应该怎样才是？'

——"'这会算了吧！'

"'不过究竟怎样好？'

——"'那也没有什么！'她又大声哭了。'不过我——我到家里去——我要挨鞭子的！'

"'你挨鞭子，丽沙！'——我觉着万分难受。——'哦，你的父亲是这样凶吗？'

"'哦，我的父亲真慈爱呀！'丽沙哭泣着。

"那末是母亲！哦，我在气愤之下多么恨那个女人呀！她常是一副古板的脸，坐在柜台旁。

"我听见客思背，第二个客思背在戏台上喊：'戏完了！来呀，格刺尔，我们来跳最后之舞吧！'转瞬间在我们头上起了窸窸窣窣的脚声，一会儿人们都宣嚷着离了座位，挤向出口；最后我听见大提琴声，知道城市奏乐师同他的助手也出来了，他们临走时把琴靠墙闯着响，后来就慢慢静息了，只不过在台后还可听见坦特勒夫妇的谈话声同工作声。一会儿他们也到戏场上来了；他们似乎先到奏乐台边把灯光灭息了，于是厅内渐渐地更是黑暗了。

"要是我知道丽沙躲在那里！"我听见坦特勒先生对他的在那边墙旁做事的太太嚷。

"'她能够到那里去！'她大声说，'这个顽固的小东西；她会跑到下处去了！'

"'女人，'丈夫回答说，'你对待小孩也太凶了些；她原是一个性情和顺的孩子！'

"'喂，你说什么，'女人大声嚷，'她必得受罚，她很知道这美丽的木偶是先父传下来的！你再修理不好，那第二个客思背正不过是一时的权宜吧了！'

"这高声的对话又在这空中的厅内回响起来了。我挨着丽沙蹲缩着；我们手牵手坐着，如老鼠一般安静。

"'这正是活该,'妇人又说,她正好站在我们的头上,'我为什么准你今天演这触犯上帝的戏!这是先父年老的时候从来不愿意演的!'

"'哪,哪,拉瑞尔!'坦特勒先生自另外一堵墙旁喊道,'你的父亲是个怪人。这戏的进款常是很好的,并且我以为这也给世上一般心目中没有上帝的人一个教训,一个榜样!'

"'今天算是末次演这戏吧。以后再不要向我提起了!'妇人回答。

"坦特勒先生一声不响了。——这时似乎还燃着一支蜡烛,他们两夫妇走向出口去。

"'丽沙,'我悄悄地低声说,'我们被锁在里面了。'

"'让他们锁吧!'她说,'我没法,我不走开!'

"那末我也留在这里!

——"'你得回到你的父亲母亲那儿去!'

"'我无论如何要同你留在这里!'

"这会大厅的门也关上了;他们走下了梯子,又听见他们在外面街上怎样把大门锁上了。

"我们坐在那里。我们坐了一刻钟,两人都不说一句话。碰巧我想起了我的袋里还有两块饼,这饼是我向母亲要了两分钱,在回家路上买来的,因为忙着看戏就忘了吃。我拿一块饼,塞入丽沙的小手内;她默然拿了,仿佛她心里明白我预备了晚餐,于是我们嚼了一会。后来连这也吃完了。——我立了起来说:'我们到戏台后去吧,那里亮些;我想外面出月亮了!'丽沙很耐心地由我把她引导过了横插直竖的木板。

"我们从化装室后溜进了戏台时,明亮的月光自园中穿过窗子照了进来。

"在前天只不过挂了两个木偶的铁丝上,这会我见了全班的木偶。那里悬着浮士德博士,一副严厉苍白的面孔;长了角的末非司托弗尔司；三个黑发的小魔鬼；那两个客思背也在长了翅膀的蛤蟆旁。他们是十分安静地挂在这清淡的月光中；他们出现在我面前，像是死人一般。那大客思背的大鼻碰巧仍旧搁在他的胸膛上。不然我以为他的眼光是紧跟着我了。

"一会我同丽沙不知道如何是好，或在台旁闲立着，或爬上台去，两个人并肩倚靠着窗板。——天气已经变坏了；天上升起了一阵云，挡住了月光；在下面园中可以看见树叶从树上一团团地吹落。

"'看呀，'丽沙忧虑地说，'这云怎样地飘浮着！我的年老的好姑妈不能够从天上往下看了。'

"'年老的姑妈是谁，丽沙？'我问。

"'哦，我在她那里一直住到她死了才回来的。'

'于是我们又看看外面的夜色。——当风对着屋子，向着松动的小玻璃窗吹刮时，在我身后悬在线上的一群木偶的木做的四肢也开始响动了。不期而然地我回转了身，看见他们怎样被穿堂风吹动了，把头摇晃着，把僵直的手臂与脚腿交叉乱动着。但当那弄坏了的客思背突然把头掉过来用他的白眼向我注视时，我想还是往旁边走开些稳当。

"但那离窗不远的帷幕使人家看不见那些悬着的跳舞家，那儿有一个开着的大箱；箱上乱放着几块羊毛毯，这毯子许是用来包裹木偶的。

"当我想走到那里去时，我听见丽沙在窗内深深地打了一个呵欠。

"'你累了吗，丽沙？'我问。

"'啊，不，'她回答，同时把她的双臂紧紧抱着，'但是我冷呀！'

"果真这空洞的大屋内已冷起来了，我也觉着冷。'这里来吧！'我说，'我们把这毯子卷在身上吧。'

施蛰谟小说选

　　"丽沙立刻站到我旁边，很忍耐地让我把她卷在一张毯内；她活像一个蛹虫，只是那最可爱的小脸仍露在外面。'你知道，'她说，一双疲倦的大眼看着我，'我进了那箱内，可以暖和些。'

　　"我也突然觉悟了；因为那荒凉的环境倒觉得是一个快乐的地方，好像是一个窄小的屋子。不久我们这两个可怜的傻孩子坐进了这空箱中盖好了，互相紧紧地偎缩着。我们把脚与背叉在箱的两旁；远远的我们听见那笨重的厅门闯着响；但是我们坐着十分舒服。

　　"'还是觉得冷吗，丽沙？'我问。

　　"'一点也不！'

　　"她让她的头落在我的肩上；她的眼睛已完全闭上了。'我的奶爸爸要做什么——'她喃喃着；于是我听见了她均匀的呼吸，她是熟眠了。

　　"我可以在我的地方往窗子上面的玻璃看出。月亮被云幕遮盖些时候，又浮现了出来；那年老的姑妈又可以从天上往下观看了，我想她是很喜欢看的。一线月光落到了那躺在我头上的小脸上；乌黑的睫毛如丝穗般摊在两颊上，小红嘴轻轻地呼吸着，只不过她胸中有时仍抽噎着短泣；后来连这泣声也没有了，老姑妈很慈爱地在天上瞧望着。——我不敢把身子动一动。'这是多么幸福，'我想，'要是丽沙是你的姊妹，要是她能常与你在一处！'我没有兄弟姊妹，我虽然没有要一个弟兄的愿望，但在我的梦想中仍存着一个姊妹陪伴我一生。我永不懂我那些真有了弟兄姊妹的朋友们会同他们争吵。

　　"这样思想着，我也大概睡着了，因为我知道我梦见了各种怪诞的事情。好像我坐在戏场中；蜡烛在墙上燃着，但除我外空凳上没有坐一个人。在我的头上，大厅的顶棚下，客思背骑着鬼般的麻雀在空中回绕着，并且有一次向人喊着：'顽皮的小兄弟呀！顽皮的小兄弟呀！'或带着悲痛的声音喊着：'我的胳膊

啦！我的胳膊啦！'

"后来我被笑声惊醒了，笑声在我头上回应着；也许是被那忽然射落在我的眼内的光亮所惊醒的。'哦，巴不得看见一个这样的鸟巢！'我听这话是我父亲的声音；那声音又粗厉了些说：'出来，孩子！'

"这是常常机器般把我从床里驱逐起来的声音。我睁开了眼，就见我的父亲同坦特勒夫妇站在我们的箱旁；坦特勒先生手里拿着一支燃着的烛。我要是奋力举起身来，一定要惊动丽沙，她仍是酣睡着，她小小的身子的重量，沉压在我的胸上。但当我的两个瘦削的胳膊由箱内往外伸时，我见坦特勒太太的古板的脸俯下来看我们，我的胳膊很猛烈地打在我的小朋友身上，几乎把这好太太的旧意大利草帽也从头上拖曳了下来。

"'哪，哪，孩子！'她嚷着，向后退了一步；我从箱里走了出来，用惯用的话把上午发生的事说了一遍，说时也不掩护自己。

"'那末，坦特勒太太，'我的父亲说，当我把这事说完时，他同时作要打我的手势，'那末你可把这交给我，这事完全由我的小孩身上解决。'

"'哦，是呀，是呀！'我热诚地嚷，好像甘愿挨打似的。

"丽沙这时也醒了，被她父亲的手围抱着。我见她怎样把她的手臂，围在她父亲的颈上，一会附着他的耳急切地私语，一会温和地看入了眼中，又诚恳地点点头。突然这傀儡师执了我父亲的手。'亲爱的先生，'他说，'这孩子们向我们互相求情。太太，你也别做得这般凶！这次我们不必追究了吧！'

"这时坦特勒太太仍戴着草帽，一丝不动。'你自己也看得出，要没客思背，可演不成戏！'她说着，用严重的眼光看着她的丈夫。

"我见我的父亲的脸上现出一种眉飞色舞的神情，这可把我宽了心，这场风波就可这般没事过去了。当他允许了过几天来修理这坏了的木偶时，坦特勒太太的意大利帽动得很是好看，于是我自己知道我们俩是安全的了。

"一会我们走过了黑暗的小街，坦特勒先生拿着灯走前面，我们孩子手拉手跟在大人后面。——后来：'再见，保尔！哦，我要好好地睡去！'丽沙走远了；我还不觉得我们走到了我们的门口。

"第二天上午我从学校回来时，遇见了坦特勒先生带着他的小女在我们的工场中。'哪，朋友，'我的父亲检查着这木偶的内部说，'要是我们两个机器师不能把这木偶弄好，那真是太丢脸了！'

"'这一来，父亲，'丽沙嚷着，'母亲也可以不必再抱怨了！'

"坦特勒先生温柔地摸着他女孩的黑发；他又转向了我的父亲，我的父亲正对他说明要怎样修理木偶的方法。'哦，可爱的先生呀，'他说，'我不是个机器师，这称呼只是由这木偶带过来的，我的招牌实在是彼得格登的一个雕工。但是我死去了的岳父——你一定听见过他——才是一个机器师，我的女人常常觉得很荣幸她是著名的傀儡师格色尔勃来脱的女儿。客思背的机器就是他做的；我不过雕了脸子吧了。'

"'为什么这样谦虚，坦特勒先生？'我的父亲回答，'那也是一种艺术。那末——对我说，你怎么能够当我的小孩子的过错在演戏中发现时，立刻就知道怎样应付呢？'

"这谈话我听了渐有些不自在了；在坦特勒先生的和善的脸上完全闪着傀儡师的诡谲的神情。'是呀，先生，'他说，'在这种景况中，人们早把这些小笑话预备好了的。并且还有一个侄子，一个第二号的小丑，声音也是一般的！'

"这时我把丽沙的衣服拖了一拖，侥幸地逃入了我们的园中。我们坐在菩提树下，绿树枝条在我们的头上开张着；不过那里花坛上的红石竹花已经开过了；我还很记得，那是晴朗的九月下午。我的母亲自厨房走了出来，和这傀儡师的女孩谈起话来了，她也是有些好奇的。

"她叫什么名字，母亲问，她是不是从这个城旅行到那个城？——是的，她叫丽沙——这我对母亲说过许多次了——但这是她初次出门；所以她的高等德文还说不得十分好。——她进过学堂没有？——当然，她进过的，不过针线同编织是从她的老姑妈那儿学来的；姑妈家也有一个小花园，她们坐在园内的板凳上工作；现在她是跟她母亲学习，不过母亲很是严厉的。

"我的母亲听了点头嘉许。——她的父母要在这里住多久呢？她又问丽沙。——是的，这她不知道，这全看她的母亲；惯例是一个地方住四个星期。——她在路上有没有一件温暖的外氅；因为十月里坐在没篷盖的小车上是很冷的。——哪，丽沙说，她有一件小外氅，不过很薄；她到这儿来的路上穿了，也觉得冷。

"这会我的母亲到了把话透露出来的地方了。'听我说，小丽沙，'她说，'我有件好外氅挂在衣橱内，当我还是一个高大的姑娘时留下来的；现在我年纪大了，又没有女儿，我修改好了就给你吧。明天再来，丽沙，就可以为你缝做一件温暖的小外氅了。'

"丽沙听了，喜不自胜，急忙地吻了吻我母亲的手；我母亲倒觉得很难为情，因为你知道我们这地方对于这种礼俗是不懂得的！——幸而这会他们两人从工场里走出来了。'饶恕你这一次，'我的父亲大声说：'不过——'我的罪过的结果不过是我的父亲竖起一个指头向我点点，作个警告罢了。

"于是我高高兴兴跑进了屋内，听了母亲的吩咐，用了她的围巾，把这客思背仔细地包裹了起来，因为怕拿去时，街上的小孩子见了这刚医好的病人，都跟着乱嚷，这些人虽然实在怀着好意，但总不方便。丽沙把这木偶挟了，坦特勒先生牵着她的手，大家互相说了感谢的话后，他们就欢愉地由这街走向猎人旅舍去了。

"这时一个儿童最幸福最美丽的时期开始了。——丽沙不但在第二天上午来了，就是以后的日子也来了；因为她曾请求她的父母准她自己来缝她的新大氅，直到他们不允许时才止。真的。我的母亲放在她手中的工作，不过是装个样子的；不过她也觉得孩子们总得常常给些正经事做。有几次我坐在旁边，读着一本威色氏所编的'儿童之友'；这书是父亲在拍卖场中为我买来的。丽沙听我读了很是喜欢，她从来不知道这般有趣的书。'这真有意思！'或说'你说世界上真有这事吗！'我读时她常是这般问着说，说时把她的手同她的针线放在膝头上。她又不时用着敏慧的眼向上瞧我，说：'哦，这个故事要是是真的啊！'——这话我现在还听得见呢。"

——这说故事的人默然不语了，在他的可爱的男子汉气概中，我看见一种安静的幸福的表情，似乎他对我说的一切真是过去了，但无论如何是不会遗忘的。过了一会他又开始叙述：

"我的工课到有比那时候做得再好的；因为我觉得我的父亲这时管我比从前来得紧严，要我发奋用功，他才许我与这些玩傀偏的人来往。'他们倒也是有名誉的人，这坦特勒一家人，'有一次我听见父亲说，'那裁缝旅舍的东家现在也为他们收拾出一间净干的屋子来了；他们每日算清了酒账；只可惜，那老人说，他们这无谓的消耗非常地少。——这个节饮，'我父亲又添上了一句，'我听了比那店东家更要欢喜；他们大概是想省钱；像他们这样的人是从来不知省钱的。'——我听了有人称赞我的朋友们，多么快乐啊！因为这会他们都是我的朋友了；甚至于坦特勒太太，当我——再不用入场券了——在晚上靠着她的柜台旁溜进了厅内的时候，也在她的草帽下很亲热地向我点头——每天上午我又怎样自校内跑了出来啊！我很知道在家里我可以遇见丽沙，她或是跟着我的母亲在厨房里，那里她知道怎样替我的母亲做各种琐细的事情；她或是坐在花园里的板凳上，手里拿着一本书，或做着针线。后来我又知她也在替我做事；自我引入了门，充分地熟识了这事的底细后，我就打算我自己做一个傀儡戏。我暂时先开始雕刻木偶，坦特勒先生帮着我选择木块同雕刀，不过他小眼里露出了慈善的嘲笑。不久我就在木块上刻画出一个客思背的高大的鼻子来了。但是这小丑的'南京'布衣服对我似乎太没兴趣了，于是同时丽沙定得又用那老格伯利尔所给的布条缝起镶金银边的外氅与短褂，天知道我可成功那一个将来的木偶。有时老亨利含着他的短烟斗走出了工场，到我们这里来，他是我父亲的助手，我想他久已是我们一家人了。他从我手里拿去了刀，在上面各处刻了几刀，就把正当的形状显出来了。但在我的幻想中，对坦特勒的第一号客思背，还以为不满足；我想做出一些更巧妙的；我为我的傀儡再计划三个从来没有见过的，最灵验的机身；能使这木偶的下巴向两旁摇动，耳朵前后摇动，下唇上下劈啪作声；这木偶又定会是一位从没听过的好汉；除非是全身的各种机关都坏了。只可惜不能叫法尔地方的伯爵，席格弗利与其他木偶中的英雄，由我手内快快活活，又活转来。——有一件事比较地成功，就是我在地下造的一个洞穴，寒冷的日子，我同丽沙在洞中的凳上一处坐着。靠着从安设好了的玻璃窗射进的稀淡的光线，我读着威色氏的'儿童之友'与她听。这里面的故事，她都是初次听见的。我的同学们打趣我，骂我是女人的奴隶，因为现在我只与傀儡师的女儿消磨了我的时间，不像从前与他们一块儿玩耍。但这我一些不顾忌，我知道这是从他们的妒忌心里发出来的，当他们玩笑太过分了，我有一次也动了我的很凶的拳头。

　　——"但是人生什么事情，都只不过是一刹那。坦特勒已经把戏演完了，猎人旅舍的傀儡台也拆了；他们预备到别处去了。

　　"一个十月间起风的下午，我站在城外一座长满了荆草的高坡，一会很愁怅地看着向东引入不毛之地的宽阔的沙路，一会又缱绻地回看着那云雾中的城市，那城市的地势很低。于是响着轮声，来了一辆小车，车上有两个高箱，喜跃的赭马套在辕中。坦特勒先生这会坐在一块小木板上，后面丽沙穿着温暖的新外氅，挨着她的母亲坐着。——我早在旅舍同他们作了别的；但我跑了出来，想与他们再见一次，特别是见丽沙，我又得了父亲的允许，把威色氏的'儿童之友'送给丽沙作一个纪念物；还备有我用省下的星期日零用钱买来的一包点心。——'停一停！停一停！'我嚷着，急急从草山上奔到车前。——坦特勒先生把缰绳拉住了，马就停了，我把我的小礼物递进车中给丽沙，她接了放在凳上。当我们一句话不说，手牵着手的时候，我们可怜的孩子，忽然大声哭泣起来了。不过在这转瞬间，坦特勒先生鞭起了他的马。'再会，我的好孩子！愿你长是这样好，为我谢谢你的父亲和母亲！'

"'再会！再会！'丽沙喊着；那小马向前走去了，那小铃在马头上响着；我觉着一双小手从我的手内滑了出去，他们走向旷野中去了。

"我又登上了路边，注目看着小车怎样在风尘沙土中行走。我听铃声渐渐弱了下去；最后我还见一块白色小围巾在箱旁飘荡，后来慢慢在灰色秋雾中消翳——我忽然觉得心中如死去般苦痛；你再不能见她了，再不能了！——'丽沙！'我喊，'丽沙！'——虽然这般，也许因路途的一个弯曲，在云中一个摇晃的小点这会完全不见了，于是我狂了般顺路跑了上去。狂风吹落了我头上的小帽，我的鞋内带满了沙土；但我仍尽力往前奔，除了没树的荒凉的地面，同在上面的寒冷的青天外，我一无所见。

"当着我最后在薄暮中到了家时，我感得全城好像是死去了，有生以来，这还是我第一次作别。

"以后几年的秋天，当着鹡鸰飞过我们城内的花园，那裁缝旅舍的菩提树上第一次吹落黄叶时，我多次坐在我们的凳上想，这赭马拖的小车终究会不会像从前一般，再响着铃儿，向这街上走来。

"但是我白等了，丽沙再不来了。

"弹指间过了十二年——我已读毕了那高等算术学校的第二班，这是许多手艺家的儿子应该读的，又在我父亲门下当过了学徒。在我的手艺之外，忙着读那些很好的书的时候也过了。度过了三年的游行，现在我住在德国中部的一个城市里。那地方的人是信奉严厉的旧教的，因为信仰这教，他们从不肯玩笑，但他们是善良的人。——我的东家太太，我在她那儿做工，是一个寡妇，她的儿子和我一样在外方做工，因为照学手艺的习惯说，他得要度过那规定的游行年限，将来才可以证明他有当师父的资格。我在这家中受了很好的待遇，那太太这样厚待我，因为她盼望那远方的人对于她的儿子也是一样的厚待。不久我就取得了信用，很好的生意完全操在我的手中。——如今我们的约瑟夫正在她的儿子门下做工，他常常写信回来说那老太太对他很娇养，好像亲祖母待她的孙儿一般。

"哪，有一个星期下午，我同我的东家太太坐在房中，那房的窗子正对着那边大监狱的门。这是正月间，温度表降到零下二十度了；外面胡同里不见一个人影；有时北风从那附近的山边呜呜地吹来，赶起那小冰块在街道上滚着响。

"'就在这温暖的小房里憩息吧，再喝一盅热咖啡。'东家太太说，说时在我盅里酙上第三次咖啡。

"天渐黑了。惹起了我的乡思，但不是罣念活着的人，因为他们全死了。我如今才知道别离的苦楚，我还算有幸，亲自看见我母亲闭眼，几个礼拜前，我父亲又去世了，这回因为那讨厌的游行，使我不能给他老人家送葬。那祖业正在等候死人的儿子回去料理。这时间老亨利还活在那儿，他得了我的允许做店中的主人，暂且支持着！我同我的好东家约好了再等两个礼拜，直到她的儿子回来时。但是我一点也不安静，我父亲的新坟不容我在外久留。

"我的幻想被一个外面街上传来的尖厉的骂声打断了。我抬头一望，见那狱吏的老病的脸从监狱的半开的大门里伸了出来；他举起拳头，赶一个少妇出来，那少妇好像拼命要进那可怕的监牢里去。

"'她是一个可爱的人，'东家太太说，她在靠椅上也瞧见了这件事，"可是那老罪人对于人道太没良心了。"

"'那老头儿尽了他的职务，东家太太。'我说，还在沉思着。

"'我不让他尽这种职务。'她回答，怒气冲冲地倒在靠椅上。

"这时外面那监狱的大门砰然关上了，那少妇独自走过冰冻了的胡同，她肩上只披着一件破旧的短外套，头上只蒙着一块黑巾。——东家太太同我没有移动；我相信——因为我产生了一种同情——这是我们两人的责任，我们应当去帮助她，但不知怎样帮助。

"当我想从窗口退了回来时，那女人又走上这胡同来。她立在监狱的大门前，迟疑地伸了一支脚到那石梯的门限上，但她又掉转头来，于是我瞧见了一个年轻的脸，那对黑眼带着失望的孤零的表情，望过那清冷的胡同；她好没有勇气再去同那可怕的狱吏作对。她再瞅了一眼那关上的大门，慢慢地向着她的道儿走去；人们可以看出她自己都不知道往那儿去，当她到了监狱的拐角，折入了一条向教堂去的小胡同时，我不由得从钉上取了帽子向她追去。

"'对呀，对呀，保尔孙，这是应当的！'我的慈善的东家太太说，'快去吧，这时我把咖啡拿去温着！'

"我走上了胡同，真冷死人；什么都像死绝了；我望见那山上的黑杉树非常可怕，那山位在这胡同的尽头，高过城市，许多人家的玻璃窗前结着冰块；因为并不是每个人家都像我的东家太太有五丈见方大堆的柴薪在屋内焚烧。——我走过了礼拜堂后面的小胡同！见那少妇跪在那木制的大十字架前的冰地上，她的头低垂着，她的手在膝头上合十。我悄悄地走上去，当她仰望那十字架的血像时，我道：'宽恕我，要是我扰乱了你的祈祷；请问你是不是这城里的生客？'

"她只是点了点头，跪着不动。

"'我愿帮你的忙，'我再说，'只请告诉我你要到那儿去！'

"'我不晓得到那儿去。'她丧气地说，又把头垂在胸前。

"'可是再过一点钟就要黑了，这样冷死人的天气你不能久留在露天胡同里！'

"'仁慈的上帝会救我的。'我听她轻轻地说。

"'是的，是的，'我喊，'我差不多相信我是上帝差遣来给你的！'

"这好像是我的高大的声音把她惊醒了，因为她立了起来，迟疑地走到我面前，她伸着颈子，把她的脸儿渐渐偎近我，她的眼睛盯着我，恍惚她要把我擒住。'保尔，'她忽然喊道，这个名字好像一个快乐的呼声从她胸中飞出来。——'保尔！仁慈的上帝把你差遣给我的！'

"我的眼睛那儿了！我如今又得见了我的小朋友，那傀偏师的小女儿！真的，她长成了一个美丽的，纤秀的少女，经过了那头一阵欢喜后，在她的和悦的，稚气的脸上现着很深的冤曲的表情。

"'你怎地一个人跑到这里来，丽沙？'我问，'发生了什么事情，你的父亲在那里？'

"'在监牢里，保尔。'

"'你的父亲那样好的人！——可是跟我一块儿来，我在这儿的一个忠厚的太太家里做工；她知道你，我曾经把你告诉过她。'

"于是我们手牵手还是像儿时一样走进了我那慈祥的东家太太的家中，她早从窗口望见了我们。

"'这就是丽沙，'我喊，当我进屋时，'你想得起丽沙吗，

太太？’

“那慈祥的太太双手抱在胸前，‘圣母呀，保佑我们的丽沙！——她是这样好吗！——可是，’她说下去，‘你怎样赶到那有罪的狱吏那儿去？’——她说时伸手指着那边的监狱——‘保尔孙曾经告诉我你是好人的孩子！’

“说了这些话，她立刻把那少女扶到房间里面，推她坐在她的靠椅上，当丽沙开始回答她的问话时，她已经端了一盅热咖啡到丽沙的唇边。

“‘先喝了来，’她说，‘等你的精神复了原，你的小手完全冻坏了。’

“丽沙喝了咖啡，但是两行晶莹的泪珠滚到了那盅里，她得先吐述了她的遭遇。

“她好像刚才在悲哀的孤寂中说话一样，她并不是说她家乡的口音，只带着一点儿；因为她的父亲不曾再到我们这边岸上来过，大多数的日子都住德国中部。几年前她的母亲便去世了。‘不要离开你的父亲’，她临终时向她女儿耳边私语，‘他的童心太好了，经不起世态的炎凉。’

“丽沙在沉重的哭泣中开始吐述这些回忆；她不肯喝一口那新酌的咖啡，东家太太试用那东西来止住她的泪，隔了不短的时间，她才能够往下说。

“她母亲刚死后，她头一件要做的工作就是从她父亲那儿学演傀儡戏中的女角。正在学习期中做完了丧事，那头一首安魂歌已为死者读过了，于是拜别了新坟，父女两人又到乡下来，和从前一样的演‘浪子回头’，‘神圣的琴纳佛华’这类的戏。

“他们昨天旅行到了一个有教堂的大村里，在那儿休息，用了寻常的午餐，她父亲坦特勒在餐桌前的硬凳上躺了半点钟的午觉，那时候丽沙办备草料喂马去了。一会儿，他们裹着棉被，又重新在严寒中前行。

"'可是我们还没走得很远,'丽沙说,'一个乡下的骑警立时从村后向我们追来,嚷着杀人放火的强盗。说是店主人放在那餐桌的抽屉里的一袋钱被人家偷走了,就把我无罪的父亲一个人关在那边狱室里!呀,我们没有了家,没有了亲友,没有了名誉;谁也不认识我们!'

"'孩子,孩子,'东家太太说,说时望着我,'不要埋怨上帝!'

"我没有说什么,因为丽沙的诉苦是有理的。——他们得要回到那村里去;那车子和车上载着的一切东西被地保扣留了;老坦特勒奉了命令随着那乡警的马旁一路走到城里,丽沙受了好几次的拒绝,独自远远地跟随着,她希望她至少可以随同父亲一块儿坐监,直到上帝判明了这案子时。可是——她没有嫌疑,所以那狱吏很有理由地把她当做他的屋的一个不速之客从大门口赶了出来,因为她没有一点儿权利在里栖息。

"丽沙对于这些事全然不懂;她说这不许她坐监比一切的刑罚还要苛刻,那狱吏才是应该被擒的真正强盗;可是她立刻又说,她并不愿他受严重的刑罚,只巴不得瞧父亲的清白早见天日;呀,她忍不了这耻辱,她想要死。

"我忽然想起了那边的下级老军官对于我好像那刑事委员先生一样的少不得;我曾经为那军官修理过他的纺织机,又为那委员先生磨利过他的宝贵的削笔刀:那头一个人至少可以让我进那监狱里去,那第二个人可以替坦特勒先生做一个善行状,他也许能够催促这案子早点了结。我央求丽沙忍耐一点,我就蹀过那边监狱去了。

"那老病的狱吏骂那些不知羞耻的妇女时常跑到狱室里来探视她们的下流的丈夫或父亲。但是我不承认我的老朋友有这样的罪名,除非他经过了法庭的判决,给他一个罪名,这个我自己明白,是不会发生的;最后,经过了一些反正的辩驳,我们才登上了那高层楼的大梯。

"那老旧的监狱不通空气，当我们走过那长廊时，一层可恶的雾气迷住了我们，游廊的两旁，门对着门，就是隔离的狱室。快到廊的尽头，我们立在这样的一道门前，那狱吏摇了摇他那串大钥匙，寻到了那正当的；门响了，我们踱进去。

"在那狱室的中央立着一个瘦小的人影，背朝着我们，好像在窥望那小窗外的天，从那墙上钉死了的窗户透入那灰色的，阴沉的光线，照在那人身上。我登时在他头上注意到那鬈样的散发；那头发的颜色是苍白的，正像那时外面的冬景。那矮小的人听我们进来了便转过身来。

"'你还认识我吗，坦特勒先生？'我问。

"他略略看我一眼。'不认识，敬爱的先生，'他回答，'我的名誉扫地了，你知道。'

"我把家乡的名字告诉了他，又说，'我就是那痞孩子，有一回把你精巧的客思背给你弄坏了。'

"'哦，那不要紧，完全不要紧！'他不安地回答，又向我鞠个躬；'这个早就忘却了。'

"他显然只听懂了一半；因为他的嘴唇只微微地动着，好像对他自己说一件另外的事。

"于是我告诉他我怎样找到了他的丽沙，这时他先睁起眼睛盯着我。'感谢上帝，感谢上帝！'他双手合十说，'是的，是的，小丽沙同小保尔那时一块儿玩！——小保尔！你是小保尔吗？哦，我相信你是的，你那活泼孩子的热诚的脸还没有改变呢！'他深深地向我点点头，那鬈样的头发在他头上抖颤着，'是的，是的，我们曾到过那边海岸上，以后就没有重到那儿了；那倒是很幸福的时代！那时我的妻子也在那儿！她是一位大雕刻师的女儿。——"约瑟夫，"她惯说，"要是人人的头上都有这样的铁线，那你可以拿他们来玩耍了！"——只要她如

今还活着，这些人不能把我关在监牢里。亲爱的上帝！我不是一个贼，保尔孙先生。'

"那狱吏在游廊里半开的门外走上走下，他好几次敲着他那串钥匙响。我试着安慰这老人，并且请求他在初审时说起我，说我认得他，愿来作证。

"当我走回房中来看东家太太，她先喊道，'这才是一个固执的女孩，保尔孙：我真没办法，我请她进睡房，但是她定要出去，她要到公共栖留所去，或不知到什么地方去！'

"我问丽沙，她的护照在不在身边。

"我的上帝，那护照给那村里的地保扣留了！

"'那末没有一个旅店不给你闭门羹，'我说，'你自己也很明白的。'

"她自然明白这个，于是东家太太快活地握握她的手。'我想'她说，'你是有主见的，你曾经对我详细说过，她怎样地躺在那箱子里；可是你不要轻易让她走出我的门！'

施笃谟小说选

"丽沙在她面前好像有些难为情；于是她连忙打听她父亲的消息。我报告了她以后，我向东家太太要几条被盖，把我自己的取来亲手送到狱室里去，这是我预先得了狱吏的准许送去的。——于是晚上我们才能希望我们的老朋友在那空洞的狱室里，好好地睡在温暖的被盖里和最舒服的枕头上，那被盖和枕头不是监狱中所有的。

"第二天上午，当我正要上街去找刑事委员先生的时候，那狱吏穿着拖鞋从外面进来见我。'你对了，保尔孙，'他高声地说，'因为这时他不是贼子了；那真的贼子已经押送来了；你的老人今天就要释放。'

"果不其然，过了几点钟，那监狱的大门开了，年老的坦特勒在那狱吏的命令式的声气中，被指导到我们这里来了。那时刚好摆上了午餐，东家太太正忙个不了，直等他坐在凳上；可是他一点东西也不肯吃，无论她怎样为他操心，他只是默然不语，呆坐在他女儿身旁；我注意到他怎样握着她的手和她怎样轻轻抚摩他。我这时听见外面门口传来的小铃声；我很懂得这声音，它使我忆起了我童年的时代。

"'丽沙！'我轻轻地说。

"'是呀，保尔，我听见了这声音。'

"一会儿我们俩就站在大门外。看，那小马车载着一对很高大的箱子从那街上赶来，好像我在家的时候常常盼望它来到一般。一个乡下孩子，手里捏着马鞭，牵着缰辔走来；可是那颈下响着小铃的牲口换做了一匹小白马。

"'那赭马那儿去了？'我问丽沙。

"'那赭马么，'她回答，'它有一天在车前跌倒了；我父亲立刻从村里请来了一位兽医；可是它已经活不成了。'丽沙说时泪珠从眼眶里突了出来。

"'你为什么伤心，丽沙？'我问，'这也是一匹很好的马！'

"她摆了摆头。'我的父亲使我难过，他太沉默了；总忘不掉这个丢脸的事。'

——"丽沙的贞女的眼看的很清白。当他们两父女移住在旅馆时，那老人就计划了他的旅程——因为他不愿在这儿向这些人献技——不幸他害了疟疾卧床不起。我们快快地请来了一位医生，可是他的病害了很久。怕他们很需要钱，我请求丽沙接受我的金钱的臂助；可是她说，'我自然愿接受你的钱，可是此刻可以不必关心，我们还不算赤贫呢。'于是我无事可以帮忙了，除了间或同她看护病人，在工暇的晚上，到老人病榻前闲谈片刻，当他的病况好一点的时候。

"我要离开这儿的日期快到了，我的心很是沉重。我瞧见了丽沙真痛苦；因为不久她就要随同她父亲从这儿远赴他方。巴不得他们安了家！要是我给他们通讯问候，我在何处去寻找他们呢？我回想到我们第一次分别后的十二年；——是不是还要经过这长久的时间或是直到全生命的末日才能相见？

"'当你还乡时，我祝福你的老家。'丽沙说，当她最后一晚上送我到门口时。'我好像亲眼瞧见那门前的长凳，那花园中的菩提树；呀，我永不忘记它们；我在这世界上再寻不见这样可爱的东西了！'

"当她说时，我觉得我的家园就在我面前的深暗处显现；我好像瞧见我母亲的慈祥的眼光，和我父亲的严厉的面孔。'哎呀，丽沙，'我说，'如今我的老家那儿去了！它是这般空空的。'

"丽沙没有回答：她只是把手给我用，她美丽的眼儿瞧着我。

"我恍惚听见我母亲的声音在喊，'紧握着她的手，把她接回来，于是你又有家了！'——我就紧握她的手说，'跟我一块儿回去吧，丽沙，让我们一块儿居住给那空房子一个新生命，一个优美的生命，好像那儿居住一些你所亲爱的人！'

"'保尔，'她喊，'你是什么意思？我不了解你。'

"可是她的手在我的手中抖动得很厉害，我才请求道：'呀，丽沙，你了解我了吧！'

"她默了一会儿。'保尔，'她才说，'可是我不能离开我父亲。'

"'他自然住在我们家里，丽沙！那后屋空着的两间小房子可以给他，他可以住在那儿工作，老亨利的小房子也靠近那儿。'

"丽沙点点头。'但是，保尔，我们是跑江湖的人。你的乡人会不会议论你？'

"'他们不过说点闲话吧了，丽沙！'

"'那么你怕不怕呢？'

"我只一笑报之。

"'哪，'丽沙说，她的声音像一个钟声；'他们说你时——我自有勇气！'

"'可是你愿不愿意嫁给我呢？'

"'是的，除非我不嫁人，——她向着我摆了摆头——愿意呢，我今生不再嫁他人了！'

"我的孩子，"那讲述的人打断了话头说，"她讲这话时，睁起一对黑色的处女的眼睛，你再过二十岁，也就可以明白了！"

"是的，是的，"我想，"尤其是那对可以煮沸一海水的眼睛啊！"

"可不是真的吗。"保尔孙又说，"现在你可知道了谁是丽沙？"

"那是保尔孙太太！"我回答，"我恍惚早已觉出来了！她总是说土音的'不'（nit），并且有对黑眼在她的画眉底下。"

我的朋友大笑起来，当我立意要在我们进屋的时候，再仔细瞧保尔孙太太，看还可以从她身上认出傀儡师的丽沙的痕迹么。——"可是，"我问，"坦特勒老先生那儿去了？"

"我亲爱的孩子，"我的朋友回答，"我们无论如何总有个归宿。他睡在那教堂的围场外面，靠近老亨利；可是他墓中还睡着一个人；它是我童年时代的另一个小朋友。我可以告诉你，只先让我们走出外边去，我的太太终怕会来看我们，并且她不愿再听这个故事了。"

保尔孙立了起来，我们从小道上走了出去，这小道从这儿花园后面顺着城修去的。我们只碰到几个人；这时候约莫已是下午四点钟了。

"你看，"——那讲述的保尔孙再往下说——"老坦特勒那时对我们的婚约很满意；他记起了他从前认识的我的父母，就对我有了信仰。此外他厌恶了跑江湖，是的，从那次出险后，那一回人家误认了他是个流氓，他就想望一个固定的家，这意念日强一日，我的慈善的东家太太对我的事不十分表示赞成，因为她怕，虽然是一番好意，一个游浪的傀儡师的女儿不是一个固定的手艺家的正当的，合适的妻室——哪，她很早就改善了！

"还不到一个礼拜过后，我就回到了这儿，从北海岸上回到我的老家。我从亨利那儿把生意接过手中，同时为约瑟夫老人打扫了屋后的两间空房子，——两礼拜后——正当那先开的春花在园里吐散芳香时，——那马车就从街上响了过来，'师父师父，'老亨利喊，'他们来了，他们来了！'于是那戴着一对高大的箱子的马车就停在我们的门前，丽沙来了，约瑟夫老父也来了，他们的眼睛多么闪亮，他们的脸面多么和悦，全班的傀儡随着他们搬了进来，这种情景多么活耀，那时约瑟夫老父住在那养老的屋中，第二天那小车就出卖了。

"于是我们举行了结婚礼；一切都很简单，因为家族们都迁到远方去了；只有码头长，我的旧同学和证婚人在场。丽沙和她的父母一样的是一个旧教徒。在那头一年，她到我们的邻城做了复活节的'告解'，那个城里，你知道的，净是些旧教徒。

"结婚的早晨，约瑟夫老父放两个袋子在我面前的桌上，一个大的袋里装着哈尔钱，一个小的装着立黑芝的杜加币。'你没有向我讨嫁奁，保尔，'他说，'我的丽沙太贫寒了，没有什么东西给你。你收受这个吧！我全用不着什么钱了。'

"这是一笔节省下来的钱，我父亲曾经说过，给他的儿子在生意开张时候使用。丽沙的父亲把他全部财产给了我们，并且很信托他的孩子们会供养他；可是他并不闲耍；他再试用他的雕刀，在那工场里作些有用的工作。

"那些傀儡同舞台用的机器存放在那特别预备的邻舍顶楼上的小室里。只在星期下午，他一会儿取这个，一会儿拿那个到他小房里来检查铁线和关节，并且把它们擦亮或是修改，老亨利含着短烟管站在他旁边，听他讲那些傀儡的命运，每一个都有它自身的故事；譬如说，它是怎样来的，那雕刻得很动人的客思背是一个青年制作家，甚至是一个造表的人，赠给丽沙母亲的。为要替这一幕或那一幕戏景做一个很好的样子，他把那表情的铁线抽动；丽沙同我时常站在窗外窃听，那翠绿的葡萄叶欣荣地长在庭院中，可是里面的两个老孩子正在醉心于那些傀儡戏，他们听了我们鼓掌，才知道有观众来临。——流光易逝，约瑟夫老人有了别的事务；他去看护那花园，栽种又收获，星期天他穿得整洁的，在花畦间往来散步，有时扶着他自己雕刻的手杖梳理玫瑰枝叶，或是捆束竹石花和紫罗兰。

"我们很和睦地，圆满地生活着，我的生意也日益兴隆，我们的结婚在我们的良好的城市里轰动了两个礼拜；人们一致以为我的行为有点糊涂，可是我不理他们，不久就没有人说了。

"冬天又来了，约瑟夫老人在星期天又把那些傀儡取到他房里来，我没有想到什么，以为这些事务的静悄的变动是年年如此的。有一天早晨，他板着面孔走进我房里来，那时我独自在房里用朝食。'女婿，'他说，难为情地，几次用手骚着他那鬌样的发，'我再也看不惯了，长年在你桌上讨面包吃。'

"我不懂得他的意思是怎样来的，我问他为什么要这样想；他在工场里面做了工，并且我的生意赚了大钱，这全是他在我们结婚早上所给我的本钱生来的利息。

"他摆了摆头。就说那小小的本钱收了全城的利益，这个理由还是不充足；那舞台的一切他还记得，一幕幕的戏还在他的脑中。

"于是我看出了那老傀儡师不愿休养；他的朋友，那善良的亨利，还不够做他的观客，他定要在大众面前把他的戏公演一次。

"我试劝劝他，可是他不肯回头。我告知了丽沙，我们不能让他去演。据那老人的好意看来，丽沙还得像我们未结婚以前那样去表演女角；可是我们约好了的，他的暗示我装着不懂；因为一个平民和手艺家的妻子拿去演剧是不相宜的。

"幸而——也许人家要说不幸——那时城里有了一位很有名

声的女人，她曾经在一个剧团里充过念剧本的人，对于演剧并不是没有经验。这女人——因为她的脚腿跛了，人家叫她做跛子——接受了我们的邀请。在工余的晚上和星期下午，她就在约瑟夫老人的小房里练习那活泼的表演。

"老亨利站在剧场的台架前的一个窗旁，那老傀儡师站在另外一个窗旁，那窗是在那从天花板上垂下的新上了彩画的幕幔中间，那傀儡师同着克罗白·丽斯一幕幕地演下去。她是一位很能干的'女室'，在这样的演习过后，他总是说，就是丽沙也学不了她那样快，只是她不十分会唱，她扮演剧中的'苏三,'她的声音很粗，如同猪叫一般，唱起歌来一点不和谐。

"后来公演的日期定了。一切都很顺手地进行；这回不是在那猎人大厅中表演，乃是在那议会厅中，高等学校的高班学生在米加勒节中借那厅子来练习过辩论，这会里面架起了舞台；正当星期六下午，我们城里的人翻开那新出的周刊，上面有一排大字的广告现在他们眼前：'明日星期晚上七时本地的机器师约瑟夫·坦特勒表演傀儡戏，戏名叫《美丽的苏三娜》，是一个带唱的四幕剧。'

"这时代我们城里看热闹的青年不像我童年时代的那么老实；这时正是戈撒克兵留住的冬天，尤其是手艺行不守规则的时候；那些爱看戏的年轻的贵人，都把他们的心思用在政治上去了，不能来看戏。但是只要没有那施弥和他的孩子，一切或可以平稳过去。"

我问保尔孙那人是谁，因为我在城里听过有这样的人。

"我相信，"他说。那施弥几年前死在贫民院里；他曾做过我的师父；他并不是没有本领，只是他生前不好生工作；他每天的稀少的进款都在喝酒和赌牌上面花费了。不久我父亲同他有了一点仇恨；并不仅是为我父亲的顾主超过了他的，并且因为这少年在那儿当学徒时欺害我的父亲，被主人把他赶了出去。从那个夏天起，他寻得了一个机会把那深重的仇恨移到我身上；因为这儿开了一个织布厂，不论他对于这工作怎样效力，但那机器方面的工作总归到我的手中，于是他同他两个儿子，那两个儿子帮着父亲作工，多方地同我捣麻烦，幸没有闹错什么事，他们的捣乱只是些各样愚蠢的行为，我对于这些人的行为如今已不记在心上了。

"那表演的晚上到了，我在结算我的账簿，后来才从我的太太和亨利那儿得知发生了什么事情，他们先同我们的父亲到了那议会厅。

"据说那儿的头等座位全是空着的，二等座位里也没有几个人；但在那走廊里却挤满了人头。——在这戏开演以前，得先要在观众面前维持秩序，老丽斯平稳地演了她的戏，背诵也还流利——于是那不幸的歌来了，她尽力的唱都唱不好，她的声音发出一种微响，诚如约瑟夫老人所说的，像猪叫一般，总提不高。忽然从走廊里传来了一个喊声："唱大声点！克罗白·丽斯！唱大声点！"当她听从那个喊声，试试那唱不出的最高音时，那大厅里便发出了一阵狂笑。

"那戏在台上停住了，从台的那边透出那老傀儡师的战栗的声音：'诸位先生，诸位女士，我诚心请求你们安静下去！'客思背同美丽的苏三娜演了一幕，这时那傀儡师把他的铁线捏在手中，他的灵巧的鼻子就摆动起来。

"新的笑声一回响了。'客思背快唱啦！'——'俄罗斯人呀！美丽的米加，我要分别你！'——'替客思背喝彩呀！'——'不要客思背唱：让他的女儿来唱！'——'不要想吃天鹅肉！她做了东家太太，再不会来演唱了！'

"这样的乱了一阵。一个石子飞来，打的很准，一大块铺地的石头落在台上，把客思背的铁线打断了；这木偶从他主人的手中滑了下来倒在地上。

"约瑟夫老父还不肯中止。他不听丽沙的恳求，立刻走出了傀儡舞台。——如雷的吼声，拍掌声，笑声同擦脚声在迎接他，这大概是因为他来的太奇怪，这老人的头在幕上出现，比着手势发泄他的怒气。——正在这喧嚷中，那戏幕忽然放下了；那是老亨利放下的。

——"我这时正拿着簿子回家，感到了一种不安；我不说这对我有什么害处，但是它驱使我去看我的家人。——当我跑到议会厅的梯子上时，全场的观众刚刚对着我出来。他们互相嚷着，笑着。'喝彩呀！客思背死了；缘蒂死了。这场喜剧完了！'我抬头一望，见那少年施尔们的黑脸在我面前。他们立刻安静下去，从我身边奔出了门外；我这时断定了这恶劣的事的来源。

"等我跑上去时，见那大厅已经空了。我的老岳父丧气地坐在舞台后面的一个凳上，双手遮住他的脸，丽沙跪在他前面，她瞧见我时，慢慢地站了起来。'哪，保尔，'她忧愁地望着我问，'你还有勇气吗？'

"可是她得看看我的眼色，就知道了我还有勇气呢；当我还没有回答她以前，她已经伏在我的颈上了。'不要离开我们，保尔！'她轻轻地说。

——"你看！凭我的勇气和高尚的工作，我们很好地度日。

——"当我第二天起来时，我们见了。这'傀儡师保尔'的诨号——有了一个诨号是永远去不掉的——用粉笔写在我们的门上。我平心静气地把它擦去了，过后有几回在公共地方也有人这样叫，于是我向人家抗辩，要是再说我就要同他用武了；因为人家知道我不是说笑的，才没有敢再叫了。——这会是谁对你说的，他不会有什么恶意吧，我不愿知道他的名字。

"我们的约瑟夫老父从那晚过后不像先前了。我没法向他表明那恶劣事的奸诈的来源，那件事一大半是对我发生的，很少是对他发生的。不经我们的同意，他即刻把全班的傀儡送到一个公开的拍卖所去了，在那儿几分钱贱卖给那些当日的孩子和换卖旧货的妇人，满足了他们的快乐；因为他不愿意再见这些东西了。——但是这个方法选得很坏，因为春天一来，在胡同里可以瞧见那卖了的傀儡，这里一个，那里一个，放在那白昼阴暗的屋里。这儿有一个小女孩拿着那神圣的琴纳佛华坐在门槛上，那儿有一个男孩把浮士德博士骑在他的黑猫背上，法尔的伯爵席格弗利同那鬼般的麻雀每天悬在那猎人大厅的邻家花园里，像那樱桃树上的茅草人。我们的父亲对于他喜欢的东西的亵渎是多么心痛，因此他起先竟无心进房子和花园里来同我们玩。我看清楚了那快快的拍卖咬了他一块心头肉，于是我去收买这个傀儡和那个傀儡，这收买成功了；但是等我把它们交给他时，他并不喜欢，并且把它们全体毁坏了。真奇怪，我尽力都打听不出来，那全班中最值价的木偶，那巧妙的客思背，是藏在那儿的。这全体傀儡的世界中怎的没有了他呢！

"那戏幕在另外一个庄严的戏剧前垂下了。我们的父亲又生出了一个旧的忧愁，他的生命显然要告终了。他支在病床上，忍受地感谢那每一个小小的心爱的恩惠。'是的，是的，'他笑着说，一双眼睛很快乐地盯着房中的天花板，当他恍惚望见了那天国的深远处时；'那儿真是富丽呀；我再不能在人世里好好地活存了；在那儿有安琪儿同在倒要好些；并且——无论如何，丽沙，我可以在那儿会见你的母亲。'

——"那良善的稚气的老人去世了；丽沙同我很心痛地失掉了他：那老亨利——他几年后也随他去了——在他的闲余的星期下午出去绕圈子，好像他自己都不知道往那儿去，好像他要去会一个朋友，但又不知道在那儿才会得见。

"我们从我们的父亲培养的花园里采了各种的生花来铺在他的棺材上；满盖着花圈抬出了礼拜堂，靠近墙下挖了一个坟坑，当众人把棺材放下去时，我们的年老的大主教来在坟旁念了安魂的和降福的经文，他是我去世了的父母的最忠诚的朋友和顾问；我在他面前行了坚信礼，丽沙同我又在他面前行了结婚礼。礼拜堂的围场里绕着许多人，他们好像还想在这老傀儡师的安葬前看一个最特别的喜剧，——这个特别的戏剧终于实现了；可是只有我们站在坟旁的人才瞧见了。丽沙曾经扶着我的手走出了教堂；这会当那老主教依照习惯，把着那预备好了的铲子送那头一块土到棺材上时，她抖颤地捏着我的手。那土打着棺材响。'你是从土里来的，'那主教念着这经文；他还没有念完时，我瞧见了什么东西自那垣墙高处，从人头上飞了过来。我起初以为是一只大鸟，可是它跌了下来滚到了那坟里，我晃眼一望——因为我立在那堆起来的土上——瞧见施尔的一个儿子蹲在垣墙后面，又从那儿逃跑了。丽沙在我身旁叫了一声，我们的老主教踌躇地把那第二铲土举在手中。我向坟内一瞧正中了我的构想，那棺材上面的泥土和花圈中间，那棺材已被淹没了一部分了，坐着我童年时的老友客思背，那快活的，小巧的傀儡。——但他这时并不很快活：他鸟般的嘴忧愁地垂在胸前，他那一只有灵巧的大拇指的手指着天上，好像在宣告一切的傀儡戏演完时，他又要在天上开演别的戏。

"这些事我都是在那转瞬间瞧见的，因为那主教跟着就把那第二铲土抛下坟里：'你仍归故土！'——这土滚下了棺材，客思背就倒在花的深处被泥土遮没了。

"那最后一铲土抛下时，那主教念了安魂的降福，'你又从土里复活！'

"念完了圣父经，人就散了，那老主教走到我们面前，那时我们正痴望着那坟墓。'刚才发生了件恶劣的事，'他和蔼地握着我们的手说，'让我们另外解释吧，你们曾经告诉我，在死者的少年时代，他雕刻了那灵巧的木偶，它曾经替他寻到了结婚的幸福，他一生都演弄它，在工暇的晚上使得许多人心里感到快乐，这小木偶的嘴说出了那真理的话来劝世；——当你们还是小孩的时候，我曾经亲自看过这事。——让这小小的东西跟着他主人去了；这正合乎圣经里的话：死者安之，生者好好地工作。'

——"事情完毕了。我们安静地回家去了；再不能瞧见我们的良善的约瑟夫老父和那灵巧的客思背了。

——"这一切，"憩了一会，我的朋友又说，"给了我们许多痛苦；幸得我们两个年轻人还活在阳世，不久我们的小约瑟夫就出世了，我们要极力谋我人生的最大幸福。这件恶事使我年年忆起那施尔的大儿子。他如今变成了一个永久漂荡的手艺学徒，那些人是败家子和坏蛋，他们的可怜的生命只是苟延残喘，照基尔特的规矩，他们还要请求'出师'呢，他再不要想上我的门来。"

我的朋友说完了，他望着挂在教堂围场的树后的晚霞；我早到了花园门口，这时我们又一块儿靠在那儿，可以瞧见保尔孙太太的和气的脸儿。"我真想不到！"她嚷道，当我们走向她时。"你们又谈了些什么天，谈得这样长？现在进屋来吧，筵席已经摆上了桌子；码头长早来了！约瑟夫同那年老的东家太太来了封贺信！——你为什么这样瞧着我，孩子？"

主人笑了一笑。"我把我们的故事告诉了他，孩子的娘。他现在要看你是不是还真的带着一点儿傀儡师的丽沙的痕迹呢！"

"真的，还带着一点儿！"她回答，一种活泼的眼波飞向她的丈夫。"把我再瞧清楚点，孩子！要是你看不出丽沙，——他，他才十分知道这个呢！"

主人用手静静地抱着她。于是我们进屋去庆祝他们的结婚纪念。

他们是光荣的人啊，保尔孙同他的傀儡师的丽沙。

意大利简史
——从古代到现代

翻译说明

本书原为英国海军情报局组织编写，供服役人员使用，后经改编，另行出版。原撰稿人为艾迪（C. M. Ady）和怀特（A. J. Whyte），改编人为赫德（H. Hearder）和韦利（D. P. Waley）。赫德当时任伦敦经济学院世界史讲师。韦利当时任伦敦大学历史讲师，后任教授。

本书对自远古至 1960 年这两千多年的意大利史作了概括的叙述，并附有简明的地图。本书所侧重的是意大利近代史和现代史，古代史部分相当简略。

作者对意大利的一些历史事件进行了叙述和分析，对于劳动人民遭受外来侵略和反动教皇、封建暴君的压迫有所反映，但由于作者的立场是资产阶级的，历史观是唯心主义的，他们主要着眼于历代王朝的更迭和战乱的消长，对于社会、经济背景以及人民群众的斗争则叙述很少，甚至对公元前 1 世纪 70 年代发生的大规模的斯巴达克起义，本书竟未明白提出。意大利文艺复兴是西欧封建社会向资本主义社会过渡这一历史变革在意识形态上的反映，是为资本主义的建立制造舆论的。但本书没有从这一意义上去探索文艺复兴的根源，而把它归结为个别历史人物的活动。凡此种种，读者阅读时请注意批判。

本书原著附有索引，照原文译出；但不够完备，故译者另附一译名对照表，作为补充。

1974 年 9 月

意大利简史

地图目录

图 1 民族、语言与希腊和腓尼基在罗马征服前的
意大利的殖民地 ⋯⋯⋯⋯⋯⋯⋯⋯⋯⋯⋯⋯⋯ 098

图 2 公元前 5 世纪和公元前 4 世纪的中部意大利 ⋯⋯ 100

图 3 罗马在意大利的扩张 ⋯⋯⋯⋯⋯⋯⋯⋯⋯⋯ 105

图 4 战略道路与公元 14 年以前的殖民地 ⋯⋯⋯⋯ 110

图 5 公元 600 年前后的意大利 ⋯⋯⋯⋯⋯⋯⋯⋯ 132

图 6 公元 1340 年前后的意大利 ⋯⋯⋯⋯⋯⋯⋯ 163

图 7 14、15 世纪的威尼斯和热那亚开拓的殖民地⋯⋯ 170

图 8 威尼斯的大陆领土的扩张 ⋯⋯⋯⋯⋯⋯⋯⋯ 171

图 9 佛罗伦萨的领土的扩张 ⋯⋯⋯⋯⋯⋯⋯⋯⋯ 174

图 10 维斯孔蒂王室的领土，1349—1402 年 ⋯⋯⋯ 178

图 11 公元 1454 年的意大利 ⋯⋯⋯⋯⋯⋯⋯⋯⋯ 185

图 12 公元 1559 年的意大利 ⋯⋯⋯⋯⋯⋯⋯⋯⋯ 208

图 13 公元 1798 年的意大利 ⋯⋯⋯⋯⋯⋯⋯⋯⋯ 223

图 14 公元 1810 年的意大利 ⋯⋯⋯⋯⋯⋯⋯⋯⋯ 228

图 15 意大利的统一 ⋯⋯⋯⋯⋯⋯⋯⋯⋯⋯⋯⋯ 271

小说

历史

原书出版说明

本书大部分材料和全部地图原是作为两卷本《意大利手册》的一部分，由海军情报局出版，供服役人员使用的。经与女王陛下文书局主任即原来的版权所有人商定，现将历史部分用这个简史形式重新出版。原撰稿人是已故的艾迪女士（C. M. Ady）和怀特（A. J. Whyte）。他们的著作已由韦利博士（Dr D. P. Waley）和赫德博士（Dr H. Hearder）编订并补入截至现在的资料。赫德博士还补写了1940年以后这一时期的历史。

本书有两部姊妹篇，是1959年出版的，其一是帕桑特（E. J. Passant）编订的《德国简史，1815—1945年》，撰稿人是蔡尔德（C. J. Child）、亨德森（W. O. Henderson）和唐纳德·瓦特（Donald Watt），其二是巴特菲尔德（H. Butterfield）、布罗根（D. W. Brogan）、达比（H. C. Darby）和汉普登·杰克逊（J. Hampden Jackson）编订的《法国简史》，撰稿人是欧纳斯特·巴克勋爵（Sir Ernest Barker）、尤尔特（A. Ewert）和福斯特（I. L. Foster）。

第一章　古代[1]意大利

1

一、罗马征服前的意大利

意大利的地形一向把这个国土划分为几个显著的、不同的地区，并使每个地区生活特点都受到影响。一批批入侵者在不同的地区往往产生不同的影响。最古时候，亚平宁山脉中部几乎是进不去的，而意大利南部则有自己的文化，并且在受到北方的文化和移民的影响之前，早已同亚得里亚海和东地中海彼岸的国家交往。罗马征服以前的意大利的古代民族和古代语言，只留下很少的遗迹；尽管从遗址和古墓里发掘到不少古物，但这些文物与古代民族和古代语言之间的关系，在考古学上往往很难作出定论。

古意大利各民族主要是按语言和葬俗加以分别的。从人种学的角度看来，居民始终是由"地中海"系的土著组成的，往北走，他们逐渐受到"阿尔卑斯"族移民的影响。在北方，还有"北欧"族[2]的后裔，他们原是操凯尔特语和条顿语的入侵者。

语　言

意大利半岛上的一切古代语言，除埃特鲁里亚语外，都属于印欧语系。最古的语言，阿尔卑斯山麓的威尼斯语和阿普利亚的梅萨皮亚语，是和某些巴尔干语相似的。没有这么古老而传播极其广泛的，是古意大利语，分为较早入境和较晚入境两组：前者是拉丁语和一些同源的方言，通用于西部低地，后者是奥斯基语及其亲属方言萨贝利语（包括翁布里亚语），从北亚平宁山脉以北入境，遍布于中部亚平宁山脉，最后传到意大利最南部（图 1）。

在亚平宁山脉北边，在北方平原和亚得里亚海沿岸，约在公元前 600 年，古意大利语完全被来自中欧的凯尔特语代替；凯尔特（高卢）入侵者[3]是在公元前 390 年到达罗马的。在西西里沿岸和库米以南的南意大利，希腊殖民者从公元前 8 世纪起就引进了他们的各种方言。在有史时期，埃特鲁里亚语只限于在现代的托斯卡纳地区[4]流行。所有这些语言都逐渐被拉丁语代替，拉丁语在公元后普遍使用，然而希腊语在西西里岛还是作为第二语言而保留下来。[5]

远古文化

一些和西地中海沿岸其他地方相似的文化，在青铜时代传到意大利一切主要地区以及西西里岛和撒丁岛，而且在南意大利一些部分和西西里岛几乎持续到有史时期。在那些比较肥沃和比较容易到达的地区，这些原始的生活方式曾两次在史前时期受到外来文化的影响。在青铜时代晚期，以棚屋定居闻名于世的"特拉马拉"[6]文化，从北方传到波河平原。在铁器时代初期，有一种起源于多瑙河畔的文化往南传到拉齐奥[7]和坎帕尼亚，这种文化在意大利称为"维朗诺瓦"文化，是由波伦亚[8]的"维朗诺瓦"墓地而得名的。"维朗诺瓦"生活习惯的特点是用火葬而不用土葬，后者是其他意大利民族的习惯。罗马最古的文化有一部分是"维朗诺瓦"文化，而在较晚的罗马时期，这两种葬礼都是普遍使用的。其时，在山地、亚得里亚海沿岸和南意大利，较古的文化的遗风由于受到亚得里亚海上交往以及同坎帕尼亚、大希腊[9]和西西里沿岸的希腊殖民地通商的影响而发生了变化。

图 1　民族、语言与希腊和腓尼基在罗马征服前的意大利的殖民地

埃特鲁里亚人

在意大利半岛西部，阿尔诺河与台伯河[10]之间，埃特鲁里亚人，即托斯卡纳人，也称提勒尼亚人[11]，在操古意大利语和接受"维朗诺瓦"文化的居民中，建立了一个由十二个主要城市组成的、由一些有血缘关系、紧密结合的家族集团控制的联盟（图2）。他们的语言的亲属关系无法确定，这种语言也不象是印欧语。古代传说他们约在公元前1200年到公元前1000年这些动乱的世纪里，从小亚细亚西部作为避难者或殖民者来到意大利，这个传说得到他们生活中某些因素的印证。然而他们的许多东方色彩乃是后来才有的，是表面的现象，而且是由于受到腓尼基和希腊的影响，那是公元前800年以后的事。但在受到这些后来的外来影响之前，埃特鲁里亚人早已接受了土著的"维朗诺瓦"文化。后来的征服使他们的权力遍及拉齐奥（那时罗马还是埃特鲁里亚人的一个要塞），往南扩展到坎帕尼亚。往北走，他们通过翁布里亚，到达北方平原。高卢人的入侵（约在公元前600年）夺去了埃特鲁里亚人在北方平原的占领地，而罗马人起来造反（约在公元前510年），又封锁了台伯河的渡口和南去的陆路。公元前474年，埃特鲁里亚的制海权被西西里岛的希腊人在库米之役摧毁。

埃特鲁里亚人在南部的主要要塞韦伊于公元前397年被罗马人摧毁。经过顽强的抵抗，在公元前250年，他们在政治上彻底垮台了，他们的语言、宗教和具有特色的文化也逐渐随之而消失。但是罗马人相信，他们深受埃特鲁里亚人的风俗和信仰的影响。中世纪和近代的托斯卡纳还保存着一些可能是来源于埃特鲁里亚的特色。

4

5

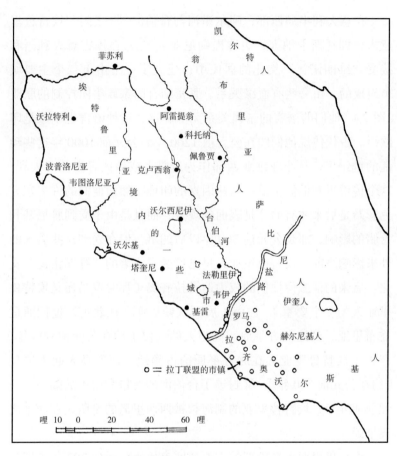

图 2　公元前 5 世纪和公元前 4 世纪的中部意大利

注：“佩鲁贾”原文是 Perusia（佩鲁西亚），为 Perugia（佩鲁贾）的古名称。——译者

希腊殖民地

希腊人在伊奥尼亚海^[12]沿岸，从奥特朗托到西西里西部，自公元前730年左右起，长期努力开拓殖民地。希腊殖民地和罗马殖民地大不相同（12页）^[13]。正如它们的希腊名称阿波基亚（apoikia）所意味的，它们是"家外的家"，用来解决人口过剩和经济困难。每个殖民地一般都是由一个"母城"或几个这样的城邦"复制"和创建的，并有完备的政治制度，以保证共同防御和维持一种大家赞成的生活方式与行动准则。但是建成以后，这个新城邦就只同原来那个城邦保持着感情上的联系，而在政治上，甚至在经济上，在自己的领土内则是独立自主的。在土著部落对希腊人抱友好态度的地方，民族交往和希腊文化都迅速广泛地开展；在土著部落对希腊人抱敌对态度的地方，特别是当希腊人的敌手埃特鲁里亚人或腓尼基人鼓动土著部落抵制希腊人的开拓时，就发生长期的斗争，经常是希腊人征服领土，虽然也有几次没有成功。希腊人在意大利殖民的主要地区如下：

最早的殖民地是坎帕尼亚北部的库米。这个殖民城市建立了"新城"，即纳阿波利斯^[14]（那不勒斯），还建立了更偏南的其他城市，如瑟勒盆地下端的皮斯通（波瑟多尼亚）。沿意大利"靴尖"和伊奥尼亚海岸，有好几个城市组成了"大希腊"，其中主要的是梅塔蓬通、洛克里、绪巴里斯（锡巴里）、克罗通（克罗托纳）和勒吉翁（勒佐）。大多数城市最迟是在公元前700年建立的，有几个还有更古老的传说。它们组织了一个不太紧密的联盟，其"圣地"就在克罗通。在山地萨贝利人于公元前400年左右南下占据了它们的海岸腹地以前，这些城市一直是依靠同本地人保持友好关系而繁盛起来的。绪巴里斯，最古老最繁荣的城市之一，曾在公元前510年被克罗通毁灭，但到了公元前443年又重新建立起来，改名为"图里伊"。

塔伦通（塔兰托）曾在意大利"靴跟"上建立一个范围宽广的属地，后来受到萨贝利人南下所造成的极其严重的冲击。塔伦通拥有大港口、渔场和容易通往内陆的道路，使它的地位显得异常重要，因此它也就一心要在后来几个世纪中同罗马人争雄，夺取他们在南意大利的保护领地。这个城市后来成为汉尼拔的远征军的补给基地，因而遭受了浩劫。在亚得里亚海沿岸，希腊人的进展和势力都不大。波河河口上有一些早期的小贸易点，安科纳是公元前 4 世纪建立的，为叙拉古的远方贸易点。

这许多希腊殖民地深深地影响了南意大利的文化和经济史。埃特鲁里亚人的对抗阻止了希腊人向坎帕尼亚以北殖民，并摧毁了他们对科西嘉的统治。但是希腊同罗马的交往很早就开始了。在公元前 510 年罗马自己起来造埃特鲁里亚人的反以后，罗马人便支持各希腊城市反对埃特鲁里亚人，也支持它们反对腓尼基人和山地萨贝利人，结果，在迦太基战败之后，罗马人就介入了大陆希腊与马其顿之间的政治纠纷。[15]

西西里岛

西西里岛虽然在地理上是意大利半岛的延伸部分，而且岛上人口大多数是意大利种族，但主要由于外来的影响和罗马征服后的环境，西西里的晚期历史却显出不同的社会特征和政治特征。地中海土著，特别是在西西里西部，同外来移民即来自意大利的"锡克洛人"同时存在，希腊观察者曾指出这种土著与西班牙的"伊比里亚"土著有相似之处。稠密的希腊殖民使大部分锡克洛部落和土著部落遭受奴役，这些部落在公元前 460 年到公元前 450 年左右曾奋起斗争，力求解放，但是没有成功。

在北海岸，从腓尼基人的巴诺穆斯（巴勒莫）往东到墨萨拿（墨西拿）——这后一个城市控制着海峡——有一些较小的希腊殖民地。东海岸的殖民地比较重要：纳克索斯（靠近塔奥米纳）、卡塔纳（卡塔尼亚）、勒翁提尼（伦蒂尼）和叙拉古（锡腊库扎），这些城市后来开拓了整个东南部高地。在南海岸是杰拉和阿克拉加斯（阿格里琴托）两大殖民地。由此往西是腓尼基人的势力范围，希腊人终于在那里建立了殖民地塞利努斯（塞利农特）。从迦太基来的腓尼基人——他们曾在西方建立他们的势力——象意大利的埃特鲁里亚人一样，产生了差不多一样的影响：他们加剧土著的差别，使生产和贸易改变方向，阻挠希腊人扩张，终于从公元前 6 世纪末到公元前 3 世纪中叶，向希腊人对西西里的整个占领提出挑战。皮鲁斯[16]"给罗马人和迦太基人留下了一个多么好的战场"，这个战场就是在西西里而不在意大利南部。主要的腓尼基中心是西南部[17]的索卢斯（索隆托）、西端的莫提亚、利吕比翁（特腊帕尼）和北海岸拥有大港口的巴诺穆斯（巴勒莫）。

早期罗马与拉齐奥

罗马的历史地位的形成既是由于它的地理位置居于坎帕尼阿的中心，也是由于它控制着埃特鲁里亚与拉齐奥之间的渡口，渡口恰好位于以台伯河口（奥斯提亚）为起点的古"盐路"（萨拉里亚大道）折向东北通往阿布鲁齐地区的转折点上。在坎帕尼阿境内，罗马人是三十个拉丁胞族[18]之一，这些胞族从公元前 6 世纪到公元前 4 世纪结成联盟，以便于共同防御他们周围的山地人（萨比尼人、沃尔斯基人和伊奎人）。

在三个埃特鲁里亚血统的国王相继对萨比尼人，也对拉丁人施行高压的威严的暴政，改组军队，兴建大宫室，控制拉丁联盟的时期（约在公元前 600—前 510 年），罗马原来定居于低地的拉丁人，包括从邻近地方自治团体来的许多亡命者，早已处在从山区来的一些萨比尼民族的统治下。公元前 510 年，这个埃特鲁里亚王朝被赶走以后，新的罗马共和国恢复了它对拉齐奥的领导权，但是后来共和国同它的联盟者发生了争执，这些争执在公元前348年导致联盟的解体。许多地方自治团体被并入共和国，并取得了罗马公民权。其余的各自依赖罗马，而且作为它的联盟者享有经济上和社交上互相交往的权利，并在罗马人的指挥下承担共同防御的义务。在下一世纪，罗马就采用类似的办法使自己成为整个意大利半岛的主人，把半岛变成一个由联盟的民族和并入的民族所组成的大联盟。

二、罗马征服意大利

罗马统治意大利的主要阶段（图3）如下：

1. 解散拉丁城市联盟（公元前348年）。

2. 给予坎帕尼亚平原上摆脱了埃特鲁里亚人和桑尼特斯人的统治（公元前343—前314年）的民族以部分公民权。

3. 征服桑尼特斯人以及阿普利亚和卢卡尼亚境内的南方联盟的其他成员（公元前327—前290年）。罗马南征多赖沿海希腊城市效忠才取得成功，但希腊城市塔伦通后来提出要求，索取南方统治权，为此罗马与塔伦通交战，尽管塔伦通得到迦太基的支持，还有埃皮鲁斯国王皮鲁斯从亚得里亚对岸攻入意大利，前来助战（公元前280—前275年），结果还是罗马获胜。

4. 埃特鲁里亚人的各城市曾进行长期抵抗，罗马对这些城市是逐渐征服的：韦伊是在公元前396年征服的，最后一个城市是在公元前295年征服的；翁布里亚人对罗马没有什么抵抗。埃特鲁里亚人和翁布里亚人组成了"北方联盟"。

5. 承认坎帕尼亚和南方的各希腊城邦为享有同等特权的联盟者。这些城邦多数位于海边港口，并且控制着所属海岸腹地的森林，因此就成为罗马"海军联盟者"的核心。唯一的顽抗者塔伦通于公元前272年被征服，然后罗马的新舰队才在第一次布匿战争中经受了考验。

图 3　罗马在意大利的扩张

注：数字表示征服年代（公元前）。

6. 叙拉古曾在西西里设立政权，统治着其他自由城市和比较开化的土著，后来罗马和叙拉古的共同利益导致对迦太基的第一次布匿战争（公元前 264—前 241 年），并使西西里和撒丁被罗马吞并，这两个岛屿从此成为罗马的第一批海外行政区，即行省。被统治的民族和意大利的自由联盟者所处的地位不同。意大利每年派出总督[19]，但主要的希腊城市还保持着很多的地方自治权。

7. 迦太基人在第二次布匿战争中（公元前 218—前 201 年）取道西班牙和普罗文斯[20]入侵意大利，使罗马的大联盟的力量受到一次严峻的考验。于是桑尼特斯人以及坎帕尼亚、塔伦通和叙拉古的希腊人脱离了罗马，但是无关大局。罗马人在西班牙和非洲取得胜利之后，罗马不仅成为意大利的主人，而且成为西地中海的主人。这个挫败罗马海上势力的尝试归于失败。

8. 北方平原（阿尔卑斯山南高卢）原归操凯尔特语的高卢人统治。公元前 225 年到公元前 160 年之间，波河以南的高卢人以及亚平宁山脉的利古里亚部落被罗马征服。但意大利的边疆依然以亚平宁山脉和鲁比肯河为界；公元前 49 年，凯撒在渡过鲁比肯河以后才算是进入了意大利的。

9. 从格努亚（热那亚）到普罗文斯沿岸的山地利古里亚人，是在公元前 220 年到公元前 118 年之间逐渐被征服的，于是远至比利牛斯山北坡的纳玻嫩西斯行省（普罗文斯）跟着就组织起来了。此后，介于意大利与纳玻嫩西斯之间的边疆，才在尼西亚（尼斯）西边沿着瓦尔河固定下来。

10. 大联盟的几个成员之间的一场内战结束以后，波河以南的意大利全部合并在一起，成为统一的罗马国（公元前 90—前 89 年）。

11. 第一个皇帝奥古斯都把阿尔卑斯山南高卢尚未被占领的部分即从波河以北直到阿尔卑斯山麓一带并入了意大利，作为罗马国的一部分（公元前 27 年）。奥古斯都设立包括阿尔卑斯山脉的各非高卢民族在内的、以多瑙河为北部边界的里提亚和诺里孔两省，这样完成了对阿尔卑斯山麓的部落的征服，但这两省从未成为意大利的一部分。

罗马征服意大利的过程在很大程度上受到意大利地势起伏的影响。罗马国在拉齐奥平原以外的第一次扩张是朝向东南，经过容易通行的萨科—利里山谷到达坎帕尼亚平原，而第二阶段的扩张则是朝向东北，到达萨比纳和罗马的亚平宁山脉的难以通行的山地。这后一次扩张之所以必要，是为了防御山地民族，保护那条通过亚平宁山脉到达亚得里亚海滨的重要的弗拉米尼亚军用大道的侧面。这样，罗马领土就成为一大片土地，它把意大利半岛分为三部分，并把北方联盟和南方联盟隔离起来（图 3）。在这两个联盟中，从阿布鲁齐到奥方托河的中部亚平宁山上的奥斯基人，特别是桑尼特斯人，是最难控制的。最大的战役是为争夺本尼凡托山口，那里的本尼凡通是桑尼翁的首都。[21] 阿普利亚辽阔山地上的民族以及前亚平宁山上分散的埃特鲁里亚地方自治团体和翁布里亚地方自治团体的抵抗则比较少，尽管北拉丁山脉当时长满契米尼亚密林，起初限制了罗马人向埃特鲁里亚推进。不论在埃特鲁里亚还是在阿普利亚，都只建立了较少的殖民地要塞。与此相反，北亚平宁山区的难以接近的利古里亚人和南亚平宁山区的属于卢卡尼亚的奥斯基人，则是经过长期的战役才被征服的。在北方平原，征服进展得比较快，尽管那里的居民很稠密；帕都斯河（波河）在共和国晚期 [22] 是政治边疆，而普拉肯提亚（皮亚琴察）和克雷莫纳两城的渡口，在战略上则是相当重要的。

在全部罗马史上，能不能控制意大利，关键历来在于能不能掌握亚平宁山上的弗拉米尼亚大道。在这条大道以北，在以格努亚为起点的波斯图米亚大道建成以前，还没有另一条翻越亚平宁山脉的重要罗马道路。无论是对于早期罗马国的疆土，还是中世纪晚期一些隶属教会的国家，这些地区都有着共同的值得注意之处。这就是说，掌握弗拉米尼亚大道，历来都具有同等的重大战略意义。

军事控制与殖民地

为了保护联盟的和被征服的领土，古代的办法不外两种，或者象某些希腊城市那样，征收贡赋，招募雇佣兵；或者扩充公民军。罗马人兼用这两种办法，起初对拉丁人，后来又对意大利其他被征服的民族，以服兵役为条件，授予全部或部分公民权；同时向盟邦强制征募兵员。此外，他们还征收贡赋，给所有的军队发饷。被征服的领土上的战略要地，由罗马农民（科洛尼）[23]——他们仍保留罗马正式公民的身份——组成的屯垦团和享有"拉丁权利"的类似的殖民团驻守，但后者比前者享有较多的地方自治权。这些由公民组成的殖民团原是代替舰队驻守意大利海湾和港市的；由于意大利海岸缺少良港，所以罗马可以不必设立常备舰队，到了公元前90年至公元前66年之间海盗普遍猖獗以后，罗马才设立常备舰队。许多著名的意大利城市都起源于"殖民团"。（"罗马"殖民地和"拉丁"殖民地的分布见图4）后来，罗马才远在意大利边界以外建立一些殖民地。罗马思想和罗马生活方式终于取代了各萨贝利山城、各埃特鲁里亚要塞以及各希腊城邦的思想和生活方式，而在传播罗马思想和罗马生活方式方面，这些殖民地产生过深远的影响。

道　路

罗马与各殖民地要塞之间的交通，是由作战和策略方面的新设计即军用道路保证的。这些道路有桥梁、堤防，甚至有路堑，为古代的高速道路（图4）。最重要的军用道路（通常是由它们

12

小
说　历
史

的建造者而得名的），按筑造的大致顺序排列如下：

拉丁大道，从罗马通向阿尔巴山脉的内陆地带坎帕尼亚。

阿皮亚大道（公元前 312 年），沿海岸通向坎帕尼亚。然后，一支通向塔伦通（塔兰托）和布伦迪西翁（布林迪西），另一支接波皮利亚大道（公元前 132 年）通向勒吉翁（勒佐）。

萨拉里亚大道（公元前 361 年），沿古"盐路"通向中部亚平宁山脉。

弗拉米尼亚大道（公元前 200 年），在法隆（法诺）通到亚得里亚海滨；然后接伊米利亚大道（公元前 187 年）通向波河河畔的普拉肯提亚（皮亚琴察）。

奥勒利亚大道（公元前 123—前 108 年），穿过埃特鲁里亚通向彼萨和热那亚，后来一支接波斯图米亚大道（公元前 148 年）通向普拉肯提亚，另一支接朱利亚奥古斯塔大道，穿过利古里亚海滨，进入普罗文斯。 13

卡西亚大道（公元前 170 年），这条大道也穿过埃特鲁里亚。

穿过阿尔卑斯山脉的主要古道，是穿过朱利亚阿尔卑斯山、勃伦纳山口、斯普吕根山口、两个圣伯纳德山口和热纳夫尔山的几条大道。这些大道多半是奥古斯都建造的（公元前 29—公元 14 年）。

共和国的结束

罗马后来的海外征服，虽然是靠意大利的综合资源来完成的，却同它的领土的历史没有直接关系。截至公元前 49 年以前，意大利直接或间接统治着整个地中海一带，但兵员的不断消耗使意大利本土人口大降；外来的谷物供应，特别是来自北非的行省和埃及的供应，大大地破坏了意大利的农业；城市生活的引诱使乡村荒芜；罗马人从海外容容易易地获得的巨大财富，在统治阶级与群众之间树立了一道障碍。长期的不满在罗马被用来为党派 14

图 4　战略道路与公元 14 年以前的殖民地

注："彼萨"原文作 Pisae（彼西），即 Pisa（彼萨）。阿尔巴福肯斯（Alba Fucens）即阿尔巴福肯提亚（Alba Fucentia），意思是福基努斯（Fucinus）湖畔的阿尔巴。——译者

的目的服务，从而引起了大联盟中特权较多的成员与特权较少的成员之间的激烈内战（公元前 90—前 89 年），并使意大利本部以及北至阿尔卑斯山脉的阿尔卑斯山南高卢的全体意大利人终于获得了正式的罗马公民权。然而人民在经济上和社会上的痛苦依然被忽视，同时市政府也陷于混乱。这些不满引起了反对"共和"政府的激烈的起义（公元前 88—前 80 年和公元前 49—前 30 年的内战），这些起义到了朱利乌斯·凯撒（公元前 49—前 44 年）和奥古斯都（公元前 27—公元 14 年）建立一个有薄薄伪装的君主政体时才结束。

罗马对西西里的征服（公元前 242 年）和对希腊、马其顿以及叙利亚和埃及的新希腊王国的政治的干预（公元前 198—前 30 年），引起了同希腊晚期（希腊化时期）[24] 文化的突然的大量接触，使意大利土生的文化的发展受到窒息。罗马人和意大利人虽然对希腊建筑、雕刻以及其他物质艺术 [25] 加以模仿，但仍保持着他们自己的特色，至于拉丁文学所受的希腊传统和技巧的影响则是肤浅的。拉丁语在希腊学术帮助之下趋于成熟，但依然是一种活泼的最动人的语言，为中世纪和近代的意大利语的嫡系祖先。

罗马帝国统治下的意大利

朱利乌斯·凯撒（公元前 49—前 44 年）曾计划改组意大利，但他在世的时候，没有来得及把这计划付诸实行。经过二十年内战和混乱之后，他的合法继承人屋大维——后来称为奥古斯都（公元前 27—公元 14 年）——担负起在罗马帝国、意大利和罗马城重新建立公共秩序的任务。公元前 27 年，他"给罗马人民恢复了共和国"，把他的独裁权力改头换面，变成比较合乎宪法的权力。他仍是"元首"，监督那经过改革的元老院和共和体制的地方官吏的工作，以及日益增多的直接向他负责的文职机关的

15

工作。

意大利依然由元老院执政，全国分为十一个"行政区"，这些行政区包括阿尔卑斯山南高卢，并且从亚平宁山脉伸展到位于阿尔卑斯山脉与多瑙河之间的新的边疆省分：里提亚、诺里孔和班诺尼亚。一些由公民开拓的新殖民地建立起来了。整个国土分为若干自治市，叫作科洛尼埃，也叫作穆尼基皮亚[26]。罗马本城已大事改建，不愧为当日庞大的罗马帝国的首都，住得下大量增加的人口，至少增加到公元 2 世纪为止，当时也许共达一百万人，其中十五万是靠免费的配给粮生活的。其余的人口是帝国的中央行政机构的职员和军人，以及巨大的豪门贵族的扈从。军官和行政总督（前执政官[27]和副总督）都来自这些豪门贵族。占城市人口很大比例的，是外籍出身和奴隶出身的人，特别是东方人，这些东方人带来了许多神秘的宗教，如崇拜太阳神的宗教[28]和基督教。

共和国倾覆了，整个意大利象罗马一样，受到影响。政治上的独立不存在了，种种特殊权利和专门职权也就随着被取消了。皇帝（元首）的无限权力，再加上个别统治者对这种权力的滥用，使国都附近的各地区受到极其严重的压迫。这种独裁权力由赠予皇帝以神的尊荣一事[29]表现出来，是通过种种间接方式行使的，虽然有明文规定，在意大利是不许这样做的。然而，自治市制度是巩固下来了，而且推广到了各行省，特别是西方[30]的行省。

帝国的衰落，公元 180—476 年

从公元 180 年第一个真正昏庸的皇帝高摩达登上宝座时起到戴克里先即位（公元 284 年）这一段时间，出了几个强有力的皇帝——塞普提米乌斯·塞威鲁斯（192—211 年）、奥勒利安（270—275 年）、普罗布斯（276—282 年），他们使帝国免

于解体，当时它正在遭受哥特人（247—251 年）、法兰克人[31] （230—276 年）和波斯人（260—270 年）等异族[32]的入侵，面临战争、瘟疫和饥荒的威胁，国弱民穷。军纪日益松弛，那时参加军队的，主要是职业军人和外省人，外加一些从异族入侵者中间招募来的雇佣兵，这些异族移民可以在帝国境内定居，这一切给这些皇帝增加了困难。军政与民政在 3 世纪实行分治，标志着罗马公民权概念和罗马帝国概念的终结，这种分治预兆了拜占廷的制度将是一种什么形式。然而，当帝国眼看濒于崩溃的时候，戴克里先的行政改革和经济改革可算是把它挽救了过来。

意大利简史

戴克里先选中了米兰、摩泽尔河畔的特里尔、萨夫河畔的锡尔米翁和马尔马拉海边的尼科梅迪亚（293 年）为帝国的行政首府，君士坦丁在博斯普鲁斯海峡旁边建立了"新罗马"（君士坦丁堡，325 年），这些情况严重地影响了罗马的繁荣和威信，因而也影响了意大利本土的繁荣和威信，同时却使北方平原比意大利半岛更为重要。当奥勒利安（270—275 年）在罗马建筑堡垒，米兰、腊万纳和阿奎勒亚成为保卫意大利半岛的前方基地时，军事地位就有了改善。早期几代皇帝的遮遮掩掩的独裁政治久已变成由军队承认和操纵的公开的暴君政治；塞普提米乌斯·塞威鲁斯（192 年）不请求元老院认可他的权力，而自己行使元老院的大部分职能；戴克里先终于使皇帝摆脱了宪法的约束，并自称为"君主"。在戴克里先精心设置的行政机构中，罗马和意大利降到了纳贡的行省的地位，此时都同样归皇帝的行政长官和他们的部下直接统治。

帝国被瓦林梯尼安[33]和瓦伦斯[34]暂时瓜分（364 年），西奥多西乌斯[35]去世后（395 年），东方[36]同西方永远分离，这一切使意大利失去了从亚得里亚海外来的、一贯的经常的支持。阿拉里克[37]手下的哥特人在410年对罗马的洗劫是可以补救的，但是在罗马占有的非洲（突尼斯），意大利谷仓和油料来源暂时

17 落到汪达尔人^[38]手里（435 年），这就破坏了罗马人的勉强凑合的经济。476 年，西方帝国亡于异族首领奥多亚克^[39]，与此同时，大批条顿移民在乡村定居下来，然而各城市的行政管理和生活似乎没有受到很大的骚扰。

三、经济、社会史

罗马以前的根源

比政治变迁更为重要的，是罗马治理下发生的意义深远的经济变革。意大利的经济史既受到地理条件的重大影响，又受到政治发展的重大影响。各种远古的宗教仪式和文化的传播状况，表明意大利半岛上的山岳地带曾经长期妨碍人们在那里定居，并且表明在南方的低地，原始的生活不是从事农业劳动，而是牧畜。这个迹象还令人想到，家畜饲养业的扩展是以森林的破坏为代价的，因而地面上的表土逐渐被冬季的雨水^[40]从山坡冲向广大的沿海沼地，如坎帕尼阿沼地^[41]，这些沼地挨次成为大牧场。意大利牧民虽然不是逐水草而居，却依然随着季节的更替而来往于高地牧场与低地牧场之间；因此农业的推广使冬季放牧受到损失，并成为农民（科洛尼）^[42]与牧民之间产生恶感的根源。

在意大利，自从史前时期就开始养家畜，种谷物，栽葡萄树和橄榄树以来，居民点的基本经济条件并没有发生很大的变化。主要的生活资料，正如在其他地中海国家一样，在当时和现在，就是谷物、葡萄酒和橄榄油，外加其他水果、蔬菜和牛奶产品，以及肉类和野味。鹅鸭是本地土生的，鸡是后来从海外引进的。野生坚果树，特别是橡树、榈树、板栗树和核桃树的果实，用作猪饲料，也用作牧猪人的食料。公牛和毛驴供运输之用，也用来

18 拉原始的犁，虽然用锄头种地还是很普遍的。马虽然在青铜时代

后期就有人使用，但长期以来主要用于作战，而且数量很少。

　　家庭生活以及较大的氏族和部落，都实行严格的族长制[43]；孩子是父亲的财产，直到他给予他们自由时为止；妇女是父亲或丈夫的被监护人，但她们在住宅里有自己的支配权，并有自己的宗教仪式。基本的居住区为族长严密统治下的联合氏族的自治村。为了便于自卫，居民密集在可以自卫的山脊和横岭上，那是比空旷的场地更为安全的。大部分土地归集体所有，由个体农民耕种，但除牧场外，这种集体所有制很早就被家族自由地制度所代替。社会依然是部落社会，但分为若干地方性的经济单位（帕吉）[44]。政府的职务由土地所有者分担。每个自治村，不论大小，都有自己的由十个或更多的长老（什长）组成的议事会，都有一个、两个或四个任期一年的官吏（地方长官、司法官），他们执掌审判权，并率领部落的兵员。部落间的组合只是为了作战才组织起来，那时为了应付每个紧急事件，任命一人为联盟的统帅（最高长官）。在这样的地方自治团体（公民团体）里，凡是称为"善意"的行为，是指一般正派公民的行为；而"外来人"和"敌人"则一概是抱有"敌意"的。对于人口过剩的补救办法，是组织成年人往外移民，去开垦或征服新的领土。贫瘠和伐去了森林的山地，把人群倾泻到平原上来："使人民移居"到一块领土上，就是去洗劫这块领土，以便于重新殖民。为了制止这种抢劫，才组成最初的拉丁联盟，而罗马的早期战争也是为此而进行的。

　　早期的意大利房屋，是环绕着一个院子向内建筑的，院中有贮水池，承受来自有深槽的屋檐或有屋顶的柱廊的雨水；如果要补充面积，或者要求方便，就开辟第二进院子，或加盖一层楼（如在市镇上）。这些住宅紧密相连，外面有窄小的巷道，还有市场。庙宇都是单一的房间，一端有大门和门廊，建筑风格，甚至连托斯卡纳风格[45]，都是从波河流域、埃特鲁里亚和拉齐奥的希腊商人和殖民者那里模仿来的。

19 罗马的社会、经济史

　　罗马化了的意大利的经济，起初和古意大利民族的经济没有什么分别。被征服的田地分配给罗马公民，作为个人所有，至于被征服的牧场，则租给罗马的家畜所有者，即租给比较富裕的公民。战俘和无地的意大利人，则用来补充自由佃农及其家属的劳动。农产品依然主要供本地消费，然而罗马城日益增多的居民需要一切可能获得的剩余产品，因此也向海外，向西西里，最后向北非和埃及要谷物。但是由于同迦太基作战（公元前264—前204年），特别是由于汉尼拔长期占领意大利一些部分（公元前215—前204年），意大利的经济便陷于紊乱。人力受到严重损失，橄榄林和葡萄园遭到劫掠，农民，包括罗马人和盟友，长期服兵役，迟迟不能回家，这些情况由于发战争财的人从事土地投机买卖而恶化了。从公元前150年到共和国结束的期间，只建立了少数殖民地，当时退伍军人在意大利土地上定居又成为普遍的现象。在海外战争（公元前200—前49年）中发财致富的贵族，积累了巨大的地产（拉提丰迪）[46]。田庄原是贵族亲自经营的，后来变为由管家管理，佣工和奴隶出力劳动；当外来的谷物破坏了罗马市场的时候，很多田地便还原为牧场，这上面的商业利益要大一些，在那里牧奴代替了小农。埃特鲁里亚（公元前196年）、阿普利亚（公元前185年）和西西里（公元前139年和公元前132—前130年）都发生了奴隶起义，从公元前73年到公元前71年期间，这种起义[47]更是广为蔓延。但是，征服战争结束以后，奴隶劳动的供应减少了，于是自由佃农的使用便增加了。

　　在汉尼拔入侵期间第一次发生的那种混乱情况，由于内战（公元前89—前80年、公元前49—前31年）而重新出现。在帝国统治下，小农的处境不利。一些非常大的田庄形成一些经济

单位，掌握在皇帝和贵族手里。较小的田庄是由较小的大高利贷者[48]建立的，但在偏僻的山地上仍有小自耕农存在。使退伍军人在意大利定居的办法不再行得通了，他们宁肯要外省较大的田地。这样的情况是意大利半岛的特征，但北方平原的辽阔土地一直较为繁荣；而意大利农业的"恢复"，则是帝国早期的不变的目标和关怀的事情。

20

在共和国末年和帝国初年，商业和国际贸易在意大利经济生活中起过很大的作用。意大利本来是能自给自足的，但生产者受了高利润的引诱，都把注意力集中在出口市场和奢侈品的生产上。在托斯卡纳和坎帕尼亚的一些城市里，有许多大企业生产原料和成品，包括玻璃、陶器、金属品、纸张和奢侈品。可是财富的主要来源，却是意大利的葡萄酒和橄榄油对外省的大量出口。海外的常备军也是重要的顾客。老普利尼[49]说过，帝国境内喝的葡萄酒，有三分之二来自意大利。可是意大利的这个经济霸权却未能维持下去。甚至连意大利生产者在意大利本部的市场也被西班牙和高卢的葡萄园和橄榄林夺去了。

意大利简史

在这个时期，兴建了巨大的公共土木工程，如剧场、公共浴场和市场，港口、道路、桥梁以及输水道等。荒地也开垦了。租税包收人逐渐被税务官员代替，财政管理也有了改善。内战的破坏，由于两个措施而得到弥补，一个是让退伍军人在无主的和没收的土地上定居，另一个是有计划地鼓励农业，其方法是对资源进行科学的考查，并对农民贷款。农业一经恢复，城市生活也就活跃起来了。

帝国的社会制度

在共和国统治下，战俘和奴隶——主要是东方人——大批地输入，改变了人民的成分。在社会和行政的等级制度内——其中有元老院、大高利贷者和被称为"骑士"的商人等级[50]，以及经营农业的平民、经营工业的平民和都市平民，——向上爬是很容易的，那种通过服兵役而担任的公职，从意大利和外省吸引来了越来越多的人。在罗马成为一个国际城市之后，文学、艺术以及行政管理归省级机构执掌，从此，全国的政治健全就寄托在自治市制度的政治健全上了。地方上的爱国心在美化市镇方面表现出来，例如在潘沛依[51]，但行政费用是繁重的，直到公元3世纪，地方政府不是处于玩忽状态，就是由帝国政府的官吏接管了。

公元 300 年以后的异族入侵，未能制止农业的衰落。在那个时期，人口或是不增不减，或是由于发生瘟疫、饥荒和战争而减少了；帝国政府和自治市的所有权的扩张，足以说明对粮食供应的忧虑和私人资金的缺乏。那些为人民的福利而颁布的敕令并未能制止古代遗留下来的许多积弊。

罗马的公民权在整个帝国推广，罗马的边疆固定下来，这一切使奴隶供应减少了，而农民出卖奴隶在 167 年和 375 年是被禁止的。奥勒利安迫令城市议事会负责使无主的土地有人耕种；君士坦丁（332 年）和西奥多西乌斯（433 年）禁止自由佃农离开他们的居住地。从这些法令里发展出一种制度，这种制度使名义上自由的人象农奴一样，被束缚在土地上。这些佃农往往聚集在大"田庄"上，这些"田庄"归皇帝、富豪或企业联合组织所有，作为他们的一种投资。这些地产由大量的耕者经营，他们被称为科洛尼，这是旧名称[52]。他们在名义上是自由人，但是他们的迁徙自由却越来越受到限制，因为从海外来的奴隶供应已经断绝了。较大的"田庄"有自己的经济制度和实行薪金制的经营部门；它们是由对皇帝负责的普罗库拉托勒斯[53]经理的，但这些人往往不是处在皇帝或居间的官吏的有效控制之下的。

君士坦丁堡建都后，埃及谷物就不到罗马来了。到了 391 年，意大利就有饥荒、农业失调和乡镇骚动之忧；此时意大利象

各行省一样，也要缴纳贡赋，贡赋不足额，不得不用武力来征   22
收。异族入侵者增加了粮食的需要，可是他们又不能生产粮食。
罗马经济的弱点——人力的缺乏、技术的落后、大量不事生产的
食利者和官僚的存在、为供养庞大的军队而征收的重税——最能
说明西方各行省为什么不能阻挡异族的侵占。意大利的社会制度
和农业制度基本上还保存着罗马统一以前的体制，而它们的许多
细节则流传到中世纪甚至近代，在意大利，这些细节比异族征服
者所破坏的更高级的行政管理制度的寿命还要长得多。意大利社
会制度在罗马时期发生过一个久远的变化，即富裕的地主和贫穷
的佃农并存的现象代替了小农所有制。

罗马自治市制度

罗马帝国的自治市制度是从罗马征服前的意大利的自治市制
度发展而来的，罗马帝国的活力就依靠着它的自治市制度。

罗马的习俗是通过条约和特许状来承认那些被他们征服的地
方自治团体（公民团、自治市）的地方自治制度，同样的政治制
度也赋予罗马人自己的殖民团（科洛尼埃[54]，12 页）。联盟战
争[55]（公元前 89 年；14 页）结束后，波河以南所有"具有拉丁
人权利的殖民团"和"联盟"城市在加入罗马国的时候，都成为
自治市。这些自治市象英国的小郡而不象英国的市内自治区[56]。
它们保留着自己的传统官吏、议事会和公民大会，甚至还保留着
治理它们的领土的地方法律，这些领土有时候是相当大的。同样
的办法为西方的海外行省所遵循。在大的自治市内，旧的分区通
常被保留下来，作为行政单位。自治市领土上的居民无论到哪里
都是罗马公民，但在意大利以外，他们是受行省总督管辖的。这
整个制度后来由朱利乌斯·凯撒和奥古斯都加以调整。在整个帝
国，意大利是由几百个自治市组成的集合体，这些自治市设置了
这个国家分得很细的行政管理机构。   23

四、基督教与罗马教会

基督教是一种新宗教，同时也是一个新社团；它或多或少是罗马帝国的产物。它把罗马的习俗和思想与希腊的文化和东方的神秘教融合在一起。这种新宗教适应一种非常现实的需要，可以和太阳神崇拜之类的"神秘"教相匹敌。大多数普通人相信他们的一生是被运气或者命运之神的严酷命令或者命星所控制的，他们企图摆脱这些通常是很恶毒的力量。有教养的人可以从古典文化中得到安慰，那种文化是生存于过去的时代的，可是在大多数人看来，伊壁鸠鲁派的不可知论[57]和斯多葛派的不具人格的自然神论[58]，对于当时的各种宗教既是致命的打击，又未能提供任何东西来代替它们。基督教倒是投合那些迷信的穷人的心意，因为它给予他们以得救的希望以及将来会有个美好世界的信心；保罗把"道"传给"非犹太人"[59]，基督教在一个道德败坏的时代要求很高的道德标准，这一切使中产阶级和有教养的人感到满意。基督教提出：全世界的人都是兄弟，一切信徒在上帝眼中一律平等，要有一种新的社会秩序，这些呼吁结合在一起，使基督教成为一种大家信奉的宗教，其组织范围遍及全世界。

罗马是意大利最早的基督教团体之一的中心，这个团体大概是由"寄居罗马的人"在克劳狄乌斯的略带共和政治色彩的帝政时期（41—54年）创立的。由于两个大使徒的名字[60]同罗马教会联系在一起，罗马因此成为帝国的主要基督教中心之一。这个教会从使徒时期起，就由一个接着一个的主教即长老管辖，其中第一人是莱纳斯，这个主教大概是圣彼得任命的。

基督教徒的"教堂集会"象犹太人的"会堂集会"一样，是为了做礼拜，讲道，做慈善事业，并使教徒的生活方式与当时的文化大致相适应。在1世纪后半期和2世纪初叶，整个帝国的教会创造出一种最后形成主教制度的组织形式。每个教会由若干长老管辖，他们和教会的其他成员共同选举一人为他们的首领。这人可以称为普雷斯比特罗斯或厄皮斯科波斯[61]（主教；监督人），在头两个世纪，他并不被认为在性质上比其他长老优越。但是在罗马人的权力观念和犹太人的祭司概念的影响下，这个主教逐渐爬到长老们和世俗人之上，获得相当大的支配他们的权力。基督教徒的集会原是自发的，往往是由没有教养的人领导的，后来才逐渐开始创造出一种固定形式的教仪，这种教仪需要有教养有专门知识的人来领导，于是教士与世俗人之间的距离便扩大起来。教士的任命仪式很快就成为必要，经过这种仪式，一个人才能在教堂里当众讲道。这无疑加强了主教的权力，他声称是"代上帝主持仪式的"，于是他除了行使教会权力而外，还行使政治权力。

　　每个城镇有一个教会，每个教会有一个主教，从理论上讲，这个主教同其他主教是平等的。基督教首先在犹太商人逗留过的商业城市里生根，后来逐渐从城市扩展到周围的小镇，然后更缓慢地扩展到村庄和乡间。较小的教会感到它们要依赖"母城"，这就使一种与近代的主教管区相似的组织发展起来。因此，当时最大的基督教会之一是在帝国的首都罗马，这就不足为奇了。在这样一个教会里，为首的长老在管辖这么一个庞大的体系时，不能不掌握巨大的权力，结果，他的地位就大大地高于其他的地方长老或宗教人员。所以罗马的主教们所掌握的地方权力比大多数其他城市的主教们所掌握的要多得多，他们终于成为意大利半岛的教会的首领。头十二个罗马主教是希腊人，其中最大的是克力门。维克托（189—198年）是第一个操拉丁语的罗马主教。罗马教会在2世纪期间以努力于搞好秩序和管理而著称，这种秩序和管理是从帝国时期的官吏传统那里继承下来的。

　　3世纪的特点是神学上发生争论，从而引起教义上的许多异端的发展、对基督教徒的大规模迫害和罗马主教的权力的逐渐增

25

长。当基督和使徒们的教义由护教论者用半哲学的方式阐述出来，以投合当时有教养的人的心意时，争论就不可避免地发生了。然而罗马教会却不曾那样积极地参加神学上的争论，这是由于它的强大的主教职权有助于遏制异端的发展。这种争论在富有哲学头脑的东方人[62]那里最为盛行。在罗马，著名的神学家是很少的，那里的主教们是以组织能力出名的。

三次严厉的迫害对基督教会有巨大的影响。第一次迫害是在德休斯统治下，于249年到251年之间发生在西方，这个皇帝认为强大的基督教组织是危害国家的根子。当时社会上各阶层都有基督教徒，估计占帝国人口六分之一。在鲁比肯河以南的意大利，基督教徒约占人口的一半，而在阿尔卑斯山与鲁比肯河之间，基督教徒的人数则要少一些，虽然正在开始增长。德休斯的攻击是针对教会的首领的，目的在于从内部破坏教会，而不在于进行普遍的屠杀。可是殉道者还是很多的，特别是在罗马，那里有两个主教被杀害。叛教者之多，在罗马教会的精神生活中引起了很大的动荡。第二次迫害是在瓦勒里安统治下（257—261年）发生的，在罗马特别严重，那里有许多教徒殉道，教会财产被没收，教堂礼拜被禁止。戴克里先统治下的迫害发生在4世纪初年，那次是攻击教会人员、世俗人以及整个基督教；虽然在意大利是很猛烈的，但同东方所受的迫害比起来，历时较短。

公元313年，米兰敕令宣告人人得享宗教自由，因此4世纪出现了对基督教的宽容。君士坦丁在位时期（274—337年），基督教成为帝国的国教，许多高级官吏和随波逐流的政客都成为基督教徒，这就大大地损害了教会的精神生活。在4世纪、5世纪期间，教义上的问题在东方变得很尖锐，而罗马主教的权力在西方则是加强了。使意大利受到最大影响的，是阿里安教派[63]，因为这个教派终于被蹂躏过北意大利的、基督教化了的异族采纳了。阿里安教派的基本的异端论点，是把"圣子"降到凡人的水

26

平，这就否定了基督的完全的神性。

在 3 世纪、4 世纪、特别是 5 世纪期间，罗马主教的权力越来越大，这是因为在意大利半岛没有其他教会有这样大的规模，或者能自称是使徒创立的。然而在 3 世纪，罗马主教的意见并不是被帝国的其他主教们认为是至高无上的；当罗马同意他们的意见时，他们就承认它的权力，但是当罗马不同意时，罗马主教便是个异端者，或者至少是犯了大错误。381 年，在第二次君士坦丁堡宗教会议上，帝国的四个主要城市，亚历山大里亚、安提奥克[64]、君士坦丁堡和罗马的主教被称为基督教会的"大主教[65]"，这时，罗马的主教拒绝这个称号，而宁愿被称为"教父"，即教皇[66]，这个称号指的是同一个职位，但听起来更有古风。他认为自己是现世教会的首领，与其他主教不是平列的。教皇权力的加强，大半是以君士坦丁堡为首都的东方（拜占廷）帝国的建立和西方皇帝迁都到米兰和腊万纳的结果。教皇因此在南意大利、西西里岛、科西嘉岛和撒丁岛没有匹敌者，而他也不得不尽力去对付异族的入侵。教皇充分利用他的有利条件，成功地使异族皈依基督教。443 年，瓦林梯尼安皇帝[67]承认罗马的主教们拥有凌驾于西方教会其他主教们之上的最高权力。5 世纪的利奥大教皇建立了不少功绩，其中最出名的，是他敢于面对来到罗马城门前面的异族国王阿提拉[68]；他的个人勇气和魄力大大地加强了教皇们的权力和威信。利奥声称教皇政权[69]有神圣的来历，但是他没有对世俗权力[70]提出要求，而且在必要的时候，还对皇帝们表示服从。在西方不再有皇帝以后（476年），教皇更有在意大利全境代替皇帝的趋势。但是格雷戈里大教皇（540—604 年）[71]才是现存教廷和西方教会的真正创建者（31—32 页）。帝国分裂为东部与西部，对于加强西方教会对拉丁语的使用，也起了重要的作用，虽然在 4 世纪、5 世纪期间，拉丁语才逐渐作为教会的正式语言代替了希腊语。直到 9 世纪，

27

意大利简史

东方的正教教会[72]和罗马天主教教会才最后分裂。

意大利北部特别是北方平原的基督教，在4世纪、5世纪期间有了相当大的发展。早于4世纪的主教管区，只有腊万纳（克拉西斯管区，建于200年）、米兰（米兰管区建于240年）、阿奎勒亚、布里西亚、维罗纳这几个管区。基督教不是从罗马，而是从东方教会经过波河流域传到伦巴第平原的。这个地区的主教们甚至在4世纪还是希腊人。在4世纪一个短时期内，西方教会似乎承认教皇和北意大利首府米兰的主教的双重领导权。这个分裂的统治，在米兰的圣安布罗斯在世时（340—397年），特别感觉得到，这个主教对东方帝国和西方帝国的教会，特别是对西班牙和高卢的教会有影响，那两个地方承认米兰的教会权力为当然的上级裁决者。

北方平原的异族征服者传入的阿里安异端，导致5世纪罗马主教的干预，并促使他终于在北意大利建立他的教权。

注 释

[1] "古代"原文是 Classical Times，意思是"古典时期"，指"古罗马时期"，至西罗马于公元476年灭亡时为止。——译者，下同

[2] 指居住在斯堪的纳维亚半岛（Scandinavia Pen.）和不列颠（Britain）北部的身材高大、金发蓝眼的北欧人。

[3] 凯尔特（Celts）是一支古民族，于公元前1000年到公元前100年之间居住在西欧、东南欧和不列颠。

[4] 见图13。

[5] 在古意大利语中，只有拉丁语流传下来。拉丁语的普遍使用和在西西里作为第二语言而保留下来的希腊语的使用，均持续到13世纪意大利语普遍流行时为止。

[6] 特拉马拉（Terramare，单数是 Terramara）是意大利波河（Po R.）流域新石器时代和青铜时代的村庄遗址。

[7] "拉齐奥"原文是拉丁语 Latium，读"拉提乌姆"，后来又读"拉希姆"（惯

译是"拉丁姆",译音不正确),意思是"拉丁地区"。"拉齐奥"是意大利
语 Lazio 的译音。看图 2。

[8] "波伦亚"原文是意大利语 Bologna,读音为"波洛尼亚"。看图 6。

[9] 大希腊(Magna Graecia)是由意大利"靴尖"和伊奥尼亚海(Ionian Sea)
沿岸的一些城市组成的。参看切口页码 5。

[10] 台伯河(Tiber R.)又名特韦雷河(Tevere R.)。

[11] 提勒尼亚人(Tyrrhenians)是古希腊人对埃特鲁里亚人的称呼。

[12] 伊奥尼亚海(Ionian Sea),一译爱奥尼亚海,为英语化读音。

[13] 指原书页码,见本书切口,下同。

[14] 希腊语纳阿波利斯(Neapolis)意思是"新城"。

[15] 公元前 214 年,马其顿国王菲利普(Philip)五世与迦太基将军汉尼拔
(Hannibal)结盟。希腊各城邦得知盟约的条款规定迦太基在战胜罗马之后须协
助菲利普使整个大陆希腊归马其顿统治,它们因此与罗马结盟,困扰菲利普,
使他无法向意大利进军。公元前 205 年,罗马人与菲利普结盟,以免后顾之忧。
公元前 201 年,罗马人在非洲击溃迦太基人。公元前 197 年,罗马人打败菲利
普,于是马其顿和希腊处于罗马人的势力下。中部希腊的埃陀利亚(Aetolia)
联盟请求叙利亚国王安提奥卡斯(Antiochus)前来解救希腊人,小亚细亚的希
腊城邦拍加曼(Pergamum)和兰普萨卡斯(Lampsacus)则请求罗马人帮助它
们对抗安提奥卡斯。结果,安提奥卡斯于公元前 190 年被罗马人打败了。后来,
马其顿恢复了元气,拍加曼又请求罗马人攻打马其顿。公元前 186 年,马其顿
被罗马人摧毁了,所有曾帮助马其顿的希腊人都受到镇压。

[16] 参看切口页码 8。

[17] 原书有误,应为"西北部",参看图 1。

[18] 十个拉丁氏族组成一个库里亚(Curia,相当于胞族),十个库里亚组成一个部
落。三个拉丁部落共有三十个库里亚。

[19] 指行省总督,由退职的执政官担任。

[20] 普罗文斯(Provence)在现代法国东南部。

[21] "本尼凡托"(Benevento)为意大利语名称。"本尼凡通"(Beneventum)为拉丁
语名称,这里指本尼凡通城。看图 4。

[22] 罗马共和国于公元前 31 年结束。

[23] "科洛尼"原文是拉丁语 Coloni,意思是"农民",指本国的自耕农或罗马殖民
地的农民,此处指后者。

意
大
利
简
史

[24] 在近代西方史学中，一般把亚历山大大帝（Alexander the Great）东侵后，至公元前一世纪罗马兼并东部地中海这一时期称为"希腊化时期"。

[25] "物质艺术"是对"精神艺术"（如诗歌）而言。

[26] 拉丁语"科洛尼埃"（coloniae）意思是"殖民城市"。拉丁语"穆尼基皮亚"（municipia）意思是"自治市"。参看切口页码 22。

[27] 指被派到各行省当总督的退职执政官。

[28] 指波斯的崇拜太阳神的宗教，这种宗教于公元 2 世纪盛行于罗马帝国。

[29] 罗马元老院于公元前 27 年赠予屋大维以"奥古斯都"（Augustus）的称号，称号的意思是"神圣的"。

[30] 指罗马帝国的西部。

[31] 法兰克人（Franks）是较古的日耳曼民族之一。

[32] 古罗马人象古希腊人一样，称呼所有的外国人为巴尔巴里（barbari），这个名称原是"外国人"（异族）的意思，后来才含有"野蛮"的意思。

[33] 瓦林梯尼安一世（Valentinian I）是罗马皇帝，在位时期 364—375 年。

[34] 瓦伦斯（Valens）是拜占廷皇帝，为瓦林梯尼安的弟弟，在位时期 364—378 年。

[35] 西奥多西乌斯（Theodosius）是罗马皇帝，在位时期 378—395 年。

[36] 指罗马帝国的东部。

[37] 阿拉里克（Alaric）是西哥特人（Visigoths）的国王，西哥特人为条顿（Teuton）民族之一，居住在西班牙一带。

[38] 汪达尔人（Vandals）是波罗的海（Baltic Sea）南岸较古的日耳曼民族之一。

[39] 奥多亚克（Odovacar）是赫鲁利人（Heruli，古日耳曼民族之一）的国王（434—493），曾任罗马的日耳曼雇佣军的指挥官。476 年，他废黜了罗马皇帝罗穆卢斯·奥古斯图卢斯（Romulus Augustulus），从而夺取了意大利的统治权。

[40] 意大利南部雨季在冬天。

[41] 坎帕尼阿（Campagna）沼地在罗马城周围。

[42] "科洛尼"（coloni），这里指本国的自耕农，参看切口页码 12。

[43] "族长制"原文是 patriarchal，本义是"父长制"、"家长制"。

[44] "帕吉"原文是拉丁语 pagi，意思是"区"。

[45] 托斯卡纳风格（Tuscan styles）即埃特鲁里亚风格。托斯卡纳建筑的石柱很象希腊建筑的多里斯（Doris）式石柱，但比较简单，柱上没有凹槽。

[46] "拉提丰迪"原文是拉丁语 lati fundi，意思是"广阔的地产"。

[47] 这个期间发生了震撼世界的斯巴达克（Spartacus）领导的奴隶起义。

[48] "大高利贷者"原文是 capitalists（一译"资本家"），为金融贵族。罗马共和国晚期，大高利贷者承包各省的税收和国家的经济项目（如公共工程、矿山等），或开办银行，放高利贷，利息高达百分之五十。

[49] 老普利尼（Pliny the Elder, 23—79）是罗马博物学家及作家。

[50] 大高利贷者也是"骑士"。元老院议员和骑士组成罗马贵族阶级。

[51] 潘沛依（Pompeii）是意大利西南部的古城，靠近那不勒斯（Naples），公元前79 年为火山溶液埋没。城中文物已大量发掘出来。

[52] 参看切口页码 12。

[53] "普罗库拉托勒斯"原文是拉丁语 procuratores，意思是"管事"。

[54] 参看切口页码 15。

[55] 当意大利人感到没有希望靠立法程序来取得罗马公民权的时候，他们就发动"联盟战争"（公元前 90—前 88 年）。他们举行起义，占领一些城市，建立国家，并多次击败罗马军队。后来由于内部分化，起义才归于失败。

[56] "自治市"原文是 municipia（穆尼基皮亚），参看切口页码 15。"郡"为英国的地方行政区。"自治区"为英国的市区，它在国会中有代表，并享有国王授予的自治权。

[57] 伊壁鸠鲁（Epicurus，公元前 341—前 270，是萨摩斯岛 Samos I.）的希腊人，为希腊化时期的唯物论者及无神论者。伊壁鸠鲁派认为神存在于世界之外，否认神对于世界和人类的命运有任何主宰之权。这就是他们的无神论和"不可知论"的主要内容。

[58] 斯多葛派（Stoics）哲学的创始人是塞浦路斯岛（Cyprus I.）的腓尼基人（Phoenician）芝诺（Zeno，公元前 336？—前 264）。斯多葛派认为神乃是不具人格的自然或自然原理，世界上的一切都是受自然规律支配的。

[59] 保罗（Paul）也称"圣保罗"，为基督教的传播者及组织者。"道"原文是'kingdom'，意思是"上帝在精神上的统治"，用在此处指上帝的"道"（中文本《圣经》中也译作"上帝之国"）。《圣经·新约》"使徒行传"第 13 章尾上有这样一段话"保罗和巴拿巴（Barnabas）放胆说，上帝的道先讲给你们，原是应当的，只因你们丢弃这道以为自己不配得永生，我们就转向外邦人那里去。"又《新约》"使徒行传"第 28 章尾上有保罗的话："所以你们应当知道，上帝救世的道，如今传给外邦人，他们也必听信。"两段引文中的"你们"指犹太人，"外邦人"指"非犹太人"。

[60] 指圣保罗和圣彼得（St. Peter）。只有圣彼得才是耶稣的十二使徒之一。

［61］普雷斯比特罗斯原文是希腊语 presbyteros，意思是"长老"、"首长"。厄皮斯科波斯原文是希腊语 episcopos，意思是"主教"、"监督人"。

［62］指近东特别是小亚细亚的东方人。

［63］阿里安教派（Arianism）是埃及的亚历山大里亚（Alexandria）的教士阿里乌斯（Arius，死于 336 年）创立的教派。

［64］安提奥克（Antioch）是古代叙利亚的首都。

［65］"大主教"原文是英语 patriarch，源出希腊语 patriarkhes（帕特里亚克斯），意思是"父长"，一般译为"大主教"。

［66］"教父"原文是英语 Papa，源出拉丁语 papas，papas 源出希腊语 pappas（帕普帕斯，为小儿称呼父亲的口语，有如汉语"爸爸"）。所以 Papa 和 Pope（一般译为"教皇"）是"教父"的意思。

［67］瓦林梯尼安三世是罗马皇帝，在位时期 425—455 年。

［68］利奥（Leo）大教皇（在位时期 440—461 年）曾于 452 年会见匈奴国王阿提拉（Attila，406？—453 年），劝他不要攻打罗马城。但阿提拉之所以撤兵，主要是由于供应缺乏，瘟疫流行。

［69］"教皇政权"原文是 Papacy，这个词有时可译为"教廷"。

［70］"世俗权力"指政治权力，与"精神权力"（宗教权力）相对。

［71］格雷戈里一世（Gregory I）在位时期是 590—604 年。

［72］指东方的希腊正教（正统教）教会。

小
说

历
史

第二章　中世纪早期意大利

一、黑暗时代，476—800 年

异族入侵与教皇权力的增长

公元 476 年，最后一个西方皇帝被迫退位，于是君士坦丁堡成为唯一的罗马皇帝的驻地。从那时起，政治上的统一在意大利中断了。直到 1870 年，意大利又才由一个君主统治。皇帝的权力通常是被承认的，但是面对着异族入侵者和东方与西方之间日益增长的分歧，拜占廷皇帝的势力未能保持下来。可是皇帝统治的最后痕迹经过了好几个世纪才消失。腊万纳依然是政府所在地和拜占廷势力的中心，直到 8 世纪落到伦巴第人[1]手里时为止。在 9 世纪被萨拉森人[2]征服之前，西西里是承认皇帝的权力的。在卡拉布里亚[3]，直到诺曼第人[4]入侵时为止，还有皇帝的官吏。当希腊语的知识在西方世界几乎完全被忘记时，这种语言依然在南意大利通用。在这个期间，哥特人[5]、伦巴第人和法兰克人，一个民族接着一个民族从阿尔卑斯山打开出路。他们虽然在北方平原得胜，并在那里定居，却未能控制整个意大利半岛。腊万纳在它的总督管辖下维持着与罗马的交通，并挡住那条往南的最便捷的通道。由于自己的土地和粮食被异族军队夺去了，意大利人便以帝国的名义反抗他们。

教皇们的世俗权力作为第三种政治因素，介入了古罗马与新来的异族之间的斗争。基督教被采纳为罗马帝国的国教，帝国的首都从罗马迁到君士坦丁堡，这两件事给教皇政权带来了新的政治意义。教皇们是大地主，他们利用他们的被称为"穷人的财产"的地产收入组织穷人救济事业。由于腊万纳的帝国政府越来越软弱，因此这些教皇越来越被当作帝国的行政代理人。象维修罗马的公共建筑以及给军队发饷这类的事务，都由教皇们的官吏安排。甚至抵御异族入侵意大利以及同征服者谈判，都由教皇们负责。他们知道，从君士坦丁堡得不到多少援助，因此他们既厌恶历代皇帝对世俗事务的干涉，更厌恶他们对宗教事务的干涉。

罗穆卢斯·奥古斯图卢斯退位以后，意大利的统治者是异族首领奥多亚克，他凭他的贵族头衔自命为皇帝的代理人。488年，哥特人的国王西奥多里克[6]在皇帝[7]的支持下入侵意大利，奥多亚克抵抗了五年，终于被推翻了。西奥多里克曾在拜占廷作过十年人质，因此懂得文明的价值。作为哥特人的军事首领和皇帝权力的行使者，他竭力把二者的职能结合在一起。他利用罗马官吏并与罗马元老院联络而进行统治。他甚至在哥特人与意大利人、阿里安教徒与天主教徒之间实行公平待遇。他完成了罗马和腊万纳的恢复工作，并在腊万纳给自己兴建了一座宫殿。可是他未能在意大利建立一个哥特王国。皇帝的忌妒、天主教徒对一个信仰阿里安教的统治者所存的猜疑以及兵士的劫掠在意大利人中间引起的不安，损害了他的威信。他在位的末年是不平静的，他毕生的事业未能在他死后遗留下来。在意大利，他的主要纪念物是他在腊万纳的未完成的陵墓。

在西奥多里克死后（526年）的年代里，引人注意的事件是查士丁尼[8]企图恢复皇帝在意大利的权力。他的目标是既当征服者，又当立法者。他想赶走哥特人，支持天主教会去反对阿里安教，并"把罗马的特权还给罗马"。经过激烈的战斗，意大利被帝国的将军贝利萨留和纳塞斯征服了，但是哥特人的势力，直到552年他们在托提拉战役失败之后才被摧毁。554年的国事诏书把罗马小农的土地还给他们，并恢复罗马制度，改组行政机构。这些改革使这个受过战争蹂躏的国家承担了财政上的重负，并加强了它依附君士坦丁堡的观念。因此，565年皇帝去世时，意大利便无法抵抗新来的入侵者伦巴第人。然而，查士丁尼还是给意大利文化留下了一个久远的标志。拜占廷艺术的高峰表现在腊万纳的圣维塔勒教堂里绘的皇帝本人和皇后西奥多拉绝妙的肖像上，这种艺术对意大利绘画的形成有巨大的影响。查士丁尼编纂的罗马法[9]在意大利继续实施，而且以他的名字命名。但丁让查士丁尼在天堂上占有一个地位，说他奉上帝之命删去了法律中的繁文和不恰当的部分。拉斐尔[10]在他的梵蒂冈壁画中选择查士丁尼献《法典》为题，并选择教皇格雷戈里九世送《教令》为题，把这两件事作为历史上最足以表明公道的事件。

伦巴第人与格雷戈里大教皇

由阿尔博英[11]率领的伦巴第人于568年出现在波河流域。与早期的条顿入侵者相比，他们的势力更深入，更持久。二百年来，帕维亚是一个王国的首都，这个王国包括近代的伦巴第以及威尼提亚[12]、利古里亚和托斯卡纳的大部分地区（图5）。一批独立作战的兵士深入南方，建立了斯波累托公国和本尼凡通公国。伦巴第习惯写成了法典，而只对国王表示有限忠诚的自由战士的松散集团所具有的日耳曼特色，又在意大利土地上重新表现出来。伦巴第人同罗马人通婚，采用他们的语言，并吸收他们的文化。他们原打算征服整个半岛，但由于在人数上处于劣势，缺乏团结，因此他们的计划归于失败。他们的力量在意大利得势时期的结果，便是使意大利长久分裂。当时有一个重要的发展，就是教皇的世俗权力的增长。当伦巴第人威胁着罗马，拜占廷政府

意大利简史

30

31

表现出它越来越不能保卫它的意大利领土时，有一个具有显著才能的人被立为教皇（590 年）。格雷戈里大教皇是学者，也是政治家，他使他的权力在整个教会里受到尊重，并且凭他的传教热情使远方的英国也信奉基督教。他也出身于罗马贵族，是在有关罗马城如何伟大的传统观念中教养大的。他决心保卫帝国的意大利，使它免受异族侵犯。他曾说服一个伦巴第公爵放弃他对罗马的围攻，并曾协助建立一个全面的和平，这个和平促使腊万纳的总督同伦巴第人达成协议。

32

图 5　公元 600 年前后的意大利

法兰克人在意大利

在 8 世纪，对偶像崇拜的争论——通称为"关于反对偶像崇拜的争论"——扩大了罗马与君士坦丁堡之间的裂痕，使之无法弥补。当伊索里亚人利奥皇帝于 726 年下令禁止对基督和圣徒的偶像崇拜，并明令把这些偶像毁坏时，他已经由于实行新税法，引起大地主的反对。为此，意大利在教皇领导下起来造反。这次造反的直接获益者是伦巴第国王们，他们时而支持皇帝，时而支持造反者，直到他们觉得自己已经强大到足以摧毁拜占廷在意大利的权力时为止。751 年，腊万纳陷落，总督管区从此灭亡。教皇们曾经为了保护他们的宗教主权而抗拒毁坏偶像的敕令。他们此时体会到，一个有权势的伦巴第人对他们的主权的威胁，比一个不在这里的皇帝更为直接，因此他们从阿尔卑斯山那边找来了一个新的保护者。754 年，法兰克人的国王丕平[13]在教皇斯蒂芬二世的邀请下进入意大利，他把伦巴第人赶出腊万纳，然后把总督管区的土地交给教皇，而不是交给皇帝。二十年后，丕平的儿子查理曼[14]完成了他父亲的事业。他打败了并俘虏了伦巴第国王德西迪里厄斯，认可了丕平对教皇的赠予[15]，自己戴上了伦巴第王冠。约在此时，那个通称为"君士坦丁的赠予[16]"的文件第一次出现。这个文件提到君士坦丁在他迁都东方时，对教皇西尔威斯特的赠予——他把"罗马城和意大利所有的行省与城市"都交给了西尔威斯特，归他和他的继承人永远统治。这样，皇帝就批准了教皇对从前的总督管区的统治权，也批准了教皇们曾经长期在罗马及其领土上行使过的权力。于是教会辖地的核心从此形成[17]。只剩下了一件事，就是完成罗马的解放，使它摆脱拜占廷的统治。当西方帝国由一个称为"教皇的法兰克支持者"[18]恢复时，这个事业也就成功了。

二、神圣罗马帝国，800—1015 年

查理曼

公元 800 年圣诞节，查理曼跪在圣彼得大教堂的圣坛前面从利奥三世手里接受皇冠，并被罗马人欢呼为"皇帝"。历史上只有很少事件具有比这件事更深远的影响。罗马又成为帝国的都城。这个法兰克军事首领被授予罗马皇帝的最高权力。西方世界这个统治者指望罗马和教皇们在宗教和文化事务上对他加以指导。这样产生的神圣罗马帝国持续了一千年之久[19]。它在教皇和皇帝的共同主持下——前者在宗教范围内是最高权威，后者在世俗范围内是最高权威——维持着西方基督教世界的统一。就意大利而论，神圣罗马帝国的建立，决定了它未来的历史的主要方向。它把自己的命运同一些北方民族的命运结合起来，因而阻挠了它在政治上朝着自己的正常途径发展。

查理曼的帝国是靠他自己的性格的魄力而统一起来的。他的武力扩展了基督教世界的边疆，不让异教徒和萨拉森人进犯。他运用他的权力来传布宗教，维护正义，在他所征服的民族中普及教育。814 年他死后，由他的儿子继承皇位，但是查理曼所创建的政府机构，一旦失去了他的亲手控制，便不起作用了。在下一代，他的领土就瓦解了。根据凡尔登划分条约（843 年）[20]，纽斯特里亚和来因河以东的条顿土地，归他两个小孙子所有，后来成为法兰西王国和德意志王国[21]。他的长孙罗泰耳则占有意大利，并拥有"皇帝"的称号[22]，这个皇帝统治着一个居中的王国，其领土从北海经过尼得兰、勃艮第和普罗文斯一直伸展到罗马[23]。

34　　　　　　萨拉森人和匈牙利人的入侵

阿拉伯人对西西里岛的征服，标志着萨拉森人在欧洲扩张的

顶峰。这次的征服于 827 年开始，一支自突尼斯出发的远征军，据说有七十条船、一万人，从南海岸的马扎拉登陆。截至 843 年，岛上大部分地方已被占据，此后两个半世纪内，西西里成为一个阿拉伯国家。巴勒莫成为穆斯林文化辉煌的中心，西西里后来的信奉基督教的统治者便是这种文化的继承人。

西西里并且成为入侵意大利大陆的基地，而对付萨拉森威胁的责任，起初是落在罗泰耳的儿子路易二世的肩上；二十五年来，意大利又有了皇帝。虽然有法兰克军队同希腊舰队协力抵抗萨拉森人，但拜占廷皇帝以怀疑的目光看待路易，把他当作他自己的权力的篡夺者。本尼凡托的伦巴第公爵们——查理曼本人并没有把他们征服，——却为了他们自己的目的而鼓励入侵者。教皇利奥四世对罗马的保卫以及以教皇为首的南方共和国联盟在奥斯提亚同萨拉森人作战所赢得的辉煌的海战胜利（849 年），使路易的成就黯然失色。875 年，当路易二世正在征集一支新军队时，他就去世了，因而对一个统一的意大利所抱的希望，也就埋葬在他在米兰的坟墓里了。

在加洛林帝国[24]于 888 年最终瓦解以后的半个世纪内，权力落到地方官吏手中，这些官吏逐渐被人们认为是天生的大人物。伯爵们和侯爵们在争夺意大利的皇冠——"皇帝"这个最高称号是同这顶皇冠联系在一起的，——而邻近的国王们也参加了这场斗争。马扎尔人[25]袭击伦巴第，而萨拉森人则继续从西西里、非洲和他们在普罗文斯海岸的殖民地弗拉克西纳特入侵意大利。由于这些大人物全神贯注于他们自己的争执，所以抵御入侵者的重担便落到了这些城市和它们的代表人物即主教们的肩上。这些城市由于从乡下来的难民川流不息而扩大了；城墙筑起了，壕沟挖好了。在热那亚于 934 年被萨拉森人洗劫之后，主教便协助组成一支舰队，这支舰队对入侵者进行了报复。这就是热那亚海上势力的薄弱的起源。马扎尔人对伦巴第平原任意摆布，但是他们在攻击威尼斯时，却被威尼斯人在他们的总督[26]的率领下在海上打败了。在南意大利，拜占廷帝国依然是最大的势力，但是在它同萨拉森人作斗争时，却受到了那些只关心自己的独立的伦巴第君主和意大利的滨海国家那不勒斯、加埃塔和阿马尔菲的阻挠，这些国家和敌人通商，并同他们联盟。在罗马，拥有土地的贵族打败了教廷的教士势力，而罗马的贵族和他们的夫人则控制着教廷。玛罗齐亚，一个罗马贵族的女儿，既是一个教皇的情妇，又是另一个教皇的母亲，而且是第三个教皇的祖母。她的儿子阿尔伯里克，作为"罗马的皇子和元老院议员"，在罗马城和罗马的领土上行使世俗权力，并且强迫罗马人选他的儿子为教皇。当这个恶少于955年成为教皇约翰十二世时，教皇政权同世袭的城市专制政治没有什么差别。

几个萨克森皇帝

意大利被奥托一世[27]所恢复的西方帝国从这种分裂和衰落的状态中挽救过来了。而鼓励奥托一世在意大利建立业绩的主要动机，则是在德国树立他的威信的必要性。作为萨克森[28]的统治者，奥托只是强大的公爵中最强有力的一个，而地位则甚至在其他具有"国王"称号的人之上。在他自己的公国以外，他的主要支持来自教会，而作为皇帝并作为教廷的保护者，他对教会的控制可以大为加强。干涉意大利事务的机会来自阿德莱德，这女人是已故的国王罗泰耳二世的寡妇，她曾请求奥托帮助她对付她丈夫的敌手和继承人，这人是伊夫雷亚的侯爵贝伦加尔。奥托于951年穿过勃伦纳山口，打败了贝伦加尔，娶了阿德莱德为妻，并取得了意大利的王位。他于955年在勒希费尔德之役战胜了马扎尔人，使北意大利免受他们的骚扰。但是，只要阿尔伯里克还统治着罗马，奥托南下的道路便被堵住了，可是在962年，约翰十二世请求他援助，并给他加冕，立他为皇帝。当约翰企图摆脱皇帝的束缚时，他自己的不规矩的行为便成为对他提出控诉的充分理由。奥托主持在罗马召开的宗教会议，会议宣告废黜约翰十二世，并选出一个新的教皇来代替他。由于叫罗马人宣誓，要在皇帝提出候选人之后才能进行选举，所以皇帝对教廷的控制便更为牢固了。奥托第三次向意大利进军，目的在于扩大他对动乱的南部的统治权。这就使他卷入了同拜占廷帝国的冲突，这个冲突以奥托的同名的继承人同希腊公主西奥法诺结婚而结束。奥托二世很严肃地看待他对意大利所负的责任，他尽量不让德国问题占据他的短促的在位年月，以便用来同萨拉森人作战。他的儿子奥托三世的经历，足以表明罗马这个名称的魔力对一个富于幻想的孩子所产生的影响，这个孩子是在教会的影响下，在来自母方的、拜占廷帝国的传统观念中培养出来的。奥托三世为自己在阿文廷[29]山上兴建了一座宫殿，并梦想建立一个以罗马为中心的世界性的基督教帝国。他的堂兄弟格雷戈里五世，第一个登上教皇座位的德国人，和他抱有共同的理想。格雷戈里的继承人是奥里亚克的格伯特，号称"西尔威斯特二世"，这人是个法国人，为当时最有学问的人，他把自己看作一个新的西尔威斯特，要和一个新的君士坦丁共同致力于使文明战胜野蛮。可是西尔威斯特二世的智力和奥托三世的精力与智谋，都不足以压制他们的计划所引起的反抗。当这个皇帝于 1002 年去世时，罗马人已把他赶出了他的都城，而德国则已处于叛变的边缘了。

由奥托一世、奥托二世和奥托三世恢复的皇帝权力，给意大利带来了更大的安全、商业的复兴和市民生活范围的扩张。他们创立了一种新的政治制度，使德国和意大利在一个君主的统治下联合起来，但这个统治者所能要求的只是一种凌驾于欧洲其余部分之上的模糊的主权。在未来几个世纪内，由德国的公侯选出的国王就成了当然的意大利国王，并且是加冕作皇帝的候选人。唯有德国的君主才拥有合法的权利，可以统治一个统一的意大利。

三、帝国与教廷，1015—1250 年

诺曼第人在南意大利和西西里

在 11 世纪，意大利的突出事件之一，就是诺曼第统治在南方的建立。约在 1015 年，有一些曾作为朝圣者游历过南意大利的诺曼第骑士在那里定居，谋求出路。自从北欧海盗在塞纳河[30]流域定居，成为诺曼第人以来，已经过了一个世纪了。他们以皈依者的热情信奉基督教，并采用法兰克制度，但心里还是想当强盗，热衷于冒险事业，不论是在海上还是在陆地上，而且贪得无厌。希腊人、伦巴第人和萨拉森人在南意大利不断地互相战斗，诺曼第人在那里发现了一个战场，在那个战场上，他们的熟练战术取得了很快的成效。起初，他们当雇佣兵，帮助伦巴第人打希腊人，又帮助希腊人打萨拉森人。他们很快就要求不仅用金子和马匹，而且用土地来作为他们服役的报酬。在那不勒斯的公爵于 1030 年把阿韦尔萨赐给一伙诺曼第人之后，川流不息的、没有土地的人从诺曼第前来征服土地，并在这里定居。他们当中有奥特维尔的坦克雷德的十二个儿子，这十二人成功地维护了他们的凌驾于他们的冒险伙伴之上的主权，并把他们自己从先前的雇主手中夺来的领土合并为一个单一的国家。使南意大利服从诺曼第统治，应归功于罗伯特·圭斯卡德，这人是奥特维尔兄弟中的第六人，"一个足智多谋、有才能有勇气的人"。他在征服卡拉布里亚时，过的是强盗头子的生活，以偷牛及其他劫掠方式为生。诺曼第人所造成的苦难是这样深重，以致激起了教廷兴兵来抵抗他们。在 1053 年的契维塔太战役，利奥九世战败被俘。虔诚的诺曼第人跪下来接受他们的俘虏的祝福，并把他释放，然后继续进行侵略。同这一群强有力的信徒联盟，可能给教廷带来的好处，很快就可以看出来。1059 年，教皇尼古拉二世把罗伯

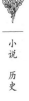

特所征服的土地作为教皇恩赐的封地授予他，于是这个偷牛贼此
时可以自称为"阿普利亚与卡拉布里亚的公爵和未来的西西里公
爵"，认为这是"蒙上帝和圣彼得之恩"。这个行动既使诺曼第统
治合法化，又使教皇对南意大利和西西里的宗主权有了根据，这
个宗主权将成为此后一些世纪里教皇武库中有用的武器。

　　征服萨拉森人占领下的西西里岛，是由罗伯特最小的弟弟罗
杰完成的。在罗伯特于 1085 年去世时，未来的西西里王国的大
陆部分和岛屿部分[31] 都是被奥特维尔家族占据的。罗杰的同名
的儿子把他父亲和伯父获得的领土统一起来；1130 年，罗杰二
世在教皇同意下，在巴勒莫大教堂加冕为西西里国王。

　　12 世纪的西西里王国的组织，足以证明诺曼第人具有行政
管理的才能，这种才能至少不亚于他们的军事才能。同整个帝国
的人口比起来，诺曼第人在人数上是很少的，然而他们是应召前
来统治希腊人、萨拉森人、意大利人和法兰西人的，这些人都
各有自己的特殊习惯和语言。每个不同的民族都被允许尽量保持
自己的生活方式。与此同时，中央政府利用足以加强国王的力量
的、征服者和被征服者双方的每一种习俗和每一种传统。按照从
诺曼第引进的封建安排方式，王子、公爵和伯爵由于有军功而从
国王那里获得封地，这种人成为西西里社会上的典型人物。因此
西西里在政治结构上同意大利其他地方是分离的。然而罗杰二世
的王权并不是一个封建君主的有限权力，而是一个拜占廷皇帝的
绝对统治权。他的财政制度是从阿拉伯人那里借来的；他的舰队
是由希腊军官指挥的。这些不同的成分的巧妙结合，使诺曼第人
的西西里成为有效力的行政管理的模范。这个西西里在 12 世纪
的欧洲唯一可能的匹敌者，只有诺曼第人的英格兰[32]。曾任罗
杰二世的随军传教士及财务官的托马斯·布朗出现在亨利二世[33]
的财政官员中间，这不过是这两个王国的交往的许多事例之一。
在诺曼第国王们所兴建的教堂里，例如在蒙雷阿勒大教堂里，罗

马、诺曼第、希腊和阿拉伯的特色在形式和色彩的新的和谐中结合在一起。诺曼第宫廷成为犹太、希腊和阿拉伯学者的集会地点，并且是他们的学问传入西欧的渠道。

西西里的诺曼第统治遭到了东西双方的皇帝们的挑战，并受到了国内的叛乱和教皇们的断断续续的敌视情绪的干扰。诺曼第国王们不但应付了这些危险，而且企图把他们的版图扩展到西西里边界以外。罗伯特·圭斯卡德在去世前不久，渡过亚得里亚海，占领了都拉索，为他夺取君士坦丁堡的皇位的计划作准备。罗杰二世占领了马耳他岛，在利比亚的的黎波里建立了诺曼第统治，使他朝着充当地中海主人的目标大大地向前迈进。他这样做是开了实现现代意大利[34]的策略和野心的先河。罗杰的儿子和孙子继承了他的王位，出色地保持着他的传统政策，但是死于1189年的威廉二世没有留下合法的男子继承人。王位继承权落到一个妇人手里，这表示在西西里王国留下久远的痕迹的诺曼第统治，宣告结束。

教会的改革

当诺曼第人正在把南意大利锤炼成形的时候，教皇政权的性质有了改变。11世纪的教皇们把他们自己从罗马贵族的控制下解放出来，并置身于教会的改革运动的前列。这些改革者的目标在于提高教士的道德标准和智力标准，强调封建社会中教士与世俗人之间的区别，这种区别当时已经大部分消失了。他们反对买卖圣职，教士结婚，世俗权力控制教会的任命，这些习俗势必同样使高级教士在观点和生活方式上接近于世俗贵族。他们竭力以罗马帝国作为模范来改组教会，并使整个欧洲的主教们对教皇负责，宗教人员对主教们负责，这些人都要在同一个法规和同一个管理制度下结合在一起。这是对世俗统治者们分配人员和迫使教士阶层俯首听命的权利提出挑战，这个教士阶层作为土地所有者集团，曾给这些统治者提供大部分兵力，并曾利用它对教育的垄断，给他们配备主要的政府大员。对于这个挑战，世俗统治者们立即应战。

在整个欧洲都投入这场争论时，意大利和德国成为教皇与皇帝之间的斗争的战场。这个时期的皇帝中，有一些作为教廷的保护者，想克尽职责，把它的污点洗刷掉，使它仍然成为教会的精神领导。但是，这样一来，他们却给自己惹出了一些敌人。1046年，皇帝亨利三世[35]来到意大利，他废黜三个昏庸的教皇，或强迫他们逊位，然后扶助利奥九世登上宝座。利奥是个德国人，并且同从前的一个教皇有亲戚关系。他很虔诚，有学问，有政治家风度，因此成为改革运动的领袖，并且是一系列这样的教皇中的第一人，这些教皇对于他们的权力的性质和范围所抱的概念，使他们同帝国发生不可避免的冲突。教皇的新的权利还使这个教会同希腊教会的关系变得更坏，正教教会同天主教教会的分离和诺曼第的征服结合在一起，消除了希腊皇帝在南意大利的最后痕迹。

希尔德布兰德与亨利四世

拉太朗会议（1059年）宣布的命令把选举教皇的事交给红衣主教们，这个命令成为改革运动中的重要里程碑。它制止了罗马贵族对选举权的篡夺和由皇帝提名的惯例，又强调了教廷的独立性和它的权力的精神特征。同年，利奥九世的被保护人希尔德布兰德成为罗马的副主教，并从那时起成为改革运动的推动者。希尔德布兰德一生的目的在于使上帝的正义普及大地；而在他的心目中，要达到这个目的，就必须服从教会的法规，服从教皇，这个教皇作为圣彼得的继承人，责无旁贷地担负着判断是非的庄严责任。希尔德布兰德原是教皇座位后面的有力人物，于1073年由红衣主教们全体投票赞成，在罗马人民的欢呼声中，被选为教皇。

　　希尔德布兰德作为格雷戈里七世，决心把自己对正义的理想强加于皇帝亨利四世，起初是凭劝告，后来是凭压力。在过去一些时候，改革运动的支持者和反对者曾在米兰猛烈地进行斗争，这场斗争此时给教皇与皇帝之间的公开冲突提供了机会。圣安布罗斯教会[36]的独特习俗和伦巴第王国首都的政府传统，使米兰的统治阶级对外来的干涉感到愤怒。他们反对由驻米兰的教皇使节召开宗教会议，并拒绝这些使节提出的在买卖圣职和教士结婚这样的事情上服从罗马的要求。另一方面，米兰的更富于民主精神的分子是热烈的改革者，于是教会的争论成为公民的内讧。1072 年，那个被教皇拒绝承认的、反对改革运动的大主教候选人，从皇帝那里接受了象征他的职位的指环和节杖[37]，这个举动引起了一连串事件，这些事件导致 1075 年颁布的禁止世俗人主持授职礼的命令，使亨利四世被逐出教会，并使他在格雷戈里七世面前受到戏剧性的屈辱。1077 年冬天，这个皇帝在卡诺沙城堡的院子里站立了三天，恳求教皇恕罪[38]，当时格雷戈里作为托斯卡纳的女伯爵玛蒂尔达的客人，正在那个城堡里逗留[39]。在亨利答应服从，并获得宽恕[40]时，教廷的胜利似乎是完成了，虽然格雷戈里无法断定亨利是表面上接受他的要求，还是出于真心。

　　卡诺沙事件只是决斗的第一个回合。这种争执后来更为猛烈地重新爆发。格雷戈里再次把亨利逐出教会，并把他废黜，转而承认亨利的德国敌人中的杰出人物——斯瓦比亚的卢道夫为国王。德国主教会议下令废黜格雷戈里，推选伦巴第主教们的、反对教皇权力的领袖——腊万纳的圭伯特为反教皇的大主教。亨利准备入侵意大利，强制执行会议的命令。在用世俗武器作战的冲突中，格雷戈里并不是皇帝的对手。他倒是有玛蒂尔达他的热烈的支持者，约在此时，这个女伯爵把她的土地交给教会，再把它作为教廷恩赐的封地领了回来。但北意大利大部分是与他为敌

42

的，而罗伯特·圭斯卡德——格雷戈里曾向这人求助——那时正从事于远征东方帝国。因此亨利于 1084 年攻入罗马，由反教皇的大主教给他加冕，立他为皇帝。援助终于从诺曼第人那里到来，但以洗劫罗马三天为代价，在这次的洗劫中，这些支持教廷的人所犯的罪行超过了早期的异族。事后，诺曼第人不愿格雷戈里落到愤怒的人民手中，把他带到萨勒诺去了。他于 1085 年在那里去世。

授职礼问题的解决

"我一生热爱正义，憎恨邪恶，为此才死于流亡"，这是格雷戈里七世临终的遗言。虽然这句话是表示个人的失败的，但以后的年代却证明他的事业是成功了。他的教皇职权的继承人是一些和他抱有共同理想的人。乌尔班二世是克吕尼[41]的修道士，克吕尼是修道院复兴的中心，这个复兴在改革运动中起了很大的作用。是乌尔班鼓吹第一次十字军远征，唤起欧洲进行反伊斯兰教的圣战的[42]。十字军旗下大军云集，是教皇领导权真正存在的动人表演。卡利克斯图斯二世同皇帝亨利五世于 1122 年达成沃姆斯协定，在授职礼问题上取得了妥协，这是教廷获得的一次真正的胜利。皇帝虽然对选举主教一事还保持着大部分控制权，特别是在德国，却永远放弃了授予指环和节杖的权利。承认主们们比皇帝的诸侯高一等，这个事实证明教会是独立的。这一点足以表明这个信念，即人类的生活有一些方面是属于精神领域的，不能受世俗统治支配。授职礼的争论对意大利的影响，是削弱了皇帝的权力，加强了所有导致分离[43]的力量。于是皇帝的诸侯趁机摆脱他们的宗主的支配；诺曼第人也得到机会攻击那威胁着他们自己的权力的权力，他们对此表示欢迎。一些日益扩大和富裕起来的城市，在教会的争执中找到了一种争取自治的新力量的方法。在 12、13 世纪，意大利自治市开始兴起。

43

城邦的发展

由于萨拉森人的阻挠而中断了的地中海商业的复兴，以及几乎完全是一直从事农业劳动的社会中的工商业的抬头，使整个西欧的城市生活发展起来了。意大利由于地理上的优点和政治制度上的特点，在城市化运动中处于领先地位，使它的城市发展比其他国家更为快速而又全面。它是东方与西方的中间站，是较古的文明的乐趣传人西方各国的渠道，而这种文明正是这些国家所渴望获得的。此外，它又是古罗马的继承者。虽然无法证明罗马自治市制度是否一直存在，但城市生活的传统依然流传下来。意大利的城市居民，截至 11 世纪末，还有足够的古典知识和法律训练，使他们设想自己是罗马人的缩影，因此他们可以称他们的上等官吏为“执政官”[44]，并有权要求自治权利，把它当作自己的合法继承物。当时，在许多城市里，是主教而不是伯爵代表着皇帝的权力。授职礼的争论使公民有机会削弱主教们的权力，从而使自己获得自治权。有时候是皇帝自己由于给城市以特许状[45]从而换得城市的拥护。有时候是重视自己的地位甚于重视皇帝的利益的主教同公民达成协议，承认公民有权利同他在政府里共事。有时候是城市起来反对主教，因为这个主教对待教会改革问题的态度未能获得民众的支持。因此在整个北意大利和中意大利出现了一些这样的城邦，这些城邦不但有权在自己城内实行统治，而且强迫周围的贵族承认它们的最高权力。

在意大利城市中居首位的，是威尼斯、热那亚和彼萨三个滨海共和国。所有这三个城市都曾建立海军，最初是为了保卫自己，后来发现海军是取得教皇们和皇帝们的好感的工具。威尼斯起源于在异族入侵的威逼下从大陆逃到礁湖[46]避难的人群。早在 6 世纪，贝利撒留在他围攻腊万纳时，曾乐于利用这些挣扎的

小说 历史

44

难民的船只和港口。697 年，这些分散的人群在他们的第一个总督的统治下联合起来，于是威尼斯成为一个共和国，查理曼承认它为东方帝国的一部分。1100 年，对达尔马提亚[47]海盗进行的远征，建立了威尼斯在亚得里亚海上的主权。其时，彼萨和热那亚正在西地中海同萨拉森人作战。1016 年，彼萨和热那亚的联合远征把萨拉森人赶出了撒丁，这个岛屿从此成为这两个城市在商业上和政治上激烈竞争的场所。乌尔班二世亲自写信给热那亚，力劝它参加第一次十字军远征，对所有这三个滨海共和国来说，十字军远征标志着在利凡特沿岸[48]通商和殖民的有利时机的开始。至于内地城市的繁荣则依靠它们的地理位置。米兰和维罗纳各自位于阿尔卑斯山口下面；皮亚琴察把守着波河的一个渡口；波伦亚是沿伊米利亚大道[49]兴起的一系列城市中最重要的一个；佛罗伦萨在阿尔诺河上有一条通往海上的水道，并控制着两条通往罗马的道路。许多其他城市，特别是肥沃的伦巴第平原上的城市，则是热闹的农业地区的市集。这些城市的历史和特性各不相同，但它们的地方性的强烈爱国心则是相同的，这种爱国心表现于它们为争取自治权而进行的奋斗以及它们同邻邦进行的不断的竞争。

巴巴罗萨与各城市

公元 1154 年，那个新选出来的皇帝，霍恩斯陶芬王室[50]的腓特烈一世[51]，第一次越过了阿尔卑斯山。巴巴罗萨——意大利人这样称呼这个红胡子的客人——决心维护皇帝的权利，使意大利在他的统治下恢复秩序与统一。形势似乎于他的事业有利。全意大利，除威尼斯和西西里王国外，都承认皇帝的宗主权。教皇也为了摧毁由布里西亚的阿诺德领导的罗马共和运动而求助于这个皇帝。有一些较小的伦巴第自治市也尊称腓特烈为它们抵抗米兰侵略的支持者。南方的贵族则力劝他攻打西西里王国。后来人们才逐渐认识到，腓特烈对于他的权利和义务的概念，是同过去百年来意大利的发展背道而驰的。当腓特烈为了加冕而来到意大利时，他拒绝替教皇牵马或捉镫，这种拒绝是向希尔德布兰德式的、涉及教皇的最高权力的观念进行挑战，它标志着教廷与帝国之间的新的决斗的开始。在龙卡利亚会议（1158年）上，罗马民法，按照皇帝的法律家的解释，似乎是与市民的自治权相抵触的。然而，米兰的毁灭（1162年）不但远没有摧毁当时的反叛精神，反而导致伦巴第联盟的成立，在这个联盟里，大多数自治市放弃了它们的分歧，联合起来保卫它们的自由。它们得到了教皇亚历山大三世、西西里的威廉和威尼斯人的支持。一座以教皇的名字命名为亚历山大里亚的新城[52]，标志着意大利政治生活中一些最活跃的因素聚集起来以应付共同的危险。腓特烈的德国骑士们在莱尼亚诺被联盟的军队打败了。皇帝决心承认教皇的权利。一年以后，他跪在威尼斯圣马可教堂里接受教皇的和平之吻。1183年，腓特烈终于在康斯坦次[53]同伦巴第各城市议和。皇帝的宗主权是被承认了，但是这些自治市（不包括托斯卡纳的各自治市）得以在它们城墙内外自由处理自己的事务。1186年，巴巴罗萨为了他儿子亨利同诺曼第的康丝坦丝——西西里统治者的姑母和王国的推定继承人[54]——举行婚礼而来到意大利，这是第六次，也是最后一次。西西里是一个赠品，很足以补偿腓特烈从教皇和各自治市那里受到的屈辱。他也许从占有这个岛屿一事中看出一种可以使他的继承人成为意大利的主人的手段。然而，实际上，皇帝权力的增长足以加强反抗霍恩斯陶芬王室的统治的力量。

英诺森三世与教会辖地

大皇帝去后，来了个大教皇。英诺森三世在位时期（1198—1216年）标志着教皇在世俗事务和宗教事务两方面的权力的顶点。如果他的名声在英国人眼里，主要是由于约翰^[55]向他表示服从，把他当作自己王国的世俗宗主，如果他对阿西西的圣弗朗西斯修道会的批准^[56]可能是他对教会的最大贡献，那么他可以在意大利自命为教会辖地的真正创建者。他的即位与皇帝亨利六世之死发生在同一个时候。亨利曾征服西西里，非常残忍地镇压诺曼第人对德国统治的反抗。亨利一死，寡居的康丝坦丝就请求教皇保护她的婴儿，即腓特烈，于是英诺森掌握了对西西里王国的统治权。他并且在两个争夺皇位的候选人——霍恩斯陶芬家族的菲利普和布伦斯威克^[57]的韦尔夫家族的奥托之间自任仲裁者。奥托为了报答教皇的支持，承认了英诺森占有早先属于皇帝特权的一切领土。他这样宣告了教廷对一大片领土享有无可争辩的权利，这片领土从托斯卡纳边界上的拉迪科法尼伸展到以切普拉诺为终点的西西里王国，并且伸展到斯波累托公国、安科纳边区、腊万纳的总督管区和玛蒂尔达遗留下来的土地上^[58]，甚至还包括北至斐拉拉和波河的土地。此后，教皇政策的双重目的是永远保持着西西里与帝国之间的分离状态，并使教皇在被认为属于教会的整个领土上的统治成为实权。罗马元老院归教皇控制，而教皇的教区长们又代替了中意大利的德国总督。后来，当坐稳了皇位的奥托拒绝认真看待教皇对世俗统治权的要求时，英诺森便使他的被保护人腓特烈当选为罗马国王，并从他那里索得既尊重教会辖地，又不使西西里王国同帝国联合起来的保证。因此英诺森三世去世后，教皇们与霍恩斯陶芬王室的皇帝们之间最后一轮决斗的舞台是准备好了。腓特烈二世（1194—1250年）是那个时代最出色的人物，他在三十年斗争中却受到了教廷和一些公开反抗的城市的阻碍。

意大利简史

47

腓特烈二世与格尔夫派和吉伯林派

腓特烈二世对德国问题很少关心。他本人是半个诺曼第人，是在南方出生和教养大的，所以他的第一个目标是加强和发展他的西西里王国，从而使他的权力伸展到意大利其余部分。北意大利和中意大利分为五个由皇帝代理人管辖的区域。那些讨他喜欢的自治市保持着它们的自治权利，但成为以皇帝为首的联盟的成员。在腓特烈的拥护者当中，有地方上的大人物，如奥伯托·佩拉维契尼和埃泽利诺·达·罗马诺，他们借他的德国军队的帮助使自己成为好些城市的主人。教皇们把每个反对皇帝权力的人聚集在他们的身边。由于同腓特烈争夺帝国的敌手原是韦尔夫家族的奥托，因此教皇们和他们在意大利的盟友们便开始称呼自己为"格尔夫[59]派"。至于拥护皇帝那一派人则通称为"吉伯林派"，这个名称是由于他们把霍恩斯陶芬家族的军队作战时的呐喊声"Hie Weibling"意大利语化而来的[60]。所有使意大利陷于分裂状态的敌对行为，不论是城市间的还是党派间的，都被卷入了这场巨大的斗争，而"格尔夫"和"吉伯林"这两个名称，在它们原来的意义消失了很久之后，还用来区分对立的党派。

腓特烈二世同三个相继的教皇较量的过程如下：1220年，腓特烈在罗马由霍诺里乌斯三世（1216—1227年）给他加冕，他这样获得了教皇的批准，使西西里的王冠和帝国的皇冠在自己头上结合起来（这是违背他先前的诺言的）。他宣誓要进行十字军远征，但由于动身日期的拖延而被开除教籍。他在教皇的责备下乘船赴巴勒斯坦。他同苏丹[61]订立了条约，这个条约允许基督教的朝圣者进入圣地。然后，这个受了开除处分的孤独的人在圣墓[62]教堂里自行加冕，作耶路撒冷国王。他在科特努奥瓦打败了复兴的伦巴第联盟（1237年），于是作为各城市的支持者的格雷戈里九世（1227—1241年）把他重新逐出教会。在里昂会议（1245年）上，腓特烈被英诺森四世废黜了。从那时起，他还遭到了许多挫折。他在巴马吃了败仗。他的儿子恩佐在福萨尔塔被俘，在波伦亚作囚徒，度过了他一生的其余岁月。不满的情绪在西西里表现出来了。1250 年间，战争中的运气依然忽好忽坏，但腓特烈在那一年去世了，他的死标志着皇帝在意大利的权力的衰落。

腓特烈的权力高度集中的政府，是建立在诺曼第封建制度以及他的拜占廷与萨拉森前辈的官僚政治制度[63]的基础上的。他颁布的法典是在罗马法的原则的启示下制定的。犹太人、伊斯兰教徒和基督教徒在他的领土内享受着平等的宗教自由。他的宫廷是一种丰富多彩的文化的中心，是意大利方言诗[64]之家，也是阿拉伯医学与哲学之家。腓特烈本人同哲学家交朋友，并同他们有书信来往；他既是自己的政务方面的主要顾问，又是武人、外交家、科学家和诗人。他的才能和兴趣的多样性以及他的探索精神，引起了他的同时代人的称赞和惊异。他们骂他是异端，却又称他为"斯图波尔蒙迪"[65]，意即"世界之奇才"。

注 释

[1] 伦巴第人（Lombards）是古日耳曼民族之一。——译者，下同

[2] 萨拉森人（Saracens）是中世纪欧洲人对信奉伊斯兰教的阿拉伯人的称呼。

[3] 看图 5。

[4] 诺曼第人（Normans）是斯堪的纳维亚人和法兰克人（Franks）的混血种族。参看切口页码 37。

[5] 哥特人（Goths）是条顿民族之一。

[6] 西奥多里克（Theodoric，454？—526）是东哥特人（Ostrogoths，居住在多瑙河 Danube R. 一带）的国王。

[7] 指拜占廷皇帝。

[8] 查士丁尼（Justinian）是拜占廷皇帝，在位时期 527—565 年。

[9] "罗马法"是查士丁尼于 533 年下令编纂的民法。

[10] 拉斐尔（Raphael，1483—1502）是意大利画家。

[11] 阿尔博英（Alboin）是伦巴第人的国王，在位时期 561—573 年。

[12] 威尼提亚（Venetia，一译威尼西亚）为威尼斯地区，即威尼托（Veneto）。

意大利简史

[13] 丕平（Pepin）绰号"矮子"，在位时期 752—768 年。

[14] "查理曼"（Charlemagne，742—814）世称"查理大帝"（Charles the Great），亦称"查理一世"，为法兰克人的国王，在位时期 768—814 年。

[15] 指丕平把从腊万纳（Ravenna）到罗马那一大片土地交给教皇，在教会史上称为"丕平献土"。

[16] 所谓"君士坦丁（Constantine）的赠予"，是 8 世纪中叶伪造的文件。

[17] 腊万纳总督的五城管区，是拜占廷帝国留在意大利的残余领土，这个管区的移交为教皇的世俗政权奠定了基础。这个管区和罗马公国组成教皇辖地，称为"教会辖地"（一译"教皇国"）。

[18] 指查理曼。

[19] 神圣罗马帝国成分复杂，疆界时有变动。后为拿破仑所灭。

[20] 查理曼死后，他的儿子虔诚路易（Louis）继位，封建大领主不再服从国王的统治。虔诚路易死后，他的三个儿子（即本书所说查理曼的三个孙子）之间发生内战，日耳曼路易和秃头查理联合反对他们的哥哥罗泰耳（Lothair），长兄被迫让步，三人在凡尔登（Verdun）缔结和约，将帝国三分。

[21] 纽斯特里亚（Neustria）是些耳德河（Schelde R.）、麦士河（Meuse R.，一译缪司河）以西的地区，归秃头查理所有，称为"西法兰克王国"，后来成为法兰西王国。来因河以东的条顿土地归日耳曼路易所有，称为"东法兰克王国"，后来成为德意志王国。

[22] 罗泰耳是神圣罗马帝国皇帝，在位时期 843—855 年。

[23] 这片领土北起北海，从来因河（Rhine R.）下游迤南，直到意大利中部。

[24] 加洛林帝国（Carolingian Empire）即查理曼帝国，因为"查理"在拉丁语为"加洛卢斯"（Carolus）。

[25] 马扎尔人（Magyars）是匈牙利的主要民族。

[26] "总督"是威尼斯共和国的最高行政长官。

[27] 奥托一世（Otto I）是德国国王，在位时期 936—973 年，他于 962—973 年当神圣罗马帝国皇帝。

[28] 萨克森（Saxony，德语是 Sachsen）在现代德意志联邦共和国北部。萨克森人为古日耳曼民族之一。

[29] 阿文廷（Aventine）是古罗马城西南部的小山，靠近台伯河。

[30] 塞纳河（Seine R.）在现代法国北部。

[31] 看图 6。

［32］诺曼第人曾于 11 世纪占领英格兰。

［33］亨利二世（Henry II）是英国国王，在位时期 1154—1189 年。

［34］指第二次世界大战前的意大利。

［35］亨利三世是德国国王（在位时期 1039—1056 年），1046 年当神圣罗马帝国皇帝。

［36］圣安布罗斯（St. Ambrose）教会即米兰（Milan）教会，参看切口页码 27。

［37］这个授职礼本应由教皇主持。

［38］亨利四世由于被逐出教会，遭到封建贵族的反对，所以不得不恳求教皇恕罪。

［39］亨利从德国前来求见格雷戈里，他没有带任何军队，但是格雷戈里由于害怕亨利的敌对行动，因此躲在他的盟友玛蒂尔达（Matilda）的城堡里。

［40］格雷戈里恢复了亨利的教籍，但没有让他复位为王。

［41］克吕尼（Cluny）在现代法国东部，那里有贝尼迪克廷（Benedictine）修道院。

［42］"十字军远征"实际上是欧洲封建主、大商人和教会主教以维护基督教为名而发动的侵略东方的军事行动，其主要目标为东方伊斯兰教国家。

意大利简史

［43］指政治与宗教的分离。

［44］"执政官"原是古罗马共和时期两个最高官吏的名称。

［45］指准许成立自治市的"特许状"。

［46］指威尼斯港湾。

［47］达尔马提亚（Dalmatia）是一个滨海地带，在现代南斯拉夫西南部。

［48］利凡特（Levant）沿岸是从希腊西部到埃及西部的东地中海沿岸。

［49］参看切口页码 12。

［50］德国的霍恩斯陶芬（Hohenstaufen）王室约建于 11 世纪，王室的一些成员成为神圣罗马帝国的皇帝。

［51］腓特烈一世（Frederick I）是德国国王（在位时期 1152—1190 年），1155—1189 年当神圣罗马帝国皇帝。

［52］这座亚历山大里亚城在意大利西北部。

［53］康斯坦次（Constance）在现代德意志联邦共和国西南部。

［54］"推定继承人"是在更具有继承权的人诞生之前的继承人。

［55］约翰（John）是英国国王，在位时期 1199—1216 年。

［56］埃及的亚历山大里亚的教士圣弗朗西斯（St. Francis）在意大利阿西西城（Assisi）传道，成立修道会，获得英诺森三世的批准。这个修道会过去译为"圣芳济修道会"。

［57］布伦斯威克（Brunswick）在现代德意志联邦共和国东北部。

［58］"玛蒂尔达遗留下来的土地"即"彼得的世袭辖地"（看图 11）。参看切口页码 41、42。

［59］"格尔夫"（Guelf）是由敌视霍恩斯陶芬家族的德国"韦尔夫"（Welf）家族的姓氏意大利语化而来的。

［60］"Hie Weibling"是德语，意为"懦夫"。Weibling 的读音为"韦布林"，这个词经过意大利语化，成为 Ghibelline（吉伯林）。一说"吉伯林"是由德国符腾堡（Württemberg）地方一座属于霍恩斯陶芬家族的城堡魏布林根（Waiblingen）意大利语化而来的。

［61］苏丹（Sultan）是土耳其皇帝的称号。

［62］指耶稣的坟墓。

［63］这种制度的官吏系受雇用，而非出自民选，他们的权力高度集中。

［64］"方言"指中世纪的意大利语，此时已成为文学语言。

［65］"斯图波尔蒙迪"原文是拉丁语 Stupor Mundi。

第三章　中世纪晚期与文艺复兴 早期，1250—1402年

一、但丁的时代，1250—1313年

皇帝权力的结束

13世纪后半期，教廷面临的问题是如何收获它战胜帝国的成果。第一个需要解决的问题，是如何处理西西里王国，才能为教皇们争取到一个世俗的军事支持者，以便帮助教皇们在整个意大利建立并维护他们的最高权力。腓特烈二世去世后，英诺森便着手在欧洲各宫廷叫卖西西里王冠，答应把这个王国授予任何一个愿意前来征服这个岛屿的人。有人替一个王子接受了这个奉献，但王子本人又没有前来，这人就是英国亨利三世[1]的小儿子埃德蒙。腓特烈二世曾把西西里传给他仅存的嫡子康拉德，但康拉德的兴趣却集中在德国，他只比他父亲多活了四年。腓特烈的意大利政策以及他的才能和兴趣的继承人，是他的私生子曼弗雷德。这个才气焕发的王子，起初当摄政，后来作西西里国王，在1250—1266年间支配着意大利的历史。有一个时期，英诺森四世本人打算承认他对西西里的所有权。可是曼弗雷德是霍恩斯陶芬家族的人，而教廷与腓特烈二世的儿子之间的联盟，实在勉强，所以不能持久。

教皇的反对越来越强烈，最后成为曼弗雷德失败的直接原

因。此外，曼弗雷德可能在意大利建立的最高权力的性质，其本身就有弱点，这些弱点终于是致命的。除了在西西里而外，他的权势只不过是一个党派领袖的权势。在伦巴第和托斯卡纳，他当权的时期保证了吉伯林派的胜利和格尔夫派的失败。他作为支持罗马共和政治、反对教皇独裁政治的战士而被选为罗马元老院议员。锡耶纳在他的帮助下，在蒙塔佩托战役（1260 年）赢得了战胜佛罗伦萨的唯一的胜利。那些使自己处于曼弗雷德的保护下的城市之所以这样做，目的在于使自己"获得利益"，锡耶纳一个重要人物就曾这样直言不讳。1261 年，一个法国人被立为教皇，称为"乌尔班四世"。他决心为教廷获得一个法兰西支持者。法国的圣路易[2]一向反对他弟弟领受西西里王冠，但是他的异议终于被克服了，于是安茹[3]和普罗文斯的伯爵查理到意大利来争取他的王国[4]。1264 年，查理接受格尔夫派的邀请成为罗马元老院议员；1266 年，他在本尼凡托战役击败了并杀死了曼弗雷德。两年后，霍恩斯陶芬王室为了恢复它的西西里主权作了一次徒劳的尝试。康拉德的十六岁的儿子康拉丁带领军队越过阿尔卑斯山，但是他的军队在塔利亚科佐战役（1268 年）被安茹查理的卓越的指挥才能挫败了。经过模拟裁判，康拉丁在那不勒斯被斩首；于是查理成为西西里当然的国王，格尔夫派的事业在整个意大利是成功了。

法国人的干涉

安茹查理的到来，标志着意大利历史的转折点。法国人在意大利成为占优势的外国力量。康拉丁之死使霍恩斯陶芬王朝从此灭亡。1273 年，腓特烈二世去世后，帝国的空位时期由于哈普斯堡家族的卢道夫[5]当选为皇帝而结束。卢道夫的毕生事业是在德国重建王权，在这个事业上，他由于对意大利采取不干涉政策而赢得了教皇的非常可贵的支持。为了报答教皇承认他为罗马国王，他承认了教皇对教会辖地（他给这个辖地加上罗马尼阿）的主权和安茹查理对西西里的所有权。皇帝对北意大利的管辖权依然如故，但卢道夫并不想竭力去行使这些权力，他甚至没有到意大利来举行加冕礼。从此，除了在一两个事件的短时期以外，德国皇帝们已不再是意大利政治中的决定性因素了。另一方面，安茹查理是第一个越过阿尔卑斯山前来追求领土与权力的法国君主。此后三个世纪内，其他法国君主一个跟着一个也都这样做了。查理在意大利的事业成为一些主权要求的基础，这些主权要求后来使法国的干涉成为对意大利独立的经常威胁。

51

安茹查理远征的结果虽然有深远的影响，但是他的远征对他本人和教皇们来说，却都是一场空。沉重的赋税以及外国军队与官吏的蛮横无礼，逼得他的新臣民起来造反。1282 年复活节次日[6]，法国兵士在巴勒莫对一个正在去教堂的西西里妇女施加的暴行，引起了"杀法国人"的呼声。西西里晚祷[7]是在全岛大规模屠杀外国人的前奏。造反的领导人早已同阿拉冈[8]的国王彼得——曼弗雷德的女儿康丝坦丝的丈夫——和拜占廷的统治者、查理的敌人迈克尔·帕利奥洛古斯缔结联盟。阿拉冈军队，在他们的精良海军的支持下，以破竹之势扫荡一切，到了 9 月，西西里王国的岛屿部分就永远不再属于昂热万家族[9]了。诺曼第人建立的王国，现在由昂热万君主和阿拉冈君主瓜分了，这两个君主都想夺取对方的所有权，都想把他们所统治的领土全部统一到各自的手里。西班牙的兴趣和野心从 1282 年起便集中在西西里，从这里可以看出西班牙在意大利的统治的序幕。

中产阶级的出现

当年曼弗雷德的失败只不过意味着当权派的更迭。格尔夫派回到他们各自的城市，而吉伯林派则出外流亡。党争继续进行，猛烈如前，而格尔夫派给予他们党派领袖的支持，则是较少地取决于他们对教皇事业的忠诚，而较多地取决于他们自己的地方性利益。因此教皇们不得已，只好越来越依赖由他们引入意大利的这个外国人；他们有使安茹查理成为他们的主人而不是成为他们的世俗的军事支持者的危险。在各城市里，一个新生的中产阶级上升到显著地位，它发现它的商业受到战争的阻挠，它的市民生活受到巷战的干扰。于是这些市民便制定法律来约束贵族——不管他们是格尔夫派还是吉伯林派，——并力求消灭党争，使每个城邦都能在安全与和平中走自己的道路。这个时代的动荡不安在宗教事务上的表现不亚于在政治上的表现。人们对教会的富裕和世俗利欲提出了广泛的批评，要求恢复"福音"书中宣传的简单朴素的生活标准。人们对基督教的基本信条提出了许多疑问。据说教会的一个红衣主教奥塔维亚诺·乌巴尔迪尼讲过这样一句话："如果我有灵魂，我已为了吉伯林派而把它丧失了。"卜尼法斯八世在位期间（1294—1303 年），显示了一个伟大的教皇的权力可能达到的高度，但是他的事业以悲剧告终，而中世纪的教皇政权也跟着他倒塌了。

卜尼法斯八世与世俗权力

"每一个人都应当对罗马教皇表示服从，这对于他的灵魂的得救是必需的。"这句引自教皇训令"乌纳姆散克坦"[10]的话——卜尼法斯八世曾用它向法国领域的自治权提出挑战——表示这个教皇要作基督教世界的精神首领这种要求的性质。他象格雷戈里七世一样，坚持教皇是道德律的唯一解释者和裁判者。希尔德布兰德只关心保持他的宗教权力，卜尼法斯则利用他作为教皇所要求的这种权力在中部意大利建立世俗统治权。他把他政治上的敌手当作罪人来对待，这个事实足以说明他的敌人心里对他的痛恨。意大利对卜尼法斯的反对来自四个主要地区。科隆纳的吉伯林大家族的成员是最靠近罗马城的，他们象他们的敌手奥西尼家族的人一样，在坎帕尼阿拥有地产和堡垒，并同他们争夺对罗马城和红衣主教团的控制权。卜尼法斯本人是个罗马贵族，属于加埃塔尼家族。他对于奥西尼家族的顺从，至少是放心的，于是着手摧毁科隆纳家族的权力，并剥夺这个家族的利益，用来养肥自己的亲属。科隆纳家族的帕勒斯特里纳堡垒的毁灭，使这个家族的每个成员都成为卜尼法斯的不共戴天的仇人。

卜尼法斯在位初期，有理由希望西西里问题由他最后解决。阿拉冈彼得的次子詹姆斯在西西里继承他父亲的王位，但是当他的哥哥之死使他获得阿拉冈王位时，西西里再也不是他最关心的地方了。1295 年，教皇提出一个解决办法，根据这个办法，詹姆斯把西西里岛让给了安茹查理二世，条件之一是法国放弃它对阿拉冈的主权要求，条件之二是教皇答应把撒丁和科西嘉授予他，只要他能把彼萨人和热那亚人赶出那两个岛屿。这个条约由于西西里人在阿拉冈彼得的第三子腓特烈[11]领导下起来叛变而失效，从此腓特烈和他的臣民也成为卜尼法斯的敌人了。

佛罗伦萨

第三种敌人是佛罗伦萨人。自从吉伯林派在本尼凡托战役后被赶走以来，佛罗伦萨已经纯粹是格尔夫派的城市，从 1282 年起，这个城市的主要官职是由行会[12]的成员独占的。可是内讧并未就此结束。那些大人物，不论是拥有地产的贵族，还是大行会的成员，都不肯把他们的利益或争执交给自治市处理，而是继续犯下暴行，破坏佛罗伦萨的治安。格尔夫派的分裂成为动乱的新根由。在 13 世纪最后十年间发生于白党与黑党[13]之间的斗争中，个人和家族的敌对行动起了很大的作用，意大利党争经常是如此。切尔基家族的人，当时的一个党派（这个党派后来成为白党，这类名称来自皮斯托亚的敌对党派）的领袖们，是大银行家、大人物，但他们却愿意同人民中上升的商人和手工业者妥协，而敌对派的首领科尔索·多纳蒂则拥护贵族中的封建旧传统，他顽固地反对人民和他们制定的法律。佛罗伦萨的内部分裂使卜尼法斯八世能凭借他同黑党联盟的关系，并冒充和平的恢复者而在托斯卡纳找到一个立足点。当佛罗伦萨的斯皮尼银行家族的一个成员和他的在罗马的伙伴们被他们的政府宣判为卖国贼时，卜尼法斯便要求取消这个判决。城市长官们回答说，教皇无权干涉"佛罗伦萨自治市的诉讼和判决"。这个意大利城邦的自由精神就是这样表现出来了，它决心在自己家里当家作主，抗拒教皇提出的应当"顺从他的意志"的要求。

54

小说

历史

卜尼法斯八世的失败

在这三派政敌以外，还有小兄弟教派，即圣弗朗西斯会修道士[14]在宗教方面的反对，这些修道士竭力主张把他们自己的清苦生活作为整个教会的生活标准。在卜尼法斯即位之前，继承罗马教皇座位[15]的，是塞勒斯廷五世，一个圣徒般的隐修士，他由于缺少尘世的知识，使教会的行政陷于混乱。可是他曾对小兄弟教派修道士表示好意，因此在他任职五个月辞去教皇职位时，这些修道士便认为卜尼法斯对塞勒斯廷的辞职以及他后来的死亡应负直接的责任。卜尼法斯由于同当时最澎湃的宗教运动之一相对抗，以致把一件强大武器放在他的敌人手里。控告他信异端，不道德，是由小兄弟教派发起的。圣弗朗西斯修道会的诗人雅各波纳·达·托迪这样唱道："教皇卜尼法斯啊，这个世界并非一匹马，可以由你随意套上辔头来骑。"

面对着他的许多敌人，卜尼法斯从法国寻求军事援助。瓦卢瓦家族[16]的查理，国王菲利普四世的兄弟，在教皇的邀请下来到意大利。他作为托斯卡纳的"和事人"，导致白党的流放和黑党在佛罗伦萨的统治。他然后带着从托斯卡纳开来的分遣队补充过的军队长驱直入西西里去镇压叛变者腓特烈。他的事业以失败告终，根据卡尔塔贝洛塔条约（1302 年），卜尼法斯八世不得不承认腓特烈对西西里岛的所有权，并让他占有"特里纳克里亚[17] 国王"的称号，而"西西里国王"的称号则由大陆上的昂热万统治者保持。瓦卢瓦家族的查理的干涉使菲利普四世懂得，教皇是处在他的掌握之中的，因此他对于卜尼法斯攻击他在法国的王权一事的答复，就是要求召开宗教大会，大会应使教皇把别人控告他犯下的罪行交待清楚。一个名叫诺加雷的法国官员被派到意大利来设法使卜尼法斯出席大会。他在这里同斯恰拉·科隆纳以及教皇的其他敌人合作，共同在卜尼法斯的阿纳尼夏宫里把他俘获。三天以后，由于民众的压力，卜尼法斯获释，但是他回到罗马后就去世了（1303 年 10 月）。1305 年，一个加斯孔人[18] 被选为教皇，这就是克力门五世。克力门把阿维尼翁[19] 作为他的驻地。过了七十多年，罗马才又成为教廷的所在地。

但　丁

在 1302 年从佛罗伦萨被放逐的白党成员中，有但丁·阿利吉埃里。直到那时候，这位最有名的佛罗伦萨公民还没有获得显赫的名声。作为一个大行会的成员[20]，他担任过公职，在各种会议上服务，还作过两个月的官，是主要的行政官吏即"首长"[21] 之一。可是同样的描述也适用于这个统治阶级的任何佛罗伦萨公民。如果意大利的 13 世纪末叶和 14 世纪初叶被称为"但丁的时代"，这并不是由于但丁作为一个政治家所取得的成就，而是由于但丁在放逐中创作的《神曲》，是使我们懂得那时代的历史所不可缺少的指南。在这部诗里，但丁自己担负起对他的时代、对当日的重要人物以及风俗和理想加以论定的责任。我们对曼弗雷德、卜尼法斯八世、皇帝亨利七世以及许多次要人物的看法，大半是受了但丁把他们摆在地狱、炼狱[22] 或天堂的地位上的影响。《神曲》中所表现的对卜尼法斯八世的痛恨，一部分是因为他对但丁被放逐应负个人责任。一个更深刻的原因则是由于但丁把教廷作为最高的精神力量加以崇敬，并由于他确信教廷因为夺取了世俗特权而降低了自己的品格，离开了自己的真正目标。卜尼法斯统治下的教廷曾侵占帝国的职能。"罗马……常有二日，照耀着尘世之路与上帝之路。如今其一已为另一所熄灭，剑与牧杖连接；二物相凑，必然为害"（《炼狱篇》第 16 首 106—111 行）。教廷本来不适于行使世俗权力，因此沦为法兰西外国势力的牺牲品；在阿纳尼，"基督以他的代理人[23]的身份成为俘虏"（《炼狱篇》第 20 首 87 行）。然而，但丁相信，意大利的迫切需要乃是政治上的统一。当他作为一个无家可归的流亡者从一个城市漂泊到另一个城市时，他看见到处都呈现生气、精力、天才，政治方面的、文学方面的、艺术方面的都有。可是这种巨大的、足以为善的才能到处都被无意义的内战摧残了。每个城市都有一群流亡者同外面的敌人勾结，密谋推翻政府。城里的人经常惴惴不安，怕受到敌人的攻击，而城外的人则生活在贫困中，或者靠陌生人的施舍为生。但丁把他对意大利的希望寄托于一个和平时期，这个时期会使意大利的创造力得到发展。他确信，这一点只有靠罗马帝国的复兴才能实现。一个既能代表罗马的独立自主的人民，又能执行罗马的法律的皇帝，才是意大利唯一合法的世俗统治者。但是在这个历史阶段，皇帝不是由罗马人民而是由七个德国选帝侯[24]选举的，在但丁的论文《帝制论》所论述的政治哲学的严酷逻辑中，这个事实却被漠视了。

—— 小说　历史

56

亨利七世在意大利

公元 1308 年，卢森堡的伯爵亨利当选为罗马国王，这是测验但丁拯救意大利的方案的价值的好机会。亨利自己的领土是很少的，而作为帝国中操法语的行省的统治者，他并不受什么密切的民族关系的约束。他一生的目的是要恢复皇帝在意大利的权力，建立一个不知有格尔夫派，也不知有吉伯林派的法治时代。环境起初似乎于他的事业有利。克力门五世从亨利身上看出一个可以使他摆脱法国牵制的机会；他认可了亨利的当选，并同意派遣红衣主教们去给他加冕，立他为罗马皇帝。当亨利于 1310 年秋越过阿尔卑斯山时，意大利两个党派的贵族成群结队去迎接他。但丁这时写给意大利的统治者们和人民的一封信，反映出对 美好日子的希望，这种希望是这个"缔造和平的国王"的到来在各阶级的人们中所引起的。人们希望亨利的成功不仅会给意大利带来和平，而且会带来权力。意大利会再次成为帝国的中心，而意大利人作为"皇朝"的人，将统治全世界。可是还不到三年，这些美好希望便同亨利七世一起埋葬在彼萨的坟墓中了。

意
大
利
简
史

亨利七世失败的原因同导致卜尼法斯八世垮台的原因基本上没有什么区别。两人的一些不幸都和他们自己的个性有关。亨利不象卜尼法斯那样富于战斗精神，也没有毒辣的口舌可以刺得敌人发怒。他乃是一个顽固的空想者，轻率地相信他的敌手的好心好意，而当他发现他上了当的时候，却对那些辜负了他的信任的人采取过于严厉的手段。他责成伦巴第各城市把被放逐的人——不论属于任何党派———律召回。这个计划的用意是公正的，但是计划本身却引起了普遍的动乱。一旦叛乱发生，亨利就进行无情的镇压，而他给予那些降服了的城市的惩罚反而加强了其他城市的抵抗。因此 1311 年夏天，大部分时间是浪费在对布里西亚的围攻，直到 1312 年，亨利才能到罗马举行加冕礼。他相信，他能同安茹罗伯特——西西里国王[25]达成很好的谅解，虽然在意大利恢复皇帝的权力显然只能给罗伯特带来损失。不久，他就发现罗马的梵蒂冈地区拥有与他为敌的昂热万军队，因而皇帝的加冕礼不得不在圣约翰拉太朗教堂而不是在圣彼得教堂[26]举行，这时他才感到他犯了错误。在亨利加冕后最初的一些行动中，一是他把罗伯特判定为一个背叛的诸侯，二是他同罗伯特的对头——阿拉冈腓特烈订立条约。他同安茹王室的争执使他失去了教廷的支持，因为罗伯特是法国在意大利的代理人，而克力门五世在牵涉到法国国王的事情上，并不是一个能自己作主的人。克力门如果继续支持皇帝的事业，将有遭受卜尼法斯在阿纳尼的命运的危险，因此他对皇帝的敌人也加以保护。这样，由教皇的政策在意大利建立起来的法国权力，便促成了亨利七世的失败。亨利的道路上还有更可怕的障碍，那就是各城邦的自由传统和它们对任何外来权力的干涉所抱的不能容忍的态度。但丁在一封责备佛罗伦萨人反对亨利七世的信中，谴责他们企图"建立新的王国，使佛罗伦萨的市民生活和罗马的不同"。这的确是鼓舞意大利自治市并使佛罗伦萨成为反对皇帝计划的中心的理想。佛罗伦萨送信送钱给那些抵抗亨利军队的城市，使伦巴第的造反精神显得很活跃。它给安茹罗伯特的半心半意的反抗注入了精力与勇气。它加强了自己的防御工事，以抵抗皇帝的进攻，而亨利虽然被迫放弃了对佛罗伦萨的围攻，但是在他于1313年8月死于热病时，却依然留在托斯卡纳。"他前来整顿意大利，但时机尚未成熟"（《天堂篇》第30首137—138行），这就是但丁对亨利七世的描写。这是对这个时代的大事的公正意见。然而，无论是世界性的教会的首领还是德国的君主，都不是最适于使意大利统一的人，就是他们作为国家领袖所表现的无能，也不是他们失败的主要原因。14世纪初叶的意大利人还没有统一的愿望。

二、14 世纪的专制君主与共和国

前一段时期的戏剧性事件与杰出人物过去之后，意大利从1313年到文艺复兴那个伟大时代之间的历史，往往显得杂乱而无意味。它的重要之处在于这些独立的城邦在立宪方面和领土方面的发展。在较大的城市把较小的城市纳入它们的轨道，并为它们自己划出势力范围时，专制制度有兴起的普遍倾向。与此同

58

小说 历史

时，强国一个跟着一个力图建立凌驾于其他国家之上的霸权。由
于这些强国一个跟着一个都未能达到目的，因而出现了五个主要
的国家——那不勒斯、教皇辖地、威尼斯、佛罗伦萨和米兰，这
些国家在性质方面大不相同，但是就其重要性而论，则是大致相
等的。它们在 15 世纪期间共同控制着意大利的命运（图 6）。

59

意大利简史

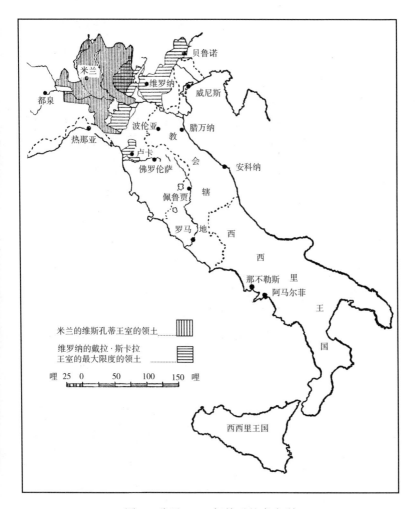

图 6　公元 1340 年前后的意大利

60　　　　　　　　　　那不勒斯王国

公元 1313 年意大利政治上的中心人物是安茹罗伯特，四年前他曾继他父亲为安茹和普罗文斯的伯爵和（大陆）西西里的国王。作为普罗文斯的伯爵——教皇们就是住在他的领土上的阿维尼翁城，——他成为教廷与意大利之间的联系人。他在皮埃蒙特[27]有产业，因此北意大利的格尔夫派把他当作他们的领袖。他是教皇在罗马尼阿的代理人；克力门五世在他同亨利七世作斗争的期间，任命罗伯特为皇帝在托斯卡纳的代理人，佛罗伦萨人因此让罗伯特掌握他们城市的统治权，时间有五年。正如他的称号"聪明的罗伯特"所暗示的，他是个有相当高的天赋的人。薄伽丘[28]认为罗伯特在那不勒斯的宫廷舒适宜人，佩特拉克[29]称赞他为"我们时代的国王中无与伦比的人物、学识与德行之友"。在罗伯特的统治下，那不勒斯大学从意大利各地引来了很多学生，而托斯卡纳的画家和雕刻家则在他的都城里从事创作。罗伯特的个人优点，连同君主政体的长期传统与他所继承的、建立了多年的制度，使他成为意大利当权者中间最强大的人物。在亨利七世去世后发动的格尔夫派的反击中，罗伯特似乎可能成为意大利的主宰。

罗伯特在位时期，大陆西西里的昂热万王国作为意大利统一运动的中心的弱点就暴露出来了。南意大利是个贫穷地方，有一大片地面是不毛之地，民众由于阶级分化而削弱了。当时还没有有组织的中产阶级，而有限的几个重要城市的商业则大都是由托斯卡纳人控制的。这个君主国还保存着由诺曼第人介绍来的那种基本上是封建性质的社会制度。昂热万家族的人在他们为赢得和保持他们的统治权而进行斗争的时期，曾以滥赐特权的方式收买贵族，并曾因此增加了他们对诸侯的依赖。首都的文明生活与王国其他地方的生活成为鲜明的对照，在那些地方，贵族象小君主那样统治着他们的领地，只是偶尔被落后的贫苦农民的骚乱所干扰。除了在本国必然遭遇的困难而外，罗伯特还处于来自岛屿西西里的进攻的不断威胁之下。他不愿对北意大利和中意大利采取冒进政策，这一点可以这样解释，就是害怕在那些地方遭遇的任何失败，会使阿拉冈腓特烈（54 页）有机会攻击他的后方。在出身于巴伐利亚[30]贵族的皇帝路易远征意大利（1327—1329年）失败之后，格尔夫派就不太需要罗伯特了，因此他统一意大利的梦想也就破灭了。

公元 1343 年罗伯特去世后，王位由他的孙女乔安娜一世继承，从此昂热万王国进入了衰落时期。乔安娜的四个丈夫使她卷入了许多争执，而没有给她留下继承人。在乔安娜去世之前，她的王国被她的堂兄弟——杜拉佐的查理夺去了，她本人当了俘虏，死于狱中。查理三世在位四年（1382—1386 年），然后先由他的儿子，后由他的女儿继承那不勒斯王国（西西里王国的大陆部分逐渐被这样称呼）的王位。他们的领土纯粹是意大利领土，因为普罗文斯已落到法国人路易——安茹公爵手里去了。那不勒斯的拉迪斯拉斯是个富于冒险精神的人，他在位时期（1386—1414 年），意大利又有可能在昂热万家族的统治下统一起来。拉迪斯拉斯利用罗马天主教会的分裂使自己成为罗马周围的领土和城内的圣昂杰洛堡垒的主人，这些征服被当作实现更大野心的跳板。一个同时代的佛罗伦萨人这样写道：路易的死"使佛罗伦萨和意大利其他一切自由城市摆脱了疑惧心理"。那不勒斯最后一个昂热万统治者乔安娜二世的即位，重新引起了继承问题。竞选人是安茹路易三世和阿拉冈与西西里的国王阿尔方索，他们曾先后被乔安娜二世立为她的继承人[31]。乔安娜二世在位时期（1414—1435 年），那不勒斯成为几乎连续不断的战争的场所。行政管理在王后的宠臣们手里日趋腐败，而那些前来寻找职业的雇佣兵队长又利用王国的不幸以谋求他们自己的利益。直到乔安

娜去世七年之后，阿拉冈阿尔方索才战胜了他的敌手，在和平中
62 享受他的胜利。他在位时期，西西里这个古老王国的两个部分，
岛屿部分和大陆部分，总算统一起来了。

教会辖地

当教皇们不在意大利的时候（1305—1376 年）[32]，那些属
于教会辖地的城市出了一批专制君主，他们虽然在名义上忠于
他们的宗主，却作为独立自主的君主而进行统治。这个过程在
14 世纪以前就已开始，从 13 世纪初叶起，埃斯特家族就同萨林
圭拉家族在斐拉拉交替执政。阿佐八世于 1308 年去世，没有留
下合法继承人，因此克力门五世能把斐拉拉置于他的直接统治
之下，由安茹罗伯特作为教会的代理人治理了九年。后来，在
1317 年，市民起义，召回埃斯特家族。阿维尼翁发出的逐出教
会令和停止职权令都无法改变既成事实，因此约翰二十二世不得
不于 1332 年承认埃斯特家族的三弟兄为他在斐拉拉的代理人。
从那时起，埃斯特家族的统治者们的势力日益强大，尽管教廷和
威尼斯都以贪婪的目光注视着他们的城市。这些统治者运用巧妙
的外交手腕使强大势力彼此斗争，以坐收渔人之利，维持斐拉拉
的独立，并使它获得文化中心的世界声誉。

—
小
说

历
史

波伦亚城是一个大学的所在地。这个大学成立的年代决不
晚于 12 世纪。它的法学院驰名于全欧洲。因此这个城市的重要
性远远超出它的面积的大小，而它的市民的自豪感也是非常强
烈的。它对于外来的干涉，包括它的宗主教皇的干涉，感到憎
恨，而它内部的党派的暴行又干扰了有秩序的社会生活。波伦亚
在 14 世纪上半期，在本地的佩波利家族的统治下享受过一度和
平。正如在斐拉拉的情形一样，教皇对于他无力阻止的统治只好
承认，所以就委托塔戴奥·佩波利为他的代理人。在罗马尼阿较
小的城市里，走向专制政治的动向也是很明显的。弗利的奥戴拉

菲、法恩扎的曼弗雷迪和里米尼的马拉太斯塔，就是那些被各自的本城人承认为统治者、被教皇们承认为他们的代理人的本地家族中的三个家族。

当罗马不再是教皇们的驻地时，它本身也仅仅是教皇辖地的城市之一，在这个城市里，奥西尼、科隆纳和其他强大家族在争夺最高权力，而罗马人尽管声称有权利统治世界，却证明无力统治他们自己。罗马急需某种形式的稳定的政府，就是这种需要使里安齐的事业成为可能。这个怪人，一半是英雄，一半是骗子，是这样引起罗马人的幻想，使他们在 1347 年尊称他为人民的"保民官"。他所自封的称号——"罗马的解放者"、"意大利的捍卫者"、"世界的朋友"，足以表示他是多么异想天开。他不满足于在罗马创造一个和平、安静的繁荣时代，进而邀请意大利各城市派代表到议会来，他向这些专制君主提出，须由他认可他们的统治权利。他甚至叫英国和法国讲和，召集巴伐利亚的路易和卢森堡的查理这两个敌对的皇帝到他面前，由他来仲裁他们之间的纠纷。正如在罗马历史其他时期一样，把罗马共和国与世界性的权力联系在一起，有碍于在罗马建立一个稳定的政府。教皇和皇帝对里安齐的自负大为吃惊，那些更强大的专制君主却不把他放在眼里，至于那些出席他的议会的城市，则主要热中于维持自己的独立。佛罗伦萨可以自命为"罗马最光荣的女儿"，却不愿把它的自治权一丝一毫交给它的母亲。因此里安齐在罗马共和国支持下统一意大利的企图注定要失败，他在罗马的权力也随即被推翻了。面对着贵族的强大攻势，他只好弃城而走，距他得势还不到一年。1354 年，他带着教皇赐予他的"元老院议员"头衔——教皇为了自己的目的想要利用他——回到罗马，他的事业随着他的凶死而告终。

随着里安齐的冒险事业的结束，发生了阿维尼翁的教皇们为了恢复他们在意大利的权力而进行的斗争。红衣主教埃季迪

63

意大利简史

奥·阿尔博诺兹被任命为教皇的使节，受命把教会辖地置于它的宗主的直接统治之下。在他执行使命的期间（1354—1367年），尽管教皇对他的支持并不坚决，他还是暂时建立了相当可观的秩序与统一。波伦亚曾被佩波里家族一个成员出卖给维斯孔蒂家族，此时又从维斯孔蒂家族那里夺了回来。罗马尼阿和世袭辖地[33]上的专制君主们被迫屈服了，这些城市交出了它们的城门钥匙，对教皇的代理人表示归顺。阿尔博诺兹为了改善安科纳边区的组织和行政管理而颁布的埃季迪奥宪法，可算他的事业最成功的一步。乌尔班五世于1367年鼓起勇气来到意大利，但于1370年就回阿维尼翁去了。阿尔博诺兹的事业大部分已随着他的死而消失了，但是他的宪法在19世纪以前，一直是教会辖地的治理的基础。

格雷戈里十一世于1377年1月回到罗马，教皇们的"巴比伦式的被俘[34]"结束了，这件事受到普遍的欢呼祝贺。次年，格雷戈里去世后，意大利人乌尔班六世被选为他的继承人，在罗马登上教皇座位，但半年之内，许多红衣主教就后悔不该选他，他们于是在丰迪选出克力门七世，这人是个日内瓦人，他在阿维尼翁建立了他的教廷。于是欧洲陷于可耻的大分裂[35]之中。在1417年康斯坦次会议选举马丁五世之前，起初有两个，后来有三个争夺对基督教世界的效忠的候选人。敌对的教皇们并存的现象，严重地削弱了罗马教皇对他在意大利的统治权的掌握。罗马尼阿的每一个小统治者都有不承认教皇宗主权的口实；每一个追求领土的冒险者都把教会辖地当作他的掠夺物。教廷用来保持它的权力的外表的权宜之计，可以举出卜尼法斯九世把教皇代理人的职位赐予波伦亚的城市官吏，作为一个例子。在马丁五世于1421年回到罗马时，几乎没有一个城市承认他的统治权。然而恢复的过程是从他那里开始的，这个过程终于把教皇的世俗权力放在一个坚实的基础上，并使罗马成为文艺复兴时期的辉煌的都城。

小说　历史

威尼斯与热那亚（图 7 及 8）

对北意大利和中意大利各城市来说，14 世纪是巨大的商业
活动时期。威尼斯在地理上的便利同它的市民的精力配合起来，
使这个城市成为中世纪商业的中心。它的运输业是在前三次十字
军远征[36]中发展起来的；第四次十字军远征按照威尼斯的利益
而改变方向，从对异教徒的进袭变为对君士坦丁堡的攻克（1204
年），这次十字军远征奠定了威尼斯在利凡特的主权的基础[37]。
在它的势力达到顶点时，威尼斯占据着克里特岛、科孚岛、爱琴
海上的许多岛屿、摩利亚的一大段海岸以及从的里雅斯特到阿尔
巴尼亚的达尔马提亚海岸[38]。君士坦丁堡、特拉布松、亚历山
大里亚[39]以及其他港市按条约给予威尼斯的权利，使它的船只
能在黑海和东地中海自由通行。因此同东方贸易的权利便落到了
威尼斯人手里。从 14 世纪初年起，"弗兰得尔[40]大帆船"每年
两次从威尼斯扬帆出发，载着香料、糖、胡椒以及其他东方产
品，取道直布罗陀海峡和南安普敦港口[41]驶往布鲁日[42]。它
们从那里载着斯堪的纳维亚半岛的木材和皮货、英国的羊毛，弗
兰得尔的呢料和法国的酒往回驶。其他东方货物则用马驮，运过
阿尔卑斯山，供应德国城市。1299 年，威尼斯同土耳其人订立
条约，这个条约保证由威尼斯主办的赴巴勒斯坦朝圣的旅行的安
全。这就使它垄断了旅客运输，从而使威尼斯船主们从来自欧洲
各地的朝圣者那里获得厚利，这些朝圣者都乘他们的船去参拜基
督教世界的圣地。

在 14 世纪的意大利城市中，威尼斯的海上竞争者只有热那
亚。在梅洛里亚海战（1282 年）中，热那亚打败了它的邻城和
敌手彼萨，这个城市从此一蹶不振。从那时起，彼萨的势力和繁
荣开始衰落，在这个城市被佛罗伦萨征服时（1406 年），它的势
力和繁荣就告终了。此时热那亚希望不受阻挠地行使它对科西嘉

意大利简史

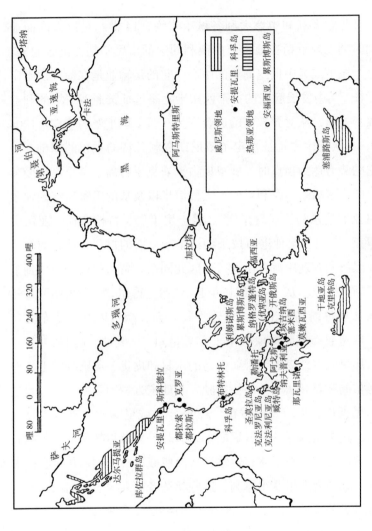

图7 14、15世纪的威尼斯和热那亚开拓的殖民地

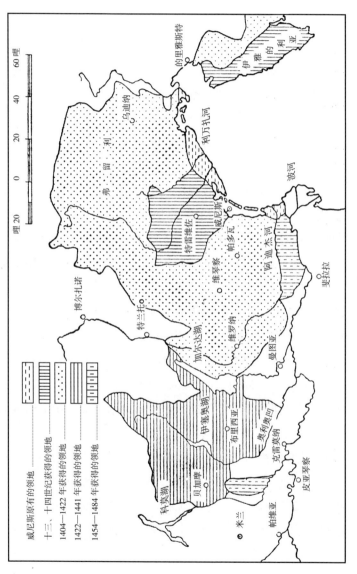

图 8 威尼斯的大陆领土的扩张

意大利简史

岛和撒丁岛的控制权，可是受到了那不勒斯的阿拉冈国王们的反对。热那亚在科西嘉保持着它的主权，这个岛屿的行政管理落到大贸易公司圣乔治银行手里。在撒丁，热那亚的阴谋使岛上的造反精神显得很活跃，从而使阿拉冈家族对这个岛屿的最后征服推迟到 15 世纪。热那亚商业活动的特有范围是北非沿岸，热那亚商人在那里建立了贸易殖民地，他们深入内地寻找黄金，并且在远至大西洋的撒拉港和萨菲港设立仓库。

在利凡特，威尼斯与热那亚之间的竞争是连续不断的。威尼斯曾是第四次十字军远征时期在君士坦丁堡建立的拉丁帝国的主要支柱，但是在希腊帝国于 1261 年由帕利奥洛古斯家族重建时[43]，优势就转到热那亚这边了。热那亚人由于他们曾帮助帕利奥洛古斯家族重建帝国，在君士坦丁堡得到了一个居住地，并获得了皇帝不得不授予的那种贸易权利，而威尼斯人能从希腊人那里盼望到的则不过是敌意而已。热那亚人在他们同威尼斯人作斗争的过程中，获得了不止一个使威尼斯人受到损害的引人注目的海战胜利。热那亚司令官们的高明的航海技术使他们在库佐拉战役（1298 年）和萨皮安扎战役（1354 年）赢得了胜利，并在基奥贾战役（1379—1380 年）把敌人赶到了威尼斯门口。然而 14 世纪末年却目睹作为海军强国的热那亚的衰落，而让威尼斯成为海上的当然主人。

威尼斯的胜利得力于它的市民的团结和它的政府的能力。这个城市从未遭受党争之害，赋税轻，司法强有力而且公正。每个阶级，从自 1297 年的大会结束以来就垄断政治权力的贵族直至国家兵工厂里的工人和国家船只上的桨手，都直接关心共和国的安全与贸易事业的成就。危险和失败激起爱国热情，推动贵族，也推动平民为共同事业献出他们的财产和生命。威尼斯人用来对待和克服逆境的刚毅精神，同热那亚人在危机中所表现的软弱和进行的党争恰成对比。在热那亚，商业活动不是由国家机构指挥

小说 历史

的，而是由几个强大家族的特有权利指挥的。平民阶级以猜疑和忌妒的心情对待富裕的贵族，他们剥夺了贵族的政治权力，却又不能单独管理共和国的事务。1396年热那亚承认法国的宗主权一事，标志着独立的共和国的结束和热那亚这个从事商业活动和开拓殖民地的强国的衰落的开始。

69

佛罗伦萨（图9）

在中世纪晚期，佛罗伦萨各商人家族使它们的城市成为欧洲商业和金融的主要中心。佛罗伦萨的毛织业贸易在14世纪初叶达到全盛时期。英国的羊毛和东方的染料，再加上佛罗伦萨毛织业行会的秘诀，制造出一种深红色的呢料，在整个文明世界出售。尽管有弗兰得尔相竞争，佛罗伦萨呢料还是保持着它的优越地位。这个毛织业行会雇用五六千工人。维拉尼[44]在描写那时期的银行大家族——他本人是其中之一的成员——时说，这些大家族"用它们的交易支持着基督教世界的大部分商业和交通"。它们的贷款是许多非常拮据的政府的主要支柱，但是巴尔迪银行和佩鲁齐银行在1342年由于轻率地贷款给英国的爱德华三世[45]而招致的破产，也累及其他商号倒闭，短时期内破坏了佛罗伦萨的信用。

随着财富的增加，佛罗伦萨在艺术上也获得了巨大的成就。13世纪下半期是建筑的大活跃时期。建筑物中有自治市的第一座大厦（现在称为"巴尔杰洛大厦"）、圣弗朗西斯修道会[46]的圣十字架教堂、多米尼克修道会[47]的新圣玛丽亚教堂以及许多私人宅第。这个世纪最后十年目睹大教堂和韦基奥大厦的奠基，建筑师是阿诺尔福·迪·康比奥。这个大教堂的建筑和装饰在整个14世纪是毛织业行会的特有任务。在它的主持下，焦托[48]设计出钟楼（这个钟楼以他的名字命名），雕刻家，从安德烈亚·皮萨诺直至吉贝蒂，制造浅浮雕，最后，在1434年，布鲁纳勒斯

意大利简史

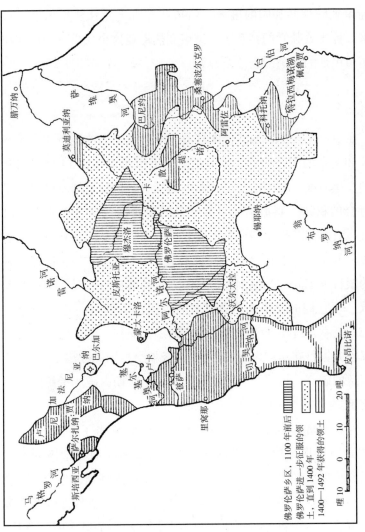

图 9　佛罗伦萨的领土的扩张

基^[49]完成了大圆顶。另一个从事外国呢料的上浆和染色的商人行会，卡利马拉行会^[50]，负责维修和装饰圣焦旺尼教堂的古洗礼堂。14 世纪的艺术家们用壁画装饰圣十字架教堂、新圣玛丽亚教堂以及其他教堂的墙壁。这样，佛罗伦萨商人家族的财富是慷慨地用在它们城市的装饰上。它们的爱国心促进了艺术的发展，这个发展使 16 世纪一个历史学家毫不夸张地声称："绘画、雕刻、建筑这三种最崇高的艺术之所以达到我们今日所见到的这种最优美的程度，主要归功于佛罗伦萨人的辛劳和技艺。"

这些商人行会的力量使佛罗伦萨能抵抗当日占优势的政治倾向，保护它的共和政府免受专制君主的统治。在吉伯林派再起的时期——巴伐利亚人路易在意大利出现（1327—1329 年）为再起的标志——佛罗伦萨的统治权有若干年落在安茹罗伯特的儿子手里。在 1342 年的金融危机之后，为了竭力挽回佛罗伦萨的信用，减轻内部的不安，这个城市推选挂名的雅典公爵华尔特·德·布里恩为终身统治者。这两次专制制度的尝试都是昙花一现。对于他们的昂热万保护者之死，正如对于他们的主要敌人——彼萨的吉伯林派统治者之死一样，佛罗伦萨人以同样的热情表示欢庆。华尔特·德·布里恩任职一年之后，被原来宣称他为"统治者"的人民驱逐出城。

就内部而言，贵族仍然继续当权，但他们要维持自己的权力，却遇到了相当大的困难。在争利的商业界中，在平民阶级对于根据宪法应该获得的政治权力怀着热烈的愿望时，贵族能利用格尔夫党来维持他们的优势，格尔夫党是一个政治团体，政府的大部分间接职权是委托给这个团体的。格尔夫党的首领主要是从贵族和大商人中选拔出来的，他们有权侦查和惩罚那些带有吉伯林派色彩的公民，并且受权管理被放逐的吉伯林派的产业。因此他们能为自己的朋友们的利益而操纵财政和司法，以致成为佛罗伦萨的实际统治者。在那些小行会同没有公民权的手艺人联合

71

72

意大利简史

起来从当权的党派手里夺取政权的时候，寡头派与民主派之间的斗争，在梳羊毛工人的起义（1378 年）中达到高潮。有一个时期，共和国的最高长官是一个梳羊毛工人，因此民主派能把他们的意志强加于自治市。但是寡头派作为劳动的主要雇主掌握着王牌，再次成为共和国的最高统治者，时间有四年。从此他们不是通过格尔夫党——这个党的权力终于被推翻了——而是在他们自己的一个成员的领导下统治着佛罗伦萨。马索·迪·阿尔比齐，一个强大的布商家族的成员，领导着城市的事务，并为它获得了领土和威信。他的儿子里纳尔多未能保持他的本城人对他的信任，这就为科西莫·戴伊·梅迪奇[51]爬上佛罗伦萨的首位开辟了道路。

维罗纳与坎·格朗戴

亨利七世远征意大利的最深远的影响，也许是他对维罗纳的坎·格朗戴·戴拉·斯卡拉、米兰的马太奥·维斯孔蒂[52]以及其他北意大利专制君主的权力的承认。这些人都被任命为各自城市的皇帝代理人，这些城市早已分别承认他们为统治者，而人民给予他们的统治权利又由于皇帝赐予他们的称号而获得更高的威信。意大利城市专制制度的主要特点，是它获得民众的支持。这种制度，几乎在所有的情形下，是由于共和国把权力委托给一个人而产生的，这人多半是一个公民，从他的统治可望得到的利益，是遏制城内的党争，增加城市的财富和威信。在"执政团"[53]政体早期内，这个统治者会被推举到一个特殊地位上，接受"阿尔比特里翁"[54]，即立法、行政和司法全权。在这个阶段，他也许还会宣誓维护城市的利益。专制君主的头一个目标是赢得和保持人民的爱戴，他的下一个目标则是想方设法，尽可能使自己不依靠人民的支持而独立行事。"皇帝代理人"这个称号并不表达多少明确规定的权力，但保持这个称号的人，作为皇帝的代表，却一变而成为吉伯林派的领袖，而且有机会把他的权力扩展到这个地区的其他城市。坎·格朗戴·戴拉·斯卡拉在 1329 年去世前所处的地位表明，从人民那里得来的权力再加上皇帝的承认，可以怎样巧妙地运用来建立专制政治。

坎·格朗戴的祖父是维罗纳的公民，传说是个做梯子的匠人；坎·格朗戴的父亲被选为维罗纳的终身统治者，并得以把他的权力传给他的儿子们。三弟兄中的仅存者格朗戴，在亨利七世去世后，成为东伦巴第的吉伯林派的事业的支持者，并为自己开拓领土，包括维琴察、帕多瓦和特雷维佐。在当地的专制君主中，是他首先建立一个人才荟萃的宫廷，以加强他的权力。维罗纳在他的统治下，不仅款待过被放逐的吉伯林派，而且款待过各种有智能的人。他宫中最有名的客人是但丁，这位诗人曾把他的《天堂篇》题献给他的东道主。但丁还可能希望他以皇帝的名义恢复意大利的和平与统一。戴拉·斯卡拉家族的光辉日子随着坎·格朗戴之死而结束，但是这个家族在维罗纳的统治却一直维持到 1387 年，那时最后一个统治者在维斯孔蒂的进袭的兵力前面阵亡了。

米兰与维斯孔蒂家族的统治（图 10）

把皇帝代理人的职权赐给马太奥·维斯孔蒂一事，标志着他的家族对于敌对的戴拉·托雷家族的最后胜利，这后一个家族曾在过去六十年间同维斯孔蒂家族争夺米兰的统治权。亨利七世去世后（1313 年），马太奥把一些邻城，如帕维亚和克雷莫纳保护起来，以免它们受到那不勒斯的罗伯特的威胁。作为报答，这些城市承认马太奥的主权。这是维斯孔蒂家族领土扩张的开端，包括米兰东边和西边的领土，这些领土一直保持到 14 世纪末年。在姜·加勒阿佐·维斯孔蒂的事业进展期间（1379—1402 年），维斯孔蒂家族的统治权比伦巴第平原上其他专制君主的权力高出几倍。作为征服者和组织者，姜在意大利未来的历史上留下了他的标志。他的第一项事业，是把那些承认维斯孔蒂家族的人为它

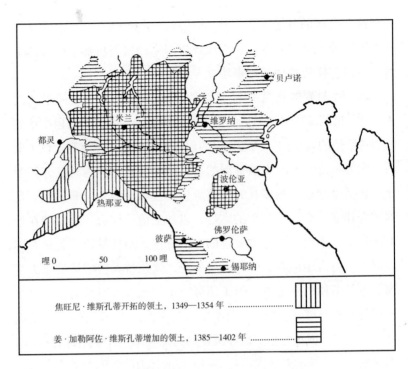

图 10　维斯孔蒂王室的领土，1349—1402 年

注：焦旺尼·维斯孔蒂（Giovanni Visconti, 1290—1354）为米兰君主。——译者

74　们的统治者的城市组合为一个中央集权的王国。当他于 1379 年继他父亲为帕维亚的统治者时，他的叔父贝纳博是米兰的统治者；他把贝纳博抓来杀了，这样把家族的掌权变为个人的统治。是他的官吏在整个领土上征收赋税，行使司法权力，改善物质条件的庞大计划已经着手制定，他的人民尝到了当时意大利不常有的、太平时代的幸福。人们从他的领土的各个部分被吸引到米兰来，就是到首都和政府所在地来，而米兰大教堂的兴建则标志着这个城市的更蓬勃的生气。与此同时，姜还在帕维亚城外兴建切尔托萨修道院，使这个富丽堂皇的卡素赞会[55]修道院成为安慰帕维亚的自尊心的献礼，这种自尊心曾经由于帕维亚向米兰政府

表示服从而受到伤害。1395 年，温策尔皇帝册封姜·加勒阿佐为 米兰公爵，这个册封使姜的中央集权的事业达到顶点。

一系列显赫的联姻，使欧洲许多王室顺利地接受了维斯孔蒂家族为它们这些王室之一。姜的第一个妻子是法兰西的伊莎贝拉。正如弗鲁瓦萨尔所说的，姜的父亲"花了六十万法郎买到了约翰王的女儿"。姜的妹妹嫁给克拉伦斯的公爵莱昂纳尔，他的几个侄女[56]，即贝纳博的女儿，分别嫁给奥地利和巴伐利亚的统治家族。最后，姜自己的女儿瓦兰蒂娜成为奥尔良的公爵路易的新娘，婚约上规定，如果没有男子继承人，她理应继承她父亲的领土。这句有名的条款成为法国要求占有米兰的根据。一个世纪以后，这个主权要求使路易十二世的军队越过阿尔卑斯山。

姜的战无不胜的军队从他的米兰公国出发，向前推进，直至似乎整个意大利即将落到他的掌握之中。在北方，他的势力从皮埃蒙特边界扩展到帕多瓦和特雷维佐边区。在波河以南，他控制着从皮亚琴察通到波伦亚的伊米利亚大道[57]，他并且在罗马尼阿建立了一个保护国。他对卢卡、彼萨和皮昂比诺的占有，截断了佛罗伦萨通往海上的水路，而他对锡耶纳和佩鲁贾的占领，则封锁了通往罗马的两条主要道路。威尼斯尽可能避开这场斗争。那些小国家则由于担心它们自身的安全赶快同维斯孔蒂妥协。唯有佛罗伦萨顽强地抵抗他的进攻。1402 年 8 月，正当佛罗伦萨的全部希望濒于破灭时，姜·加勒阿佐死于热病，于是佛罗伦萨简直是被一个奇迹挽救了。维斯孔蒂的手段是一个有干才的暴君的手段，他巧妙地把暴力与欺诈搀合在一起，使他成为意大利的主宰。为了达到他的目的，他滥用他的资源，使它濒于破产，身后留下一片消耗殆尽的领土，当他的强有力的手腕不存在时，这片领土便支离破碎了。如果他当初建立了一个持久的最高权力，扑灭了"自由"，即佛罗伦萨的宣传者宣称他们的城市正在维护的自由，那么意大利也许会在 15 世纪获得更好的治理，享受更多的和平，也许还能达到更大的繁荣。

注 释

[1] 亨利三世是英国国王，在位时期 1216—1272 年。——译者，下同

[2] 指路易九世，为法国国王，在位时期 1226—1270 年。

[3] 安茹（Anjou）在现代法国西北部。

[4] 这个伯爵是圣路易的弟弟，他终于成了那不勒斯和西西里的国王，称为"查理一世"（1226？—1285）。

[5] 哈普斯堡（Hapsburg）家族为奥地利皇族，1276 年以后的奥地利皇帝、1516—1700 年间的西班牙国王以及许多神圣罗马帝国皇帝多出自这个皇族。据说这个皇族的名称来源于瑞士的哈布斯堡（Habsburg），所以本书原文有时又用"哈布斯堡"这个名称，译文则一律统一为"哈普斯堡"。卢道夫一世（Rudolf I.）是神圣罗马帝国皇帝（在位时期 1273—1291 年），为奥地利哈普斯堡皇朝的创建者。

[6] 原文意思是"复活节后的礼拜一"。

[7] 巴勒莫（Palermo）城的人以"晚祷"的钟声为信号，起来杀法国人。

[8] 阿拉冈（Aragon）在现代西班牙东北部。

[9] 昂热万（Angevin）家族为统治安茹的家族。

[10] "乌纳姆散克坦"原文是拉丁语 Unam Sanctam，意思是"一道圣谕"。

[11] 腓特烈（1272—1337）在他哥哥詹姆斯（James）登上阿拉冈王位后，成为西西里的摄政。当詹姆斯把西西里交给教皇处理时，西西里人便立腓特烈为国王。

[12] 行会为一定行业的手工业者以及从事其他职业的人的联合组织。佛罗伦萨有七个大行会，即毛织业行会、丝织业行会、舶来布匹业行会、律师业行会、银行业行会、医药业行会和皮毛业行会。此外，还有许多小行会。

[13] 卜尼法斯（Boniface）于 1294 年当选为教皇。他干涉佛罗伦萨的内政，想把这个城市置于他的控制之下。佛罗伦萨的格尔夫党（教皇党）从此分化为两派，一派想保持自己的独立自由，不愿接受教皇的领导，而愿与吉伯林党（皇帝党）接近，这一派称为"白党"。另一派想借教皇的帮助以加强自己的势力，

愿与教皇妥协而坚决反对吉伯林党，这一派称为"黑党"。

[14] "小兄弟教派"是从圣弗朗西斯修道会分离出来的，1294 年经教皇塞勒斯廷五世（Celestine V）批准。关于"圣弗朗西斯会修道士"（Franciscans），参看切口页码 46。

[15] "罗马教皇座位"原文意思是"圣彼得的座位"。据说圣彼得曾任罗马主教，他的座位后来成为教皇的座位。

[16] 瓦卢瓦（Valois）家族为法国的大家族。

[17] 特里纳克里亚（Trinacria）是西西里岛的名称，意思是"有三个海角的岛"，西西里是三角形的岛屿。

[18] 加斯孔人（Gascon）为法国加斯孔尼（Gascony）地方的人。

[19] 阿维尼翁（Avignon）在现代法国西南部罗纳（Rhone）河畔。

[20] 但丁是医药业行会的成员。

[21] "首长"为 13 世纪意大利共和国的最高官吏，由年龄相当大的公民（贵族除外）担任。佛罗伦萨"首长"的任期为两个月。

[22] "炼狱"（一译"净界"）为上天堂前净洗灵魂上的罪过的地方。

[23] 基督的"代理人"即教皇，此处指卜尼法斯八世。参看切口页码 55。

[24] "选帝侯"为有权选举神圣罗马帝国皇帝的诸侯。

[25] "西西里"此处指大陆西西里，看图 6。罗伯特是那不勒斯的国王。

[26] 圣彼得教堂在梵蒂冈山上，皇帝加冕礼照例在这个教堂里举行。

[27] 皮埃蒙特（Piedmont）是意大利西北部一个地区，主要城市是都灵（Turin）。看图 6 及 13。

[28] 薄伽丘（Boccacio, 1313 — 1375）是意大利小说家，著有《十日谈》。

[29] 佩特拉克（Petrarch, 1304—1374）是意大利诗人。

[30] 巴伐利亚（Bavaria）在现代德意志联邦共和国西南部。

[31] 乔安娜二世（Joanna II）起初指定阿尔方索（Alfonso）为她的继承人，请求他帮助她对付路易。后来她同阿尔方索争吵起来，因此又指定路易为她的继承人。

[32] 参看切口页码 55 及 60。

[33] 罗马尼阿（Romagna）在教会辖地的北部。"世袭辖地"指"圣彼得的世袭辖地"，在教会辖地的南部，有时候与教会辖地分离，看图 11。

[34] 公元前 597 年，巴比伦国王尼布甲尼撒二世（Nebuchadrezzar II）镇压犹太人民的反抗，攻下耶路撒冷。他把他们的国王和许多犹太贵族押往巴比伦。后来犹

意大利简史

太人民再次反抗，尼布甲尼撒又进兵围攻，耶路撒冷于公元前586年再次陷落。新国王和许多犹太贵族成了俘虏，被带到巴比伦。到了公元前537年，这些犹太人和他们的后人才被波斯国王居鲁士大帝（Cyrus the Great）解救，回到耶路撒冷。

[35] 由于有了两个教皇，乌尔班（Urban）住在罗马，克力门（Clement）住在阿维尼翁，于是教会分裂为两部分。

[36] 第一次十字军远征开始于1096年，而在1099年占领耶路撒冷，1130年左右十字军占领地达到最大规模，但后来丧失了。第二次十字军远征开始于1147年，而在1187年主力军被歼，耶路撒冷又被伊斯兰教徒占领。第三次十字军远征开始于1189年。

[37] 第四次十字军远征开始于1202年，这次远征的最初目的预定为埃及，但威尼斯迫使远征军改道北上攻打君士坦丁堡，以便摧毁它的商业上的劲敌。君士坦丁堡于1204年被洗劫。拜占廷政府被迫给予威尼斯、热那亚和彼萨以商业上的特权。威尼斯还得到拜占廷帝国八分之三的领土。

小说

历史

[38] 看图7。摩利亚（Morea）即希腊南半岛伯罗奔尼撒（Peloponnesus）。

[39] 此处指埃及的亚历山大里亚。

[40] 弗兰得尔（Flanders）地区在现代荷兰、比利时和法国交界的地方。

[41] 南安普敦（Southampton）是英国南部的港口。

[42] 布鲁日（Bruges）在现代比利时。

[43] 参加十字军远征的拉丁人于1204年占领君士坦丁堡，在那里建立了一个小帝国。当时拜占廷帝国的其余部分分裂为许多小国家，其中一个是建立在尼西亚（Nicaea，在小亚细亚西北部）的希腊帝国。帕利奥洛古斯（Palaeologus）家族的迈克尔八世（Michael VIII）于1261年占领君士坦丁堡，重建希腊帝国。

[44] 维拉尼（Villani，1275—1348）是佛罗伦萨历史家，著有佛罗伦萨史十二卷。

[45] 爱德华三世（Edward III）是英国国王，在位时期1327—1377年。

[46] 参看切口页码46。

[47] 多米尼克修道会为西班牙人圣多米尼克（St Dominic，1170—1221）创建的黑袍修道会。

[48] 焦托（Giotto，1276？—1337？）是佛罗伦萨画家及建筑师。

[49] 布鲁纳勒斯基（Brunelleschi，1377—1446）是佛罗伦萨建筑师。

[50] 卡利马拉（Calimala）行会即舶来布匹业行会。

[51] 科西莫·戴伊·梅迪奇（Cosimo dei Medici，1389—1464）是佛罗伦萨政治家。

［52］马太奥·维斯孔蒂（Matteo Visconti，1255—1322）是米兰君主，为伦巴第的皇帝代理人。

［53］"执政团"原文是 Signoria（西尼约里亚），为中世纪意大利共和国的统治集团，参看切口页码 85。

［54］"阿尔比特里翁"原文是拉丁语 arbitrium，意思是"权力"。

［55］卡素赞会（Carthusian Order）是圣布鲁诺（St Bruno）于 1086 年在法国的夏特雷兹（Chartreuse）山中创建的修道会。

［56］此处原书有误，应为"堂妹"。

［57］参看切口页码 12。

意大利简史

第四章 文艺复兴时期，
1402—1515 年

小说 历史

随着姜·加勒阿佐·维斯孔蒂之死，意大利在一个君主统治下统一起来的可能性，便从未来许多年的实际政治的领域中消失了。文艺复兴时期意大利的历史是它的五个主要国家的历史。截至 1454 年，每个主要国家都在着手扩大它的边疆，或巩固它的势力（图 11）。有许多小规模战争为意大利文明的特殊产物——雇佣兵队长即军事冒险者创造了一个黄金时代。1454 年以后，有一个比较安宁的时期，在这个时期内，这些主要国家不是靠战争，而是靠精心缔造的联盟体制来促进各自的利益。这是广泛的艺术活动和智力活动的年月，当时意大利大大小小的国家都成为丰富多彩的文化的中心。查理八世于 1494 年向意大利进攻，这就开始了一个外敌入侵时期，但是从 1494 年到 1527 年，在政治动乱之中，早期太平时代的果实却趋于成熟。文艺复兴达到了高峰，它的光芒普照着全欧洲。

在焦旺尼·马里亚·维斯孔蒂的不幸朝代（1402—1412 年），米兰公国的历史乃是丧失领土和内部混乱的历史。焦旺尼死后，他的弟弟菲利普·马里亚着手重建那曾经一度属于他父亲的领土。他发现公国各主要城市已落到地方上的专制君主或军事冒险者手里。他先从帕维亚和米兰开始，把这些城市一个个置于他的控制之下，直到他的领土从西边的瑟锡亚河[1]伸展到东边的明乔河[2]。随着瑞士人被赶出瓦尔多索拉和瓦尔勒旺提纳，辛普龙山口

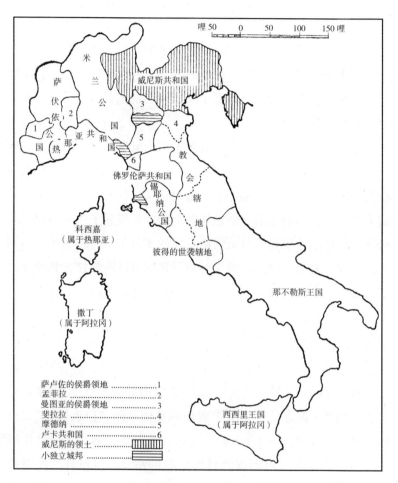

图 11 公元 1454 年的意大利

萨卢佐的侯爵领地 1
孟菲拉 2
曼图亚的侯爵领地 3
斐拉拉 4
摩德纳 5
卢卡共和国 6
威尼斯的领土 ....
小独立城邦 ....

和圣果特哈德山口这两个要冲就再次落到了米兰人手里。巴马和皮亚琴察的收复使维斯孔蒂的势力伸展到波河以南，而热那亚的被征服则是十年成就的最大胜利。菲利普·马里亚·维斯孔蒂不能算军人，而是个卓越的理财家。他手中的资财使他能收买当时的主要军事领袖为他服务，而他的外交手腕又使他能充分利用他们的胜利。在他的统治下，整个公国特别是米兰城的财富、人口和工业都与日俱增。

维斯孔蒂权力的迅速恢复引起了两个毗邻共和国的忧虑。佛罗伦萨自 1406 年以来，一直是彼萨的主人，此时它发现它新近获得的海上利益受到了热那亚的维斯孔蒂政权的威胁。威尼斯早就采取征服大陆的政策，把它的西部边疆扩展到了明乔河，它此时决心不让米兰恢复它对伦巴第平原的无可争辩的控制权。1423 年佛罗伦萨对米兰宣战，两年后威尼斯同自己的姊妹共和国缔结了进攻性同盟。从那时起，直到 1454 年洛迪条约订立时止，战争几乎没有停止过。

小说　历史

雇佣兵队长

截至 14 世纪末，参加意大利战争的职业军人大部分是外国人。约翰·霍克伍德勋爵带着他的英国军队"白色连队"，在布雷蒂尼和平条约（1360 年）订立后来到意大利，在这里作战三十多年。他是一群图谋牺牲意大利的利益，以使自己发财致富的冒险者——西班牙人、德国人、法国人、英国人中的典型人物。在 15 世纪，这种军事职业已经意大利化了。布拉乔和斯福扎都曾在第一个纯粹意大利式的雇佣兵连队的创建人阿尔伯里科·达·巴比亚诺门下受过军事训练。作为两个主要意大利军事学校的领导人，布拉乔和斯福扎从各阶级和意大利各地吸引了许多人来参加他们的队伍。雇佣兵队长把作战当作一种美妙的艺术，他给他的职业带来了专门的技巧和狂热的情感。可是从统治者的观点来看，这种制度一点也不使他满意。雇主的利益和被雇者的利益是有分歧的。雇佣兵队长追求的是财富、名声和个人的领土。对于他为之作战的事业，他根本不受爱国心的束缚。他只按照自己的利益而更换他的雇主。统治者不能让重要的队长们被自己的敌人收买过去，因此不得不扩充军队，以致超过他们的需要或发饷能力。在米兰与它的敌人之间的长期战争中，以雇佣兵队长作战的各种不利特征就充分暴露出来了。这些战役产生了一些动人的事件，其中有表现很大的忍耐力、技巧和勇气的事迹。但是也出现了卡马尼约拉的悲惨下场，这人起初为米兰服务，后来转而为威尼斯服务，结果被判定为背叛者，由威尼斯人在他们的公共行刑场上吊死了。

三十多年战斗的结果是，威尼斯的西部边疆扩展了，包括布里西亚、贝加摩和介于明乔河与阿达河之间的其他地方，而弗朗切斯科·斯福扎这人则从一个没有土地的冒险者的地位一跃而成为米兰的公爵。

意大利简史

米兰与斯福扎家族

第一个斯福扎是罗马尼阿一个无名小镇的本地人，他由于在那不勒斯的争夺继承权的战争中服兵役而出了名。到了1424年他死后，他的儿子弗朗切斯科继承他的军队的指挥权，转入当时发生在北意大利的战争的新战场。他起初为米兰作战，直到菲利普·马里亚·维斯孔蒂把他的私生女比昂卡嫁给他，企图把他永远拉到他这边来。1447年维斯孔蒂死后，米兰宣布为共和国，因此弗朗切斯科·斯福扎——他原希望当公爵，统治这个城市——被迫为共和政府服务，担任队长。三年后，他对他从前的雇主们倒戈，能使米兰发生饥馑以至于投降。共和国最高会议邀请他进城，他在那里被欢呼拥立为维斯孔蒂的继承人（1450年）。

弗朗切斯科·斯福扎的成功，首先是靠他自己的军事才能，

79

其次是靠科西莫·戴伊·梅迪奇对他的支持。佛罗伦萨和威尼斯曾联合起来限制维斯孔蒂的权力，但是此时在科西莫看来，似乎对佛罗伦萨更大的危险在于威尼斯的优势。当弗朗切斯科·斯福扎身为佛罗伦萨和威尼斯的联合军队的司令时，科西莫曾同他建立私人交情，他此时看出斯福扎获得米兰，可以导致意大利的和平与安全。因此佛罗伦萨的资财和外交手腕被用来支持斯福扎，使他获得权力，并帮助他使意大利各个国家承认他为米兰的公爵。斯福扎进入他的都城以后，跟着就发生了四年战争，直到缔结洛迪条约（1454 年）时，他才以割让小块领土的代价同威尼斯议和。

80

小说 历史

意大利联盟

米兰、佛罗伦萨和威尼斯随即缔结了防御联盟，那不勒斯的阿尔方索也加入了这个联盟，教皇尼古拉五世则用他的祝福批准了这个联盟。1455 年缔结的意大利联盟包括一些较小的国家，作为五个主要强国的盟国。这个联盟可算 15 世纪达到的走向最接近意大利统一的一步。联盟的意图首先在于防止任何一个较大的强国吞并较弱的邻国以壮大自己，同时也还在于维护一个共同的民族阵线以对付外来的进攻。君士坦丁堡的陷落（1453 年）又一次显示了土耳其的威胁，这个威胁由于各种不同的原因对威尼斯和教廷来说，都是生死攸关的事情。弗朗切斯科·斯福扎和那不勒斯的国王——阿拉冈的阿尔方索，都同样有理由害怕法国入侵。法国的查理七世，在最后一个维斯孔蒂公爵死后，立即向米兰提出奥尔良公爵的主权要求[3]，并继续支持他的昂热万表兄弟们在那不勒斯的权利，从这些地方可以看出法国入侵已是一种迫在眉睫的真正危险。至于佛罗伦萨，由于它同法国有密切的商务关系，作为一个从事贸易的国家，它的利益是同维护和平密切相关的。

　　虽然意大利各个国家对于它们的共同理想和共同危险并不是不知道，但是它们还不懂得，应该把这些东西放在各国自己的利益之上。一旦有机会追求自己的利益，忠于联盟的原则就被忘记了，尽管成立联盟是为了维护和平，和平却屡次遭到破坏。然而，无论如何，联盟至少在四十年中依然是意大利外交政策的一个因素。除了偶然的中断而外，米兰、佛罗伦萨和那不勒斯彼此之间的友谊还是继续维持下去，这三个强国的干涉曾不止一次制止了侵略战争。和平再次恢复之后，通常是跟着就重新缔结联盟。那些较小的国家如何重视它们从这个组织获得的利益，可从波伦亚的重要人物焦旺尼·班蒂沃利奥的话中看出来。他写道："这个很神圣的联盟，全意大利的幸福都依靠它，特别是我们的城市的幸福。"严重的战争的暂停，使每个城邦都能把自己的精力集中在平时的艺术上。结果是对文化作出了贡献，对这种贡献是不会轻易地估计过高的。

文艺复兴时期的几个教皇

　　15 世纪的特殊发展之一，是教皇政权作为意大利化了的世俗权力而出现。在康斯坦次会议由于推选马丁五世为教皇而结束了大分裂以后，教皇政权所面临的事业是恢复它已经丧失的威信。马丁和他的继承者们为此而采取的办法，是创立一个能自己站得住脚而又不致被邻国吞并的意大利国家，并使教皇政权支持这个时代的文学、艺术运动。马丁五世是科隆纳家族的人，他能依靠自己家族的一些参加红衣主教团的成员、罗马城和坎帕尼阿的支持，对他来说，这是一件极为有利的事。他靠亲属的帮助以及自己的坚定意志与节制精神，使他的权力在整个教会辖地上获得了一定程度的承认。在罗马人看来，他在位时期，秩序与繁荣有了一定的恢复，罗马的半毁的建筑物也修复了。

　　尤金尼厄斯四世与巴塞尔会议之间的争执，影响了他在意大利的地位。他的敌人在罗马煽动了一场革命，这场革命建立了一个共和政府，并迫使这个教皇逃命。尤金尼厄斯在佛罗伦萨度过他的流亡岁月，于 1439 年在那里主持有希腊教会的一些代表参加的教派大统一会议。因此他结识了一些希腊学者，见到了佛罗伦萨人对艺术、文学的爱好。当他能回到罗马时，有一位名叫伯萨里翁的希腊学者和他一路作伴，这人此时是罗马教会的红衣主教。佛罗伦萨一些人文学者[4]被授予教皇秘书的职位，而佛罗伦萨一些画家和雕刻家则被请到梵蒂冈来。这样，文艺复兴就来到了罗马。

尼古拉五世（1447—1455 年）本人就是个地道的人文学者。他曾在波伦亚大学求学，并作过两个佛罗伦萨家族的家庭教师，此时他受到了一个红衣主教的赏识，这个红衣主教请他当秘书，使他踏上那通向教皇座位的第一道阶梯。尼古拉在早年曾说，要是有了钱，他愿把他的钱用在书籍和建筑上。他后来当了教皇，这个雄心壮志是完全如愿以偿了。他请学者翻译希腊著作，叫他的办事人走遍欧陆搜求手稿，因此梵蒂冈图书馆成为古典学问研究的中心。有一个表彰他对艺术的贡献的纪念物一直保存到今天，那就是梵蒂冈宫中尼古拉五世的精美的小教堂，这个建筑是用昂杰利科神弟[5]的壁画装饰的，并且是按照原来的设计摆设齐全的。在那些受到他的恩惠的人中，有利昂·巴蒂斯塔·阿尔伯蒂，他一身兼诗人、学者、建筑师及雕刻家，高度地体现了文艺复兴时期的全才的理想。阿尔伯蒂计划完全改建罗马，在他的照管下，旧的圣彼得教堂被拆掉了，为以后将要建造的那个新的辉煌的长方形教堂[6]作好了准备。

在 15 世纪的教皇中，庇护二世（伊纳阿斯·西尔维乌斯·皮科洛米尼，1458—1464 年）最充分地表现了那个时代的精神。他象尼古拉五世一样，是个人文学者，他的提升是靠他的才能；他也许是头戴三重教皇冠冕的最优秀的文人和最卓越的演说家。

他一生的经历可从平图里基奥[7]装饰锡耶纳的皮科洛米尼图书馆的一组壁画以及他自己的著作《评述》中看出来，这部著作显示出他是个精明的古典学者，是他那个时代的更为热情的研究者。作为一个有经验的外交家和一个不知疲倦的游览者，他对什么东西都感兴趣，特别是对他自己。他力图借恢复教皇的世界性的最高权力，使他在教皇政权上留下他的名声。在他发动一次十字军远征时，他就得到了这种机会。他主持曼图亚会议，尽量利用他的口才激励欧洲列强把土耳其人赶出君士坦丁堡。对他的呼吁的反应很令他失望，于是他决心亲自当十字军战士，使别人感觉羞耻而行动起来。他死在安科纳，当时他正在那里等待那送他到东方去的威尼斯舰队。

西克斯图斯四世（弗朗切斯科·戴拉·罗韦雷）在位时期（1471—1484 年）有两点是显著的，一是他坚决致力于使教皇辖地成为一个武装齐备的强大领地，二是他为此目的而任命他许多"侄儿"[8]为代理人。在此以前，教皇们曾满足于使人承认他们在罗马尼阿的宗主权，而让各城市的统治权控制在地方上的专制君主们手里。他们的政策是符合意大利联盟的原则的，他们大都不曾采取侵略行动。西克斯图斯曾立他的"侄儿"季罗拉莫·里亚里奥为伊莫拉和弗利的统治者，并使他娶卡太里娜·斯福扎为妻。当他发现洛伦佐·戴伊·梅迪奇阻碍他在罗马尼阿的企图时，他就试图杀害他，但是没有成功，于是他与那不勒斯联盟，同佛罗伦萨作战。后来他又与威尼斯联合起来攻打斐拉拉，但由于佛罗伦萨、米兰和那不勒斯为保护埃斯太家族而出面干涉，才避免交锋。他的属于里亚里奥家族和戴拉·罗韦雷家族的其他"侄儿们"都缔结了外交婚姻，或者被提升到红衣主教的地位，在他们的领导下，罗马得以享受有文艺复兴色彩的宫廷的欢乐豪华的世俗生活。在英诺森八世（1484—1492 年）的统治下，教皇政权的世俗化继续发展，但由于教皇听从洛伦佐·戴伊·梅迪奇的外交指导，

83

意大利简史

对意大利的和平为害较少。罗德里果·博贾即位为亚历山大六世
（1492—1503 年），于是那种曾在整个 15 世纪出现的倾向达到了
充分的发展。教皇的私生子切萨雷·博贾把整个罗马尼阿置于他
的直接统治之下。教皇政权的地位和立场成为世俗的意大利权力
的地位和立场。罗马同其他文艺复兴中心的区别，主要在于它的
更大的奢华和更多的公开的丑行。

那不勒斯的阿拉冈王国

84

小
说

历
史

  公元 1442 年，阿拉冈和西西里的国王阿尔方索被那不勒斯
人承认为他们的国王，继承权约定归于他的私生子费朗太。此后
五十年内，每个相继为王的君主都力图通过君主专制制度的发展
来克服那些阻挠他的权力的障碍，这些障碍来自教皇对那不勒斯
的宗主权、昂热万要求者对王位的竞争和那不勒斯的难以驾驭的
贵族。阿尔方索的语言和外表都表示他是个阿拉冈人，但自从正
式进入那不勒斯以来，他再也没有回到阿拉冈去。他同教廷建立
了友好关系，临死前同米兰缔结了密切联盟。他对学问的热情和
对豪华生活的爱好，从意大利各地吸引了许多学者和艺术家到那
不勒斯来，甚至吸引了他自己的诸侯到宫廷里来。1458 年他死
后，阿拉冈和西西里传给了他的兄弟约翰，他的儿子费朗太则在
那不勒斯被当作意大利国王而受到欢迎。但昂热万派又抬头了，
安茹雷纳从法国前来争夺费朗太的权利。经过四年战争，阿拉冈
的斗争是胜利了，这个胜利大半是由于主要的意大利强国给予费
朗太以积极的支持。庇护二世说过："法国人获得了这个王国，
就不会有意大利的自由；保卫费朗太，就是意大利保卫自身。"
但是费朗太以严厉的手段统治着那不勒斯。他限制了贵族的特
权，并逮捕了他们的一些领袖，以致激起贵族的叛变，而获得昂
热万派的同情的英诺森八世则要求恢复那不勒斯国王从前献给教
皇的岁贡，以此支持贵族的事业。贵族发动的战争（1486—1487

年）以国王的胜利而结束，但是费朗太对他的敌人进行报复而采取的背信弃义的残酷手段，在不满分子中间引起了新的怨恨。贵族中的显要人士逃到法国去诉说国内的不满情绪，并保证为支持昂热万家族的要求而向意大利进军会取得迅速的成功。当费朗太于 1494 年 1 月去世时，查理八世的入侵准备已经就绪了。

佛罗伦萨与梅迪奇家族

科西莫·戴伊·梅迪奇于 1434 年当权，他的曾孙于 1494 年失败。这六十年是佛罗伦萨的黄金时代。历史学家圭恰迪尼在 16 世纪的动乱中从事著述。他这样描述洛伦佐·戴伊·梅迪奇时代的佛罗伦萨（他曾在那里度过他的童年）："这城市处在美满的和平环境中，重要人物是团结的，他们的权力是这样大，以致没有人敢反对他们。人们每天看赛会，过节日；食物供应很丰富，各行各业很兴旺。至于有才能的人，由于文学、艺术受到推崇，他们的事业也就得到支持。一片安宁笼罩着全城，而在国外，这城市又享有很大的荣誉和名声。"圭恰迪尼所详述的这一切特色——佛罗伦萨的国内和平与繁荣、它的文学、艺术的卓越和它在整个意大利享有的威信，大半应归功于梅迪奇家族对这个城市的事务的领导。科西莫·戴伊·梅迪奇的当权和他的对手里纳尔多·迪·阿尔比齐的失败，只不过表现了人员的更迭，而不是制度的更迭。阿尔比齐和梅迪奇同样属于商业寡头统治阶级，这个阶级曾经长期控制着佛罗伦萨的命运。科西莫的父亲焦旺尼·戴伊·梅迪奇是个银行家，为佛罗伦萨最富有的财主之一。他在阿尔比齐当权时期虽然很少参加政治活动，但是执政党经常寻求他的合作。在科西莫与里纳尔多之间发生敌对行为的时候，梅迪奇的姓氏在梳羊毛工人起义期间与民众的义举相结合，再加上科西莫的巨大财富与卓越才能，这就保证了他的成功。1434 年，在度过一年流亡生活之后，他在他的本城人的欢呼声中回到了佛罗伦

85

意大利简史

萨，而里纳尔多和他的朋友们则被驱逐出城了。

　　佛罗伦萨的梅迪奇统治方式的特点，是在共和国形式下由一人统治。在整个 15 世纪，宪法规定的最高权力掌握在通称为"执政团"的司法"旗官"和八个"首长"手中[9]。在科西莫的整个政治生涯中，他担任过三个时期的"旗官"，每个时期只有两个月。洛伦佐还没有到被选为佛罗伦萨最高官吏的合格年龄就去世了[10]。他们虽然不过是平民，但是每一个都轮流象任何一个被正式推定的专制君主那样完全统治着佛罗伦萨。他们之所以能保持他们的权势，一半是由于他们操纵选举，使执政团由他们的支持者组成，但是他们的权力的真正基础，却在于重要人物认为他们的统治是为佛罗伦萨的利益服务的。当洛伦佐的儿子皮埃罗在 1494 年丧失了那些以前一直支持他的大商人家族对他的信任时，他很快就被驱逐出境，这个事实表明梅迪奇家族的统治依靠舆论达到了什么程度。

　　梅迪奇家族之所以能得到民众的支持，大半是由于他们支持佛罗伦萨生活中一切最美好的事物。在人文学者尼科洛·尼科利去世后，科西莫获得了他珍藏的书籍，并兴建了一所房屋把它们收藏起来，这所房屋附属于圣马可女修道院，他这样就创立了佛罗伦萨第一所公共图书馆。由于他的创意，马西利奥·菲契诺被培养成为新柏拉图学院院长，这个学院使佛罗伦萨成为柏拉图研究的中心[11]。科西莫从古物中给多纳太洛[12]找来典范，这种古物启发了多纳太洛在雕刻中的创造力。米开洛佐[13]被请来建造梅迪奇的宅第，贝诺佐·果佐利[14]被科西莫的儿子焦旺尼请来画壁画，装饰宅第的小教堂，这些壁画描绘了佛罗伦萨春天举行三贤人[15]节游行时的景色和欢乐气象。洛伦佐是在他祖父协助创造的环境中长大的；他是科西莫乐于尊重的学者和哲学家的学生。对于他自己的时代有才能的人来说，他不大象他们的恩主，而象他们中间的一员，即艺术家中的一位艺术家。洛伦佐·戴伊·梅迪奇的诗歌所反映的文艺复兴时期的佛罗伦萨精神的忠实性，并不亚于波提舍利[16]的绘画所反映的。梅迪奇家族在佛罗伦萨城外有别墅，他们分享托斯卡纳的乡村生活。在那里，这个家族的青年放鹰试马，妇女照料橄榄油和干酪，而科西莫则闲谈农事，似乎除了种地而外，他并没有作过任何别的事情。

梅迪奇家族同全欧洲保持的金融关系，在外交政策领域内给他们一家人带来了特殊的利益，而外交这个政府部门正是完全控制在他们自己手里的。洛伦佐对和平事业的贡献和他的卓越的交际才能，使他成为意大利各大宫廷的贵宾。阶级区分在意大利自来就不是严格的，在文艺复兴时期尤其如此，那时期，才能是一把打开所有的大门的钥匙。平民，如梅迪奇家族和波伦亚的班蒂沃利奥家族，同统治家族或古老的贵族联姻，各宫廷之间保持着经常的互相交往。

每个城市都有自己的欢庆日，通常是纪念保佑本城的圣徒的节日，在节日里，意大利社会的领袖们从各地前来相聚，参加宴会，举行马上比武，表演史迹，以示庆祝。较小的宫廷同较大的宫廷比赛款待的豪华，大家都对文化的创造有特殊贡献。教育方面的新理想在维托里诺·达·费尔特雷在曼图亚为王子们创办的学校里实施。斐拉拉是诗人之家，是埃科勒·迪·埃斯太公爵首倡的戏剧艺术复兴运动的发祥地。由军人兼学者的费戴里科·达·蒙太费尔特罗公爵在乌尔比诺建造的宅第，大概是这个时代的家庭建筑最精美的样品，也是书籍与艺术品的宝库。艺术家和文人从一个城市去到另一个城市，随身带着他们的恩主写给他们的新恩主的介绍信。由于这些统治者全神贯注于他们私人的野心和竞争，结果都成为那些正在他们边境上兴起的强大的民族国家容易侵凌的牺牲品。

法国的干涉

米兰与那不勒斯之间的争执为查理八世向意大利胜利进军铺平了道路。弗朗切斯科的次子洛多维科·斯福扎曾牺牲他侄儿的利益，自己窃据最高权力，那个侄儿是合法的公爵，他的妻子伊莎贝拉是那不勒斯国王费朗太的孙女。在洛伦佐·戴伊·梅迪奇之死（1492 年）使一种可能维护和平的势力消失之后，洛多维科就开始鼓励法国出面干涉，作为一种反击以报复那不勒斯向他自己的国家的进攻。因此查理八世作为米兰的同盟者越过阿尔卑斯山，而佛罗伦萨、那不勒斯和教廷则联合起来抵抗他的进攻，威尼斯却对这场斗争抱旁观态度。

在这个时期以前，使意大利各强国互相友好、互相支持的梅迪奇政策，从未使佛罗伦萨同法国缔结的传统的格尔夫联盟中断。此时佛罗伦萨却为了保护那不勒斯而对法国公开宣战，但是这个同佛罗伦萨有牢固的经济关系的国家作对的政策，在这个城市各阶级中，都是不得人心的。皮埃洛·戴伊·梅迪奇采取这个政策，遭到了悲惨的失败，他不得不把佛罗伦萨四个要塞割让给查理八世，这时候他就被驱逐出这个城市了。此后四年间，佛罗伦萨的支配权力掌握在多米尼克会的修道士季罗拉莫·萨沃纳罗拉手中。萨沃纳罗拉为佛罗伦萨选定的目标，首先是复兴宗教；在他的心目中与此密切联系的，是建立一个有效力的共和政府，并使共和国支持法国的事业。起初，他和共和国的改革者获得巨大的成功。宪法按照威尼斯的典范进行了改革；甚至在主要的意大利强国联合起来把查理八世赶出那不勒斯以后，佛罗伦萨还是忠于它同法国缔结的联盟。佛罗伦萨人一心一意地做祷告，做慈善事业；宗教游行和烧毁"异教的神"代替了赛马和宴乐。可是萨沃纳罗拉的政治纲领未能收到预期的效果，而宗教热潮又告消退，这时候佛罗伦萨人便背叛了他们的先知。1498 年 5 月，萨沃纳罗拉被当作异端者在佛罗伦萨的执政团[17]广场上被烧死了。但是同他的名字联系在一起的共和国却维持到1512年，那时，由于路易十二世在意大利的势力崩溃了，梅迪奇家族才得恢复他们的地位，成为佛罗伦萨实际上的统治者。

查理八世没有遇到什么阻挠就使自己成为那不勒斯的主宰。据亚历山大六世说，查理的兵士不需要刀剑，只需要粉笔，用来圈定他们的住处。然而距他第一次越过阿尔卑斯山才一年，他就回法国去了。在1496年年终以前，他对意大利的一切征服就烟消云散了。洛多维科·斯福扎一达到他眼前的目的就背叛了他，而西班牙军队则被号称"天主教徒"的斐迪南[18]派遣来帮助他的属于阿拉冈的私生子家系的表兄弟们在那不勒斯重新建立王权。在此后若干年内，洛多维科·斯福扎的势力达到了顶点，米兰宫廷比其他一切宫廷更为辉煌灿烂。在他的侄儿去世或被杀害以后，洛多维科就从他的朋友马克西米连皇帝那里接受了公国授职仪式，成为米兰的公爵。他的年轻的妻子蓓阿特丽切·迪·埃斯太成为宫廷欢乐的中心人物，而利奥纳多·达·芬奇[19]则是宫廷的头号天才。

可是查理八世分明是徒劳的远征，却给意大利带来了灾难性的后果。西班牙和帝国[20]受到了法国的启示，就起意征服意大利。而意大利各强国看见查理八世容容易易地就被赶走了，因而沾沾自喜，毫无斗志，但是它们又从外国干涉中发现一种可以促成自己政治目的的方便办法。1498年，奥尔良的公爵路易继承了法国王位，他立即准备实现他对米兰的主权要求[21]。亚历山大六世和威尼斯接受了他提议的联盟，前者是为了使切萨雷·博贾征服罗马尼阿的企图获得支持，后者是为了牺牲米兰的利益，夺取新的领土。洛多维科·斯福扎在意大利彻底孤立了，同时沉重的赋税负担和政府的高压手段又在他自己的领土上引起了无法平息的反抗。路易十二世的将领中有一个杰出的米兰人，名叫姜·贾科莫·特里武尔齐奥，这人对路易十二世迅速征服这个公国作出了不小的贡献。斯福扎落到他的敌人手里，在法国监狱里结束了他的一生。法国占领米兰以后，路易十二世和那个号称"天主教徒"的斐迪南随即订立条约（1500年），法国和西班牙瓜分了那不勒斯。这样，照马基雅弗利[22]的说法，路易把一个能和自己的权力相抗衡的、强有力的客人引到意大利来，是犯了严重的错误。阿拉冈的私生子家系容容易易地就被赶下台了，那不勒斯被瓜分了，但是，几年之内，法国人也从他们占领的那部分领土上被赶走了，于是整个古老的西西里王国在西班牙的统治下再次统一起来。从这时起，敏锐的观察者看到，威胁意大利独立的真正危险来自西班牙，而不是来自法国。

威尼斯与康布雷联盟

在第一次法国入侵以后若干年内，佛罗伦萨、米兰和那不勒斯曾挨次在外国人手里受到损害，唯独威尼斯从那个时代的动乱中获得好处，而不是受到损失。威尼斯借口出力推翻法国对那不勒斯的统治而获得阿普利亚各港口；它从米兰抢到新的领土，作为它帮助路易十二世的报酬；它利用切萨雷·博贾的失败以扩张它在罗马尼阿的领地。不仅它的大陆领土扩展到最大限度，它在商业上的霸权也还没有受到严重的伤害的影响，这种伤害是后来由于葡萄牙人发现通往印度的海洋航线，从而打破威尼斯对香料贸易的垄断权而引起的。在16世纪头十年，威尼斯正处在它的繁荣和势力的顶峰，这也是它对文艺复兴时期的艺术作出最大贡献的时期。焦旺尼·贝利尼[23]还在绘画，卡帕乔[24]正在享受最大的荣誉，焦尔焦纳[25]和提善[26]的艺术也正在趋于成熟。威尼斯生活的东方光彩、威尼斯人的宁静气质以及他们对于美的敏感的爱好，都在他们的作品中得到了表现。

威尼斯也许和它的邻国一样自私，但是它的效率要大得多。

它在整个 15 世纪所遵循的取胜的侵略政策，却给它惹出了一伙仇敌。在康布雷联盟（1508 年）内，所有由于威尼斯的扩张而丧失了领土的强国，都联合起来剥夺威尼斯的大陆领地。联盟的成员包括法国、西班牙、教廷、帝国、曼图亚和斐拉拉。威尼斯在阿尼亚戴洛战役（1509 年 5 月）吃了败仗，暂时失去了它的全部大陆领地。然而联盟成员之间的争执很快就使联盟解体，于是威尼斯的力量又恢复了。大陆的一些城市不忘在威尼斯保护下有一个世纪的好政府，因此都高高兴兴地回到了它的统治之下。那些新近获得的领土以及从教廷和那不勒斯王国那里抢来的一些城市终于丧失了，但是大致以阿尔卑斯山脉、亚得里亚海、阿迪杰河与阿达河为界的领地则是收复了。这块领土在共和国存在时期一直是威尼斯的，并且比意大利任何其他部分享受着更大的繁荣和自由。

教皇朱利乌斯二世与世俗权力

亚历山大六世去世后，他的职位由庇护三世继承，在这个教皇的短暂任期之后，又由红衣主教朱利亚诺·戴拉·罗韦雷继承，称为朱利乌斯二世（1503 年）。他最早的训谕之一宣称他决心收复全部教皇辖地，把这个事业作为他的不可推卸的责任。西克斯图斯四世滥用"侄儿"所造成的后果，使朱利乌斯二世竭力反对利用教皇的权力来使自己的家族发迹，而把加强教会的势力作为他一贯的目标。佩鲁贾毫不挣扎地就向他屈服，波伦亚虽然成功地抵抗过切萨雷·博贾，却开城迎接他。作为康布雷联盟的成员，朱利乌斯恢复了罗马尼阿境内被威尼斯夺去的各城市。唯独斐拉拉的埃斯太家族成功地避开了他的攻击。除了这个例外，一些处于教皇的宗主权之下的小国家的繁荣时代已经告终了。在朱利乌斯去世之前，他已经是他的整个辖地的主子。

朱利乌斯二世的任期中出现了罗马艺术、文学复兴的顶峰。

那些由于许多高贵的恩主垮台而失业的艺术家和文人，来到罗马寻找新的机会，他们在教皇为改进他的首都而制订的宏伟计划中找到了这种机会。以布拉曼太[27]为总建筑师，新的圣彼得教堂奠基了，梵蒂冈美术馆也建成了。拉斐尔开始绘教皇私人宅第里的一组壁画；米开朗琪罗[28]为西斯廷小教堂[29]的天花板绘画，并为朱利乌斯的宏伟陵墓制作雕刻，这个陵墓是这位教皇在世时亲自下令兴建，作为他任职的纪念的。文艺复兴时期的宽敞的新罗马出现了，代替了旧日的有肮脏狭窄的街道和堡垒式的宅第的中世纪城市。这个期间，人文学者强调古典传统与基督教传统之间的和谐，称颂朱利乌斯为两个世界的统治者。

　　朱利乌斯二世的雄心壮志远远超越了罗马和教皇辖地；他的目的在于使整个意大利在他的领导下统一起来，并使它摆脱外国人的统治。他先迫使威尼斯屈服，然后解散康布雷联盟，另外成立神圣联盟（1511年），威尼斯、西班牙和教廷在这个联盟内联合起来驱逐法国人。在这次战争的主要战斗腊万纳战役（1512年）中，胜利归于法国人，但是法国主帅加斯东·德·富瓦之死和瑞士人为支持神圣联盟而发动的对米兰的突袭，给胜利者带来了灾难。当初路易十二世征服米兰之所以获得成功，曾得力于瑞士人的帮助，但是他未能保持他们的友谊。瑞士人此时在朱利乌斯二世的怂恿下独自征服了米兰，立洛多维科的儿子马西米利亚诺·斯福扎为他们的傀儡公爵。在朱利乌斯二世于1513年2月去世后，法国人再次被赶出了意大利，斯福扎家族的一个成员回到了米兰，梅迪奇家族的人回到了佛罗伦萨，1494年以前的幸福日子仿佛又要来临了。可是以教皇为首的联盟并不能解决16世纪的意大利问题。那些当权的家族并未集结在朱利乌斯这边，而埃斯太家族反而从同法国联盟中找到了维持它在斐拉拉的统治权以抵抗教皇的袭击的方法。因此教皇的成功主要是靠外国的帮助；意大利不过是以增加瑞士和西班牙的势力为代价而摆脱了法国的控制的。

马基雅弗利

公元 1513 年，大洛伦佐[30]的儿子焦旺尼·戴伊·梅迪奇成为教皇利奥十世，同年，马基雅弗利写成《君主论》一书。这本书也许是所有的政治小册子中最有名的一本。马基雅弗利作为十人委员会（处理外交事务的行政机构）的秘书和驻法国、南德意志与意大利本土的特使，曾在 1498 到 1512 年间根据亲身的见闻研究过政治问题。他写《君主论》的目的在于给梅迪奇家族提供意见，这个家族控制着教皇辖地和佛罗伦萨。他相信，它能获得支配意大利绝大部分的权力，使意大利半岛摆脱法国人和西班牙人的统治。他声言，他的这种教训是从他亲自结识的、一个前教皇的儿子切萨雷·博贾那里得来的[31]。马基雅弗利劝梅迪奇家族任用他的意图是显而易见的，他不爱投闲置散，同时，没有官职，他在经济上也受不了。《君主论》的结尾劝意大利人驱逐外国人。这本书成为专制君主的指南。可是这并不等于这个曾在佛罗伦萨共和国供职的马基雅弗利已经放弃了共和制度的理想。马基雅弗利作于此后几年内（约在 1514—1517 年）的《李维罗马史论》[32]是一部渊博而有分析的著作，他在书中企图根据罗马历史上的教训来建立一种政治科学。在《李维罗马史论》中，马基雅弗利表现出他对共和制度的向往，他认为这是"未腐化的"社会中较好的政府形式。因此《君主论》中所论述的专制政治乃是危机期中一种无法避免的坏事。但是这两部精彩的著作并没有对当时的统治者的行径产生影响，就是对后世的统治者的行径也没有产生影响。它们是难以产生影响的，因为这两部著作的意见是一般性的，而它们为"马基雅弗利式的行径"[33]所作的辩护又是不必要的。

欧洲之师意大利

1515 年，新登上法国王位的弗朗西斯一世在马里尼亚诺击败了瑞士人，成为米兰的公爵。四年后，西班牙和尼得兰的统治者——奥地利的查理被选为皇帝[34]，于是意大利成为哈普斯堡家族和瓦卢瓦家族争夺最高权力的战场。意大利本土的统治者们所能采取的唯一办法，是挑动外国列强彼此相斗，希望能借此多多少少维持自己的独立。意大利终于落在外国人手里了，但是，与此同时，它的文化却征服了全欧洲。法兰西国王们亲自把文艺复兴带到法国去；都铎王朝[35]的英国把意大利当作文学与风雅的典范；而到意大利去旅行则逐渐被认为是高等教育的一部分。因此意大利虽然在政治上堕落了，但是在智力方面和艺术方面却成为吸引全欧洲的兴趣的力量的标准。作为文艺复兴的故乡，意大利建立了一种不朽的统治着人们心灵的最高权力。

小说　历史

注　释

[1] 瑟锡亚河（Sesia R.）是波河的支流。——译者，下同

[2] 明乔河（Mincio R.）是波河的支流。

[3] 参看切口页码 75。

[4] "人文学者"（humanists）是研究古希腊、罗马的文学、艺术、哲学、科学等的学者。

[5] 昂杰利科神弟（Fra Angelico，1387—1455）是意大利画家。"神弟"是修道士的称号。

[6] 这种教堂有两排石柱，教堂的一端是圆形的。

[7] 平图里基奥（Pinturicchio，1454—1513）是意大利画家。

[8] "侄儿"此处是委婉话，指私生子。

[9] 佛罗伦萨有九个（一说七个）"首长"，为首的称为"旗官"（Gonfalonier 贡法洛尼埃尔），他掌管司法权。关于"首长"，参看切口页码 55。关于"执政团"，参看切口页码 72。

［10］洛伦佐（Lorenzo，1449—1492）是科西莫·戴伊·梅迪奇（Cosimo dei Medici）的孙子，他只活了 44 岁。

［11］柏拉图（Plato，公元前427—前347）为古希腊唯心主义者，他是唯物主义的死敌，极力反对雅典民主政体，企图实现他所理想的反动贵族统治。公元前 386 年，他在雅典创办了一个学院，为古代唯心主义哲学的中心。他的社会政治观是为奴隶主贵族服务的。他在《理想国》中断言社会必须以三个等级的存在为基础。第一等级是哲学家，管理国家的统治者。第二等级是维护国家的卫士。第三等级是被统治的农民和手工业者。他不把奴隶当人看，并认为这种使剥削奴隶的制度永远巩固下去的分工是不变的。柏拉图的学说由新柏拉图学派和基督教继承下来，并成为许多反动的、反科学的、神秘主义的观点的根源。现在帝国主义者和机会主义的头子就是利用某些历史亡灵，其中也包括柏拉图的唯心主义反动学说，来反对马克思主义，反对无产阶级革命和无产阶级专政。

［12］多纳太洛（Donatello，1386—1466）是意大利雕刻家。

［13］米开洛佐（Michelozzo，1396—1472）是意大利建筑师及雕刻家。

［14］贝诺佐·果佐利（Benozzo Gozzoli，1402—1498）是佛罗伦萨画家。

［15］三贤人（Magi）指从东方带着礼物来看初生的耶稣的三个贤人，也称为"三博士"。

［16］波提舍利（Botticelli，1447？—1510）是意大利画家。

［17］参看切口页码 72。

［18］斐迪南二世（Ferdinand Ⅱ，1452—1516）为西班牙王国的创建者，号称"天主教徒斐迪南"。

［19］利奥纳多·达·芬奇（Leonardo da Vinci，1452—1519）是意大利画家、雕刻家、建筑师及工程师。

［20］指神圣罗马帝国。

［21］参看切口页码 75。

［22］马基雅弗利（Machiavelli，1469—1527）是佛罗伦萨的政治思想家及历史家。

［23］焦旺尼·贝利尼（Giovanni Bellini，1427？—1507）是威尼斯画家。

［24］卡帕乔（Carpaccio，1465？—1522？）是意大利画家。

［25］焦尔焦纳（Giorgione，1478？—1511）是威尼斯画家。

［26］提善（Titian，1477—1576）是威尼斯画家。

［27］布拉曼太（Bramante，1444—1514）是意大利建筑师及画家。

［28］米开朗琪罗（Michelangelo，1475—1564）是意大利雕刻家、画家及建筑师。

［29］西斯廷小教堂（Sistine chapel）是教皇西克斯图斯（Sixtus）的私人小教堂。"西斯廷"意思是"属于西克斯图斯的"。

［30］洛伦佐号称"堂堂的洛伦佐"（Lorenzo the Magnificent）。

［31］切萨雷·博贾（Cesare Borgia）是教皇亚历山大六世（在位时期 1492—1503 年）的儿子，为罗马尼阿的公爵，他使用各种手段推翻了各城市的专制君主，使教皇辖地归于统一。马基雅弗利曾在《君主论》中说，博贾的手段在当时是有典型意义的。

［32］李维（Livy，公元前 59—公元 17）是古罗马历史家。

［33］马基雅弗利认为专制君主为了达到自己的政治目的，可以不择手段，因为残暴、奸诈、背信、谎言等，只要有助于使君主达到自己的目的，就都是正当的。这就是所谓"马基雅弗利式的行径"。这是一种强盗逻辑。

［34］查理一世是尼得兰（Netherlands）的君主，于 1516 年在西班牙即位为哈普斯堡王朝第一个国王（在位时期 1516—1556 年）。他在 1519 年以"查理五世"的称号成为神圣罗马帝国皇帝（在位时期 1519—1556 年），继承神圣罗马帝国在南意大利的权力。

［35］都铎（Tudor）王朝统治英国的时期，是从亨利七世（在位时期 1485—1509 年）起到伊丽莎白（Elizabeth）女王（在位时期 1558—1603 年）为止。

小说　历史

第五章　几百年的外国专制统治 94

一、西班牙的统治，1521—1713 年

查理五世和弗朗西斯一世在意大利的斗争开始于 1521 年，当时皇帝的军队把法国军队赶出米兰，并立洛多维科的小儿子弗朗切斯科·斯福扎为公爵。查理的第一项行动虽然是维护皇帝的宗主权，但是他在意大利的真正关切的问题，却在于能否维持他作为西班牙统治者的地位。西西里、那不勒斯和撒丁是从他祖父——那个号称"天主教徒"的斐迪南那里继承下来的遗产的一部分，他决心把它一点不少地传给他的后代继承人。法国在意大利的势力向西班牙对那不勒斯的统治提出挑战，阻碍西班牙与帝国之间的交通，并同土耳其人联合起来威胁西班牙在地中海的地位。因此查理对意大利的策略一直是以把法国势力赶出意大利为方针的。他无意获得更多的领土，而是满足于维持本地的意大利统治者，使他们在自己国内当家作主，只要他们承认西班牙为握有统治权的强国。他的非侵略政策、阿拉冈在那不勒斯和西西里的统治的长期传统，以及他在困难面前所表现的不屈不挠的毅力，这一切也许是使法国遭受失败、使西班牙在意大利的统治得以建立的主要因素。

罗马遭受洗劫

弗朗西斯并不甘心于放弃他对米兰和那不勒斯的主权要求，因此战争在意大利继续进行，在 1529 年以前很少间歇。在帕维亚战役（1525 年），查理出乎预料地获得彻底的胜利，使他的敌手成为他手下的俘虏。这个皇帝的成功使意大利各强国感到恐慌，教皇克力门七世（朱利奥·戴伊·梅迪奇）在过去一直支持查理，此时却转而反对他。克力门是科涅克联盟的形成的主要推动者，意大利的主要国家在联盟中，在法国领导下联合起来推翻皇帝的权力。查理派遣一支军队，由波旁公爵率领开赴罗马。波旁在城下战死，1527 年 5 月，约有两万德国军队和西班牙军队，无人率领，纷纷哗变，他们拥进圣城，毫不留情、不分青红皂白地烧杀抢劫。罗马遭受洗劫一事曾被称为文艺复兴告终的标志。除了艺术作品所遭受的无法挽救的毁灭而外，这个事件还象征着罗马昔日的生活——自由、欢乐以及古希腊罗马信仰的色彩，在西班牙的镇压势力和反改革的压力之下消失了。但此后一百年内，罗马甚至更为富丽堂皇，圣彼得教堂完工了，一些巨大的巴罗克式 [1] 的教堂建成了。但是，除米开朗琪罗外，那些曾在这里工作过的艺术大师都已去世了，罗马文化的天然意趣和丰富多彩也消失了。

查理五世对意大利问题的处理

罗马遭受洗劫以后，查理在意大利是暂时败给法国和它的盟国了。到了 1528 年春天，只有米兰和那不勒斯两个要塞还保留在西班牙人手里。弗朗西斯一世与安德烈亚·多里亚之间的争吵带来了一个转折点，后者和他的城市热那亚转而效忠于皇帝。随着制海权从法国转到自己手里，查理五世开始恢复他失去的地位，因此能在 1529 年发号施令，处理意大利问题。根据康布雷

95

小说 历史

条约和巴塞罗纳条约，弗朗西斯一世放弃他对意大利的主权要求，克力门七世答应把那不勒斯授予查理。作为报答，查理向克力门保证，用皇帝的军队去推翻最后的佛罗伦萨共和国，使梅迪奇家族得以复辟。佛罗伦萨的共和政体曾在罗马遭受洗劫以后的混乱局势中抬起头来。这个共和国勇敢地对抗皇帝的军队，坚守一年，有一个时期由米开朗琪罗担任防御工事的指挥者，它此时光荣地陷落了。这场英勇斗争的结果是，佛罗伦萨终于不得不屈服于一个正式的专制君主的统治。小洛伦佐[2]的儿子亚历山大罗·戴伊·梅迪奇被授予公爵的称号，并娶皇帝的私生女玛格丽特为妻。1530年2月24日，克力门七世在波伦亚的圣佩特罗尼奥教堂里给查理加冕，立他为皇帝。弗朗切斯科·斯福扎曾经同他的当皇帝的宗主作战，他此时获得赦免，并娶查理的侄女为妻。费戴里科·冈扎加由于他的家族坚决忠于皇帝而获得报酬，他的曼图亚侯爵领地被提升为公国。教皇接受劝告，承认埃斯太家族在斐拉和摩德纳的统治权。查理五世周围有了一圈同他有亲戚关系和利害关系的意大利家族，他因此成了意大利的主宰。

后来，查理与法国之间又发生了战争。弗朗切斯科·斯福扎于1535年去世后没有继承人，于是米兰的处理问题成为一个长期的争端。托斯卡纳的共和派和那不勒斯的支持昂热万家族的人跑到法国去避难，他们一再劝法国国王在意大利进行新的冒险。直到卡托—孔布雷齐条约签订时（1559年），才有一个确定的处理办法。从这个条约的条款可以看出，西班牙加紧了对意大利的控制，君主政体战胜了共和政体。1540年，查理把米兰公国授予他的儿子菲利普，并把他在意大利的全部皇帝权利交给西班牙君主国；法国的亨利二世此时再次放弃了他的主权要求，而承认既成事实（图12）。

公元1537年，梅迪奇家族的一个幼辈——科西莫·戴伊·梅迪奇继承佛罗伦萨公爵的职位[3]。他表现为16世纪最能干的统

96

97

意大利简史

图 12　公元 1559 年的意大利

治者之一。当锡耶纳以"法国和自由"的名义反抗皇帝的代理人时，科西莫曾协助推翻这个共和国，因此获得报酬，被授予锡耶纳，作为西班牙赏赐的封地。为了防止科西莫过于独立自主，有一些通称为普雷西迪[4]的托斯卡纳港口，由西班牙控制。几年后，科西莫从教皇那里获得"托斯卡纳大公"的称号，他这样建立了一个政权，这个政权一直维持到18世纪梅迪奇大公家系绝嗣时为止。

另一个刚建立不久的意大利本土的国家顺利地并入了西班牙的范围。1545年，保罗三世立他的儿子皮埃尔·卢伊季·法纳塞为巴马和皮亚琴察的公爵，这两个城市曾经长期成为米兰与教廷争执的对象。皮埃尔·卢伊季是查理五世的死对头，但是他的继承人奥塔维亚诺却娶了哈普斯堡家族的玛格丽特——亚历山大罗·戴伊·梅迪奇的寡妇为妻。这女人象哈普斯堡家族的许多妇女一样，忠于她的家族的利益，她的儿子——巴马的公爵亚历山大罗·法纳塞成为菲利普二世最能干的将军之一。

萨伏依公国[5]

从后来的意大利历史的观点看来，卡托—孔布雷齐条约最重要的条款，也许是那条使萨伏依的伊曼纽尔·菲利贝尔托恢复他的公国的条款，这个公国曾被法国军队占领了将近二十年之久。这个公爵的境遇一点也不好受，因为法国保留着他的五个重要要塞，包括都灵和皮纳罗洛在内，而西班牙对于他的任何独立自主的迹象都是猜疑的。他成功地改组政府，开发资源，使萨伏依成为一个受人尊重的国家。他在去世（1580年）之前，有办法通过谈判使法国军队撤走，让他成为整个皮埃蒙特的公认的统治者。他的儿子查理·伊曼纽尔根据他同法国的亨利四世订立的里昂条约（1601年），用萨伏依几个西部省分换得小小的萨卢佐侯爵领地。这个交换虽然牺牲了肥沃的领土，却表示萨伏依家族决心使自己成为意大利的势力，而不是法兰西的势力，并保持对阿尔卑斯各山口的控制权，作为它的独立的最可靠的保证。

自由的衰落

这 150 多年的西班牙统治（1559—1713 年），也许是意大利历史中最阴暗的时期。全意大利受到战争的破坏和蹂躏，忍受着重税的负担。西班牙的政策采取最少干涉的原则，甚至在西班牙直接统治的各行省，这个政策也并不是不得人心的。可是伦巴第变成了一座兵营，那不勒斯是腐化官吏寻欢作乐的好去处；西班牙的势力无论在哪里，对于活力即进取精神都是一种障碍。教皇的势力也是同样暴虐。这是宗教裁判 [6]、禁书目录 [7] 和耶稣会 [8] 势力的时代，当时各阶层的意大利人由于持有不同信念而被迫出外流亡，学者们的研究受到当局的限制，出版书籍受到严格的检查。

然而这个时期并不是一个在智力方面和艺术方面完全衰落的时期。那些墨守一格的画家的作品，此时找到了长期找不到的赞赏者，但是就巴罗克式的建筑或雕刻而论，在鉴赏力方面从来也不曾需要有什么改变。在这种艺术方面，大名鼎鼎的是姜·洛伦佐·贝尼尼 [9]（1598—1680 年），圣彼得广场和纳沃纳广场上的幸运的游客会理解他的名声。在音乐方面，意大利人早年曾满足于向弗兰得尔人学习，他们此时有了伟大的教堂音乐作曲家帕勒斯特里纳（1525—1594 年）和第一个重要歌剧作曲家蒙太韦迪（1567—1643 年）。至于意大利科学，曾经有人说得好，它引导欧洲的科学，"只要宗教裁判所允许它"。伽利略（1564—1642年）的成就是这样大，以致要对他作一番公正的评价，不是简略的叙述所能办到的。他是第一个有效地使用望远镜的天文学家，因此能通过天文观察证实哥白尼的体系。他在力学方面的发现为这门科学奠定了基础，而且为牛顿的理论提供了许多论据。最重要的是，他是"实验的—数学的"方法[10]的主要创建者，这种方法表现了现代科学思维的特征。伽利略曾被宗教裁判所监禁，但在去世之前已恢复自由。焦达诺·布鲁诺（1550—1600年）是个有胆量的哲学家，他设想宇宙是由无限量的世界组成的，他的勇气使他死于火刑[11]；柏拉图式的"乌托邦"的著者托马索·康帕纳拉（1568—1639年）遭受了三十年监禁。学院在罗马（林切伊学院）和佛罗伦萨（契曼托学院）是很兴盛的，而一些较小的中心，如帕多瓦和波伦亚，也在继续进行有创见的工作。生物学是最有进展的科学，在当时似乎在科学中最不成问题，它在神学方面的含义是后来才出现的。在许多名字当中，最值得记载的也许是马切洛·马尔皮吉[12]（1628—1694年），他发现血液的毛细管循环，这样充实了哈维[13]的工作。

梅迪奇家族的大公从未完全失去他们的市民生活的坦率朴实，佛罗伦萨也从未失去它的自由气氛。但是城市一个个失去了它们的统治家族，而残余的自主权也随着它们一起消失了。1597年，克力门八世趁埃斯太家族的阿尔方索二世之死，把斐拉拉并入了教皇辖地，因此埃斯太家族的都城迁到皇帝赐予的较小的封地摩德纳去了。斐拉拉长期是一个辉煌的宫廷的所在地，此时变成了"满街野草的"城市。朱利乌斯二世曾使乌尔比诺免于遭受攻击，因为它的公爵是戴拉·罗韦雷家族的人，是蒙太费尔特罗家族的女继承人的儿子，本人又是教皇的"侄儿"[14]。1631年，戴拉·罗韦雷家族最后一个公爵去世后，他的国家交给教廷了，因此那个收藏费戴里科公爵在15世纪搜集的手稿的珍贵图书馆搬到罗马去了。

威尼斯无疑是这些意大利国家中最为幸运的，比起别的国家来，威尼斯治理得好一些，经济也更繁荣，而且保存着更多旧日的自由精神和公民的爱国热情。在这里，思想自由依然存在，而宗教裁判所则是由政府控制的。1606年，在塞尔维太会[15]的修

100

意大利简史

道士保罗·萨皮领导下，威尼斯顺利地抗拒教皇颁布的禁止宗教活动的命令，为它在自己国内，在宗教事务上当家作主的权利辩护。可是，在这整个时期，共和国是在同土耳其人进行一场失败的战争。尽管基督教军队在勒潘托海战（1571年）中获得了胜利，威尼斯还是被迫割让塞浦路斯岛，而克里特岛也在1669年丧失了。随着它的商业的衰落，并由于害怕西班牙不亚于害怕土耳其，威尼斯本身便从此衰落了。十人议事会的警戒作用变成了恐怖政治，贵族腐败懒惰，政府死气沉沉。象整个意大利一样，威尼斯是靠过去的成就而过活的。

法西战争与意大利

西班牙人的到来使意大利受到许多不必要的苦难，被迫参加法国与它的敌人之间的长期斗争，这场斗争最后导致乌特勒支和约。法国把每一种可以削弱哈普斯堡皇室的势力的事业都当作它自己的事业，它往往利用这些意大利国家作为它的工具，而表面上则是在保护它们的利益。1627年，当时联合在一起的曼图亚公国和孟菲拉公国的继承人，是半个法国人——纳韦尔的公爵查理·冈扎加。在皇帝拒绝给他举行授职礼时，一支法国军队越过阿尔卑斯山前来帮助他，但无力解除皇帝的军队对曼图亚的围攻。曼图亚被围攻九个月，终于陷落了，跟着就发生了洗劫，这次洗劫，作为条顿人的野蛮行为的表现，足以同罗马遭受的洗劫相提并论。曼图亚再也没有恢复元气，冈扎加家族几代公爵虽然暂时还保持着他们的领土，但是这些领土却成为两大欧洲强国交兵的战场。

随着西班牙最后一个哈普斯堡国王之死（1700年）和法国路易十四替他的孙子接受西班牙王位，法西斗争进入了最后阶段。在北意大利的战争进行的过程中，萨伏依不仅上升为意大利的主要国家，而且足以同欧洲列强相匹敌；有些国家争取同它缔结联盟，在谈判的每个阶段，它的利益都受到照顾。这主要是由于萨伏依作为法国与被西班牙控制的米兰之间的缓冲国所处的地位，它能对任何一方关闭或开放阿尔卑斯的各山口。它的统治者维克托·阿马戴乌斯二世能尽量利用它的有利条件。阿马戴乌斯是个能干的外交家，率领着一支精兵，又得到一个团结一致的民族的支持，他似乎随时都能夺获米兰这个很令人垂涎的战利品。可是萨伏依家族的完全获胜还有待于未来，而争夺西班牙王位继承权的战争的结果，则是奥地利的哈普斯堡皇室代替西班牙人在意大利建立了一个占优势的强权。

乌特勒支和约

乌特勒支和约（1713 年）的条款把米兰、曼图亚、那不勒斯和撒丁岛，即西班牙在意大利的大部分领土分配给奥地利的查理大公，这人后来成为皇帝查理六世。在北意大利，维克托·阿马戴乌斯只好满足于获得孟菲拉公国和米兰领土的一个狭长地带，包括亚历山大里亚在内。此外，他还分到西西里连同该岛"国王"的称号。根据这个安排，西西里王国的两个部分又分裂了，而建立了很久的西班牙统治则被那些同南意大利没有传统联系的君主的统治代替了。乌特勒支和约为了保持欧洲的均势而牺牲了意大利。意大利一些领土被瓜分了——全不顾及它们的历史和传统，——这是为了既不让奥地利力量，也不让法国力量突飞猛进，还为了使各参战国所卖的力气得到适当补偿。然而，这些改变的不合理，使人想到它们是不能持久的，可是这些改变竟然实现了，这个事实使意大利从麻痹状态中觉醒过来。西班牙的统治享有的便利，就是它在意大利人的心目中表现为一个已经存在的统治的延续，而奥地利的统治则是新建立起来的，单是这个理由就足以使它受到非难。意大利在政治上衰落的最低点正是它复兴的开端。

102

二、18 世纪

作为一个历史时期，18 世纪可以说是从乌特勒支和约（1713年）开始，到法国大革命爆发时（1789 年）结束。意大利的这个时期被埃克斯—拉—夏佩尔和约（1748 年）划分为两个阶段。前一阶段的特点是领土问题进一步重新处理，这次处理大大地改变了乌特勒支和约所作的安排；后一阶段的特点是一些国家发生了政治改革运动，法国革命思潮日益渗透，这种思潮对紧接着发生的一些事件有深远的影响。

政治变革

公元 1713 年对意大利领土的处理并没有维持多久。第一次变革发生在 1720 年，当时，在西班牙人对西西里岛发动的无效的进攻失败之后，萨伏依的公爵不得不把西西里岛让给奥地利，以换取那个半开化的撒丁岛。因此萨伏依几代公爵成为撒丁的国王，这个称号他们一直保持到 1860 年，那时他们成了意大利的国王。后来，根据埃克斯—拉—夏佩尔和约，撒丁王国于 1748年在退出争夺奥地利皇位继承权的战争时，收回了尼斯和萨伏依，把它的东部疆界扩展到提契诺河。

另一次变革发生在 1734 年。西班牙菲利普五世的热衷于政治的妻子伊丽莎白·法纳塞决心试图收复列强于 1713 年让给奥地利的那不勒斯和米兰省。她派兵赴意大利，由她的儿子唐·查理率领，这人攻打米兰受挫，于是率师南下，毫无困难地占领了那不勒斯和西西里。作为那不勒斯国王查理三世，他和他的后代据有这个王国，直到它于 1860 年向加里波迪和维克托·伊曼纽尔二世投降时为止。1737 年又发生了一次变革。梅迪奇家族的最后一人——托斯卡纳的大公焦旺尼·加斯托纳于 1737 年去世。于是这个公国传给了洛林家族的弗朗西斯，这人是玛丽亚·特雷萨的丈夫。玛丽亚在她父亲查理六世于 1740 年去世后，成为奥地利女皇。1745 年，弗朗西斯被选为皇帝，于是他的儿子利奥波德承袭了托斯卡纳。所有这些统治者或他们的继承人都注定在拿破仑占领意大利期间（1796—1814 年）被驱逐出境，在外流亡，但是 1815 年的维也纳会议使他们全都复辟了。

社会状况

半个世纪以来，从 1748 年起到 1796 年拿破仑入侵意大利时为止，意大利得享和平，虽然撒丁从 1793 年起就在同法国的革命军作战。这是一个表现出巨大社会差别的时代，在欧洲到处是一样，巨大的财富集中在少数人手里，而广大人民群众则生活在痛苦与肮脏的环境中。没有一个国家的贫富差别比意大利的更为显著，在这里，富人似乎比任何别的国家的更为富有，穷人也似乎更为贫穷。罗马是世界上的艺术中心与宗教中心。教皇们的豪华排场、红衣主教们与罗马贵族的奢侈宴会和接待，美术馆和图书馆里的美术珍品和文学珍品以及考古方面新发现的鉴赏品，不仅吸引着以四海为家的富人，而且吸引着各国有教养和艺术修养的人。不仅罗马如此。威尼斯成为欧洲的娱乐场所，尽管有战争，游客还是聚集在那里看哥尔多尼[16]的喜剧而发笑，欣赏狂欢节的一切乐趣。尽管在南意大利道路难行，有土匪抢劫的危险，客店简陋得可怜，使南下的旅行成为一种严酷的考验，但是那不勒斯自然环境的优美、气候的温和以及潘沛依和赫邱娄尼恩[17]的新发掘，还是引来了许多游客。可是这一切只是表面现象，在意大利，富裕阶级的豪华之所以成为可能，只是由于牺牲了广大群众的利益。意大利的贫穷和犯罪行为是骇人听闻的。例如，在罗马国，克力门十三世在位期间（1758—1769 年），在教皇辖地上，不到三百万人口中间有一万三千起杀人事件登记在案，在都城里，十六万居民中间有四千多起杀人事件登记在案。在富庶的

104

米兰，意大利最幸运的城市之一，情形还要糟糕。在威尼斯，尽管市政当局设立了巡回法庭，这个法庭有法官、刑事案律师、听忏悔的神父和死刑执行人，还有一队警察，这些警察骑着马巡视街道和郊区，有权逮捕、审问、判刑，并把他们捉住的任何罪人吊死在最近的树上，但是从 1741 年到 1762 年的二十年间，不下于七万三千起被判死刑及终身服划船劳役的事件登记在案。

开明的专制政治

上述情况大半是由于教会的大量财富和世俗欲望、教育的缺乏以及主要在南方的维护封建特权的中世纪制度的存在。因此限制财富和教士的人数，摧毁贵族的封建势力，便成为一系列改革的主要目标，这些改革继续进行，直到法国大革命爆发时为止。努力从事改革的，是那些处于外国统治者控制下的国家——米兰、托斯卡纳和那不勒斯；其他国家的旧制度则没有多少改变。在伦巴第——这是米兰省当时的称呼——最有益的改革是琴西曼托[18]，一种固定的田赋，这是经过彻底调查才制定的。税额是适度的，从而导致农田细作法的发展，使伦巴第成为意大利最繁荣的地区。在北意大利，封建制度不多了（皮埃蒙特也许是例外），但是玛丽亚·特雷萨，后来还有约瑟二世[19]，他们都曾在那里废除特权和免税的优待，使小农的担负趋于平等，有所改善。他们对教会则予以较为严厉的处置。1768 年，在一百万左右人口中间有二百九十个男修道院和几乎同样多的女修道院。这些修道院有一百来个逐渐被封闭，它们的财产和土地拿来拍卖，所得的款项供医院和孤儿院之用，并作为发展帕维亚大学的经费。根据同教皇订立的协定，教会自 16 世纪以来所获得的全部地产都要纳税，特权和免税的优待一概废除了。约瑟在晚年，想在帝国，包括伦巴第在内，实行中央集权的狂热情绪有了发展。元老院被封闭，行政管理移交给奥地利法官和官吏，从前在玛丽亚·特雷萨统治下享受的许多自治权利也一概取消了。但伦巴第有了改善和发展。它的人民完全免除兵役，只有几团奥地利军队保留下来，多用于炫耀皇帝的威严与国家的典礼，而不是出于必要。

在托斯卡纳，约瑟二世的弟弟利奥波德（在位时期1765—1790年）的改革甚至更为彻底。他采用自由贸易，废除进出口限制。他出一张布告，把整个中世纪行会制度连同行会的裁判所、规章和限制一概废除，而代之以商会。1770年，他向全体公民，包括皇室的成员，征收平等的赋税。他采用种痘，改良监狱，废除秘密诉讼程序、拷问和死刑，并把从监狱里找出来的刑具陈列在监狱的院子里。他封闭若干女修道院和男修道院，制止它们向罗马上诉。他还把出卖教会空缺的进款没收来作公共事业之用。海陆军对他没有多少用处。他把两只组成海军的舰艇出卖给俄国，把陆军遣散，只在那过激的里窝那城保留着一个警备队，并用民警代替军队维持秩序。利奥波德晚年在皮斯托亚的主教希皮奥纳·里契的大力帮助下，在托斯卡纳参加改革教会的斗争，这场斗争在1785年的皮斯托亚宗教会议上到达了高潮，随着民众的骚动而结束。此后，利奥波德不再予以支持，于是这个主教辞职，旧秩序又恢复了。

那不勒斯的改革

在那不勒斯王国，土地归国王、教会和贵族所有。杰诺韦西在1765年写道："如果我们把王国的所有家族分为六十部分，其中一部分拥有土地，而五十九部分所占的土地则连葬身都不够。那不勒斯一半土地归教会所有，不得出卖，这是一个致命伤，我不知道是不是可以挽救。"为了满足远不到五百万人口的精神需要，这个王国供养着二十一个大主教、一百六十五个主教和修道院院长、五万个神父和超过这个数字的修士和修女。教会因为拥有九百万金币[20]的土地收入，再加上来自群众和其他捐献的三百万金币，在人民处于贫穷、痛苦和肮脏生活之际，过着舒适奢侈的生活。至于农民，同时代的人对他们的看法是一致的。他们处境悲惨，完全无知，住在茅屋和洞穴里，被束缚在土地上，没有权利，没有保护者，有如背上驮着粮食但自己不能吃的骡马。那些贵族却拥有大量土地——大部分荒芜不耕——他们象专制君主那样生活。土地、水、风、矿物、森林以及居民的灵魂和肉体，都被当作他们的封建所有权的一部分。在第二次法国入侵以前，贵族一直有权指派法官和治安推事，因此这些人断案，总是偏袒他们。教会和贵族免交赋税，或者至多只付一笔同他们的收入完全不相称的捐款给国家，这样，国家所需的钱几乎全部由农民、小农和城市中产阶级负担。

在那不勒斯城，律师职业最受光顾。那不勒斯人以爱打官司出名，据说单是在那不勒斯城，他们就供养着不下于两万六千个从事律师业的人，在外省还供养着四千个。当时至少有十种法典，包括罗马法典、诺曼第法典、西班牙法典和奥地利法典。有些讼案听说拖了几个世纪，因为当时的法典的错综复杂和自相矛盾，给一大群律师提供了无穷尽的工作。有些律师发了大财，所有的律师都能设法维持生活。一个王国处于这样的状态，因此查理三世，还有在他登上西班牙王位（1759年）以后，在查理的儿子斐迪南未成年时期担任总督的塔努契侯爵[21]，他们两人所担负的改革任务是赫尔克里斯的苦差事[22]。然而改革是有一些的。根据同教廷订立的协定，教士们应缴纳原来由世俗人承担的赋税的半数，虽然还有一长串免税的名单，包括教区的房屋、医院和孤儿院。教士与教区居民的比例确定为百分之一，修士和修女的数字也受到限制。

当查理企图处理封建问题时，他不得不小心谨慎。他力图把贵族吸引到宫廷里来，以免佃户遭受他们近在身旁之苦。他出布告，让农民在公开市场上出卖他们的产品，而不是只卖给他们的封建主。他许可农民有权利从贵族的法院到王家的法院上诉。他在另一个布告里限制武装扈从的人数，这些扈从主要是土匪，他们受到贵族的保护，被滥用来对付愤怒的农民或王家的权力。他还废除了一些卑贱的私人服役，这种服役就是把佃户召唤来担任的无偿劳动。塔努契坚持维护君主的权利，同教会对抗。他废除特权，坚持教皇的训谕和敕令在颁布之前须得到国王的同意。他禁止主教们未经审查通过并由国王批准就发表著作。无论什么时候，只要有可能他就向教士们征收现金。教皇对此进行报复，拒绝填补主教空额。塔努契于是驱逐耶稣会会员，并在十年后拒绝缴纳基纳亚[23]，一匹白马和七千金币的岁贡，这是自诺曼第时代起就作为承认教皇的大封建主主权的表示而缴纳的贡礼。他用同样的办法颁布法令和禁令去折磨贵族，但是他并未刨到祸根，那需要强硬得多的手段和激烈得多的方法。1776年，塔努契退职，权力归斐迪南和他的专横的妻子玛丽亚·卡罗莱娜掌握。法国大革命前的最后十年，没有什么大事。同教会和贵族进行的斗争逐渐停息。国王厌恶政事，以狩猎消遣。对陆军和海军，他漠不关心，前者只有一万五千名现役兵员，海军人员则在三千名以下。但是没过多少年，那不勒斯就不得不从睡梦中猛醒起来。

在意大利其他地方，很少有改变。威尼斯连同它的中世纪总督和十人议事会一起衰落了，它除了中立就没有政策，除了儿戏就没有生活。一个有重大意义的事件发生在罗马，在那里，教皇在一些外国政府持续的压力下，于1775年解散了耶稣会。至于撒丁和萨伏依，这个国家[24]被专制君主、半封建的愚昧贵族、保持着严格检查制度的教士们以及活跃的宗教法庭控制着，动弹不得。维克托·阿马戴乌斯三世于1773年即位，他倒是个热心的军人，决心保卫他的国家。他加强了阿尔卑斯山边界上一系列要塞，增加了现役军和后备军，并不断地训练他们。他幸好这样

意大利简史

做，因为这使他能在抗法战争于 1793 年爆发之后，保卫他的国家达三年之久，只是由于碰上了拿破仑的才能，他才被打败。因此，在法国大革命前夕，意大利（除撒丁和萨伏依外）是没有受过训练、没有武装的，它成为第一个征服者的战利品，它的男子注定要在未来的岁月中成为拿破仑的军队的丰富兵源，他们随着拿破仑的军队的鹰旗从马德里一直开赴莫斯科。

中产阶级与互济会[25]

109

所有这些改革运动都是由统治者们强加于意大利的。人民对此并无要求。人民群众是没有生气的。但意大利人的智力一点也没有衰竭。18 世纪的意大利文化虽然是支离破碎的，而且是地区性的，但无疑是不可鄙视的。举一个例子就足以证明这一点：安科纳边区一个很小的城市蒙太基奥（即现在的特雷亚）有自己的学院，这个学院从事改进农业技术（出版一种农业技术杂志），研究气象学，介绍新工艺。17 世纪的那不勒斯产生了一个独一无二的非凡人物姜巴蒂斯塔·维科（1668—1744 年），他的历史循环哲学[26]是太悲观了——的确是太拘泥于历史了，以致在他自己的时代不易被人接受，甚至不易被人理解。比较能代表启蒙时代的人物，是经济学家加利亚尼和彼得·韦里（1728—1797 年）。后者是米兰人，为《咖啡馆》杂志的编辑，他鼓吹自由贸易和发展工业；有一个时期，他参加过伦巴第的经济改革。驻巴黎的那不勒斯公使馆秘书加利亚尼神父（1728—1787 年）著文论货币与谷物贸易，他是巴黎知识界最知名的人士之一。安东尼·杰诺韦西（1713—1769 年）从 1754 年起在那不勒斯担任"商业和技艺"教授，坐上那个实际上是欧洲的第一个政治经济学讲座。但是，毫无疑问，最为法国百科全书派所钦佩的意大利人，是犯罪学家贝卡里亚侯爵（1738—1794 年）。他的著作《论罪与罚》应用"理性"的标准来衡量罪行，主张承认惩罚是社会保护的手段。他因此反对那些过于厉害的和报复性的惩罚形式。

后来的革命运动不是由这些知识分子，也不是由广大群众，而是由介于他们之间的中产阶级发动的。这个阶级从经验中确知旧的专制政治对他们的事业和社会生活所起的窒息作用，因此法国的新思想能直接投合他们这些人的心意。他们给予自由、平等的观念以一种十分浅薄但合乎实际的意义。斗争在法国进行得愈激烈，这些观念在意大利就传播得愈广泛。不久，大多数意大利城市中都有了法国的鼓动者，包括官方的和非官方的。这些人发现一个革命组织已经存在着，那就是各地的互济会，这些互济会原是由曾在意大利旅游或寄居的英国贵族在这个世纪上半期组成的，尽管受到两道教皇训谕的谴责，它们还是在扩大，而且很兴盛。在法国大革命前夕，法国在全意大利已经有了拥护者和同情者，这些人秘密地进行煽动，准备推翻教会和政府的旧专制制度。

三、拿破仑与意大利，1796—1814 年

法国大革命于 1789 年爆发。1793 年，法国对奥地利和撒丁宣战，一场难分胜负的战争在阿尔卑斯山进行了三年，直到在意大利的法国军队的指挥权移交给拿破仑·波拿巴时为止。拿破仑在两股敌军交接处进行袭击，打退了撒丁人，于是开始入侵意大利。1789 年到 1796 年间，其他意大利国家的政府没有采取行动。撒丁国王企图建立一个意大利国家大联盟，以共同阵线抗击敌人，但是没有成功。这些统治者满足于对自己的臣民加强警戒，或者进行个别的无效的谈判，以等待事件的结局。各国的君主怀着日益加深的恐惧心情注视着革命者的过火行动。教会和人民群众一起对亵渎圣物和不信神的表现表示愤慨。但是在早期阶段，革命在意大利并不是没有同情者和支持者的。在知识分子和上层阶层的某些派别中，有书生式的赞成自由、平等的情绪，这

是从大革命前的法国贵族那里感染来的。但是真正的支持来自分散在意大利全境的各偏激派，他们只是在等待机会采取行动。热那亚是谋叛的温床，而且充满了法国的鼓动者，他们容容易易地进入了皮埃蒙特和伦巴第，在那些地方同不稳分子合作。在都灵，有三个雅各宾俱乐部[27]被发现，并有一个以火烧房屋、夺取城堡、杀害王族的方式制造混乱的密谋，当时军队正在阿尔卑斯山保卫国土。有三个谋叛者被处死刑。1792 年 12 月，那不勒斯深深地了解到法国大革命的现实性，当时有一支法国舰队驶入港口，以炮轰相威胁，蛮横地要求当地政府完全保守中立，接受公民麦考为法方代表，并立即派遣大使赴巴黎。当这个受惊的政府正在进行谈判的时候，法国军官和士兵登陆，同人民交好，参加雅各宾分子举办的宴会，并在旗舰上举行招待会作为报答，舰队司令在招待会上扼要安排组织法国式的雅各宾俱乐部的计划。一年以后，又有一个密谋被发现，跟着是照例判处死刑、监禁和放逐。已见于行动的密谋在西西里岛和波伦亚暴露，而在罗马，法国的鼓动者巴塞维尔和弗洛特是这样激起人民的愤怒，以致群众抢劫了他们的住宅，并杀死了巴塞维尔。

111

小说　历史

拿破仑扶植的共和国（图 13）

上述种种就是波拿巴于 1796 年突破撒丁的防御，迫使国王订立灾难性的凯拉斯科条约，并开始征服这个半岛时的意大利情势。由维尔姆塞、博利厄和阿尔文齐相继率领的三支军队吃了败仗，奥地利人被赶出北意大利了。在胜利进入米兰以后，波拿巴前进到波伦亚，又从那里前进到维罗纳，那里发生了一次民众起义，这个事件导致威尼提亚被占领。波拿巴的大军过后，共和国随着勃兴，有如雨后春笋。勒佐、波伦亚、斐拉拉和曼图亚于 1797 年 1 月组成河南[28]共和国；然后米兰、布里西亚和其他一些城市组成河北[29]共和国，而热那亚则改为利古里亚共和国。

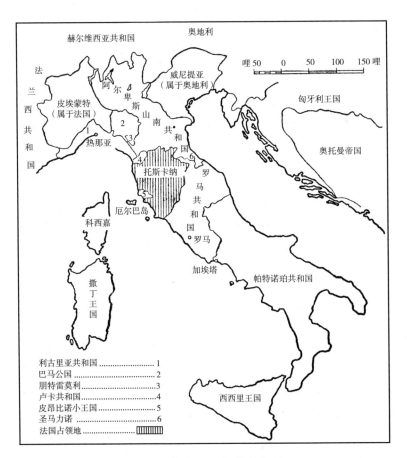

图 13　公元 1798 年的意大利

注：“赫尔维西亚共和国”即瑞士共和国。——译者

根据波拿巴的建议，河南共和国与河北共和国合并为阿尔卑斯山南共和国，而且获得了一部宪法。波拿巴此时同奥地利谈判和平条款，这些条款于 1797 年 10 月在坎波佛米奥签字。根据这个条约，威尼斯终于丧失了独立，被割让给奥地利，法国则获得了北意大利其余部分。年终以前，波拿巴离开意大利回到法国，又从那里赴埃及。在他离开意大利的时期，意大利其余的城市都变成了共和国。在波拿巴离开时，他在意大利的指挥权交给贝蒂埃将军，司令部设在波伦亚。没有多久，甚至在罗马，共和主义精神

112 也表现出来了。有人企图栽一棵自由树，这件事引起了骚动，使那个被派到公使馆的法国青年将领迪福被杀害。贝蒂埃立即从波伦亚进军，占领罗马，并建立一个共和政府。教皇逃往托斯卡纳（1798 年 2 月），他的到达立即引起了风波。驻扎在里窝那的法国军队的指挥官米奥利斯将军奉令占领佛罗伦萨，大公逃走，和

113 平的革命使这个公国变为埃特鲁里亚共和国（3 月）。年终以前，不仅罗马和托斯卡纳的命运，甚至连皮埃蒙特的命运也注定了。维克托·阿马戴乌斯于 1796 年去世，新国王查理·伊曼纽尔四世是个软弱的、虔诚的人，他缺乏才能，不能应付这个局面。他陷于窘境，受到威胁，于 1798 年 10 月放弃王位，带着妻子和兄弟们离开皮埃蒙特赴撒丁岛。一个临时政府成立了，皮埃蒙特分为四个县，并入法国的范围。

拿破仑的敌人在 1798 年的主要目标，是争取俄国对奥地利的援助。漫长的谈判终于成功了，晚秋时节，俄国军队正在开进加里西亚[30]。8 月，纳尔逊[31]在尼罗河战役摧毁了拿破仑的舰队，把他困在埃及。那不勒斯国王斐迪南对这两项成就感到兴奋，并由于受到英国大使威廉·汉密尔顿勋爵和他的妻子——那不勒斯王后玛丽亚·卡罗莱娜的密友、纳尔逊的情妇——的怂恿，因此决心把法国人赶出罗马。他当时有六万军队，由奥地利将军麦克指挥。12 月，他向罗马进军。尚皮奥纳为了集中他的队伍

小说 历史

而退却，因此斐迪南未遇抵抗就占领了这个城市。可是他的胜利
是短暂的。几天以后，法国人攻城，那不勒斯军队完全丧失斗
志，溃不成军，逃回那不勒斯。国王比谁都跑得快，他及时到达
那不勒斯，把他的王后和两千万现金聚集起来，坐上英国军舰，
安全驶往西西里。可是占领罗马这个城市却不是一件容易的事，
因为那不勒斯流浪人[32]忠于他们的国王，对这个信奉异端的法
国人极为愤恨，他们作战象老虎那样凶猛，这场胜利使尚皮奥纳
付出了很高的代价。当秩序终于恢复，临时政府成立时，那不勒
斯王国成为帕特诺珀[33]共和国。因此在短短一年半之内，整个
意大利变成了一系列共和国，依仗法国驻军而维持其生存。可是
这整个结构是勉强凑合的，而意大利的独立问题是不能靠共和国
的方式来解决的。

　　法国的征服和意大利问题的处理进行得很快，但是这个结构
的坍塌甚至来得更快。1799年3月，一支奥俄联军在苏瓦洛夫
的率领下渡过阿迪杰河，风扫落叶似地把法国人赶出北意大利。
南部的法军已由麦克唐纳代替尚皮奥纳指挥，这支军队奉急令撤
回，但在特雷比亚[34]河畔被苏瓦洛夫拦截，受到猛烈的攻击，
经过很大的困难才在热那亚同马斯纳会师，热那亚是当时保留在
法国人手里的唯一的意大利角落。联军的胜利，到处都有猛烈的
民族起义伴随着。武装的农民队伍由教士们率领着，有时候甚至
由主教们率领着，他们困扰并屠杀法国压迫者和一切被认为是抱
有他们的观点的人。在皮埃蒙特，阿尔比、阿斯提和阿克魁的主
教们领导队伍攻击孤立的法国驻军，而数以千计的人则聚集在
"基督教纵队"的旗帜下，由一个自称为布拉达卢乔的不著名的
人物率领。在托斯卡纳，阿雷佐周围的乡间居民武装起来，由两
个农民——一个男人和一个女人率领，人们相信这两个人是圣多
纳托[35]和"救苦救难的圣母玛丽亚"[36]；他们先是乱抢乱打，
后来发展成为一支军队，自称为"阿雷佐军"，由"一伙虔诚的

意大利简史

114

人"和"阿尔诺山谷的少女",亚历山大里娜率领。但是再没有比在那不勒斯发生的反动行为更惨毒的了。法国军队一撤走,斐迪南立即派遣红衣主教鲁福到大陆去,授予他以招集军队、夺回那不勒斯的全权。这支军队的核心是由俄国、土耳其和英国的支队组成的,斐迪南曾向这些国家的政府请求援助。在军队的外围,鲁福集结了农民队伍和土匪,包括著名的神弟迪亚沃洛。于是鲁福以四万左右的兵力攻打这都城。经过两天的屠杀、劫掠和纵火,他才下令停止这些暴行,开始谈判,使这个城市免遭进一步的毁灭。共和政府和驻军提出投降条件,其中包括去马赛的通行证与运输。投降条约是由鲁福、国王的代表以及外国支队的司令官们签字的。这时候纳尔逊到了,他受国王的怂恿或奉他的命令,拒不接受投降条约,把已经投降的人交给国王去惩罚,并把共和国军队的司令官卡拉乔洛海军上将吊死在他自己的旗舰的桁端上。斐迪南和玛丽亚·卡罗莱娜的惩罚是十分残酷的。一百多个领导者、"那不勒斯的美德与智慧之花"——一个著名的历史学家这样称呼他们——被吊死或枪决,220人被送去服终身划船劳役,312人服定期划船劳役,还有几百人被放逐。国王的残忍就是这样给鲁福的"具有神圣信仰的军队"的胜利增添了荣誉的。

民族主义的反应

第一次法国入侵的三个年头和继之而来的反应,对意大利人来说,是痛苦的幻灭。法国人对自由、平等发出的一切宣言只不过是一种嘲弄。意大利曾经被当作被征服的国土对待,遭受蹂躏与劫掠,敌人的贪婪与嘲笑激怒了社会上每个阶层的人。法国兵士的野蛮和无视宗教、对艺术珍品的掠夺——对这种掠夺,法国的"博学之士"是那样热心、那样认真地执行——只有那些文职人员和财务专家的贪得无厌才比得上,那些人随着胜利军,象兀鹰一样轮流扑向每个屈服的政府。对外国人的憎恨在意大利发展得很快，因为法国人、奥地利人、俄国人和英国人都是同样地坏。就在这个时候，由于这个残酷的经验起了作用，秘密会社，烧炭党[37]、拉季党、兄弟党[38]以及其他的会社开始出现。这些会社是互济会的支派，全都以反法爱国为宗旨，它们是民族自觉的第一批信号，在它们的章程里，我们发现他们的纲领和理想的最早轮廓。例如烧炭党人就以宗教、独立和立宪政府为他们的基本原则。他们的矫饰、奇异的象征表现以及可怕的誓言与惩罚，产生一种非常可贵的效果，使成员不致忘记他曾发誓为意大利的独立而牺牲自己的生命，即使他并没有下很大的决心履行他的誓言。成千上万的属于各阶层的意大利人加入这个或那个会社，慢慢地给意大利民族注入驱逐外国人、以自己的方式治理自己的国土的决心。

意大利王国

盟国在 1799 年获得的胜利是短命的。这年 10 月，波拿巴从埃及回到法国。次年春天，他组织了一支新的远征意大利的军队。于是，在 6 月，当马塞纳还在阿尔卑斯边境同奥地利军队奋斗时，波拿巴穿过圣伯纳德山口，下山进入伦巴第，插入奥地利人背后，在马伦戈战役击溃了他们。在订立和约之前，还不得不经过一年的战斗，但是在吕纳微尔条约（1801 年 2 月）中，法国获得了控制东至阿迪杰河的北意大利的权利，只让威尼提亚东半部留在奥地利人手里；对于那不勒斯王国，则暂时不去动它。马伦戈战役以后，再也没有大的战役了。此后数年内，意大利慢慢地组成三部分，在皇帝[39]的控制下趋于平静，这个皇帝发现意大利是财政支援和人力配备的不断的源泉。随着雾月 18 日的政变，督政府取消了，波拿巴此时任第一执政[40]。在吕纳微尔和约之后，他改组阿尔卑斯山南共和国，召集 450 个代表开"里

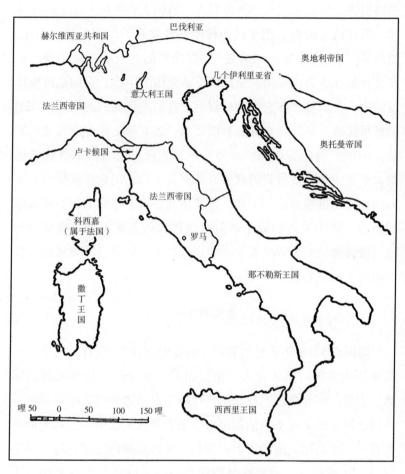

图 14　公元 1810 年的意大利

注："几个伊利里亚省"包括伊斯的利亚、现代的阿尔巴尼亚北部和南斯拉夫西部，属于拿破仑的法兰西帝国。——译者

昂委员会"，经过商讨，"意大利共和国"宣告成立，由波拿巴任总统，他的继子欧仁·博阿尔纳作他的代理人，即总督。里昂委员会的一个不大为人知道的特点是，它组成了一个特别的秘密会社，目的在于为民族独立而控制委员会的决议。这个会社称为"柏拉图天文学会"，分"半球会"、"弓形[41]会"、"第一星球会"、"光线会"和"赤道会"，受神秘的指挥部领导，这个指挥部称为"太阳圆周"。它们在里昂对于要不要反对波拿巴的决定这个问题，意见分歧，由于未能取得一致，整个精心的结构便坍塌了。波拿巴对于意大利共和国一直是感兴趣的。当他在三年之后作皇帝时，原来的阿尔卑斯山南共和国又重新命名为"意大利王国"，由皇帝作国王。威尼斯于 1806 年加入王国，两年以后，安科纳边区也加入了，这个边区使王国的南部边疆扩展到那不勒斯王国的边界上；1810 年，属于意大利的提罗尔也加入了王国（图 14）。在帝国的最后年月，这个王国有七百万居民、十万军队。尽管它的政府没有获得主动权，本身不过是接受巴黎命令的一个行政机构，意大利作家们总是把这个意大利王国摆在倍加爱护的地位上，把王国的建立作为走向民族统一和独立的第一阶段。当它还处于"阿尔卑斯山南共和国"这个最初形式时，它曾采用三色旗——后来成为意大利国旗，——红色和白色代表波伦亚，绿色代表自由，这一点从未被忘记，至今依然令意大利人怀念拿破仑的第一次立宪尝试。

　　公元 1806 年，拿破仑决心同那不勒斯决战。一支军队被派到意大利南部。斐迪南和他的朝廷再次迅速逃往西西里，拿破仑的哥哥约瑟被立为国王。约瑟进行了两年的重要改革，然后被调到马德里作国王，于是皇帝的妹夫米拉元帅成为那不勒斯的约阿希姆国王，他在那里一直呆到帝国覆灭时为止。意大利的其余部分并入法国。皮埃蒙特、萨伏依和尼斯早已被吞并。其次是托斯卡纳被吞并（1808 年），分为三个县。次年，教会辖地的残余部分和罗马城成为法兰西帝国的一部分。教皇的反对是徒劳的：他

118

意大利简史

遭到逮捕，被粗野地押出罗马，在萨沃纳找到个暂时的避难所。罗马被宣布为帝国的第二都市。当玛丽·路易丝给拿破仑生了一个儿子时，赐给这孩子的称号是"罗马国王"。但是既然年老的教皇已经被迫流亡，赐给一个一步高升的皇帝的儿子的阿谀言词或夸张称号，是不能恢复罗马的威严的。

拿破仑统治下的意大利这个勉强凑合的结构随着这个皇帝的命运而盛衰，它的最后阶段以犹豫和阴谋为特色，这就暴露了它的基础的不稳固。拿破仑于1812年远征俄国，这是灾难性的进军，约阿希姆国王和博阿尔纳总督参加了远征，北意大利的精锐军队也一同前往，只有少数生还。此后，波拿巴的失败似乎是不可避免的了。博阿尔纳虽然拒绝派他剩下的军队去帮助皇帝进行最后的出征，却仍然忠于拿破仑，约阿希姆国王则同双方私下勾搭。在米兰，博阿尔纳拒绝召集"选举团"选举他自己为国王，他这样把一个既成事实提交给列强：他愿意派一个代表团赴巴黎，要求把意大利王国作为一个独立国家而保留下来，由总督作国王。当这个计划泄露时，博阿尔纳的反对者便组织示威游行，游行以一场骚动和拿破仑的能干的但受人痛恨的财政部长普里纳的被杀害而收场。这个事件给了奥地利一个机会：贝勒加德元帅占领米兰，意大利军队被遣散或被送往别的地方，总督偷偷地隐退。奥地利曾在布拉格秘密条约上要求把北方王国割让给它，英国也曾在会议[42]上同意支持它的要求，当时，这个王国的命运实际上等于决定了。至于米拉的命运则更为悲惨。他曾拒绝给他的王国一部宪法，因此为舆论所不满。他终于进行了最后的尝试，想用答应谋求统一与独立的办法，动员意大利人重新集结在他的旗帜下。他向北进军，但是被奥地利人打败了。他甚至不能保卫那不勒斯，只好逃往法国。他到了巴黎，皇帝不肯接见他。最后，当米拉带着少数随从在意大利登陆时，他成了俘虏，并被就地枪决。

小说　历史

119

民族主义的复兴

意大利处在拿破仑的统治下有十四年之久，但是它所得到的好处也不小。这不仅是物质方面的改善：道路和桥梁，建筑物、学校和公园。更为重要的，是财政的改组与有效率的法国管理制度，尤其是拿破仑法典[43]在各地强迫施行。这样一来，封建制度被废除了，旧式的错综复杂的法律体系被简化了，所有的公民，不分贵贱贫富，在法律面前一律平等。此外，还有其他好处，甚至比这些更有价值，虽然没有这么显著。那就是拿破仑终于把意大利从它所处的长期麻痹状态中摇醒过来，因为在文艺复兴的百花怒放之后，意大利已经筋疲力尽，落在西班牙和奥地利的总督们的使人麻木的统治之下。拿破仑教会了意大利兵士作战，训练了意大利青年，使他们对自己身为男子有了新的自豪感。随着旧的国家界限的消失，人民开始把自己看作意大利人，而不是托斯卡纳人或皮埃蒙特人，于是一种民族自觉的轮廓开始显露出来。至于拿破仑的极端残暴的统治和他所引起的仇恨，也 120 导致同一个趋向，即加深了意大利人自己管自己的国土和驱逐外国人的愿望。在这个目的得以实现之前，他们还得走很长的路，但是这个独立自主的思想是产生了，而以前那个逆来顺受的旧意大利已经一去不复返了。

注　释

[1] "巴罗克式"（Baroque）是一种装饰得过分的奇形怪状的建筑形式。——译者，下同

[2] 小洛伦佐是皮埃罗（见切口页码 86）的儿子，为乌尔比诺（Urbino）的公爵，死于 1519 年。

[3] 这个幼辈，科西莫·戴伊·梅迪奇（1519—1574），继承亚历山大罗（见切口页码 96）为佛罗伦萨的公爵。

[4]"普雷西迪"原文是意大利语 Presidi, 意思是"要塞", 参看图 12 中的三个 "8"号。

[5]看图 12。

[6]教会为了禁止异端,镇压人民,成立宗教裁判所,使成千上万的人受到 迫害。

[7]"禁书目录"指被禁阅的书籍的目录,甚至包括与基督教教义相抵触的文学 作品和科学书籍。1559 年,教皇保罗四世颁布第一批禁书目录,阅禁书者 处死刑。后来连但丁的《帝制论》和哥白尼(Copernicus)的科学著作《天 体运行》都被列入"禁书目录"。

[8]"耶稣会"是天主教一个支派,由西班牙人伊格纳蒂乌斯·德·罗耀拉 (Ignatius de Loyala, 1491—1556)创立,1540 年经教皇批准。耶稣会的目 的在于维护教皇的权威,巩固天主教会的统治,其会员须宣誓表示顺从过独 居生活,其实是弄虚作假,因此"耶稣会会员"成为虚伪的人的代称。他们 居住在世俗地方,渗入社会各阶层,并与当权集团勾结。在欧洲各国政界颇 有势力。

小说 历史

[9]姜·洛伦佐·贝尼尼(Cian Lorenzo Bernini)是意大利画家、雕刻家及建 筑师。

[10]"实验的—数学的"方法,把数学和实验结合起来。伽利略的有关地心引力的 定理(S=$\frac{1}{2}$GT^2,参看《自然辩证法》杂志 1974 年第 2 期《怎样认识微分》 一文)就是由物体从彼萨斜塔坠落的自然现象出发,经过反复实验,再用数学 验证而得出的。所以这种方法既有实验的性质,又有数学的性质。新近的"数 学物理方程"用数学来解释物理现象,解释分子的运动规律,这也就是"实验 的—数学的"方法。

[11]焦达诺·布鲁诺(Giordano Bruno)发展了哥白尼太阳中心说得出的一般哲学结 论。根据布鲁诺的见解,宇宙是无限的,其中充满着由同一物质实体构成的无 数天体;太阳不过是一颗恒星,并不是宇宙的绝对中心,因为每个天体都可以 被认为是宇宙的中心;地球不过是无数天体中一个不重要的天体。他的学说被 控诉为异端。经过八年监禁,他在罗马花卉广场上被烧死了。

[12]马切洛·马尔皮吉(Marcello Malpighi)是意大利解剖学家。

[13]哈维(Harvey, 1578—1657)是英国解剖学家及医生。

[14]这个公爵是费戴里科·达·蒙太费尔特罗(Federicoda Montefeltro),为教皇朱 利乌斯二世(Julius II)的"侄儿",即私生子。朱利乌斯是戴拉·罗韦雷(della

Rovere）家族的人。

[15] 塞尔维太会（Servite Order）是佛罗伦萨的一个修道会。

[16] 哥尔多尼（Goldoni, 1707—1792）是意大利喜剧家，著有《一仆二主》等喜剧。

[17] 赫邱娄尼恩（Herculaneum）是坎帕尼亚境内的古城，介于那不勒斯与潘沛依之间。公元 63 年，大部分毁于地震，79 年为火山溶液埋没，1720 年被发现。

[18] "琴西曼托"原文是意大利语 Censimento，意思是赋税。

[19] 约瑟二世（Joseph II）为神圣罗马帝国皇帝，在位时期 1765—1790 年。

[20] 指 1284 年创铸于威尼斯的金币，约合 20 世纪初叶的 9 先令或 2.28 美元。

[21] 查理三世在登上西班牙王位时，把那不勒斯王国传给他的儿子斐迪南，斐迪南当时尚未成年，由塔努契（Tanucci）侯爵摄政。参看切口页码 103。

[22] 赫尔克里斯（Hercules）是古希腊神话中的英雄人物，力大无比，曾作十二件苦差事。

[23] "基纳亚"原文是意大利语 Chinea，为那不勒斯献给教皇的白马。

[24] 撒丁和萨伏依（Savoy）是一个国家。

[25] 互济会（Freemasonry）是一种秘密组织，起源于中世纪的石工工会，以友爱互济为宗旨，会员散居欧洲各地，互以暗号相通。

[26] 姜巴蒂斯塔·维科（Giambattista Vico）认为人类社会是由原始野蛮时代，通过英雄时代（封建贵族时代）而到达人性时代（专制、民主、法律和理性的时代）的。这个社会一到达最高阶段即行瓦解，然后再从野蛮时代开始。这就是他的"历史循环哲学"

[27] 雅各宾俱乐部（Jacobin clubs）是资产阶级激进革命民主派的秘密组织。

[28] "河南"原文是意大利语 Cispadane（契斯帕达纳），意思是"波河以南"。

[29] "河北"原文是意大利语 Transpadane（特朗斯帕达纳），意思是"波河以北"。

[30] 加里西亚（Galicia）为奥地利的一个行政区域，在现代波兰南部。

[31] 纳尔逊（Nelson, 1758—1805）是英国海军大将。

[32] 指以作苦工和行乞为生的人。

[33] "帕特诺珀"（Parthenope）是那不勒斯的古名称，这原是意大利与西西里之间的海峡上一个人头鸟（Seiren 塞伦）的名字，这种人头鸟用甜蜜的歌声诱杀经过附近的船员。故事见于荷马（Homer）史诗《奥德赛》（Odyssey）。

[34] 特雷比亚（Trebbia）是波河的支流。

[35] 4 世纪初叶，北非洲有两个主教，都名叫多纳图斯（Donatus），他们创立多纳图斯教派。此外提起的"多纳托"（Donato，为意大利语名字）是指其中之一。

［36］指耶稣的母亲玛丽亚（Maria）。

［37］"烧炭党"是一个秘密会社，属于资产阶级自由派，其成员来自社会各阶层，包括军人，目的在于使意大利摆脱外国人的统治。这个组织的成员曾因遭受压迫而逃到卡拉布里亚（Calabria）山中烧炭人那里，故称为"烧炭党"。

［38］"兄弟党"是意大利军队中的秘密会社，其成员主张成立共和国，反对法国和奥地利的统治。

［39］"皇帝"指拿破仑。拿破仑在 1804 年 12 月 2 日作法国皇帝。

［40］"雾月"为法国第一共和国历法的第二月，自阳历 10 月 22 日至 11 月 20 日。拿破仑于 1799 年 11 月 9 日（共和国第八年雾月 18 日）发动政变，被任命为巴黎军区司令官。次日，政权归于三执政。

［41］"弓形"为球面的一小部分。

［42］指 1814—1815 年的维也纳会议，这个会议订立了条约。

［43］"拿破仑法典"包括民法典（1804 年）、商法典（1808 年）和刑法典（1811 年）。

小说 历史

第六章　意大利的统一

一、复兴运动[1]，1815—1848 年

维也纳会议[2]

在维也纳会议上，作为改组意大利的基础的有两个原则：一个是铲除法国的势力，另一个是把一个强国放在能够威慑意大利半岛、并在遇到来自法国的进攻时能够构成一个桥头堡的地位。这个强国显然就是奥地利。意大利已经和英国商定，北意大利从前的王国要移交给它（119 页）。它也非常想把皮埃蒙特据为己有，但是一开始英国就坚持，这个介于两大国之间的重要的缓冲国家必须保持独立。为了铲除法国的势力，意大利方面所要求的任何独立形式，都被弃置不顾。拿破仑的殖民地解体了，旧日的疆界和旧日的统治者们又被强行恢复原状。斐迪南带着两西西里国王的新称号卷土重来，维克托·伊曼纽尔一世从撒丁岛回来，发现他的王国由于增加了从前的利古里亚共和国（热那亚）而扩大了。哈普斯堡—洛林王室的斐迪南三世继他父亲为托斯卡纳的大公，巴马公国被授予了拿破仑的妻子玛丽·路易丝，一个勇猛的奥地利独眼将军尼佩格伯爵成了她的情人，后来又成了她的丈夫。奥地利在维也纳会议上并没有得到它所想要的一切。教皇政权恢复了它从前的一切领地。拿破仑修筑的一条从法国到意

意大利简史

大利的军用大道所穿过的某些诺瓦拉土地，依旧归属撒丁王国。这样，奥地利也只好满足于伦巴第－威尼提亚地区，以及在科马基奥、斐拉拉和皮亚琴察三地驻军的有实际用途的权利。从意大利人的观点看来，这些安排不仅是令人失望的，而且是灾难性的。它们把拿破仑所曾展示的、较完整的民族生活的前景一笔勾销了。积累起来的行政经验、军事生活的纪律、经济上和社会上较广阔的联系，都消失得无影无踪了，而小国的狭隘而顽固的专制制度，在奥地利势力庇护之下，却夹着全部的力量卷土重来，这种势力在意大利北部和中部是强大的，在其他一切地方也是可以看得出来的。这是 18 世纪精神状态的再现。甚至在某些地方，特别是在托斯卡纳，复辟的政权反而不及拿破仑来到以前存在过的政权那样开明。

谋叛的时代

一般称为"复兴"的运动，使意大利终于成为一个在萨伏依王室统治下的统一的独立王国，并且有一个立宪议会制的政府。这个运动的最早时期从维也纳会议开始，直到 1848 年，才随着第一次独立战争和败于奥地利而告结束。维也纳会议把意大利交给奥地利任意摆布，它攫取了意大利最富饶的两省，伦巴第和威尼提亚，以及佛罗伦萨、摩德纳和巴马三个附庸公国。奥地利的政策是掌握在梅特涅公爵手里的，他担任奥地利外交大臣，直到 1821 年为止，后来又作帝国首相。他的目的是和平，但这是违反整个时代精神的静止的和平，同当时活跃于欧洲的三个伟大的思潮——民族主义、浪漫主义和工业主义是对立的。这三种思潮都是生气勃勃的，从狭义上说都是革命的。民族主义是对拿破仑专制主义的反抗，它在西班牙、俄国和德国出现以后，最后在意大利形成秘密会社而活跃起来。浪漫主义主要是一种文学运动，是对 18 世纪的束缚和因袭的反抗，是对拿破仑时期正在使人麻痹的实利主义对于人类精神自由的限制所作的反抗。工业主义当时尚处在幼年时期，所以还是一个未知因素，但是它已经使英国发生变革，并且带来了一些具有世界意义的重大问题。

梅特涅的政策以英、俄、普、奥四国同盟的支持为基础，四国同盟保证维持欧洲秩序，必要时实行武装干涉，为了这个目的举行定期会议，以便对欧洲局势进行全面检查，并解决一些特殊问题。可能的话，梅特涅希望同所有复辟的君主缔结同盟，无条件地支持专制政体，防止任何趋向立宪政府的运动，镇压秘密会社。那不勒斯和托斯卡纳同意参加这个同盟，保证不同维也纳方面商议就不变更它们的政府形式，并且答应在奥地利遇到进攻时去援助它，但是教皇和皮埃蒙特都拒绝参加。在他提出的成立同盟的建议中，梅特涅加上了签订邮政协定这个貌似无害的要求，根据这个协定的条款，每个国家的对外通讯都要通过奥地利转达。实际上这就是说，通讯由梅特涅的专门机构来处理，它把信件拆开，抄录，重新封上，把被认为重要的消息送给首相。但是教廷、托斯卡纳和皮埃蒙特对此都加以拒绝。奥地利拥有欧洲最精密、最有效的警察制度，在警察事务上梅特涅毫无困难地取得意大利统治者们的合作。他凭借这种办法，实际上把全体意大利人民置于警察监视之下。这个侦查网包括驻在每一个宫廷的、拥有秘密侦探和政治特务人员的奥地利使臣，直到那些可鄙的告密者，他们经常出入公共场所、咖啡馆和饭馆，并向有关人员报告私人谈话和街谈巷议。

面临着这种有组织的镇压和侦探制度，意大利人民实际上是没有自卫能力的。他们的统治者们可以任意使用武装部队，背后又有奥地利和四国同盟的支持。然而，奥地利的所作所为。都不能镇压民族情绪，也不能缓和人民对奥地利政府、对它和它的附庸君主们的手段所抱的日益加深的仇恨。意大利用谋叛来回答警察和军队。这些意大利谋叛者是一种特殊类型的人。大部分人是中产阶级，也有少数小贵族，这些人一部分是激于仇恨，而更多的是激于爱国心，他们面对压倒一切的优势力量和里里外外的叛卖行为，为了连他们自己也不大理解的模糊的目标而组织了最无望的起义。可是这些牺牲在监狱里和断头台上的人却为意大利完成了一项重大工作。他们代表着新的理想，使反抗的精神绵延不绝；他们使他们的国家不再退回到原来那种逆来顺受的心理状态中去。

随着帝国的崩溃，秘密会社的人数得到大量的增加。从拿破仑军队中复员的数以千计的官兵、以前意大利王国的失业的文职人员以及许多曾在那不勒斯或在各个合并的意大利国家中为法国服务的人，都成群结队而来，扩充了各派系的大军。意大利到处弥漫着不满。在南部有烧炭党，在北部有联邦党[3]和兄弟党，在教皇辖地有别的新奇的会社，如斯皮洛·尼罗党（黑别针党）[4]，拉蒂尼斯蒂党[5]和美洲贝尔萨利埃里党[6]，都在策划动乱。1817年初，教皇辖地内马切拉塔地方的一次起义，在萌芽中就被警察掐死了。起义没有成功，领袖们被罚去服划船劳役。这次小规模的起义成为别处更重大的进袭的序幕。

1820—1831 年的起义

就在这个时候，奥地利驻防军从那不勒斯撤走，政府为了对付土匪抢劫，授权指挥各军的将领组织一种新的民兵制度。佩帕将军在阿韦利诺组织他的一万人的支队时，马上发现唯一合适的兵员几乎全是烧炭党人，于是他毫不踌躇地征募了他们。佩帕是一个坚强的立宪党人，而不是烧炭党人，他手里掌握着这部分武力，便建议把军队开到首都去，要求实施1812年的西班牙宪法。1820年3月，烧炭党人在西班牙起义和宪法被承认的消息传到了那不勒斯。这个王国马上骚动起来。在佩帕将军的防区诺拉地方，两个陆军中尉举起了起义的旗帜，于是佩帕马上动员他

小说　历史

124

的民兵，一马当先，率领部队向那不勒斯进军。国王吓得卧病在床，任命一个世袭的公爵为代理主教，差不多在还没有向他提出要求以前，他就同意了每一个条件，但是同时他又写信去哀求奥地利援助。西班牙宪法颁布了，国王也宣誓承认，同时宣布了出版自由和其他改革，国会也在 10 月 1 日开会。在这几个月中间，那不勒斯是掌握在烧炭党人手里的，要不是有一个势力很大的佩帕，也许很容易会出现一个恐怖时期。人民所痛恨的警察大臣姜皮埃特罗真的被残酷地处死了，然而这只是唯一的一次真正爆发出来的残暴行动。

列强正在策划召开会议对付西班牙事件，这时它们听到了那不勒斯发生革命的消息。斐迪南呼吁它们援救。列强先在特罗波开会，然后在莱巴赫开会，邀请斐迪南在 11 月参加会议。因为必须征求议会的同意，所以国王以试图说服列强承认宪法为理由，请求议会允许他到特罗波去。他脑子里根本就没有这回事，但是议会相信了他，让他前去。斐迪南到了莱巴赫却去打猎，而列强却决定不但无条件地恢复他的王位，而且把宪法废除，为此马上派遣一支军队到那不勒斯去。这些决定的消息传到那不勒斯的时候，议会在烧炭党人的压力下，决定进行抵抗。他们制定了精密的防卫计划，动员了两支军队，一支军队在阿布鲁齐地方由佩帕将军率领，另一支军队由卡拉斯科萨将军率领。奥地利军队向南方挺进。只是在里埃蒂地方发生了一次冲突，经过一番混战，佩帕的军队首先后撤，然后慌作一团，四散奔逃。卡拉斯科萨的军队也照样逃跑，因此奥地利军队实际上不战而占领了那不勒斯。斐迪南跟在后面，隔着一段安全的距离，他把那位名誉扫地的卡拉萨公爵作为复仇的使者带在身边。斐迪南在奥地利军队环绕之下，又安然登上他的宝座了，于是他使出他常用的残酷手段执行刑法。数以百计的人被投进监狱，被鞭挞，被吊死或者被枪决，还有几千人被流放或者为了逃命而离开祖国。南方的革命就这样结束了。

126　　在奥地利军队迫近那不勒斯的时候，别处又爆发了另一次起义，这一次是在皮埃蒙特，这是由桑托雷·迪·桑塔罗萨伯爵领导的一群贵族军官发起的。驻在亚历山大里亚和维切利的军队也叛变了，要求对奥地利作战和颁布宪法。政府陷入瘫痪状态，国王面临要么进行内战，要么颁布宪法这两个选择，结果是让位给当时在摩德纳地方的他的弟弟查理·费利克斯，并任命推定继承人查理·阿尔伯特公爵为摄政。查理·费利克斯马上请求奥地利援助，于是奥地利派出了军队，同撒丁军的忠于王室的联队并肩作战，击溃了维切利附近的叛军，占领了都灵。叛军的领袖们逃到国外去了。这次战争的一个错综复杂的因素，便是查理·阿尔伯特的立场。所有起义的领袖都是他的朋友，他们相信他们是得到了他的同意和支持的。当战争的危机降临时，他试图充当调解人，延缓战争的爆发，同时劝国王颁布宪法。他这两个企图都失败了，双方都认为他出卖了他们。作为指定的摄政，他屈服于环境的压力，颁布了1812年的西班牙宪法。他的行动受到新国王的猛烈反对，于是他被放逐到佛罗伦萨去了。正如在那不勒斯的情形一样，几千个真正的和潜在的起义者逃往国外去了。只有两个被处死，但在有不满之嫌的各界中实行了激烈的清洗，被投入监狱的人可以列成一长串名单。

梅特涅怀疑有人同皮埃蒙特的叛乱密谋勾结，因此派遣他的警察到伦巴第去侦察，很快就发现了类似的阴谋的线索。在梅特涅的催逼下，侦察工作连续进行了三年，主要的目的是要获得查理·阿尔伯特的罪证和发现烧炭党活动的来龙去脉，但是他的这两个目的都没有达到。当伦巴第正在发生这件事情的时候，教皇辖地几乎处于内战的状态。教廷获得了一个叫做桑费迪斯蒂派[7]的组织的支持，于是这个组织与秘密会社之间发生了没完没了的斗争，发生了暗杀和暴行。为了结束这种状态，教皇派遣里瓦罗拉红衣主教前去，这人经过初步的调查，即刻把五百多公民判处了流放或强迫劳役。还有几百人受到警察的监视，被强制每月写悔过书，每年分别流放到由主教选择的"休养所"去。尽管如此，斗争还在不时地进行，而"两色派和三色派"（教廷的旗帜是红白两色，自由派的旗帜是红白绿三色）以及争斗的双方在无止境的血海深仇中互相杀戮。

公元 1821 年以后，由于有奥地利驻军，同时由于最活跃的自由分子已经被监禁或者被放逐了，意大利表面上保持了几年的平静。然而武力和镇压的政策的实际效果，却是把活动中心从意大利转移到巴黎和伦敦去了，此时那些地方已经组织了密谋反对奥地利和专制主义的国际委员会。但是，即使在意大利，平静也只是暂时的。1826 年，摩德纳地方的一个年轻的律师，叫做亨利·米斯利的，开始策划一个新的更精细的密谋。他的计划是组织一个中央意大利王国，扩大到把整个意大利半岛合并在内。经过一番取舍，他得到一个结论，就是，其坚定、富裕、野心勃勃的程度足以占据新王位的唯一当政的君主，便是摩德纳的大公弗朗西斯四世。这个顽固不化的小暴君是意大利人民最痛恨的统治者。他在 1821 年使自己出了名的一件事情是，在他的小公国内搜遍了嫌疑分子，最后吊死了一个神父，把许多受害者投入监狱或者罚作划船的劳役。

将近四年的时间，米斯利不停地做工作。他组织罗马尼阿地方的起义，鼓动匈牙利给奥地利制造麻烦，并且通过沙皇的代理人卡波迪斯特里亚[8]取得了援助他的诺言，这人急欲趁俄国对土耳其作战的时机给奥地利制造纠纷。于是米斯利向巴黎委员会说明他的策略，巴黎委员会是厌恶那个大公的，但他们同意接纳他，只要他保证有诚意。米斯利居然真的说服了大公赦免被他以前判处死刑的一个伦敦委员会委员卡米洛·曼齐尼，给他一个通行证，并亲自予以接见。这个大公这么做是心怀鬼胎的。他自己

127

意大利简史

完全躲在幕后，什么责任也不承担，按照他个人安全的需要，既准备接受王位，又准备粉碎密谋。当七月革命在巴黎爆发，同国际委员会保持密切接触的路易·菲利普[9]作了国王的时候，这些布置已经将近完成了。菲利普的内阁马上宣布了"不干涉主义"，就是说，如果奥地利派遣军队去镇压不在它管辖之下的一个意大利国家的起义，法国就要用武力反对它。起义者得到这个保证，于是下令举行起义，但是他们并没有想到，大公是口是心非的。他知道一切情况之后，先让密谋者们在摩德纳自由行动，直到最后一分钟，他才把密谋者们正在里面作最后部署的一所房子包围起来，把他们全部逮捕。当波伦亚不顾这一切而举行起义的时候，他就为了自己的安全而逃走了。于是奥地利不顾法国的恫吓，把军队开去，扑灭了起义。路易·菲利普终于屈服，更换了他的内阁，把"不干涉"原则置之脑后。大公回来以后，查封并烧去了所有妥协的文件，又充当了一个忠实的专制君主的角色。

在这个时刻，法国出面干涉了。它声称全部纷乱都是由于教廷治理不善而引起的，因此要求制定一个改革计划。为了这个目的，在罗马举行了一次大使会议。教皇不愿改革，并且得到急于遏制法国势力的奥地利的支持。英国和普鲁士尽心工作，最后提出一个建议改善关系的备忘录，法国则坚决要求奥地利军队从教皇辖地撤走。最后，计划被大家接受，然后又被悄悄地搁置下来。奥地利军队撤走了，教廷在行政管理上作了一些不充分的改革。但是，奥地利人刚走，骚乱又开始了，于是奥地利军队又重新占领了波伦亚。法国马上占领了安科纳，在那里，它的军队和波伦亚的奥地利人对峙了六年之久。

在1830—1831年的事件以后，局势发生了三种变化。第一，新的统治者们登上了王位——那不勒斯的斐迪南在1825年去世，他的儿子弗朗西斯在1830年去世，他的孙子斐迪南二世

登上了王位（1830—1859 年）。有了一个新教皇格雷戈里十六世
（1831—1846 年）和一个新的撒丁国王查理·阿尔伯特（1831—
1849 年）。第二，1831 年的起义导致了作为一种政治力量的旧的
秘密会社的崩溃。烧炭党、联邦党以及和它们同一性质的会社
此刻都沦于微不足道的地位，由一种不同类型的秘密团体，马
志尼[10]的"青年意大利党"取而代之。第三，法国在欧洲的
力量的复活遏制了奥地利在意大利的势力；四国同盟不再存在
了；英国已经退出，此时倾向于和法国友好。在紧急关头，俄罗
斯和普鲁士依旧支持奥地利，然而它们不再是好战的了。

知识分子的反抗

1831—1846 年这一新时期的显著特色，便是爱国文学的出
现。简单地说，这是一种文学上的谋叛，抱着唤起民族情和
打击奥地利威信的双重目的；这种文学非常有效。所有的一切
都受到它的影响：报刊、诗歌、历史、小说、戏剧，甚至绘画
和音乐。它集中了全国的舆论，创造了一种气氛，吸收了并在
全意大利重新散布了使欧洲发生变革的浪漫主义的、工业的和
民族的理想。

在这些文人中间，最早也是最有力的人物，是朱泽培·马志
尼。他是热那亚一个医生的儿子，很年轻的时候就成为一个活跃
的烧炭党人，但是不久他就厌弃了那个团体所浸染的礼仪和矫
饰。奥地利警察怀疑他是一个同谋犯而逮捕了他，把他放逐，于
是他就到马赛去了。在那里他和几个同伴创立了青年意大利协
会，就用这个名称创办了一种刊物。这是一个青年运动，参加的
人年龄限于四十岁以下。马志尼的座右铭是"思想和行动"，意
思就是"教育和造反"。在当时流行的自由和独立两个目标以外，
马志尼加上了第三个目标：统一。意大利必须在一个建都罗马的
共和形式的政府领导之下成为一个自由、独立与统一的国家。他

拒绝君主政体，认为这种政体意味着不平等；他拒绝联邦制度，认为这种制度会导致衰弱而不会导致强大。但是马志尼一开始就体会到别人所没有体会到的一个道理，那就是权力意味着责任，而责任又要依靠教育，因此他在意大利青年面前树立了一个关于个人和民族的行为的高度道德标准，他鼓励他们无负于他们的使命，要使意大利成为在欧洲领先的国家。是马志尼，首先赋予民族运动以道德的内容，并且教导意大利人必须依靠自己的力量，而不要象他们动辄去做的那样，指望法国把他们从自己的衰弱状态中拯救出来。马志尼的教导传到了中产阶级，但是他在农民阶级中间从没有获得成功，也没有影响到上层阶级或者贵族。他的资力的贫乏和他的宣传所必须采取的十分秘密的方式，限制了他的成功，但是在意大利全境，却有成群的人吸取了他的教导，接受了他的理想。马志尼活动的开始，是在查理·阿尔伯特即位的时候向他呼吁，请他站在反对奥地利的伟大民族主义运动的前列。这个呼吁被查理·阿尔伯特置之不理，于是马志尼就密谋把他废黜，但是警察揭露了全部计划，用严厉的手段把它粉碎了，致使皮埃蒙特在这位国王在位的其余年代一直平静无事。

与马志尼活动的同时，一种对意大利颇为新颖的文学形式，开始使贵族和上层阶级感觉兴趣。这就是历史小说。从曼佐尼的杰作《订婚夫妇》[11]开始，出版了一系列这类书籍。这些书籍在精神上是浪漫主义的，起源于华尔特·司各脱勋爵[12]的小说，但是它们却有政治目标。这些小说都是围绕着过去引人注目的事件或人物而写作的，企图与现时的屈服精神形成对照，以唤起人们的爱国感情。虽然通常是把西班牙而不是把奥地利描写为压迫者，但是作者的意图不会引起误解，因此这些小说总是获得巨大的成功。戏剧也是如此。在意大利每一个地方，剧院都是非常受欢迎的。这时期的剧作家象小说家一样直言不讳，富于爱国的热情。例如，当尼科利尼根据"西西里晚祷"而写成的剧本《普罗奇达岛的约翰》[13]在佛罗伦萨上演时，在场的法国公使听到观众对于攻击他的同胞的台词发出的欢呼，感到非常愤慨，但是奥地利公使却平静地对他说："不要不高兴：信封是写给你的，但是内容却是写给我的呀！"

这个时候，在知识界的一切活动中，都有用某种方式表达民族感情的同样愿望。音乐也不例外。罗西尼在《威廉·特尔》歌剧[14]中描写爱国的主题，韦迪[15]的早期歌剧是《参加第一次十字军远征的伦巴第人》，每当奏起流行的曲调的时候，它所受到的喝彩是这样热烈，以致有时候演奏不能够继续进行，只好重奏一遍。散场以后，这种曲调又在大街上被人哼着，用口哨吹着。画家也以同样的精神，采取战争和类似的主题作画。朱斯蒂[16]的讽喻诗[17]和讽刺诗从口头上传给不识字的人。诗歌赞美自由和正义，抨击暴政，也描写意大利遭受苦难的悲惨图画。所有这类活动的一个最奇异的特色，就是乐观主义的基调。当然，有愤怒也有悲伤，但是没有失望。似乎意大利人确信无疑，他们的事业是建立在真理、自由和正义的伟大原则上面的，所以不会失败。

比较善于思考的人是不会满足于引用讽喻诗和诵读历史小说的，由于任何一种方式的政治活动都是不可能的，因此现在开始了对社会和经济改革方面的巨大兴趣。有若干年，在伦巴第地方出版了一种叫做《年鉴》的杂志，编者是意大利最伟大的知识分子之一，格·德·罗马约西。虽然它在名义上是商业杂志，但是编者的技巧和才能却设法赋予它以爱国的精神。它歌颂每一种改革，用其他国家的一些事实和数字来鼓励贸易，强调指出奥地利对意大利的压迫，敦促意大利走上进步的道路。罗马约西在1835年去世，但是他的刊物继续出版，广为传布。其他根据同样的方针而创办的刊物，象《工艺》和《欧洲评论》，都追随着他所指引的方向。它们从别的地方，从皮埃蒙特和托斯卡纳吸

意大利简史

132　收撰稿人，从而接触到北意大利全境的进步分子。一种可能用改革而不是用战争来解决意大利前途的思想开始增强起来，受到那些厌恶在徒劳的起义和仇杀中牺牲生命的人的支持。这样，一个叫做"改革派"的政党组织起来，这个政党同马志尼的以密谋和变乱为宗旨的共和主义派相对立。他们认为统治者和人民可以合作，某种意大利联邦制度可以发展。他们关于铁路、银行、学校和通用货币制度的计划，实际上是划一的，足以削弱各地统治者的权力。这样又转而加强了另一些人的地位，那些人认为，必须对奥地利作战，只有撒丁王国才能领导一切，意大利真正的希望寄托在查理·阿尔伯特身上，那些人因此被称为"阿尔伯特派"。这样，在四十年代初叶，一共有三种思潮：共和派、联邦派、保皇派。

　　就在这时（1843 年），意大利出版了焦贝蒂[18]神父的重要著作《论意大利人在道德上和社会上的首要地位》，通称为《首要地位》。这是一个哲学家兼神学家的著作，而不是一个政治家的著作，它所提出的政治解决办法，是在教皇统辖之下成立一个联邦的意大利，由一些当权的君主组织超内阁。各邦现存的制度保持不动。这个倡议引起了极大的兴奋，一开始就受到热烈的欢迎，甚至在专制主义的圣堂里也是如此，因为焦贝蒂不辞劳苦去劝说每一个人。可是焦贝蒂终究提出了一个政治问题。他这本书发表以后，接着就有别的著作提出了批评和另外的办法。然而很快就出现一件无法避免的事实，即奥地利要为它所占领的意大利各行省战斗到底。教皇去世（1846 年）后，共和派、联邦派和保皇派的论战达到了高潮，使意大利高兴而使奥地利惊恐的是，新教皇庇护九世作为一个自由主义者和一个改革者而受到了欢迎。

走向革命的年代，1848 年

此后的时期，从选出庇护九世时（1846 年 6 月）起到 1848 年 3 月战争爆发时止，是错综的、混乱的。奥地利皇帝斐迪南一世在智力上有缺陷，只不过是一个傀儡而已，因此自从 1835 年以来，这个帝国实际上是被梅特涅和管理内政的科洛拉特伯爵统治着。在帝国境内的匈牙利也发生了动乱，在那里，科苏特[19]受到马志尼的鼓舞，正在领导独立运动。在帝国境外，情况是复杂的。英国在原则上对奥地利友好，因为奥地利被认为是最适于遏制俄国的国家，同时也因为英奥两国都希望保持 1815 年的协定。

对意大利的改革，英国给予精神上的支持，但是不愿帮助它把奥地利从意大利驱逐出去，或者推翻 1815 年的详细协定。法国的政策同样是两面性的。它不愿在这个时候反对奥地利侵略意大利，但是它却赞成用一切方法推翻那个不让它插手而产生的 1815 年的协定。

梅特涅的真正困难却在于这样一种可能性：如果允许任何一个国家有了宪法，意大利各地也会马上提出同样的要求；然后这种要求也会传播到奥地利来，那么，奥地利的整个结构就要坍塌了，而且英国已在提倡改革，把它作为反对革命的万应药方。梅特涅的一个安慰是，奥地利的行动不会成为立即同法国作战的理由。危险来自教廷，因为一个国家不论从教皇方面争取到什么改革，别的国家也会提出同样的要求，而对教皇辖地采取军事行动，就会在意大利引起骚乱，特别是在拥有精锐军队的国家皮埃蒙特，它的国王会变成改革运动者的。

撒丁王国的新统治者查理·阿尔伯特的个性和政策，是一个奥妙的谜。在他登上王位的时候，由于他在 1821 年所抱的态度，自由主义派和保皇派对他都非常不信任，而他个人对路易·菲利

意大利简史

普的痛恨，却使他马上投入奥地利的怀抱，同奥地利签订了一个对付法国进攻的军事协定。从此，十五年来，他作为一个专制君主实行统治。他曾用极端严厉的手段镇压 1833 年由马志尼领导的起义，拒绝每一个要求政治让步的建议，并且支持欧洲的一切专制君主的企图：法国的贝里女公爵[20]、葡萄牙的唐·米盖尔[21]、西班牙的唐·查理[22]。然而密切注视他达十二年之久的他的外交大臣，却说他的国王只有一个全神贯注的念头，那就是把奥地利从意大利驱逐出去，而代之以一个强大的北方王国，然后恢复中世纪教皇政权的光荣。查理·阿尔伯特没有什么不道德的行为。他过着教徒的禁欲生活，虽然他被一种使他感到很大苦恼的病痛所折磨，但是作为一个统治者，他认真负责地长时间工作。毫无疑问，他象他的全体家族成员一样，对奥地利表示痛恨和不信任，但是他意志软弱，虽然精力十分充沛。奥地利政教联合派迫使他后退，自由派推动他前进，他只好逃避到谜一样的沉默里面去，这种沉默有效地向双方隐瞒了他的计划。但是在 1840 年以后不久，梅特涅从他的态度上察觉出一种缓慢的使人不安的变化。两国之间有许多争端，一个是酒的问题，另一个是把食盐运输到瑞士去的问题，最重要的是铁路问题。在所有这些问题上，查理·阿尔伯特变得很执拗，他不肯妥协，甚至故意使这些问题存在下去，象是要为纠纷制造更多的机会似的。他对来自维也纳的外交压力置之不理，对于向他宣读的一封强硬的警告信，他也只是表示收到了，通常的回答是"我的政策没有改变"，使奥地利得不到什么满足。在国内，国王的威望随着他的坚决态度的每一个表现而增高了。

　　由于庇护九世当选为教皇，人们感到加倍的兴奋。在当时担任伊莫拉地方的主教的这位仁厚的教士被选为教皇庇护九世以前，波伦亚、卡拉布里亚和里米尼都爆发了起义，这些起义都可能对他有影响，促使他实行改革。他一即位就大赦政治犯，这种

小说

历史

134

从来没有听说过的让步立刻使他受到全意大利的爱戴，人民看到
了一个自由主义的和有志于改革的教皇的形象。有一个时期，改
革在进行着，各个委员会已经任命，铁路已经计划修筑，改善法
律和司法的计划也已经提出，有关社会和经济改革的问题也加以
审查了。人们抱着巨大的热诚，公众连续不断地举行表示效忠的
示威游行。所有这一切的意义都是很微小的，但是在头十二个月
的过程中，却允许了三项重要的改革：出版自由、咨询会和国民
警卫队。为了促成这些改革，实施了一种方式巧妙的压力。表示
赞成的，是有组织的示威游行、喝彩和欢呼；表示不赞成的，是
一群一群沉默无言的人，间或夹杂着怨声和喊叫。自负而又敏感
的庇护九世，就这样遭受到不断的神经战，不断地被推进到比他
自己原来的打算更远的地方。

　　正是这三项改革中的最后一项，设立国民警卫队的问题，把
奥地利引进了画面来。梅特涅对于行政上的改革方案并不担心，
但是如果把武器交到人民手里，那是危险的，需要采取一种对抗
手段。所以，在教皇当选的周年纪念日，一支全副武装的部队开
进了教皇辖地上的斐拉拉城。这个挑衅行动引起了暴风雨般的抗
议，使自由派和教皇派团结起来，共同保卫意大利的领土，梅特
涅想威吓教廷的企图完全失败了。从这时起，群众的要求不断地
高涨起来。托斯卡纳要求出版自由和设立国民警卫队。在皮埃蒙
特，这个在意大利最不动声色的国家，成群结队的人行动起来，
发出欢呼的声音，向教皇呈献玫瑰形的徽章。热那亚一直是个过
激的城市，领先派遣代表团去向国王要求改革，在 10 月间，查
理·阿尔伯特颁布了一长串改革方案，其中包括出版自由。象在
意大利别处一样，这个让步恰好给实行宪法的极端要求提供了一
个喉舌。给予旧秩序以最后打击的，是意大利南部。西西里爆发
了起义，把那不勒斯的驻军驱逐出去；运动很快就蔓延到大陆
上，1848 年 1 月，国王颁布了宪法。一个月以内，撒丁和托斯

卡纳仿效了西西里的榜样，稍迟一点，罗马也仿效了。

136 <center>米兰起义</center>

　　所有这些运动都附属于把奥地利驱逐出意大利这个重大问题，最初采取行动的是伦巴第。意大利其他各地关于改革和实行宪法的消息，使伦巴第人兴奋起来。于是平民与士兵之间发生了冲突。在米兰，奥地利军官们的社会职能受到了抵制，一个意大利人被选为新的大主教，他的就职典礼给予人们一次爱国示威游行的机会。有一段时期，密谋已经在着手进行，武器正在越过边境偷运进来，在市内举行起义的计划已经制定好了。奥地利驻在两个省分的将近有七万军队，在米兰和米兰的周围约有一万三千军队。拥有这样庞大的武力，这座城市似乎是够安全了。不久，在2月的第三周，巴黎突然爆发了起义，2月24日，路易·菲利普退位，法国临时政府宣布成立共和国。这个消息象野火一样传遍了欧洲。德国全境造反了，3月12日，维也纳也举行了起义，第二天梅特涅辞职，逃到英国去。维也纳发生革命的消息在3月17日传到了米兰，第二天开始了那有名的斗争的"五天"，这场斗争在23日以奥地利军队从米兰撤退而告结束。19日，阿雷塞伯爵从米兰到达都灵，带来了关于战斗的最初报道，但是直到23日，查理·阿尔伯特才接到临时政府要他援助的正式请求。26日，撒丁军队越过边界，追击撤退中的奥地利军队，于是第一次独立战争开始了。

第一次独立战争，1848—1849年

　　要把奥地利人从意大利驱逐出去，最乐观的意大利人也不容易想出比1848年3月更有利的形势。奥地利正处在革命的高潮。梅特涅逃跑了，分散在意大利两个省分的奥地利军队，不比皮埃蒙特全部兵力雄厚。当拉德茨基元帅[23]撤出米兰的时候，他向东退走，在著名的四边形要塞地带，曼图亚—佩斯基埃拉—维罗纳—莱尼亚戈地区，进入了阵地，这是欧洲最坚固的阵地之一。

到 4 月底，查理·阿尔伯特只获得较小的胜利，但是正在得到增援。从皮埃蒙特开来后备部队以后，接着又开来五千名托斯卡纳志愿军。不久以后，又有七千名教皇军队在奥地利军队背后渡过了阿迪杰河，在维琴察加入威尼斯军队。5 月初，那不勒斯人的第一个支队（他们曾经答应派遣四万人）在佩帕将军率领下开到波伦亚。但是在 5 月 15 日，那不勒斯发生了反革命叛乱。国王立刻从北部召回军队，把宪法废除。在波伦亚的一万二千人中，有半数开回来了，留在那里的军队跟着佩帕到威尼斯，后来参加了围城之战。4 月底，教皇在一次秘密的红衣主教会议上宣布不可能对奥地利宣战。这对爱国热情是一个严重打击，被认为是教廷与意大利革命事业的分离。6 月和 7 月，奥地利军队得到了增援。皮埃蒙特人虽然偶尔打了几场胜仗，但是终于被击败。8 月 7 日，国王的军队回到自己的土地上。独立战争失败了。

休战和失败

然而，结束战斗的萨拉斯科休战条约，在为意大利的自由而进行的斗争中，只是一个间歇。英法两国的调停虽然把奥地利军队阻止在皮埃蒙特以外，却丝毫不能使意大利甘心于它的失败，不但在皮埃蒙特，就是在托斯卡纳和教皇辖地，民主精神依然汹涌澎湃，准备重新开始为自由而战斗。"国王们的战争结束了；人民的战争开始了。"这两句话是马志尼对于局势的概括。在皮埃蒙特，两个温和的政府在逐渐高昂的要求废除休战条约的呼声中，不得不相继让位给焦贝蒂神父领导下的一个民主的内阁。军队是按照民主的方针改编的，但纪律松弛了，为了追求数量而牺牲了质量，同时，由于在普通士兵中间灌输了政治思想，旧日效

138 忠王室的精神从根本上枯竭了。查理·阿尔伯特被撤去指挥军队的职务，在法国拒绝派一位总司令以后，少将的位置给予了一个波兰将军——克向诺夫斯基，他的名字没有人能够读出[24]，他也不会说意大利话。

焦贝蒂作了总理，他是一个信仰坚定的联邦主义者，打算与托斯卡纳和罗马组织一个联邦，在罗马，已由民主会议宣布成立一个共和国，把教皇赶走；但是它们对皮埃蒙特人的野心都是极其猜忌的。于是焦贝蒂想恢复托斯卡纳的秩序，用皮埃蒙特军队加强大公的控制权。他所做的这一切都没有和他的内阁商量，这就导致了他的垮台。人们斥责他派意大利人去同意大利人作战，因此他辞了职。由于焦贝蒂去职，和平的最后机会被排除了。3月12日，废除休战条约，21日，战争爆发。一星期以内，战争完全结束。在诺瓦拉前面的一天激战中，查理·阿尔伯特全军覆没。当天晚上，他让位给他的儿子，萨伏依公爵维克托·伊曼纽尔，隐秘地穿过奥地利战线，通过法国和葡萄牙到达波尔图，四个月以后在那里去世。

威尼斯共和国与罗马共和国以及它们的防御

意大利的努力失败了，伦巴第陷落在奥地利手里；皮埃蒙特被打垮了。到7月底，托斯卡纳又落在大公手里。还拥有武装的只有被礁湖环抱的威尼斯和罗马共和国。1848年3月，威尼斯人完成了一次没有外援的几乎不流血的革命。奥地利的军事和民政长官的行为比拉德茨基在米兰的行为要文明一些。他们温顺地放弃了威尼斯，那里建立了一个独立的共和国，即圣马可共和国，由一位意大利犹太血统的律师丹尼尔·马宁[25]担任总统。

139 马宁希望意大利最终统一为一个共和国，但是他的方法是温和的。他阻止了马志尼派控制威尼斯的革命。当威尼斯选出的革命会议投票赞成同皮埃蒙特王国合并的时候，马宁接受了多数通过的决议，并且劝告别的共和派人也这样做。他希望有一天全意大利召开一个制宪会议，这样共和派就会有机会用立宪的方法来支持他们自己的意见。带有讽刺意味的是，离查理·阿尔伯特被击败只有一两个星期，威尼斯要求同皮埃蒙特合并的决议才送达皮埃蒙特，此后独立的圣马可共和国就匆匆地恢复了。

皮埃蒙特失败以后，威尼斯在被围的状态下维持了好几个月。食物严重缺乏，霍乱猖獗，在可怕的 1849 年夏天，奥地利军队开始炮轰这座城市。威尼斯和罗马两个共和国的保卫战，在 1848 年意大利革命史上构成了最令人赞叹的篇章。罗马共和国被一个三头政治所统治，其中占支配地位的人物是朱泽培·马志尼。在马志尼的一生中，这是他第一次而且是唯一的一次得以管理一个意大利国家。他证明了他不只是政治幻想家，而且是一个能够用一种惊人的开明和容忍的精神管理一个政府的人。在城市内外的死敌包围之下，马志尼拒绝禁止出版自由，或者把政敌监禁起来。罗马的革命关注社会目标，正如它关注民族主义的、统一的目标一样，较之意大利其他地方的革命，它在性质上更为普遍，更没有阶级之分。

马志尼的政府打算帮助教皇从前的臣民中更不幸的人——市区的穷人、牧羊人和农民，他们的已经很低的生活标准近年来又下降了。粮食税取消了，其他赋税也减轻了。诉讼的费用较以前低廉，第一次使穷人得以在法院申诉。革命会议接收了教会的房屋和资产，把土地分配给较为贫苦的农民，在城市里，公共工程的计划减轻了失业现象，而在这方面还可以利用制造武器的需要。政府工作人员和军队中士兵的报酬都相当可观。关税降低了，因而一般生活标准能够有显著的改善，但是这却受到中产阶级的反对，因为他们的财富是依赖经济上的保护的。一种强派的公债使比较富裕的罗马人同这个政权进一步疏远起来。在政治上，共和国是根据普选而建立的，主权机关与其说是三头政治，不如说是革命会议。这样急进的政体不大可能被允许在 1849 年的欧洲存在下去。

作为罗马共和国的军事统帅的加里波迪[26]，有一万人左右的小部队供他使用，要抵抗所有列强的反对和它们中间不止一个国家的顽强的敌视，简直是一支不能胜任的武力。教皇的复辟此时已经成为一个欧洲问题。西班牙提议举行天主教大国的代表大会，并且派遣了一支远征军到意大利来。那不勒斯把军队向它的北方边境移动，奥地利则占领了波伦亚。但是在总统路易·拿破仑统治下的共和制的法国，却宣称有权粉碎一个姐妹共和国，把教皇重新送到宝座上去。4 月，乌迪诺将军率领一万人登陆，向罗马挺进，但是他的两师人都被加里波迪彻底击败，他被迫退却，等待援兵。6 月 3 日，他又领兵前进，这一次统率的是三万人，但是即使这样，他也花费了一个月的时间，才最后突破了敌人的防御。法国人在 7 月 3 日进入罗马。在前一天，加里波迪和他的小支军队的残余部分就已经离开罗马，撤退到意大利边境以外去了。他的军队慢慢地解散，他自己在九死一生之余，又重新越过亚平宁山，在托斯卡纳找到了一个安全之地。8 月，经过一番英勇的保卫战以后，威尼斯终于投降，全意大利又一次匍匐在奥地利脚下了。

意大利在 1848 年的失败，是由于外部的原因：维也纳政府能够从北方派遣援兵，法兰西第二共和国又决定出面干预。在意大利，唯一可以利用的正规军是皮埃蒙特的军队。所有其他对奥地利作战的军队——托斯卡纳的，教皇的，威尼斯的，伦巴第的和那不勒斯的——在装备和训练方面都是不充分的。教皇的变心和那不勒斯发生的反革命，进一步削弱了意大利人的斗争力量。1848 年 3 月的美好希望破灭了。热情、智慧和梦想终于证明是不能代替枪炮的。

二、复兴运动，1849—1861 年

当意大利估量它的形势时，似乎只有一件东西在废墟中保全下来，那就是皮埃蒙特的宪法。这是查理·阿尔伯特颁布的著名的宪法，其中包括对于自由的一些基本的保证，例如人身和财产的保障、在法律面前的平等、议会对税收的监督、出版的自由、公共集会的权利以及公民军即国民自卫军的成立。虽然这只是一些宪法原理的集成，而不是一部宪法，但它还是为建立一个自由政府提供了十分良好的基础。从这里产生出统一的意大利的宪法，这部宪法一直保持到法西斯主义出现时为止。宪法的主要部分是：

1. 国王。为执行最高行政权力的、但通常是根据负责大臣的建议行事的立宪君主。

2. 由两院构成的议会：（甲）元老院，由担任过高级职务或在任何方面建立过功勋的、年龄在四十岁以上的男人所组成，这些人由国王任命为终身元老院议员。二十一岁以上的王室成员为当然的元老院议员；（乙）众议院，由年龄在二十一岁以上的识字的男性公民选出，每五年选举一次，或者在国王解散议会以后选举。财政议案只能由众议院提出。要通过任何议案使其成为法律，都须得到两院的同意和国王的批准。

3. 内阁会议。包括政府主要部门的大臣、一位总理或首相，他们可以兼任也可以不兼任另外的大臣职务。所有的阁员都是两院之一的议员。

年轻的国王维克托·伊曼纽尔不顾在失败的时刻对他施加的压力，仍然忠于他的誓言，因而宪法得以保持。有政治意识的中产阶级此时倾向于指望皮埃蒙特来领导全国。焦贝蒂的联邦主义已经被人忘却，马志尼的影响在 19 世纪 50 年代已经衰微。在1849 年反对外国人的斗争中，意大利两个共和国比皮埃蒙特存

在得久一些，本来料想萨伏依君主国是要威信扫地的。但是都灵的立宪政府的存在，意味着只有在那里才能找到积极的领导。加富尔[27]在1852年夺取了主动权，这个主动权一直被他保持到1860年年初。单是密谋已经证明是不够的。加富尔往往玩弄革命密谋家的手段，较之马志尼，他成功的机会往往要少一些，但是他的真正任务却是扮演外交家的角色。1848年，他象查理·阿尔伯特一样，相信意大利应该依靠自己的努力。但是1848年和1849年的事件已经向他证明，这种信念不再靠得住了。此时他意识到，必须请求至少一个大国的帮助。1852年到1859年的意大利历史，是同欧洲历史更密切地结合在一起的。

加富尔

按照1848年的宪法，皮埃蒙特政府在理论上要对众议院负责。实际上，截至1852年，在都灵还没有类似议会制度的东西。各届政府在众议院不一定总是得到多数的支持，在它们去职的时候，它们去职的原因同众议院的愿望是没有多大关系的。国王拥有不按照宪法行事的权力，首相马西莫·迪·阿泽利奥避免在众议院辩论中混战一场，那里的民主派往往是不听话的，所以他欢喜元老院的较为平静的气氛。幸运的是，他发现了一个非常有才干的中尉，年轻的伯爵加米洛·加富尔。加富尔经过短期的大臣生涯以后，在1852年代替他作了首相。当时加富尔是42岁。他从童年时代起就是一个自由主义者，他的政治信条概括在他的一句话里："诚实的中庸之道"，就是说，一方面反对反动派，另一方面反对民主派，在他一生的剩余十年中，他一直忠于这个立场。他是一个性格坚强的人，意志坚定，有眼光，心中有数，知道他需要什么，通常也知道怎样得到他所需要的东西。年轻的时候，他的自由主义思想使他辞去了军队的职务。他曾经从事农业，由于使用机器和现代方法，从家庭的地产上挣了一笔可观的财产。他对金融、银行业和许多工业企业感觉兴趣。他游遍法国和英国，在那里研究农业、社会状况，特别是政治生活，因为差不多从他的学生时代以来，他就是一个研究欧洲政治的学者。他在法国会见过许多要人，在英国也会见过几个。他充分具备他那时担任的职务所需要的条件。在出版自由被允许的时候，他作新闻记者，担任《复兴运动报》的编辑，那时他初次进入众议院。

加富尔的显著的特质之一，是他的政策的早熟。可以相当确切地说，在他进入内阁担任商业大臣，走上这一通常被人认为最不重要的岗位时，他就负责执行国家的政策。政策的主要方针是同英法两国特别同法国友好。为了达到这个目的，他毫不踌躇地同法国签订了一个对本国不利的商务条约，他坚持认为，同法国保持良好关系是必要的，甚至在经济上作一些牺牲也在所不惜，以此说明同法国签订这个商约是有理由的。这是一系列条约中第一个也是最不能令人满意的条约，它实际上是使国家采取自由贸易的政策。然后，作为财政大臣，他在英国获得贷款，付清对奥地利的赔款，从罗思柴尔德银行[28]的掌握中把国家的财政挽救出来，并利用财政的余额建造从都灵到热那亚的铁路。在以后三年中，他改编军队，在司法方面实行重要的变更，并给工业以刺激，因而使国家走上经济发展的道路，贸易扩大，国库减少赤字。议会效率方面的进步也是同样显著的。在加富尔领导下，众议院第一次发挥了充分的作用。加富尔虽然在都灵阻止两党制的成长，但他是最羡慕英国宪法的人。加富尔使众议院里可以辨别的四个党派中的两个中间派联合起来，这两派的联合使他在当权期间拥有稳定的多数。他废除讲坛，使议员们站在自己的席位前面讲话，这就迅速地冲淡了意大利人对演说的癖好，使众议院成为受到英国驻都灵公使十分称赞的一个务实的认真议事的团体。

加富尔任职刚满一年，就向奥地利发生第一次争执。米兰爆发了马志尼组织的起义。奥地利随即没收了米兰政治亡命者的财物，他们中间许多人当时都是皮埃蒙特的臣民。加富尔提出抗议，但是从维也纳方面只得到愤怒的回答。然而，问题处理得很妥善，因为加富尔是敏捷的、坚定的、尊严的。他使奥地利处于受责难的地位，让它进退两难，最后皮埃蒙特所得多于所失。他起草一份备忘录，分送各大国，充分揭露了奥地利行动的非法，这样他就采取了使奥地利名誉扫地的第一个步骤，赢得欧洲对意大利的道义上的支持。加富尔的最终目标是同法国结成联盟，可能的话，还要同英国结成联盟，共同对奥地利作战。

克里米亚战争

1854 年法国和英国对俄国作战的时候，马上就可以看出，意大利问题会这样或那样地受到影响。直到不久以前，历史学家们还把加富尔描绘成实际上是他独力安排皮埃蒙特介入这次战争，把这个行动作为最终统一意大利的巧妙计划的一部分。但是事实的真相并不象这样美好。现在已经清楚，英法两国首先对皮埃蒙特施加压力，劝说它派遣军队到克里米亚去。加富尔的功绩在于他体会到皮埃蒙特所面临的危险。如果奥地利成为西方列强的积极的盟国，而皮埃蒙特还是既中立而又孤立的话，那么就连稍微改善意大利局势的希望也不得不抛弃了。加富尔还是不愿面对这样一种可能性，而接受了介入的思想，不要英国的资助，也不要对将来的保证。如果他没有这样做，那位下定决心要介入的维克托·伊曼纽尔早就把他免职了，甚至必要时成立一个右翼政府也在所不顾。1855 年春天，约有一万八千皮埃蒙特军队从意大利开到克里米亚去。加富尔要使议会和全国同意加入联盟，是有困难的。在皮埃蒙特人看来，要对之作战的只有一个敌人——奥地利，作战的地方只有一处——伦巴第平原。把精锐部队派遣到克里米亚去死于霍乱，去同一个与意大利没有争执的敌人作战，这种想法似乎是等于自杀。但是一次较小的胜仗大大地平息了公众的不满。皮埃蒙特军队在切纳亚地方投入战斗，取得了战果，统帅拉·马莫拉成为民族英雄。加富尔知道怎样充分利用他从盟国受到的祝贺，一股自豪的浪潮席卷了意大利。1856年，缔造和平者举行巴黎会议。加富尔代表皮埃蒙特。他已经确立了一个神话：只有他才是负责介入克里米亚战争的人。

巴黎会议

很少的政治家遇到过比这更困难的任务。加富尔不但是一个不重要的小国的代表，而且竭力想在会议的议程上加入一个最引起争论的题目，这个题目和召集会议的目的是没有关系的。他认为自己是意大利的发言人，决心把意大利问题提到最前面，可能的话，还要达到谴责奥地利在意大利的政策的目的。他还想增加一些领土，如有可能，就获得巴马公国。加富尔不停地在做工作，但是他完全没有获得任何附加的领土。每一企图都被奥地利的否决阻止了。"奥地利对什么也不会让步，"拿破仑对加富尔说，"它宁愿打仗，也不愿让你得到巴马。"因此加富尔倾全力提出意大利问题。他有一个有力的理由。在意大利崩溃和在欧洲成功地重新建立专制制度以后，复辟的统治者们的反动行为是残暴的。奥地利军队在托斯卡纳和教皇辖地用刺刀维持秩序，占领罗马尼阿，强制推行教廷的反动政策，因为在庇护九世身上，自由主义气味一点也没有了。拿破仑对于他拒绝作任何适当的改革是憎恶的，然而由于害怕把教皇完全推入奥地利的怀抱，他不得不用法国的刺刀来维持他的宝座。在那不勒斯，斐迪南用各阶层的自由主义分子塞满监狱，据估计不下于四万人为了他们的政治见解而受难。在1851年来到那不勒斯的格拉德斯通[29]亲身研究了情况，他在给阿伯丁勋爵的两封著名的信中，责难斐迪南政府极端地"否定上帝"。

意大利简史

146

在会议期间，加富尔要把情报直接送给拿破仑，未必总是件容易事，但是法国皇帝预见到这一点，他自动地安排一个秘密的联络渠道，使加富尔的一切情报都安全地到达他手里。然而加富尔的最好的同盟者是英国代表克拉伦敦勋爵[30]。当加富尔的情报送到他面前的时候，他的憎恶和愤怒变得强烈起来。最后，当意大利问题作为补充问题提出，法国皇帝急欲知道会议对这一问题的意见时，克拉伦敦勋爵首先发言。他对教皇政府和那不勒斯政府的指责是那么有力，使会议受到一次震动。"他的指责就象'鲁康在巴拉克拉瓦海港的冲锋'[31]一样"，加富尔的秘书这样写道。这正是加富尔所需要的。这个指责把意大利问题向欧洲提出，其有力和准确性是不能忽视的。代表们对克拉伦敦的控诉所作的反应是可以预料得到的。对一个同会议的宗旨如此毫不相干的题目也要讨论，使所有的人都感到惊讶。大家都否认奉有任何指示来讨论这一问题。加富尔本人机智而温和地对克拉伦敦的演说的论点加以充分说明。没有作出什么决议，会议也没有再提到意大利就闭幕了。会后，加富尔同克拉伦敦和拿破仑两人举行过秘密会谈，他向他们说明，照他看来，除了对奥地利作战以外，意大利问题不可能有别的解决办法。他的伦敦之行，使他指望借英国帮助来反对奥地利的想法冷却下来，他在访问以后回到皮埃蒙特时受到感激和热诚的欢迎。

加富尔与拿破仑三世

从巴黎回来以后，加富尔心里确信拿破仑决心要对奥地利作战。此后他的政策就建立在这种信念上面。对奥地利，他不顾它的猜疑，采取了正确而又强硬的防御性态度，可是又避免引起公开的敌对行为。同时他的国内政策已成为属于全意大利的，而不是属于皮埃蒙特的了。议会通过了大宗款项，用来建筑亚历山大里亚的防御工事，使奥地利非常气恼的是，伦巴第人为工事捐献了购置一百尊大炮的款项。热那亚的海军基地移到斯培西亚，更多的钱用于陆军。皮埃蒙特人对于来自意大利其他国家的政治避难者给予招待和援助，民族协会用"意大利和维克托·伊曼纽尔"这个口号把秘密的爱国宣传传播到意大利全境去。皮埃蒙特保持着严格的秩序，也不鼓励在意大利别处爆发过早的革命。但是加富尔有需要摆脱的困境，特别是在1858年1月，当时在法国皇帝和皇后前往歌剧院的途中，费利切·奥西尼同两三个伙伴向他们扔了三个炸弹。跟着就是严厉的威胁和反责，但是加富尔的机智和维克托·伊曼纽尔的勇敢与坚定，又经过了一场风暴的考验。7月间，两年以前在巴黎着手的加富尔的外交活动终于开始显出结果，当时他收到一份邀请书，约他在普隆比埃同法国皇帝秘密会晤。在欧洲这两个大阴谋家的历史性会晤中，拿破仑把他手里的牌都摊了出来，就是要把奥地利驱逐出意大利，要为维克托·伊曼纽尔组成一个"从阿尔卑斯山到亚得里亚海"的新王国。皇帝的堂兄弟拿破仑亲王将和伊曼纽尔国王的女儿结婚，代价是把萨伏依和尼斯让给法国。开战的理由留待加富尔去寻找，这种理由必须使法国能够名正言顺地来援助皮埃蒙特。换句话说，必须刺激奥地利使它宣战，这就使它成为侵略者了。

虽然还没有签订条约，而加富尔又完全依靠拿破仑履行他的诺言，但他一回来就马上准备战争。在过去一两年内，奥地利人曾经竭力安抚伦巴第和威尼提亚的人民。1857年初，对政治犯实行大赦。在米兰竖立利奥纳多·达·芬奇的像，在威尼斯竖立马可孛罗[32]的像。信仰自由主义的大公马克西米连代替年届九十一高龄的拉德茨基充任奥地利占领下的意大利省分的总督，这位大公后来作了墨西哥皇帝，结果被行刑队枪决。马克西米连在意大利的政绩是优良的。伦巴第的教育制度比意大利别处的优越，尽管为了偏重科学和技术科目而多少减低了文学科目的重要性，这可能是为了贬低民族过去的自豪感的缘故。在伦巴第，奥地利的行政管理方法变得温和起来，使加富尔越发需要赶快采取行动。他切望尽可能使皮埃蒙特军队具有一种意大利色彩，为了这个目的，他开始从意大利全境招募志愿军，指派加里波迪充当志愿军的领袖。尽管这支非正规军队被皮埃蒙特的将领们侧目而视，它自身又带有过于浓厚的革命气味而不易为拿破仑接受，但加富尔还是从民族的立场出发予以重视，因为它可以使未来的斗争呈现意大利的而不是纯粹皮埃蒙特的面貌。在拿破仑这方面，他正在忙于解决欧洲的困难问题。俄国是友好的，可以信赖它会保持善意的中立，也许还会有效地遏制普鲁士的反法活动。英国不愿对奥地利作战，但是也未必会从中干涉。虽然欧洲的外交界开始流传一些怀疑和不确切的谣言，但是 1858 年这一年告终的时候，对以后的事情至多不过留下焦虑不安的感觉。1859 年 1 月，热罗姆·拿破仑亲王携带联盟条约到达都灵，同国王的长女克洛蒂尔德公主结婚。婚礼完成和条约签字以后，一切思想都转到战争方面。加富尔希望得到法国的贷款，这是不可能的。然而意大利善于应变，他所要求的四千万里拉[33]筹划好了。因为要在 4 月底以前开始军事行动简直是办不到的，所以欧洲还有三个月的时间可以防止战争爆发。英国领先采取行动，它的外交大臣不倦地为和平而努力。马姆斯伯里勋爵[34]个人虽然同情意大利的正义事业，但他深恐北意大利的战争会蔓延到巴尔干半岛。他坚决主张在维也纳会议上达成的协定只能由列强之间的谈判予以更改。奥地利装做非常尊重 1815 年条约的尊严，但由于它吞并了克拉科夫[35]，它已经亲手破坏了条约。它对军人较之对外交家更为信任，源源不断地把军队开进伦巴第去，皮埃蒙特则用征召后备军来答复它。

　　拿破仑的处境甚至比加富尔更为困难，因为几乎只有这位皇帝一个人愿意作战，而加富尔则至少得到全国的支持。皇帝的外交大臣瓦列夫斯基伯爵是亲奥地利的，他竭尽一切可能来破坏拿破仑的计划。巴黎证券交易所的股票下跌，银行家无钱支付，贸易界和商业界都主张和平，甚至军队对于同奥地利作战也踌躇不决。为了争取时间，拿破仑接受了俄国关于召开一次会议的建议，加富尔反对这个会议，奥地利却坚持把一些办不到的条款作为它接受建议的条件，从而破坏会议。于是马姆斯伯里勋爵建议解除武装。加富尔表示接受，如果奥地利首先解除武装的话。奥地利当然拒绝了。拿破仑不同意强迫加富尔接受。都灵方面受到各种压力，但是只要没有收到列强的联名通牒，加富尔就不愿解除武装。最后拿破仑让了步，只要准许皮埃蒙特出席会议，他就同意和英国发出联合通牒，要求撒丁王国立即解除武装。加富尔不得不屈服，但是此刻奥地利已经失去耐心，它不顾一切为和平作出的努力，向都灵发出最后通牒，给撒丁王国三天选择时间，或者解除武装或者打仗。在普隆比埃秘密商定的条件已经履行，撒丁王国遭到了攻击，法意联盟生效了。

第二次独立战争，1859 年

加富尔刚一拒绝奥地利的最后通牒，久莱元帅马上侵入了皮埃蒙特。这时气候恶劣，整个乡间都被大水淹没。在进入离都灵二十哩以内之后，奥地利人后撤了，重新渡过了提契诺河，按兵不动，直到 5 月 20 日为止，这时法国军队蜂拥一般地开进皮埃蒙特。拿破仑在 5 月 12 日来到热那亚，不久以后，开始了全面进攻。整个战役由马詹塔和索菲里诺两处的阵地战组成。那个结束敌对行动的维拉弗朗卡和约，恰好是在拿破仑抵达热那亚两个月以后签字的。6 月 4 日，法国在马詹塔获胜以后，奥地利的附庸君主都逃跑了。托斯卡纳的大公已经离开，巴马的女公爵和摩德纳的公爵都撤退到安全地带去了。加富尔马上派遣行政长官为维克托·伊曼纽尔占有已经撤空的国家。不久以后，奥地利被迫从罗马尼阿撤退驻军，人民要求同皮埃蒙特合并，这时加富尔派迪·阿泽利奥侯爵到波伦亚去，担任王家行政长官。

这一切事情正在发生的时候，在索菲里诺进行了第二次而且是决定性的战役。这是马詹塔战役的重演。奥地利人在战场上被击败以后，撤退到四边形要塞的安全地带，但是仍然能够抵抗。拿破仑此刻面临查理·阿尔伯特在 1848 年遇到的同样问题，就是怎样攻下四边形要塞，然而胜利的前景不是很光明的。他的损失严重，援兵未来。后勤部供应不足，酷热的天气，以及惨杀的恐怖，使他感到沮丧和气馁。加富尔在各公国和罗马尼阿采取的迅速行动，以及从意大利别处得到的支持之少，使拿破仑发怒。普鲁士军队在来因河畔集结的惊人消息，使他决心谋求和平。他没有征求维克托·伊曼纽尔的意见，就派遣弗勒里将军去提议停战，然后他才告诉国王。

151

小
说
·
历
史

维拉弗朗卡和约

几天以后，两位皇帝在维拉弗朗卡会晤，起草媾和条款。伦巴第让给法国，由法国把它交给维克托·伊曼纽尔，但是威尼提亚仍然归属奥地利。意大利将成为教廷管辖之下的一个联邦。小君主们还要回来，但是不得用武力使他们复位。几天以后，拿破仑回到法国去了。维拉弗朗卡和约对意大利是一个沉重的打击。奥地利人并没有被赶走，统一为联邦所代替，甚至伦巴第——那里的各要塞还在奥地利手里——的到手几乎也是一个幻想，只是默许归意大利占有。加富尔辞了职，但是他在辞职以前，曾命令佛罗伦萨、波伦亚和巴马继续坚持下去，拒绝迎回它们旧日的统治者。有两个人挽救了局势。在佛罗伦萨，贝蒂诺·里卡索利男爵把托斯卡纳紧握在铁掌中；他不让大公回来，并且宣布大公国同皮埃蒙特合并。在波伦亚，卢季·查理·法里尼成为巴马、摩德纳和罗马尼阿的独裁者，而且照里卡索利那样行事。

拿破仑离开都灵的时候，曾经对国王说；“你得付给我战争费用，关于尼斯和萨伏依，我们就不再提了。"他此刻处在一个为难的境地。他的诺言没有兑现，他没有把奥地利人赶走，由于签订和约的缘故，他激怒了意大利人，他带给法国的只不过是荣誉而已。他曾保证成立意大利联邦，但是他不能履行；他曾保证让被撵走的君主们回来，但是他不能强迫人接受他们。他真正想要的是尼斯和萨伏依。他照例建议举行一次会议，但是这个建议受到冷遇；于是他放弃成立联邦的念头，并且暗示，他乐于以萨伏依和尼斯作为战费赔偿。但是都灵的拉·马莫拉政府太胆怯，也可以说是太爱国了，因而不能接受这个主意，事情还是和原来一样。只有一个人有足够的胆量和智慧来解决这个僵局，那就是加富尔。1860 年 1 月，他又重新当权。加富尔知道拿破仑的地位全靠公民投票，他不能拒绝接受根据公民投票作出的决定，因此他命令法里尼和里卡索利马上举行公民投票，尼斯和萨伏依也将举行同样的投票。结果是一个预定的结局——尼斯和萨伏依投票并入法国，托斯卡纳和伊米利亚投票并入撒丁国。为了使投票合法化，加富尔向议会提出一个议案；这只不过是一个形式问题，因为拿破仑已经把他垂涎的奖品攫夺到手了。议会的辩论激起很多猛烈的反对，但是在议会以外引起的激动是不大的。全意大利的眼睛正在望着南方，因为加里波迪和他的"千人团"已经乘船赴西西里去了。

意大利简史

加里波迪与加富尔

"千人团"的远征说明了意大利民族解放运动的一切分歧：一是马志尼和他的更积极的信徒们坚信加富尔是出卖意大利解放事业的叛徒，二是加富尔本人不愿帮助任何统一运动，除非这种统一能够在萨伏依王朝统治下完成，三是加里波迪不信任议会和外交官。在 1860 年，意大利的统一是由加富尔与加里波迪之间的冲突造成的。统一出现得比加富尔预定的还要快，对于统一的形式，无论加里波迪或者马志尼都是不赞成的。但是在1860年春天，加富尔已经失去主动权，象欧洲其他地方一样，只能够注视着加里波迪惊人的功绩了。

征服西西里

密谋和造反是西西里常有的。由于西西里人的悠久的独立传统和他们对那不勒斯人的憎恨，在西西里人中间一直有一触即发的因素。马詹塔战役以后，出现了群众的运动，但是运动受到警察的监视，很容易就被遏止了。从那时起，又有另外的斗争正在展开，组织这种力量的，是马志尼的代理人尼科拉·法布里齐和那位密谋造反的、预兆暴风雨的海燕、未来的意大利首相弗朗切斯科·克里斯皮[36]。西西里人拉·法里纳——民族协会的秘书，也有代理人在岛上活动，为意大利和维克托·伊曼纽尔工作。1860年4月，西西里又在一片造反中沸腾起来，虽然巴勒莫的一次起义很快就被镇压下去，但是整个乡间都武装起来了。消息传到热那亚的时候，人民立刻向加里波迪发出呼吁，请他率领远征军前去支援。加里波迪犹豫不决。关于真实情况，在证据方面有很大的出入。岛上有两万多军队，加里波迪成功的机会似乎很少。犹豫不决的状态持续了一个月，当时志愿军已经在热那亚集合，武器和弹药主要是从民族协会那里募集来的。最后，在5月5日，一千一百名志愿军向两艘旧商船蜂拥而上，从夸托开航，六天以后在西西里岛西端马尔萨拉地方安全登陆。远征军上岸的时候，幸免于难，因为两艘那不勒斯巡洋舰驶达太晚，未能把这两只商船在海上捉住，于是它们开始炮轰港口，但因为两只英国船的船长提出抗议，把它们吓住了，它们才撤退回去。

远征军马上向内陆的道路前进，这条道路向东北跨过海岛通往巴勒莫。在第一座城市萨勒米，加里波迪以维克托·伊曼纽尔的名义宣布他对全岛实行独裁。正在继续前进的时候，他发现在

小说 历史

卡拉塔菲米地方，道路被两倍于他自己兵力的那不勒斯军队所封锁，这支军队是牢固地据守在一座梯形山顶上的。全部远征军的命运处在危险中。在炎热的下午，加里波迪的军队多凭借刺刀而不大凭借子弹，一层一层地猛攻那座山头。在他们冲上最后一层的时候，在数量上依然占有很大优势的敌军，终于崩溃而逃跑了。胜利已经赢得。到了5月18日，加里波迪在兰达地方可以看得见巴勒莫了，在那里他得到消息，说那不勒斯的两万军队大部分防守着西边的入口。于是他掉头南去，穿过山地，迂回前进，最后到达季比尔罗萨，在那里拉·马萨率领三千西西里人与他会合。他此刻已经来到巴勒莫的对面，人们一点也没有料想到他会到达那里。27日，他发动一次夜袭，攻占了边境大门，于是城市的争夺战展开了。市民起来反抗驻防军，设置障碍物，同加里波迪的军队并肩作战，西西里总督郎扎从海上和陆上炮轰这座城市，给建筑物造成的破坏多于给敌军造成的损失，最后，英国舰队司令芒迪劝他要求停战。停战条款谈妥以后，一万二千那不勒斯军队撤出城市，让加里波迪获得胜利。

征服那不勒斯

随着巴勒莫的投降，西西里实际上落在加里波迪手里，政治问题引人注意。加富尔想使西西里立即归并在新王国内，但是加里波迪不同意，他的政治顾问弗朗切斯科·克里斯皮成了代理独裁者。于是加富尔派遣拉·法里纳去催促合并，但是加里波迪马上用船把这人送回热那亚。这时加里波迪非常愤恨他的出生地尼斯被放弃给法国，这件事情差不多足够使加富尔的建议受到加里波迪的拒绝了。7月20日，在米拉措地方发生了最后一次西西里战争，这场战争结束以后，加里波迪打算渡过海峡，征服那不勒斯。此时援军已经到达，他有一支相当庞大的武力在他指挥之下了。加里波迪没有政治头脑，他完全无视国际上对他正在干的

154

意大利简史

事情作出的反应，他也不懂得意大利的统一要在很大的程度上依靠法国的友谊。他抱着坚定的决心，不但要征服那不勒斯，而且要向罗马进军，把法国驻军撵走，在国会会议厅宣布维克托·伊曼纽尔为意大利国王，他对于他的这个决心一点也不隐瞒。但是拿破仑从来不愿意大利统一，此时他敦促英国把意大利分为南北两部分，为此建议和英国共同巡逻海峡，阻止加里波迪渡过。英国自由党政府拒绝了这个计划。8 月 18 日，加里波迪渡海登上大陆，受到各方面的欢迎，他到那不勒斯的旅程成了一次胜利的进军。9 月 6 日，国王弗朗西斯二世逃跑了，第二天，走在军队前面好几英里的加里波迪，在狂热的欢呼声中进入了这座城市。

加里波迪的成功是那么惊人的迅速和圆满，在他占领罗马，把他的工作完成以前，他顽强地拒绝同撒丁王国合并。这一切给加富尔造成了极其为难的局面。他早已策划一个阴谋，用那不勒斯内部暴动的办法把弗朗西斯从那不勒斯赶跑，以便在加里波迪到达那里以前就占领这座城市，但是这个阴谋完全失败了。此时唯一可以采取的办法似乎是，或者凭借残存的那不勒斯军队在沃尔图诺河畔作有效的抵抗，出其不意地阻止那位独裁者的成功，或者派遣王国的军队通过教皇辖地去堵住那条通往罗马的道路。此二者的结合挽救了局势。在沃尔图诺河战役，加里波迪虽然胜利了，但是却付出了足够的代价，使军队在准备再往前进以前耽搁了很久，这就使加富尔有时间把王国军队开到南方去。教皇军队在卡斯太尔菲达多地方被击败，在维克托·伊曼纽尔率领之下，王国军队向那不勒斯推进，最后国王同这位独裁者在太阿诺地方会合，于是意大利的统一实现了。几天以后，他们两人乘车穿过那不勒斯城，然后加里波迪谢绝一切报酬，回到卡普雷拉岛他的岩石重叠的家乡去。

155

小说　历史

加富尔之死

加富尔现在急于尽快地借合法权力的保护来掩盖革命的方法，即召集意大利第一次国民议会，宣布维克托·伊曼纽尔为意大利国王。1861年1月举行选举，2月18日，维克托·伊曼纽尔主持议会开幕。会期很短。一个简短的法案使意大利新国王的地位合法化。此时不在他统治下的，是仍归奥地利占领的威尼提亚和圣彼得的辖地——罗马城的横贯南北的一条狭窄的长方形地带。王国会议闭幕以后，加富尔埋头处理新国家所面临的大量问题，首先是罗马问题。要紧的是，试图在意大利与教廷之间获得一个暂时的协议，加富尔相信，按照他的名言"自由国家的自由教会"的方针，解决是可能的。作为放弃世俗政权的交换，他提出给教皇政权以宗教上的自由和财政上的保障，这是教廷在意大利从来没有的。他还希望劝说拿破仑从罗马撤退他的驻军，在新王国消除外国刺刀下的污辱。但是，使意大利惊惶失措的是，事前几乎没有一点预兆，加富尔就忽然病倒，在6月的第一周内去世了。在加富尔还活着的时候，帕默斯顿勋爵[37]在下院的辩论中说了下面几句话："对于在这次辩论中屡次受到责备的意大利政治家加富尔伯爵，我只想说，现在和将来的意大利都会把他看作曾为自己的国家的历史增光的最伟大的爱国者之一。我知道，没有一个国家受到它的任何一个儿子那么多的恩惠，象意大利受之于加富尔一样。"这是一篇崇高的赞辞。

加富尔之死对意大利是一个重大的损失。他作为一位政治家的伟大品质、他对于欧洲政治的渊博知识、他同拿破仑的友谊以及他的外交才能，都是不可复得的。但是他的天才有一个很少为人注意的方面，也许更为可贵，这就是他作为制宪大臣和作为伟大的议会雄辩家的才能。在若干年内，在意大利站稳脚跟以前，它的箴言必定是安全第一，它很不可能任意采取一种冒险的政策。意大利最需要的是政治教育和组织，使它的新的立宪制度能够在全国扎根。民主政体经常被人当作自己发生作用的万应药方，一旦设置，就不要求更多的注意。一个国家必须学习运用议会制度，这个意见似乎没有人体会到。意大利发现加富尔这位领袖不但对于民主原则有深刻的理解，在议会的程序和实践上有十年的经验，而且是对于应付难以讨好的众议院有真正才能的一个人，他了解政党制度，在公共生活上树立清廉的高标准，并且体会到议会生活必须真正表达人民的意志。要是他还活着，也许他训练意大利就象他训练皮埃蒙特一样，使民主政治获得成功；事实上，经过五十年的努力，民主政治竟告失败，而代之以法西斯制度，来自下面的选举让位于来自上面的提名和挑选。

三、统一的意大利，1861—1870 年

新国家

皮埃蒙特宪法经过最小限度的修改推广到意大利。这部宪法的缺点之一，是范围狭窄的选举权。不识字的人被剥夺了投票权。在皮埃蒙特，这不是很大的缺陷，那里的文化和识字程度比较高，但是一旦推广到教皇辖地和南方时，就只有不到百分之三的人有投票权。在这之上，还有教皇的关于"无益"[38] 的训谕，就是天主教徒不得当选举人，也不得当候选人。再加上出于无知和疏忽而从来不去投票的人所占的百分比，四百四十三个议员实际上是由二千万人口中大约三十万名选民选出来的，即略少于七百名选民才有一个议席。大多数国民全然没有迫切的政治兴趣，每一个选区的选民也不过是一个派系的人。另外一个困难是，议会是在都灵召开的。在一个铁路不发达的国家，这给从西西里和那不勒斯来的议员们造成的耗费和不便，必定是非常大的。不可避免的是，议员和选民只有间隔很长的时间才能够发生接触，

157

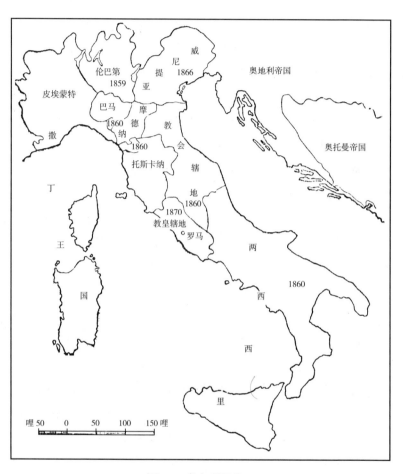

图 15 意大利的统一

158　这种情况势必更进一步降低全国人民对新型的政府的兴趣。

第一次国民议会召开的时候，大多数议员属于右派。这一派的核心是皮埃蒙特人组成的牢固的集团，来自意大利各地的追随者聚集在他们的周围。十五年来，选民始终不变地选举这个集团的成员为国会议员，尽管在那个时期有十三个不同的内阁，有

159　八个来自不同地区的首相，其中六个皮埃蒙特人、一个托斯卡纳人和一个来自教皇辖地的人。选民似乎不顾集团内部的分歧和争吵，决心使意大利问题按照加富尔的传统来解决，并且不让南方的势力占优势，直到新的议会制度的基础牢固地奠立时为止。"左派"包括一群从前的共和派，主要是马志尼派，还有一伙抱有各种政治色彩的无定形的加里波迪派，行动党就是从这些人中间集拢来的。这一派一心要尽快地收复罗马和威尼提亚，必要的话，可以使用非常的手段。加富尔在他生命的最后几个月曾经宣布某些原则，他相信应该用这些原则来指导国家的政策。其中第一个原则是，罗马应该是王国的首都和政府所在地，但是要把罗马弄到手，必须取得同意，或者通过谈判，而不应诉诸武力。他说，对于威尼斯，意大利必须等待。要过若干年以后，陆军和海军才有力量向奥地利挑战，在那时以前，他们必须忍耐。同法国以及法国皇帝的友谊，无论出于感激的心情，还是出于用它来抵消奥地利挑衅的更实际的立场，也同样是他的政策的一个原则。

有两年没有发生纠纷，政府继续进行巨大的改组工作。行政管理问题用设立五十九个省分的办法予以解决，根据法国的榜样，每一省归一个地方行政长官管辖。皮埃蒙特的民法和刑法推广到别的地方去，只有托斯卡纳暂时还被允许保留它自己的刑法，这个刑法比皮埃蒙特的榜样在某些方面更开明些。在托斯卡纳，对一切罪行都已废除死刑，对于文明的佛罗伦萨人，要把死刑再推行到这里来，显然是会引起反感的。在国家管理下，教育制度也标准化了，公路修筑起来了，秘密警察不见了，出版有了

自由，国内的关卡也废除了。陆海军的改编工作正在着手进行，统一的度量衡制度和货币制度设计好了。但是，在一切进步形式 160 的上面，都笼罩着财政不稳定的幢幢鬼影——统一的代价是非常昂贵的。所欠七个不同国家的债务不得不接收下来，结果是惊人的赤字。意大利任命昆蒂诺·塞拉[39]为财政大臣，这人在征税方面采取无情的手段，只要有可能就削减开支，但是只是经过十五年的努力，收支才得到平衡，而且这也只是暂时的现象。局势已经很困难，那不勒斯的情况又使它变得更坏了，在那里，抢劫行为采取了半宗教性的游击战争的规模。在加里波迪征服那不勒斯的时候，加富尔曾经希望保持那不勒斯军队原封不动，把它运到北方去，用来加强伦巴第的消耗殆尽的军队。但是加里波迪已经把向他投降的士兵解散，此时许多人参加土匪一伙，不愿重新入伍。经过五年激烈的战斗，无情地实施最严厉的惩罚，并使用正规军和加里波迪的士兵，才把抢劫镇压下去。少数失望的加里波迪士兵加入了游击队。

眼前有了这一切紧急的任务，政府既没有时间也没有心思去组织政党。全国的倾向是赞成议员们根据地区来分组，例如皮埃蒙特人、托斯卡纳人、那不勒斯人，但是这种地区主义后来由于各集团追随各自的领袖而把事情弄得复杂起来。政党纪律的广泛缺乏，不可避免地导致旧日国与国间猜忌的再现。在众议院，这一点表现在公开反对"皮埃蒙特主义"上面。报纸上发起一种运动，主张把首都迁到别处去。这种态度造成许多不幸，并且有破坏举国一致观念的危险，而许多事情都是要依靠举国一致的。

罗马问题

这时政府在普遍骚动的压力之下，正在被迫试图解决威尼斯 161 和罗马的问题。快到1860年年底，加富尔开始同罗马谈判，但是经过有希望的开端以后，梵蒂冈突然中止谈判，把加富尔的居间人赶走。加富尔的继承人里卡索利企图重开谈判，但也遭到拒绝，任职九个月以后，他就辞职了。拿破仑也不愿商谈法国军队从罗马撤退的问题。于是国王选择律师乌尔班·拉塔齐为首相。他的出现马上使加里波迪打起精神来，他曾经说过："我们总是可以和拉塔齐合作的"，于是他毫不迟延地开始制定进攻威尼提亚的计划。但是奥地利政府和军队的主张与那不勒斯的主张相比，是很不相同的，此时对于加里波迪的所作所为本来是不闻不问的拉塔齐，根据维也纳的示意，突然派出警察和军队，把在萨尼科征募的一伙人打垮，把加里波迪送回他的卡普雷拉岛去。1862年，加里波迪忽然又在巴勒莫出现，作为总督的贵宾开始发表演说，唤起人们参加远征去攻占罗马的热情。志愿军照例奔赴他的旗帜之下，深信在加里波迪与政府之间有某种私下的谅解。这一次由于拿破仑发出警告，于是又有命令停止这个运动。但是巴勒莫的舰队司令却抱着相反的态度，因此加里波迪率领几千名装备不足的士兵，在卡拉布里亚登陆，出发向罗马挺进。在勒佐附近的阿斯普罗山区，他们被王国军队包围，在接着发生的互相射击中，加里波迪足踝受伤被俘，但最后又被释放。人民感到这位民族英雄的受伤是一个莫大的耻辱，于是拉塔齐内阁辞了职。

在大臣们不知道的情况下，维克托·伊曼纽尔已在采取他自己的秘密政策，并同马志尼和加里波迪两人保持联系。马志尼正在策划威尼提亚的内部起义，准备由王国军队加以占领，国王却一直坚持他们必须等到军队改编以后，这使马志尼感到愤恨，他等得太不耐烦了。加里波迪象马志尼那样活跃，他正在招募新兵，征集军火，但是对他的目的保持绝对的沉默。似乎在加利西亚已经有一个密谋，在这个密谋中，加里波迪的合作者是波兰和匈牙利的鼓动者，他们的行动维克托·伊曼纽尔是知道的。最终的目标是趁奥地利忙于对付匈牙利和加利西亚起义的时候占领威尼提亚。正在筹备起义的谣言传到行动党（159页）那里，他们坚决不赞成这样一个使加里波迪同意大利分离、并且是在没有得到该党的认可和合作的情况下安排的运动。1864年7月，行动党在《权利报》专栏内发表了一篇否认的声明，谴责所计划的远征，并宣布同一个"由君主们指挥的、必然是为他们自己的利益而不是为人民的利益服务"的运动断绝关系。加里波迪的秘密使命的被揭露，触怒了加里波迪和国王，但是揭露的目的终于达到，这个计划也就被放弃了。王国的未经许可的政治活动的被揭露，促使内阁在极为秘密的情况下同拿破仑订立了一个协定，在九月间宣布一个正式公告，说法国同意在两年内从罗马撤退它的军队，意大利保证教皇领土不受任何外来的进攻，而政府则在议定书中担保把首都从都灵迁往佛罗伦萨。这样做没有说明理由，也许是故意不说的，因为这样就能使意大利人宣布把政府迁到离罗马只有一半路程，而法国则可以把它解释为意大利确实放弃把罗马作为首都了。

所谓"九月协定"没有多少可以称道的地方。它暂时改善了同法国的关系，多少满足了民族的尊严，但是激怒了皮埃蒙特人，使罗马当局非常愤懑，他们深知法国驻军一旦撤走，可以料想会发生什么情况。在协定签字三个月以后，教皇颁布了一道训谕，附有"现代谬论条目"[40]。这个训谕准备了若干年，它出现的时间似乎出于偶然，同九月协定非常接近，但是它又非常恰当，似乎是教皇对罗马受到的威胁所作的答复。它毫不妥协地重申教廷的要求，对于世俗政府的政策，这是一次猛烈的进攻。在政治上它也是锐利的一击，因为它是直接针对着自由主义的天主教运动的。在意大利，这个运动切望同政府妥协，以便在世俗权力与宗教权力之间取得暂时协议。教会的态度始终坚决，一直拒绝同政府达成任何和解，截至宪法被法西斯主义扫除时为止，罗马从没有同政府达成协议。"现代谬论条目"更进一步激怒了所有要求把罗马作为首都的意大利人民，并使他们相信，一切谈判都是徒然的，只有武力才会使梵蒂冈屈服，结果证明他们是正确的。

第三次对奥战争

1864年，俾斯麦引诱奥地利一同把石勒苏益格—荷尔斯泰因从丹麦手里夺取过来，但是这两个盟国马上发生争执，很可能打起仗来。如果意大利为了夺取威尼提亚而同普鲁士结盟，奥地利就要面临在两条战线上作战，军队也要分成两起。如果意大利同奥地利达成协议，普鲁士就得应付奥地利的整个兵力。加富尔的才能也许从来没有象在随后的谈判中那样令人追念。首相拉·马莫拉是个诚实的军人，但不是个外交家。1865年8月，普鲁士驻佛罗伦萨的公使提出这个问题：如果普鲁士对奥地利宣战，意大利抱什么态度？拉·马莫拉的回答是谨慎的。就是必须同拿破仑商量。巴黎的答复大意是说，皇帝赞成意大利取得威尼提亚，但是如果意大利同普鲁士缔结同盟，它对奥地利作战就得由自己负责，得不到法国的帮助。然而，俾斯麦亲自到比亚里茨去拜访拿破仑，得到了法国确守中立的保证，并使自己对意大利有了行动自由。于是意大利的果沃纳将军被派往柏林，奉命说，如果普鲁士愿意签订攻守同盟，意大利也愿意签订，否则意大利不愿保证参战。俾斯麦对威尼提亚的命运不太关心，不准备为了保卫意大利而同奥地利作战。他所需要的只是，意大利军队尽可能牵制奥地利军队的大部分。

小说 历史

164

结果俾斯麦达到了他的目的。3月27日，拉·马莫拉收到所建议的结盟的条款。在普奥战争开始以后，意大利应立即宣战，不得单独停战或媾和。意大利将要得到威尼提亚，普鲁士将要得到同等人口的土地。如果奥地利舰队从亚得里亚海驶出，意大利舰队就得开到波罗的海去。于是意大利把全权证书送给果沃纳将军，条约在 4 月 8 日签字。奥地利由于感到双重的威胁，它就尽最后的努力把意大利从同盟中拆开。这是通过巴黎进行的，就是要把威尼提亚割让给法国，再由法国转让给意大利。这是很大的诱惑，但拉·马莫拉对普鲁士守约，予以拒绝。这时英国、法国和俄国还用列强会议这一陈旧的特效药方从中干预，但是象在 1859 年一样，这个会议被奥地利破坏了，它只愿按照荒唐无理的条件才予以接受。6 月 16 日，普鲁士和奥地利双方宣战，四天以后，意大利也宣战了。

在意大利为独立而战的所有战役中，最后一次是代价最小但也是最丢脸的一次。在 1866 年，它不是经过英勇的战斗被优势的兵力击败的，也不是在一次损失重大的战斗中被击败的，而是由于高级指挥部无能透顶，情报和参谋工作有缺点，而且多半是因为它不能把它的全部兵力投入战线，才被数量只有它一半的军队所击败。6 月 24 日进行的库斯托扎战斗是一次胜负未决的战斗，但是结果意大利军队撤退了。

意大利遭受挫败的消息很快就传遍欧洲，但是普鲁士在萨多瓦地方获胜的消息传出以后，意大利受挫的影响就被抵消了。甚至在这以前，拿破仑不顾意大利的民族自尊心，就打电报建议立即停战，因为奥地利皇帝已经提出把威尼提亚割让给法国，再由法国交还意大利。第二天传来普鲁士胜利的消息。拿破仑原来预料战争会拖延，而以奥地利的胜利收场。事实上战争经历的时间是惊人之短，而普鲁士则是胜利者。此刻他的政策是准备找出理由来缔结一个反对胜利者的法奥同盟。但是意大利对于间接地并且在失败的暗影下面接受威尼提亚的意见是愤慨的。继拉·马莫拉担任首相的里卡索利极力主张立即在陆上和海上采取军事行动，决定侵入威尼提亚，并进攻奥地利舰队。然而，海上的战争使意大利遭到和陆上的战争相同的失败。在利萨战役中，奥地利舰队击败了同样庞大的、更现代化的、装备更优良的意大利舰队。

威尼提亚的割让

在利萨战役结束几天以后，俾斯麦在尼科尔斯堡在对奥和约的议定书上签了字。他不顾同盟条款，不征求意大利的同意就签了字。停战协定刚一签字，奥地利就把一切可以使用的军队赶调到的里雅斯特和伊松佐去，意大利才发现自己面对着三十万人的军队。它无力单独作战，就提出谈判，但是无论俾斯麦或者拿破仑都不愿支持它对提罗尔或特兰提诺的主权要求，它也只好满足于接收威尼提亚，而把它所渴望的战略边界让给奥地利。10月间，签订和约。意大利虽然终于得到了威尼提亚，但它对于它在战争中的表演和它赢得战利品的方式，不能不感到耻辱。在陆上、海上以及外交上，它都被击败了。它不得不屈从俾斯麦和拿破仑的意志，间接地把威尼提亚接收过来。虽然全国对胜利抱着巨大的期望，但是陆海军高级指挥部所暴露的无能，使幻想无情地破灭了。

罗马问题，1867—1870 年

威尼斯的收回只引起一个短时间的兴奋，此后国家又转过来尽全力处理它的长期的国内纠纷了。此时一切心思都集中在罗马上面。法国已经在字面上而不是在精神上履行了九月协定的条款。它已经从罗马撤走它的驻军，但又马上允许征召常备官兵，由教皇统率，在所谓"昂蒂布军团"这支新军中服役。这支军队连同教皇的军队和由以前的土匪改编的几支训练差的联队，构成教皇有权征集的一万人军队。与此同时，意大利政府声明，它决心履行它的诺言，并阻止对教皇领土的一切进攻，但是不久它又不得不承认，战后为了财政上的原因把军队大量削减之后，实际上不可能巡逻整个边界。

至于怎样才能把罗马弄到手，全国对此意见分歧。政府和多数右派依然坚持加富尔的传统办法，即不应诉诸武力，而只能凭"道义手段"使罗马归属意大利，他们并且不顾过去的经验，一直相信教廷终于会响应的。行动党、加里波迪派和一般的左派认为只有武力才能使罗马屈服，鼓吹采取行动。为了有助于谈判，里卡索利提出一个自由教会法案。这个法案是以让步为基础的，议员们对此抱着非常强烈的敌对情绪，因而里卡索利决定在提出这个法案以前实行普选。普选斗争极为激烈。加里波迪应邀发表反对这个法案的演说，并且旅行全国，用他一贯的激烈态度抨击教士们和教皇。新的众议院证明是敌对的，于是里卡索利辞了职。国王现在又把拉塔齐找回来。拉塔齐的最后一任首相职务只延续了六个月，和他前两次任期一样，同时存在着一连串的阴谋，接着就是民族的屈辱。他在众议院的多数包括从左右双方各党派临时凑成的票数，这就不可能有一个一致的政策。他尽最大的努力劝说拿破仑，在教皇辖地遭受侵略时，让意大利自由行动，同时他冷热无常地对待集合在边境上准备侵入的志愿军和加里波迪的军队。在拿破仑看来，罗马问题是一场噩梦。他倒乐于把它抛开，但是他已经落到毫不妥协的教士们的掌心中了。

加里波迪与曼塔纳

这时，加里波迪、马志尼和行动党正在把全国煽动到了狂热的程度。国王的态度是暧昧不明的，旧日的共和党正在抬头。拉塔齐面临可怕的决定。投到加里波迪一边，就意味着同法国破裂，也许会发生战争；对他使用武力则可能引起革命。9月，对罗马进攻的准备已经非常明显，以致拿破仑扬言马上要把军队用船运来，为了挽救这种局面，政府很机智地把加里波迪逮捕，又把他安置在卡普雷拉岛上，派六艘战舰去防止他逃走。尽管小心提防，几星期以后，他又回到了意大利。对教皇辖地的入侵已经开始了。派去监视边境的常备军对志愿军很友好，不盯住他们。在罗马本城，无力的起义尝试已被警察粉碎。加里波迪亲自领导这个运动，而拿破仑则用船运来一师军队支持教皇。加里波迪占领了罗通多山，但是不得不退却到蒂沃利。法国军队和教皇军队在曼塔纳截击他。经过一番英勇的抵抗，加里波迪大败，他的残余的军队又越过了边界。

国内的困难

曼塔纳战役以后，意大利人民的愤慨是强烈的。他们对拿破仑的行动非常痛恨。法国将军曾说，"夏斯波步枪[41]（一种新式的法国来福枪）创造了奇迹"，这句笨拙的话把事情弄得更糟了。在国内，由于沉重的赋税负担以及暴露出来的政治上的无能和财政上的徇私舞弊，意大利正在陷入沮丧的泥沼。烟草舞弊案使全国几乎陷于绝望，据说连大臣们甚至王室都牵涉在内。从曼塔纳战役到普法战争的两个年头，对意大利是一个最危险的时期。君主政治已经不被信任，在马志尼鼓动之下，共和主义似乎正在支配全国，甚至渗透到军队里。穷困、霍乱和歉收增加了人民的不满，新王国的基础似乎正在坍塌。但是意大利继续挣扎，它不顾一切困难，眼光始终盯着罗马。

168　　　自从加富尔死后，教会与国家的关系不断恶化。禁止男女修道院一事使教廷对它的宗教权利的要求强硬起来，强迫没收它的世俗财产一事加强了它的怨恨。此外，顽抗的教士们甚至主教们都被投入监狱，受到侮辱。因此，只要得到法国的支持，教皇就不会屈服。教廷的精神武器也还没有用尽，所以曼塔纳战役以后，就出现了"教皇无谬论"的教义。这个教义并不新颖，但是若和"现代谬论条目"连在一起，它是具有危险的意义的，因为这就是说，反对现代文明会成为所有天主教徒必须遵守的义务，教皇还声称他凌驾于世俗君主们之上，这个说法会发展成为一个信条。但是这个信条一经宣布，却产生了一个意外的结果。它显示罗马是每一个天主教政府的敌人，从而促使欧洲听凭意大利军队去占领罗马。

占领罗马

普法战争早已被人看作是不可避免的，拿破仑不止一次向奥地利和意大利提议缔结同盟，但是两国中任何一国都不愿承担义务。最后，看来这场战争是无法逃避了，于是法国皇帝直接向意大利呼吁。维克托·伊曼纽尔出于对过去的感激，本来愿意帮助法国，但是军队的情形和财政的状况使他无能为力，因此意大利不参加这场战争。法国驻罗马的军队很快就撤走了，由于色当惨败，法国皇帝下台，第三共和国宣布成立，对法国的一切义务都已终止。意大利终于可以自由行动了。它对罗马提出最后要求，但是只有武力才可以使梵蒂冈屈服，因此意大利就诉诸武力。军队向罗马挺进，攻破城墙，进入城市。只有到这时教皇才屈服，他要求由意大利军队占领教皇城，保护教皇，以防止可能发生的暴行。意大利全国的许多街道都命名为"九二〇"[42]大街，这是 1870 年进入罗马的日子。

10 月间举行的公民投票，以压倒多数主张罗马同意大利合并，经过半个世纪的努力，意大利的统一终于完成了。剩下来要做的事情就是确定政教的关系，澄清教会的地位。这是由所谓"保障法"达成的。根据这条法律，教廷拥有梵蒂冈、圣约翰·拉太朗教堂（基督教世界的教堂之母）和冈多尔福城堡的夏宫。确认教皇享有主权国的权力和特权，宣布他的人身不可侵犯，每年拨款（十二万九千英镑）作为他的维持费。他有自己的邮政和电报设施，有同基督教和天主教世界通讯的自由。但是政府保留财产权，对意大利的主教管区和有圣职的人的世俗财产有否决权，对天主教神学院有视察权。教士要受国家民法的约束。教皇的答

意大利简史

复是拒绝接受政府的津贴，对于所有曾经参与使教皇丧失权力的行动的人们，教皇开始更大规模地把他们逐出教会，并声称他自己是"梵蒂冈的囚徒"。五十年来，没有一个教皇走出过梵蒂冈的宫墙。

在这年年终以前，意大利政府的都城就开始迁往罗马。12月，众议院在蒙太契托里奥宫召开新的会议。5月，发表"保障法"，几星期以后，国王在魁里纳尔宫永久定居下来。"保障法"并没有如所希望的那样弥合政教之间的裂痕。这是政府作出的单方面解决办法，既没有同教会商量，也没有取得教会的合作，因此梵蒂冈对此置之不理。但是这两个政权还是不得不同时存在，虽然分歧在表面上依然象往常那样尖锐，但已逐渐达成一个暂时协定。许多分歧都在幕后友好地商妥，但是要双方没有偏见才行，所以关于梵蒂冈的法律地位、关于划分政教双方行动和势力的确切范围这一基本问题，在 1929 年达成拉太朗协定以前还没有解决。

1870 年这一年在宗教意义上和世俗意义上都是教皇权力的历史分水岭。在这一年上半年，梵蒂冈举行一次教会大会，大会宣布"教皇无谬论"的教条。教皇的一切权威性的发言今后都被当作神的启示，后来的任何会议都无权加以否认或修改。这个教条把几个天主教的自由主义学者看作敌人。教会与自由主义的宗教改革主义的世俗世界之间的分裂，现在似乎已经完成了，而年轻的意大利王国就是这个世俗世界的一部分。

小说　历史

170

注　释

[1] 复兴运动（Risorgimento），此处指 1815 年到 1848 年意大利人民争取解放和统一的运动。——译者，下同

[2] 维也纳会议（Congress of Vienna, 1814—1815）是欧洲各国为结束反拿破仑

战争而召开的国际会议，参加会议的有英、俄、普、奥等反拿破仑战争联盟的国家的君主和代表，法国也有代表出席，因在维也纳举行而得名。会议根据所谓"正统主义"和"补偿原则"，恢复了欧洲各国被推翻的封建王朝统治，各大国不顾小国的利益和愿望进行瓜分领土。为了防止欧洲各国民族革命运动的爆发，会议后还建立了俄、奥、普"神圣同盟"和俄、英、奥、普"四国同盟"。

[3] 联邦党主张以教皇为首而统一成为联邦国，实际上是一种温和的保守派。

[4] 参加者领带上都带有黑别针，故名。

[5] 拉蒂尼斯蒂（Latinisti）原意是对拉丁文有研究的人。

[6] 贝尔萨利埃里（Bersaglieri）是 1836 年创建的一种步兵，专门配合装甲部队作战，士兵帽子上插有羽毛。

[7] 桑费迪斯蒂（Sanfedisti）是拿破仑时代在意大利南部的一个反动组织，又叫做"圣忠派"。当时有一个叫做鲁福（Ruffo）的红衣主教曾利用这派人组成的军队反对那不勒斯共和国。

[8] 卡波迪斯特里亚（Capodistria，1776—1831）是希腊人，他为俄国服务，担任过俄国外交大臣，后因效忠俄国，被希腊爱国者暗杀。

[9] 路易·菲利普（Louis Philippe，1773—1850）是 1830 年 7 月革命中被法国大资产阶级捧上王位的国王。

[10] 朱泽培·马志尼（Giuseppe Mazzini，1805—1872）是意大利"青年意大利党"的创始人。他的要求只限于推翻奥地利的统治，使意大利联合起来，成为统一的资产阶级民主共和国。

[11] 曼佐尼（Manzoni，1785—1873）是意大利小说家和诗人。《订婚夫妇》是一部浪漫主义的杰作，已译成多种语言。曼佐尼还写有抒情诗。

[12] 华尔特·司各脱（Walter Scott，1771—1832）是英国小说家和诗人。

[13] 尼科利尼（Niccolini，Grovanni Battista，1782—1861）是意大利剧作家。他的《普罗奇达岛的约翰》（*John of Procida*）是根据西西里岛造反者约翰以"西西里晚祷"的钟声作为杀法国人的信号这一著名历史事件而写的。参看切口页码 51。

[14] 罗西尼（Rossini，G. Antonio，1792—1868）是意大利歌剧作家，曾经创作将近五十种歌剧，其中《威廉·特尔》（*William Tell*）一剧，系根据 13 世纪瑞士传说中反对哈普斯堡王朝的一个爱国英雄而写的一个四幕歌剧。

[15] 韦迪（Verdi，Giuseppe，1813—1901）是意大利歌剧作家，一生创作了许多歌

意
大
利
简
史

曲。他在 1843 年创作的《参加第一次十字军远征的伦巴第人》(*The Lombards of the First Crusade*)因充满反抗异族压迫的呼声而深受群众欢迎。

[16] 朱斯蒂(Giusti, Giuseppe),生卒年为 1809—1850。

[17] "讽喻诗"原文是 epigrams(一译"短嘲诗"),本义是"碑铭诗",为一行长一行短的双行体诗,最初用于墓碑和还愿的供品,后来也用来描写爱情、劝告和宴会。

[18] 焦贝蒂(Gioberti, 1801—1852)是意大利联邦派的首倡者,在意大利民族解放运动中属于右翼。

[19] 科苏特(Kossuth, 1802—1894)是匈牙利民族运动的自由派领袖。

[20] 贝里(Berry)女公爵(1798—1870)是那不勒斯国王弗朗西斯一世的女儿,她和她丈夫查理十世于 1830 年离开法国。她后来于 1832 年回国,企图为她的遗腹子赢得王位。

[21] 唐·米盖尔(Dom Miguel, 1802—1866)是葡萄牙君主,1833 年被他的哥哥击败,后又复位。

[22] 唐·查理(Don Carlos, 1788—1855)是西班牙王子,他代表极端保守的反动势力,受到天主教教权派、高等贵族和大地主的支持,因争夺王位而引起 19 世纪 40 年代西班牙历史上所谓"查理战争",失败后逃往法国。

[23] 拉德茨基(Radetzky, 1766—1858)是 1831 年以后统帅奥地利军队侵略意大利的奥地利元帅。1849—1857 年作过北意大利的总督。

[24] 这个将军的名字 Chrzanowski 以四个辅音开始,所以很难读。

[25] 丹尼尔·马宁(Daniele Manin, 1804—1857)是意大利资产阶级革命家、政治家及律师,为 1848—1849 年威尼斯反抗奥地利斗争的主要人物。

[26] 加里波迪(Garibaldi, Giuseppe, 1807—1882)是意大利爱国英雄,曾经在海军中工作,二十四岁参加马志尼领导的"青年意大利党",曾率领义勇军参加对奥地利的战争,对意大利民族解放事业和最后意大利全国的统一有卓越的贡献。

[27] 加富尔(Cavour, Camillo, 1810—1861)是意大利统一运动时期代表温和自由派的政治家,从 1852 年到 1861 年,一直担任撒丁王国(包括皮埃蒙特)首相。

[28] 罗思柴尔德(Rothschild, Meyer, 1743—1812)是德国银行家,他和他的犹太家族设立的银行在 18、19 世纪遍及欧洲各大国。

[29] 格拉德斯通(Gladstone, William, 1809—1898)是英国保守党阁员,后任英国首相。

[30] 克拉伦敦(Clarendon, George William F. V., 1800—1870)是英国保守党阁员,

小
说

历
史

1853—1858 年间任外交大臣。

[31] 1854 年 9 月，英国的鲁康（Lucan）勋爵下令英国轻骑兵向俄军冲锋，这次冲锋的猛烈，在克里米亚战争中成为著名的战役。

[32] 马可孛罗（Marco Polo，1254—1323）是意大利旅行家，1275 年（元朝时代）曾来我国，在我国度过十七年。

[33] 里拉（lire）为意大利货币单位。

[34] 马姆斯伯里勋爵（Lord Malmesbury，1807—1889）是英国资产阶级政治家。

[35] 克拉科夫（Cracow）在现代波兰。

[36] 弗朗切斯科·克里斯皮（Francesco Crispi，1819—1901）是出生于西西里的意大利资产阶级政治家，他支持加里波迪远征西西里。1887—1891、1893—1896 年间先后担任意大利首相。

[37] 帕默斯顿（Palmerston，Henry John Temple，1784—1865）是英国外交大臣，多次担任首相。

[38] 原文为拉丁语 non-expedit，意思是无益，这是教皇训谕中开头的一句话。

[39] 昆蒂诺·塞拉（Quintino Sella），生卒年为 1827—1884。

[40] "现代谬论条目" 为教皇庇护九世（Pius IX，在位时期 1846—1878 年）颁布的 "异端谬论" 八十条。

[41] 法国人夏斯波（Chassepot，1833—1905）发明的后膛快枪。

[42] 意即 9 月 20 日。

意大利简史

第七章　现代意大利

一、急进派的统治，1870—1915 年

由于"保障法"的签署和意大利问题的解决，右翼的工作完成了。在十五年连续统治的动力推进之下，他们继续执政，直到1876 年为止，可是他们的力量已经用尽了。他们已经使意大利归于统一，定罗马为首都，确立政教的关系，他们把两党制度保持下来。他们的领袖们树立廉洁奉公的良好榜样，保持皮埃蒙特的传统。他们受到一种崇高理想的培育，那种理想已经把意大利的早期斗争提到更高的水平，并赋予传奇的和诗意的赞美。他们的不足之处，在于有些狭隘和生硬：在经济上没有能力用贸易方面的任何刺激办法来补偿重税，或者满足这个新建立的国家的许多社会需求。

新型的政治

当时当权的左翼都是没有多大才能的人。马志尼的信徒们，热心的加里波迪派——其中有许多是南方人——都是从谋叛中培养出来的，他们往往反对立宪政体，而不是为立宪政体而斗争。他们和他们的先辈不同，与其说他们是自由主义者，不如说是民主主义者，他们对自由有更广泛但是更模糊的概念，因此更倾向于忽视大众的过火行为，并且抱着更坚决的反教士的态度。他

们当中有许多人由于对南方流行的贪污腐化习以为常，因此在议会中毫无顾忌，毫不迟疑地采取了只要目的正当就可以不择手段的办法，这就给公共生活种下了祸根。他们很快就暴露出分裂成一些派系的倾向，为他们各自小集团的目的服务，而不顾党的纪律的价值。不幸的是，在以后三十年支配意大利议会生活的三个人，戴普雷蒂斯[1]、克里斯皮、焦旺尼·焦利蒂[2]，没有一个作出任何努力去建立真正的政党内阁，而宁愿靠操纵小集团和派系的方法取得支持，这样，徇私和酬谢就成为不可避免的结果。左翼的当权是意大利议会生活的第一次真正的考验。如果他们是一个纯一的团体，有明确的纲领，有被击败的右翼作为有力的反对派，那么新型的政府也许就已经牢固地建立起来了。但是左翼没有这种传统，因此，从 1876 年到 1887 年，除了短暂的间隔以外一直担任首相的阿果斯蒂诺·戴普雷蒂斯，把政党制充分地破坏了。

172

意大利简史

戴普雷蒂斯与"变质"

戴普雷蒂斯的名字将来总是要同他的被称为"变质"的政治制度联系在一起的。在他当权的时候，他发现众议院已经分裂成一些小集团。旧的右翼已经解体，新的左翼还没有定形。要保证取得多数，有两个方法：或者重新组织旧政党并训练它们，使党员投本党的票，在投票上与本党一致行动，不管议员个人对任何一个议案持有什么意见，犹如英国的制度一样；或者采取一个简单的方法，促使足够数量的党员从利害方面考虑不得不投票拥护政府。戴普雷蒂斯采取的是第二个方法。纪律总是应该设法建立起来的。在一个有五百名议员的众议院里，如果每个人都根据他个人对每个议案的意见去投票，就会使任何政府不可能贯彻它的政纲。戴普雷蒂斯为他的方略提出一个似是而非的论据，说这个方略的目的是要从各党派中选拔优秀的人才参加内阁。实际上，这意味着一旦一个议员或一个集团对政府议案的通过具有破坏性，或者持有一定的异议，他们就被收买。有时候，给予一个小集团的领袖以内阁的席位、政府的职务，也可能给予具有经济价值的内部情报，或者给予勋章。有时候答应给一个议员的选区建立一所学校或者一个火车站，这样就可以达到目的。方法不同，目的一样。有一次，戴普雷蒂斯提出一个最不得人心的征收糖税的议案，每个人都预料这个提案会被否决，可是却非常顺利地通过了。几天以后，官方通报公布了一份不下于六十名议员的名单，每人授予骑士头衔，这些人都是投票赞成这个提案的，于是秘密就这样解答了。这个制度从未废除，它的后果是多方面的。这说明内阁各部何以经常换人，这也是全国对议会逐渐不感兴趣的原因。一个选区的选民不能确保这个选区选出的议员不会投票违反他自己在参加竞选时所宣布的政纲，而议员一经选出，他们对他们选区的关心就减少了。这种制度造成大量的收买和操纵，在这方面戴普雷蒂斯是个能手，但是败坏了政党政府。

小说

历史

1876 年的意大利是个迅速变化中的国家。旧的秩序正在消失，新的一代正在成长，他们从来不知道"尝一尝奥地利面包的滋味"（朱斯蒂的怨言）。马志尼在 1872 年去世，同年意大利最著名的作家曼佐尼去世。拉塔齐和拿破仑三世在 1873 年去世。现已衰老而又残废的加里波迪已不再参加公共生活。几年以后，维克托·伊曼纽尔和庇护九世去世。新的意大利正在向前看，而不是向后看，不久，新的势力就要开始行动，新的关系就要形成，新的影响就要激发民族思想。新的首相戴普雷蒂斯借普选宣告他的当权，确定他的党的地位，并且保证只要可能就增加他在议会中的多数席位。意大利普选办法同英国不一样，不是由政党自己主持，不象英国那样在没有政府干预的情况下，政党自己推选候选人，组织选民；意大利的普选是由相当于英国内政大臣的内务大臣管理的。意大利全国划分为若干省，每省归一位省长和一位副省长管辖，所有的市镇和较大的村庄都有长官或市长，他们都是政府的官吏，这种划分使有关的大臣都享有大权。在 1876 年，这个大臣是尼科太拉[3]，他是个暴戾的人，曾在 1857 年进攻那不勒斯的革命战役中受伤，以后在波旁王室的监狱中度过三年。他惯于使用非法的手段，毫无顾忌地利用政府的权势，结果是无耻地显示官方的压力。他用免职相威胁，封官许愿，颁布命令和禁令，甚至把难以驾驭的官吏免职，这样取得轰传一时的成功，在新议会的五百名议员中，有五分之四的议员表示向政府效忠。到了议会开会的时候，马上就可以看出，尽管政府在竞选时作出许多诺言，它却没有自己的政纲，而只是采纳了上届众议院所没有通过的议案。这样就立刻引起了无止境的混乱；政府的议案受到反对党的支持，却为自己的忠实拥护者所反对。不可避免的结果是，多数很快地分裂成若干小集团和派系，议案的通过全靠幕后操纵。

法国与突尼斯

1878 年国王亨伯特即位不久以后，继尼科太拉为内务大臣的克里斯皮退职，他的退职导致了政府的垮台。新首相是贝纳戴托·卡伊罗利[4]，这是一个为意大利非常珍爱的名字，因为他是弟兄五人中仅存的一个，其余四个都在加里波迪领导下为意大利献出了他们的生命。这是为解决俄土战争以后的欧洲问题而召开柏林会议的一年，这一年标志着意大利第一次在欧洲协商中作为一个大国出现。它的初次登台就是不幸的。代表意大利的外交大臣科蒂伯爵既不是个精明的外交家，也不是个有说服力的演讲家。他为劝说欧洲把特兰提诺归还给意大利所作的努力，遭到有礼貌的无视，意大利什么也没有得到。由俾斯麦充当"诚实的掮客"，英国卷土重来，既获得了"光荣的和平"，（狄斯雷利[5]语），也获得了塞浦路斯[6]。奥地利占领了波斯尼亚和黑塞哥维

174

意大利简史

175　那，法国得到允许把突尼斯当作它的"势力范围"。意大利对卡伊罗利的失败感到愤慨。突尼斯已经是意大利的权益，而此时在欧洲殖民者中间意大利移民构成唯一庞大的团体。几星期以后，卡伊罗利的内阁垮台了。

1881年发生的事情更糟。法国确信，柏林会议以后，它在北非的进一步干涉行动不会受到认真的反对，它一直在等待一个合适的借口，以便扩大它对突尼斯的控制。从几个土著部落的真正的或者佯装的劫掠行为上面，它找到了一个借口。它马上把军队派去，占领主要地方，根据同突尼斯总督签订的巴尔多条约（1881年），宣布突尼斯为法国的保护领地。意大利的舆论被激怒起来，在法国边境两边发生许多事件，这些事件加深了两国之间日益增长的仇恨。

三国同盟

1870年法国被打败以后，俾斯麦的政策是保障欧洲和平，并且借法国、奥匈帝国和俄国的三个皇帝订立的同盟以保护德国免遭法国方面任何报复性的进攻。跟着就是皇家的互相访问，并为准备讨论会开预备会议。但是沙皇亚历山大并不同意；这样一种结合不但会打破欧洲均势，而且会在德国趁法国没有完全复元以前又用"预防性"的战争去进攻法国时，在奥地利和俄国方面容易导致强迫的中立。俾斯麦对俄国总是不能信赖，于是转向意大利。在意大利与德国之间，困难是很少的，但是要把意大利与奥地利拉在一起却不容易。困难来自意大利对于提罗尔和特兰提诺的"民族统一"的渴望，那里的大量意大利人口和操德语的少数人都在奥地利手里。但是俾斯麦坚持到底，1881年国王亨伯特和皇后玛盖丽塔访问维也纳，受到很好的款待。此后就没有发生什么麻烦，于是1882年5月签订了三国同盟。这可以解释

176　为意大利方面的一个聪明举动，因为这保证它不受法国或奥地利

攻击，而它自己又很少承担义务。同样这也可以解释为借着同中欧君主国联盟以反对共和制的法国来支持意大利君主政体的一个企图。这个同盟条约在 1882 年以后经过几次续订，一直维持到 1914—1918 年世界大战时期为止。

暴力的增长，1887—1897 年

戴普雷蒂斯在 1887 年去世的时候，他的国家陷入一种最不能令人满意的状态。除了由 1866 年的败北而产生的普遍的沮丧和失望以及那种收回罗马的可耻的方式以外，还有在柏林的失败与突尼斯问题引起的失望。然而，更使人不安的一个社会疾病的症候，是暴力的再爆发。来自俄国无政府主义者巴枯宁的革命社会主义学说的第一个浪潮，已经占据意大利思想的一些领域，不加制止的宣传不久就见之于行动。当国王亨伯特偕王后和卡伊罗利在那不勒斯乘车经过城市的时候，有人要暗杀他，这件事使意大利受到极大的震动。在萨伏依王室统治意大利的八百年间，第一次发生这种暗杀的事件，这个事件引起王后的怨言："萨伏依王室的诗意被破坏了。"在佩扎罗，有人企图占领储藏军械的营房。在佛罗伦萨和彼萨，有人投掷炸弹，在意大利别处，同样肆无忌惮地使用暴力的风气造成流血和生命的丧失。政府的荏弱鼓励了共和派，也鼓励了"国际派"嘲骂君主政体，而忠于王室的臣民听到扎纳戴利[7]在议会中替里米尼的市长否决为维克托·伊曼纽尔设置任何形式的纪念物一事热烈辩护时，都抱着深刻的厌恶心理。此外，使政府各部门受到污染的阴谋诡计和贪污腐败，甚至在众议院本身也引起了激烈的抗议和指责。戴普雷蒂斯去世后，国家依靠新首相弗朗切斯科·克里斯皮的坚强的魄力来恢复国家的秩序和自信心。

克里斯皮与社会改革

克里斯皮作首相的时候已年近七十。他出生在西西里，曾信仰共和制，此时却是一个忠诚的保皇派，他一生中一向是个搞密室策划的人。他天然倾向于独裁的手段，生来对于自己的能力就有无比的自恃和自信，但是作为议会领袖，他缺乏机智圆通、温文尔雅以及妥协精神。他的座右铭是"活力"，这同他的前任的冷静的迟钝形成显明的对照。他的一切政策都缺乏平衡。他太容易走向极端。他一向鲁莽行事，设想什么地方都有阴谋，并且根据不可靠的情报匆忙得出结论，有时候几乎使他成为笑柄。然而，他很快就给议会生活注入了新的活力。他的初步措施十分良好。赋予地方自治的"省市行政管理法案"，使人民普遍感到满意，并且减少政府对地方事务的经常干涉，那种干涉使乡区人民非常愤慨。他还制定了一种关于卫生保健的好法令，给公共卫生带来真实的利益，而扎纳戴利亲手创制的新刑事法又显示出极其需要的一种自由主义精神。但是，关于维护公共秩序的严刑峻法却使这个良好的开端多少受到了破坏，这种法律使当局有权禁止集会和游行，这一点在当时也许有益处，但是与公开宣布的集会结社自由并不一致。在组织内阁时，克里斯皮为自己保留了内政部和外交部两个职位，众议院一般议员，特别是希望得到那两个职位的议员对此感到不满，认为这含有过多独裁手段的味道。克里斯皮的特点是他无视一切批评，还说什么非常时期需要非常手段。同样独特的是，他就职不到一个月，就忽然秘密地前往德国，去同俾斯麦商量，他对这个人是十分钦佩的。

178　　　　　　同法国和奥地利的关系 1886—1891 年

在上年（1886 年）12 月，意大利议会否决了从 1881 年起就存在的同法国订立的商约。他们之所以这样做，只不过因为他们预知法国众议院已经决定否决这个条约而抢先一步。然而，意大利政府了解意大利在贸易上要遭受损失，于是马上重新开始谈判新条约。克里斯皮对俾斯麦的访问丝毫也没有促进成功的机会，只不过使意法之间敌对的根本原因，即意大利加入三国同盟一事，变得显著罢了。结果是，经过长期的秘密谈判，对于签订一个较为有利的新条约所抱的一切希望不得不放弃。法国代表直率地提及真正的原因，他对意大利代表说："只要你们还留在三国同盟内，法国和意大利就不可能订立贸易协定。"这就是意大利为了安全的缘故不得不付出的一部分代价。接着而来的就是必然的结果：法国对意大利出口货物征收寓禁税。意大利予以同样的报复，于是经济战开始了。然而，意大利却是主要的受害者。法国众议院和报纸的明显的敌意，使克里斯皮陷入他的众多恐慌之一。根据暗探和间谍的未经证实的报告，他宣称法国对意大利的进攻迫在眉睫，不断催促他的军务大臣立即应付一切不测事件。这种惊慌是没有根据的，过了一些时候，克里斯皮又沉着下来。但是由于害怕遭到进攻，克里斯皮一直小心翼翼地忠于三国同盟。他用坚决的手段把特兰提诺地方民族统一运动引起的骚乱镇压下去，从而惹起极左派和他们的拥护者的强烈愤慨。这时意大利实际上已经分成两个派别。尽管三国同盟无疑是不得人心的，但一派出于对法国的恐惧，根据政治上的需要而支持三国同盟。另一派则出于本能上传统的同情心，希望同法国友好，反对奥地利，反对延长三国同盟；因为法国与意大利尽管有敌对的地方，但它们一向有种族上和文化上的密切关系，可是意大利与条顿族的德国之间却没有这种关系。

　　经过四年的执政，克里斯皮用独裁手段操纵众议院的作风导致了本来可以避免的不信任票，1891年1月，他辞了职。在他再任首相以前，在日益骚乱的三年间，鲁迪尼侯爵[8]和焦旺尼·焦利蒂两人担任了短期的首相。

意大利简史

179

1893 年的经济危机与社会主义

同法国进行贸易斗争的不幸的结局，使西西里的混乱猛烈爆发。在从北方传到西西里岛的新的社会主义思想熏陶之下，劳动人民所感受的不满和痛苦使他们发动了公开的起义。政府全神贯注于它自己所遭遇的困难，没有认识到这种造反的严重性。随着焦利蒂内阁的垮台，人民普遍要求把克里斯皮召回，把他当作唯一坚强得足以恢复秩序的人。1893 年 12 月，克里斯皮第二次出任首相。和往常一样，他在骚乱的时刻就走向极端，这一次他从农民的暴力行动中看到俄国的一只凶险的手。他把庞大的军队派到西西里岛，宣布戒严，设立军事法庭，用不必要的过分的急躁和惩罚去镇压起义运动。不久以后，他在卡腊腊地区也采取类似的手段，因为那里的大理石工人发起了暴动。军事法庭判处的重刑，使一切了解农民经济上的痛苦的人感到厌恶，并且激怒了更为激烈的一派人。有人在罗马扔炸弹，企图暗杀克里斯皮本人。在里窝那和里米尼，还发生别的暴动。面对着这些危险的迹象，克里斯皮决定对整个社会主义运动采取剧烈的措施。然而，他的方法是错误的。他不去调查造成暴乱的原因，寻求补救的办法，却解散了一切社会主义团体和工人协会——被解散的不下于 271 个，单在米兰就有 55 个。其结果并不如他所料，因为他不过是激起了没有表达出来的一般对社会主义思想的同情，因此运动是迅速地加强了，而不是减弱了。一般公众合理地认为判刑过重，甚至国王本人也有这个看法，他把判刑减轻，有时候则把它们完全撤销。议会对克里斯皮的抵抗加强了，但是这一切丝毫也吓不倒他。他平衡预算，改善意大利与法国的关系，他为减轻梵蒂冈的敌视而作的尝试也不是没有成效，克里斯皮对社会主义势力的斗争非常投合梵蒂冈的心意。

克里斯皮与阿比西尼亚

克里斯皮一向是有远大抱负的，他的最大的抱负是梦想建立一个庞大的殖民帝国。1882 年，意大利在非洲红海沿岸的阿萨布湾获得一个补给站。1885 年，意大利人在英国好意的支持下占领马萨瓦海港，扩大了他们在沿海的统治权。几年以后，一个意大利纵队在多加利遭受屠杀，第一次暴露了殖民事业的困难和危险。从那时起，意大利占领的地区进一步扩大，一半凭借武力，一半凭借同土著酋长的谈判。克里斯皮把他获得的土地组成厄立特里亚殖民地，并在索马里兰为意大利获得一个新出口。当梅纳利克[9]作阿比西尼亚国王的时候，他对意大利表示巨大的友好之情，在 1889 年签订了乌恰利条约。第二年克里斯皮向欧洲宣布，阿比西尼亚从此成为意大利的保护国。然而，他的麻烦只不过才开始。梅纳利克是虚伪的、靠不住的，当意大利人更深地侵入阿比西尼亚的时候，他们同独立的酋长们发生了冲突。经过两三次这种成功的军事行动，克里斯皮深信，一次强有力的推进是必要的，他把指挥官巴拉蒂埃里将军召回来商量这件事情。当巴拉蒂埃里回到部队的时候，他发现局势发生了变化。梅纳利克现在采取敌对态度，同迄今对意大利友好的酋长们结成同盟。急躁的克里斯皮催促巴拉蒂埃里采取决定性的军事行动，于是巴拉蒂埃里在 1896 年采取攻势，向阿杜瓦挺进，在那里，意大利军队于 3 月 1 日被数量远居优势的敌军全部击溃。在阿杜瓦的这场惨败，不仅是克里斯皮的殖民梦想的结束，也是他的政治生涯的告终。当惨败的消息公布出来的时候，群情激愤的叫喊声把他赶下台去。当时年近八十岁的克里斯皮退出政治舞台了，在穷困和默默无闻中结束了他的一生。他的摇摆不定的戏剧性的政策，给国内和国外都带来了灾难。

社会主义、混乱与反动，1897—1900 年

19 世纪的最后四年使意大利社会的动荡不安达到悲剧的顶点。这是斗争最激烈的阶段。一方面，是在社会主义名义下汇合在一起的一堆杂乱无章的新思想；另一方面，是那些早已在封建制度下生根的旧日保守的和反动的分子，此外还有新兴的工业资本家。运动决不限于意大利，因为劳资问题使欧洲每一个工业社会的思想都感到困扰。意大利社会主义思潮分为两派。有一派是活跃的极端分子、无政府主义者和"国际主义者"，由于他们使用扔炸弹和暗杀等破坏手段而造成公众的恐怖。他们是非常危险的一群，但只是少数。主流则是由一群知识分子领导的，他们的影响迅速扩大开来。他们信奉合法的手段和组织，鼓吹社会改革，其目的在于改善工业环境，提高生活标准。他们有自己的报纸：1891 年由一群人创办的《社会批评报》，其中最杰出的人物是菲利普·图拉蒂，还有《阶级斗争报》、《前进报》。这些都是优秀的报纸。运动获得很大的成功，经过许多踌躇，终于扩大到把农业工人和北方工业界也包括在内，这时运动就呈现出一种壮大的全国性党派的规模。他们每年举行一次代表大会，以便阐明他们的宗旨，1895 年，他们制定了他们的"最低纲领"，其中包括成年男女的选举权、众议员和地方议员的报酬、政府在劳资争端中的不偏不倚、工厂法规、养老金、小学生膳食供应以及累进所得税。

运动使地主和实业家感到恐慌，他们对政府施加压力，结果克里斯皮企图下令镇压社会主义运动。但是由于过度使用武力，却激起了对运动的广泛同情，使运动加强了而不是削弱了。在克里斯皮倒台后的一年，又爆发了由极端分子所促成的暴动。在罗马发生暴动，在其他地方也有运动的征兆，还有另一次行刺国王亨伯特的事件。1898 年，全国发生混乱。混乱由南方开

始，在那里，失业、歉收和饥饿把阿普利亚农民逼迫到不能忍受的程度，因而他们干出了各种暴行。暴行是由佩卢将军平定下去的，值得称赞的是，他拒绝宣布戒严状态，并且不用戒严令就安定了这一省。但这只是一个序幕。4月，在边区[10]，在罗马尼阿，在托斯卡纳，都爆发了起义。起义从那些地方蔓延到北部。在五十九省中，有三十省的地方政府暂停办公，由军方接管。然而，起义在米兰达到了高潮，那里在一连串剧烈的骚乱中，军队向群众开枪，甚至使用大炮。将近一百名平民被打死，数百名受伤。只有两名士兵死去。于是当局宣布了戒严令，逮捕了几百人，其中包括几名众议员，还暂时封闭了报纸，军队成天在城内巡逻。在别的城市，如佛罗伦萨和那不勒斯，都宣布了戒严令。实际上，这种长期压抑的痛苦和对生活现状的深切不满一旦爆发，再加上政府处理问题的失败，已经使全国深受其害。

全国恢复平定以后，军事法庭开始对一长串被捕的平民进行判决。处分是非常严厉的，然而，多数处分后来都撤销了。政府于7月辞职，佩卢将军又组织了另一个政府，除去首相以外，这个政府还包括其他三个将军。最初，新内阁表示温和态度，但是不久，由于反动分子施加压力，并由于奥地利皇后被意大利无政府主义者暗杀，内阁转向反动。一系列"政治条例"被提出来，这些条例授权政府解散任何被它认为其目的在于破坏公共秩序或者危害宪法的组织。极左派反对这些条例，认为限制太严，他们是这样顽强地进行阻挠，以致议案搁置了几个月。于是佩卢宣布众议院休会，并声称将由国王下令使议案生效。但是当众议院在秋天开会的时候，情况并没有改善，因而政府下令解散议会，请求全国公断，相信新的众议院会比较听话些。可是他们估计错了，当高等法院宣布国王的敕令违反宪法的时候，佩卢辞了职。整整一年的议会工作都在这种斗争中浪费掉。将军内阁按照独裁方针统治国家的企图已经失败。全国对军人统治感到厌恶；巴

意
大
利
简
史

瓦-贝卡里斯将军在米兰对待徒手平民的残暴手段，受到每个人的唾骂。没有一件事情，比授予米兰的"战胜者"以萨伏依王室的大十字勋章，并对他挽救国家的伟大功勋致以颂辞一事更清楚地显示出当局感到的丧失理智的恐慌。此时由元老院议长萨拉科组成和解内阁，全国由于进入一个安宁时期而大大地松了一口气。但在这个世纪告终以前，还有一幕最后的悲剧，1900 年 7 月，国王亨伯特在访问蒙扎时被人暗杀，王位传给年轻的维克托·伊曼纽尔三世，他的王朝将要经历整个法西斯时代。

焦利蒂与议会的衰落

从 1901 年到第一次世界大战前夜，意大利政治生活中第一位天才是焦利蒂。焦利蒂是个官僚，他凭借刻苦的工作和真正的能力擢升到文官中的各个最高职位，主要是在财政方面。他所任的职务曾经给他许多提拔别人的机会，他就巧妙地利用这些机会为自己的利益服务。没有人比他更熟悉议会的人事或者对官吏有更直接的影响，那些官吏都是由他擢升的。一位议员在众议院中说得很对：在焦利蒂的长期经历中，"几乎所有的元老院议员、几乎所有的内阁大臣、所有的省长和我国行政、司法、政治和军事组织中的一切官吏，都是由他提名的"。他既有这种权势作后盾，又有操纵各党各派的巧妙手腕。他宁喜欢实权，而不愿连续不断地为公务所累。他不愿面对一个危急的局面和失败的可能性，而宁愿退职，但留心务使他的继任者能仰仗他自己控制的多数，以便使他能于自己选定的时刻接替那人的职务。有如一个社会主义作家所说的，这种"善于从沉船中脱身的艺术"大有助于延长他的政治生命，而别的人则总是听凭自己去面对危险的局势。

从 1901 到 1914 年间还有其他几个首相，他们都是由于得到焦利蒂所控制的多数的支持才得当政的。保持这种奉命唯谨的多数，是他经常全神贯注的事情。为了做到这一点，他准备同各党派达成协议。政治生活中一个新的特色，是教士成分受到了重视。对社会主义的恐惧终于促使教廷废除"无益"的敕令（157页），于是天主教徒此时可以公开投票了。1913年，当焦利蒂的多数似乎受到威胁的时候，他毫不踌躇地同教士派达成协议，教士派的领袖们后来夸耀说，天主教的选票保证政府方面有两百名候选人当选。

　焦利蒂的内阁是自由主义的，因此受到社会党人的反对，但是这位首相采取先发制人的办法，把属于社会党人的纲领的很大部分吸收到现行的立法中，而不采纳他们的主义。同时，他又不顾社会党人的反对，凭着武装部队对他的支持使保守分子的反对不致有越轨行动。焦利蒂精明地、不择手段地驾驭各党派的方法使他的多数得以保持，并且使他能够执行一长串重要的社会立法的纲领。但是他的这个方法使戴普雷蒂斯造成的衰落状态得到进一步发展，耗尽了议会生活的活力，使广大阶层的选民失去对政治的一切兴趣。多少世纪以来，意大利人民都处在专制君主的统治之下，对政治不感兴趣。他们把他们的政府看作难以避免的祸害，他们缴纳赋税，服从法律或者起来造反，遭受处罚，然后过他们自己的生活。此时，如果要使立宪政府成立后获得成功，这种对政治生活的怀疑态度必须消除，必须引起新的兴趣，并使之持续下去；因为大众的兴趣乃是议会政治的精髓。由戴普雷蒂斯首创并由他的继任者们继承的政策之所以失败，是因为他们不承认这个事实。议会与国民生活是隔绝的。对于新制度的新奇的感觉一旦消失，旧的怀疑主义复发，人民就变得漠不关心；一旦出现反对派，象大战后随法西斯主义而出现的情形一样，国民就抛弃了议会制度，而不想努力去挽救它。这种隔绝状态对议会本身产生同样不幸的后果。它导致停滞。同样的人所提出的同样一套想法，年复一年地周而复始。政治阴谋太引人入胜了，以致国

185

意大利简史

家生活中更广泛的问题反而往往被人遗忘，在蒙太契托里奥宫[11]那个迷人的圈子里，人们渐渐老去而且变得狭隘了。

繁荣、社会改革与自由主义的衰落

新世纪的最初十年是意大利真正进步的时期。国家终于渡过了危机。财政部第一次尝到预算平衡的味道。由于使用水力而促成的廉价电力的发展，工业正在取得飞快的进步。对外贸易从1901年的一亿二千四百万英镑增加到1910年的二亿一千三百万英镑，这个数目较之富裕的国家虽然还是不多，却是一个重大的进展。工资也在增加，这多少应归功于政府不干涉罢工和解决劳资争端的政策，但主要是由于工业的繁荣。对外移民规模庞大，在1913年达到八十七万左右的最高数字。虽然大批移民国外使广大乡区特别是穷苦的南部人口减少，但是却从在国外获得成功的移民汇回意大利的大量款项而取得补偿，同时它也不足以使人口受到影响，在1901年是3,250万人，十年以后不断增加到3,450万人。

随着意大利物质条件的普遍改善，展开一种国民思想运动，这种运动有助于说明20世纪意大利发展的情况。意大利的悲剧是，意大利刚刚赢得它的统一和独立，自由主义赖以建立的整个基础便在全欧洲崩溃下来。有两种新的势力在欧洲起作用，它们都来源于德国。第一种势力是马克思主义，它的经济上的唯物主义学说以及它的阶级斗争的革命理论。在意大利出现的修正过的社会主义是国际性的、温和的，但在经济上是侵略性的，目的在于扩张工业和提高工资，为此就需要新的市场和原料。第二种势力是俾斯麦主义，即武力崇拜。三次胜利的侵略战争以及随之而来的数以百万计的法国赔款，已经给德国灌输了物质方面强烈的贪心。俾斯麦的"血与铁"的信条，不久就发展成为用书籍和讲演阐明的一整套理论："超国家与超人"的思想、"种族理论"、

"亚利安主义"[12]、"北欧人种型"和"泛日尔曼主义"以及它的潜在的反闪族主义[13]。

这两种运动在意大利都有反应，但是得到彼此相反的结果。社会主义不但是成功的，而且是有益的。它给予人民的东西，是他们曾经希望从政府得到而没有得到的、一个明确的社会改革纲领。它吸引了知识青年，直到 19 世纪末，社会党人一直是王国里最有影响的势力。他们的成就从焦利蒂所推行的改革上可以看出来，其中包括成年男子的选举权，以及关于公共卫生、劳动人民的工伤事故、童工、健康保险、养老金等社会立法方案。此后社会主义衰落，新起的一代转而被来自德国新理论的新的国家主义或帝国主义的信条所吸引。对于大多数意大利人来说，统一和独立的成功已经使全国的努力明确地宣告结束。他们现在需要和平与安宁，而不愿进一步冒险了。

187

意大利简史

新的国家主义者与帝国主义者

有少数人的想法跟通常的意大利人的想法非常不同。这些人不是把统一看作新意大利的终极目标，而是看作它的开端。他们对此抱有许多梦想。他们看到一个强大的王国的幻景，它拥有为全欧洲所敬畏的一个广袤的殖民帝国。为了支持这种梦想，他们引证并曲解马志尼的"第三罗马"和焦贝蒂的"意大利的首要地位"的说法，再用对于克里斯皮和他的政策的一个概念加以补充，这个概念使他成为把意大利变为新的世界强国的先驱。然而，意大利并不是一个从事侵略的国家。除皮埃蒙特外，没有军事传统。在意大利不是可望由国家控制，因为意大利人一向憎恨国家控制；在意大利倡导集体主义，也没有希望，因为意大利人的天性一直就是强烈的个人主义的。若干世纪以来，它分裂为一些小国，被贸易壁垒、地方关税、各种不同的方言以及邦与邦之间的猜忌所隔离，甚至未能意识到须作为单一的民族而统一起来，而群众运动的观念同它的思想方法是背道而驰的。然而新的国家主义的主要目标恰好是要改变这一切，把意大利变成由国家全面控制的一个侵略性的军事强国。这不仅意味着政治上的革命，也是民族心理上的革命。

这个运动不久就出版报纸，其中最重要的一种是科拉迪尼主编的《国家思想报》；另外一些报纸则属于更好或更通俗的类型，例如《三色报》[14]和《大意大利报》。科拉迪尼主张国家控制、军国主义和殖民扩张，这种扩张定会吸引人民移居国外，并为祖国保有此时有利于其他国家的殖民者。针对个人主义的精神，科拉迪尼强调现代工业的不可避免的集体主义，认为从国家的观点出发，个人就象落叶与森林的关系那样的不重要。他力图唤起冒险精神，歌颂战争的"道德价值"，去同社会主义的和平主义思想进行斗争。一句话，他是在宣扬强权政治的全部信条。科拉迪尼的观点非常投合那些不安静的、不满足的分子，特别是青年人的心意，受到需要市场和原料的工业家的欢迎。

188
小说 历史

文学的宣传

一种更微妙更直接的影响，但在精神上同样是属于国家主义的，便是诗歌的影响。它同政治思想的关系在拉丁语系的国家比在英国一向更为密切。早期的诗歌是理想主义的和爱国主义的，但是在1870年以后，它的精神改变了。这时它是积极的、实用的，涉及贫穷甚至政治这样具体的问题，采用同散文没有什么不同的朴素的形式和语言来表达它的思想。这些叫做"现实主义者"的新派诗人的最优秀的代表，是加布里埃尔·邓南遮[15]。邓南遮是一个伟大的艺术家，具有深刻的戏剧感、优美的抒情笔调以及熟练的掌握语言的能力。但是这个人的品格却不配称为"艺术家"。他在私人生活方面是一个酒色之徒，一个享乐主义者，在他这种人看来，人生的快乐就是肉体方面的，这种天赋的肉欲主义渗透了他的一切作品。同这种对生活的实利主义观点相连的，是无情的和残忍的性格。邓南遮非常受人赞赏，他的作品被人广泛阅读，但是他的影响决不是健康的。他加剧了对快乐和刺激的追求，这在年轻一代中间已经成为一种不健康的症候。他加深了时代的动乱和对生活的不满，赞美物质享受的快乐，以致排除人们精神上的一切崇高愿望，推动他的国家沿着危险的道路向"光荣伟大"的将来前进。

国家主义的宣传从其他各种不同的渠道得到重要的支持。阿尔弗雷多·奥里昂尼的、后来成为法西斯主义通俗教科书的历史著作，以巨大的力量表达了作者的扩张主义观点，表达了他对一个非洲帝国的要求，以及他的信条"伟大是目的，英勇是手段"。不大著名而较实际的，是马里奥·阿尔贝蒂领导下的一群经济学家的工作，阿尔贝蒂调查现场，确定将来的意大利经济渗透的原则，特别是对近东、俄国和巴尔干半岛上的各国。

一股强烈的帝国主义潮流从这些汇合的思想渠道涌现出来，敦促政府采取"光荣伟大"的前进的政策，把国家的英雄气概从渺小与贫困的生活现状中拯救出来。

189

意大利简史

对利比亚的征服

比在报纸上的叫嚣更强大的动机推动着政府去实现国家主义者的目标。英法两国已经同意让意大利获得昔兰尼加和的黎波里。意大利及时作了缜密的准备工作，在1911年9月，把最后通牒送达土耳其，接着就宣战，并派遣部队到利比亚去。战争使全意大利人都变成了国家主义者，而加里波迪的赞歌的嘹亮的调子又一次响彻全国。国家主义者的报纸宣称这场战争是他们自己的战争，其热烈情绪和爱国热忱达到了疯狂的顶点。邓南遮用他描写战斗部队的英雄气概的诗歌煽起怒火，看来政府与人民似乎终于结成一个新的整体了。但是战争拖得太久，战争的性质也不足以把大众的兴奋情绪保持下去。法奥两国的干涉防止了意大利海军进攻海峡[16]，防止了土耳其的欧洲部分遭到严重的损失，因而使战争免去引人注目的事件。1912 年 10 月签订和约，跟着就出现了不可避免的反应，因为意大利认识到的黎波里塔尼亚不大可能给予意大利海外移民以美洲那样的金融上的吸引力，在未来许多年内，它所新攫取的这些殖民地只不过是意大利财政部的一笔额外的负担。

戦后，国家主义党尽管有人脱党，内部发生分化，但是在向着它的目标和纲领推进方面是完全一致的。它的主要报纸《国家思想报》这时是一种成功的日报，它开始主张实行全面的教育改革。它主张应该教育新起的一代知道他们是属于这样一个国家，这个国家"热望在统治世界方面它能征服世界最大部分"。不应该再用自由主义的旧理想而应该用"有所作为的人们的道德"去教育他们。

190

小说

历史

焦利蒂的垮台与社会骚乱，1912—1914 年

在另一方面，社会主义运动已经衰落，最后从一个全国性的政党变成单个选区里的一些团体而已。然而，在 1912 年年底，《前进报》的编辑工作转移到某一个叫做贝尼托·墨索里尼的人手里，于是一种新的力量加入了意大利社会主义运动。这时墨索里尼是一个全心全意的革命者，他的信仰来自卡尔·马克思的毫不妥协的学说[17]。他在《前进报》上写的社论和他的演说，对党的极端派有巨大的影响，后来由于他在运动中创造新的活力和兴趣而受到人们的感激。社会主义运动中较温和的中产阶级领袖们，如图拉蒂和比索拉蒂，正在失去工人们的信任。

1912 年，议会通过一个赋予人民以普通选举权的法案，这样就把选民从三百五十万增加到八百万。下一年举行普选，全国非常热切地等待结果，因为关于新的选民投哪方面的票有许多推

测。1913 年的普选是焦利蒂的政治上的杰作，但是他操之过急
了。他不但同教士们达成协议，对选民施加极度的压力，而且对
于凡是名义上拥护他的纲领的候选人，一律由政府给以支持。结
果是，多数中包括各种不同政治见解的人。甚至焦利蒂也不能把
这种互相敌对的分子团结在一起，因此他在 1914 年 3 月又辞了
职，此后有七年之久他没有当政，虽然在众议院中他还继续控制
着议员的多数。

　　1914 年大战爆发前最后几个月间，发生了更多的骚乱。焦
利蒂遗留下一些问题：流行性的没有解决的罢工事件、因利比亚
战争而在预算上出现的二千多万里拉的赤字以及铁路工人的迫在
眼前的罢工。6 月初，在安科纳边区和罗马尼阿爆发了一连串骚
乱；有些地方建立了"共和国"，另一些地方士兵被包围在兵营
内。公众的神经极度紧张，但是运动的背后是没有组织的，一星
期以后，运动就垮台了。其原因至少有一部分是由于墨索里尼的
《前进报》所表达的极端偏激的观点，而"流血周"[18]的骚乱却
使编辑和他的支持者感到十分满意。

三国同盟的衰落，1903—1914 年

　　三国同盟曾在 1902 年续订，但附有关于奥地利的重要条款。
这些条款规定，如果盟国之一在未曾首先遭到进攻就对别的大
国宣战，其他两个盟国保持善意的中立。还有一条是关于巴尔
干半岛各国的，规定奥地利和意大利对于它们自己或任何其他大
国在那个地区的意图，必须互相提供充分的情报，此外，倘若两
国中任何一国不得不改变巴尔干半岛各国、亚得里亚海或爱琴海
地区的现状，必须根据相互的协议并给予另一大国以补偿，才能
作出这种改变。这一条款的意义在于意大利渴望向的里雅斯特和
阿尔巴尼亚扩张，并担心它在巴尔干半岛的贸易，在那里它的汽
车工业找到一个可以获利的市场。三国同盟在意大利是不得人心

的。这个同盟只是针对法国，因为三方面都清楚地了解到，英国不属于同盟注意的范围。然而，意大利分明倾向于对英法两国友好，如果不是为了社会党憎恨自从1894年以来就是法国的同盟者的俄国，它甚至会退出三国同盟的。意大利国王与法国总统卢贝[19]相互访问，在1906年的阿尔赫西拉斯[20]会议上，意大利支持法国反对德国。意法之间的贸易关系已经恢复，意大利承认法国在摩洛哥的权益，作为报酬，法国承认意大利在的黎波里塔尼亚的利益。这样意大利在三国同盟中就成为一个非常薄弱的环节，其他两个伙伴中的任何一个对于意大利给予的支持会有多大的信任，却是值得怀疑的。

1914年初，法国同奥地利从来就没有好过的关系恶化下去。霍恩洛黑亲王下令开除的里雅斯特市政府雇用的意大利人，这一行动不但造成的里雅斯特本地的冲突，而且引起特兰提诺的同情示威运动。来自意大利的抗议没有产生结果，因为奥地利打算随心所欲地去对待它统治下的意大利臣民，但是意大利对奥地利的怨恨加深了，关于两国缔结积极的同盟的一切想法几乎都是不可能的。这就是当时意大利国内外的情况，这时，在6月28日，斐迪南大公和他的妻子被人暗杀了[21]，四个星期以后，奥地利向塞尔维亚发出最后通牒。

中立与干涉，1914—1915年

如果对于德奥两国对意大利作为同盟中第三个伙伴的价值的真正看法有任何怀疑的话，那么这种怀疑已由于塞尔维亚遭受侵略而得到解答了。这对意大利是一次剧烈的震动。同盟的条款已经受到蔑视。事先既没有通知意大利，也没有同它商量，因此，意大利完全有权宣布中立。8月2日，它就这样做了。法国很机智地赞成这个立场，英国也认为这个立场显然是正确的。但是对意大利来说，事情还没有到这里为止。它仍然是同盟的一个伙

小说 历史

伴，盟约所包含的条款明确地规定，奥地利在巴尔干半岛增加任何领土，意大利也应得到同等的补偿。意大利外交部立刻把照会送达维也纳，说明意大利愿意接受的唯一领土，是位于被奥地利占据的意大利省分以内的土地，意思就是指特兰提诺。奥地利甚至毫无礼貌地拒绝讨论这个问题。

外交活动正在进行的时候，意大利全国分成"中立主义者"和"干涉主义者"两派。在战争的早期阶段，前一派是最大的一派。保守党和天主教党、许多自由党人、依靠德国资本的实业家以及那些采纳焦利蒂的主张的人，都赞成中立的立场。在另一边的，是法国的朋友，共和党人和互济会会员、由墨索里尼领导的一群社会党员、意大利民族统一主义者，特别是国家主义党员。在无政治背景的多数人看来，"干涉"就意味着同英法两国联盟，因为同奥地利并肩作战现在是不能想象的。然而，国家主义党主张作战而不管同谁并肩作战，实际上却是站在德国和奥地利一边，直到得不到支持的时候，他们又变成协约国的热烈拥护者。

无论如何，当机立断是不可能的。利比亚战争已经暴露出意大利在军事组织和装备方面的巨大缺陷。军队完全没有准备在阿尔卑斯山区进行冬季战役。在 1915 年初夏以前不能有所作为。同样重要而困难得多的，是唤起全国面临惊人的牺牲这一任务，而干涉就意味着使他们以坚持战胜的精神作出牺牲。报纸对此给予巨大的帮助，几乎全是亲协约国的，而协助它们的是协约国宣传的优越性；因为德国的宣传方法非常笨拙，以致有时候当局拒绝发表柏林所提供的材料。国内的斗争从议会中反映出来，然而，中立派在众议院中是强大的，因为众议员中有很大一部分人依然被焦利蒂迷惑住，而焦利蒂一向是个悲观主义者，他害怕灾难，对军队不信任，倾向于几乎不惜以任何代价换取和平。

当全国的同情连续不断地转向协约国的时候，众议院依然赞成中立；但是由于中立的危险性变得更为明显，在大臣们看来，永久的中立是否明智，也越来越令人怀疑了。要是德奥两国获得胜利，从它们那里是没有什么可以指望的；要是意大利不在协约国处于危急的时候助一臂之力，那么协约国也未必会对意大利表示慷慨。意大利曾再次试图劝奥地利满足它的愿望，但是这个企图只是遭到坚决的拒绝。于是继焦利蒂担任首相的萨朗德拉转向英法两国一边。秘密谈判开始了，而且在一种非常同情意大利的意愿的气氛中继续开下去。

伦敦条约

1915 年 4 月 26 日，意大利同协约国签订了秘密条约。凡是意大利所想要求的一切，都包括在条款里面了。它将得到特兰提诺、勃伦纳山口的一个国防边疆、的里雅斯特、伊斯的利亚、达尔马提亚海岸的一部分、发罗拉港口以及在阿尔巴尼亚的特权；罗得岛和多德卡尼斯群岛以及亚得里亚海上的某些岛屿。如果小亚细亚被瓜分，它将得到士麦拿，如果进一步重新分配非洲大陆，它也将得到那里的土地。在战争进行中间签订的这类秘密条约，都是不大可靠的文件。然而，意大利终于在 5 月间公开宣布退出三国同盟，因此把全国转入战争局面的最后阶段，在紧张的兴奋与疯狂的热情的气氛中完成了。邓南遮作为平民发表了一系列激昂慷慨的演说，使不同的听众受到激励而举行了显示爱国热诚的狂热的示威游行，他成了使意大利参战的一个重要因素。他的活动引起了大众的喧嚣，使焦利蒂在众议院中不可能保持由中立派组成的多数，5 月 24 日，国王对奥地利宣战。

二、意大利在大战中，1915—1918 年

欧战爆发时，意大利对于战争完全没有准备。这主要是金钱问题。军事开支从来是不得人心的。当财政大臣把军事预算列为"非生产性的开支"时，这句话在军界引起巨大的愤慨，而在战争

于 1914 年开始以后，军务大臣要求拨款二千四百万英镑，把军队
改成正式的战时编制，这个要求遭到愤怒的拒绝，拨款削减为三
分之一。利比亚战役所暴露的缺陷，结果从未得到弥补。大炮严
重缺乏。然而，意大利总司令卡多纳将军是一位伟大的组织家，
他在保持中立的几个月内已经计划好对奥地利山区边境发动进攻。
从 1915 年 5 月到 8 月，意大利军队沿着全线的进攻都很顺利，
意大利的四个军缓缓地开进奥地利的领土。在战线的东端，奥地
利的抵抗最顽强，伊松佐河的战斗于 10 月间在那里猛烈地进行
着。1916 年春天，奥地利人在特兰提诺第一次大举进攻，但被
数量上显然较少的意大利军队抵挡住。逼近维琴察的危险一过
去，卡多纳马上转过来向伊松佐前线发动进攻。8 月，意大利军
队在戈里齐亚地区发动了一次攻势。1916 年夏天，发生在干燥
的、石灰石质的卡索山地的战斗是残酷的，双方都遭受重大的损
失，在整个山区沿线，夏天过去以后又是一个严酷的冬天。到了
1917 年，形势就对意大利不利了。俄国的溃败使奥地利有充分
的人力和物力腾出来用于意大利前线作战。春天的战斗造成重大
的伤亡。在 5 月战役期间，意大利军队第一次暴露出士气的低落
与进攻锐气的减弱。奥地利军队在伊松佐前线的大规模攻势，由
于德国师团的加入而变得猛烈起来。意大利战线终于崩溃，军队
的士气也随之瓦解了。卡多纳虽然不应对失败负责，但他却是一
个严厉而不得人心的人。在卡波雷托惨败以后，他的职务由阿芒
多·迪亚兹将军接替。意大利的各盟国很快就看出卡波雷托战败
的惨重，于是派遣六个法国师团和五个英国师团到意大利来，但
是在他们到达前线以前，意大利军队已经独力稳定了阵地。在皮
亚韦河畔的战斗中，二十九个意大利师团阻止了德奥两国五十个
师团，而法国和英国军队的到达，又多少恢复了数量上的平衡。
1918 年，奥地利在皮亚韦河畔的最后一次春季攻势遭到彻底的
失败。秋天，意大利人和他们的盟军在维托利奥威尼托战役最后

取得了胜利。11 月 4 日，在西线停战前的一个星期，意大利和奥地利签订了停战协定。在三年半的战争中，意大利动员了 523万人，占它的人口百分之十四点四，损失了 68 万人。

三、意大利与法西斯主义，1918—1940 年

停战协定签字以后，意大利面临着其他国家所遭遇的同样问题：军队复员并把人力重新吸收到民间生活中去；战时的匮乏引起了对各种货物的狂热需求，从而在工业上造成暂时的繁荣；战时的生产转变为平时的需求；物价高涨，贸易受到限制，政府加强管制。此外，还有高工资、过多的冗员和无数专门职位的问题。由于煤炭和原料的缺乏以及船舶的短少，意大利比其他国家受到的阻碍更要多些，同时也和它的盟国一样，预算上出现庞大的赤字。

和平会议

和平会议在巴黎开幕的时候，政府简直没有时间采取起码的步骤去处理一连串复杂的问题。一开始，意大利就觉得自己处于不利的地位。它对战争的努力没有受到充分的赞赏。它所对抗的只有奥地利一国的军队，它同德国的军队与指挥才能只较量过一次，结果却造成卡波雷托的败北，这些事实都在盟国领袖们的眼中贬低了它的身价。他们没有注意到，意大利必须在一片拥有广袤的天然屏障的地势上发动攻势，而这一片地势在战前已由敌人设立坚固的防卫工事，并且是在意大利保持中立的月份中巧妙而细心地开拓出来的。意大利还被指责为一个"帝国主义者"，这一指责与其说是根据众所周知的它所据以提出主权要求的伦敦秘密条约的条款，无宁说是由于战前年代它所坚持的民族主义宣传。再其次，它还犯了一个拙劣的外交上的错误，没有在威尔逊[22]的"十四条"发表以前把伦敦条约的条款通知美国，"十四条"

中只说到"修改边界"，指的是勃伦纳边界线。当威尔逊到达罗马时，这个错误又重复了一遍，那时没有按照伦敦条约的精神讨论意大利的要求，意大利就听任他离开了。接着意大利问题又拙劣地被提出来。奥兰多[23]虽然是一个智力高超的人，有着律师那样的、能看到问题两个方面的才能，但在对付象克莱蒙梭[24]这样一个只看到一方面的人，却证明是一个缺点。最后，意大利的可悲的国内状况也使意大利的地位受到损害，诸如内阁的分裂和猛烈的争吵、不满情绪、罢工、工业的脱节以及全国普遍的不安宁等。

1915 年，意大利参战的时候，英法两国同意大利签订的伦敦秘密条约（194 页），答应给予意大利勃伦纳山口作为它的北方边界，并把的里雅斯特、普拉、伊斯的利亚半岛、达尔马提亚海岸的北部连同亚得里亚海的几个岛屿，以及发罗拉港连同一片狭窄的腹地许给它。条约承认它在小亚细亚的权益，并保证要是法国或者英国增加它们在非洲的领地，也在非洲给予它补偿。然而威尔逊所依靠的美国专家们对于意大利的要求显然是反对的，甚至对勃伦纳边界的要求也是如此，而威尔逊总统本人虽然对于勃伦纳边界线的态度是坚决的，但拒绝承认象伦敦条约这样的任何"秘密"条约的效力。事实上，盟军的专家们对于构成象捷克斯洛伐克和南斯拉夫这样的新国家，比扩大意大利的势力范围或者为它规划一个帝国的兴趣要大得多。小亚细亚问题的解决是一个很好的例证。1916 年，法国和英国的一批专家提出所谓赛克斯－皮科特协定。这个协定不顾伦敦条约，把小亚细亚分给法、英、俄三国。意大利对此提出强烈的抗议，因此在 1917 年，小亚细亚又在纸面上重新分配，这一次只要取得俄国的同意，意大利就可以获得士麦拿、科尼亚、伊特基利。但是俄国的崩溃使这件事不可能实现，后来，英法两国利用俄国没有签字，从而推翻了这个条约（所谓圣让·德·莫里昂条约），并把士麦拿划给希腊。

198

意大利简史

在巴黎和会上，意大利散发一篇冗长的备忘录，提出它的主权要求，说明所牵涉的问题有文化与民族两个方面，并说明所要求的这些地方在战略上的必要性。这些主权要求包括北方的勃伦纳边界、东方的朱利亚阿尔卑斯分界线，这就意味着把朱利亚威尼提亚包括在意大利版图以内。再往南，这些要求包括伊斯的利亚和达尔马提亚北部连同位于萨拉与塞贝尼克之间的海岸线。对于亚得里亚海以外的土地没有提出要求。有一长段是专门谈到阜姆的，它的命运是和会中困难条款之一。塞尔维亚首相帕西克同意大利人立于反对的地位，他散发了另一份备忘录，要求承认这样一个边界，从离伊松佐河大约十五里地方起，包括的里雅斯特、普拉和阜姆连同整个达尔马提亚和阿尔巴尼亚北部一大部分。意大利对于不承认它对阜姆的主权要求感到非常愤慨，这个地区是在一次公民投票中明确宣布并入意大利的。在争执最激烈时，奥兰多和桑尼诺男爵[25]回到罗马，争取议会的支持。这次访问证明是不幸的，因为当他们不在巴黎的时候，对非洲和东方的托管已经分派好了，意大利什么也没有得到，这就更进一步加深了意大利对它的盟国的反感。不久以后，奥兰多在众议院中被击败，尼蒂[26]接管政府，任用蒂托尼[27]为外交大臣。在巴黎的圣热尔曼-昂-莱区，对奥条约签字，根据这个条约，意大利得到它所垂涎的勃伦纳边界。接着就是解决利比亚边境问题，法国让予意大利一系列泉水和绿洲，英国给予意大利介于肯尼亚与意属索马里兰之间的朱巴兰的一块土地。

小说

历史

199

意大利与南斯拉夫

1920 年 1 月，凡尔赛条约被批准，只是意大利与南斯拉夫之间互相对立的要求，依然没有得到解决。1919 年 9 月，邓南遮曾率领一群狂热的人占领阜姆，建立一个不巩固的政权，这个政权为后来的意大利法西斯组织开了先河。当焦利蒂在 1920 年

4月出任首相的时候，他力图同南斯拉夫达成协定。他的第一项行动是把军队从阿尔巴尼亚召回，并撤出发罗那。这一年晚些时候，首相们和政治家们组成的"旅行团"在拉巴洛开会（1920年11月），这个旅行团代替巴黎和会去努力解决一些依然没有解决的困难。意大利和南斯拉夫终于在这里解决了它们在边界上的分歧。意大利取得朱利亚阿尔卑斯边界，包括蒙特纳沃索、伊斯的利亚连同普拉、的里雅斯特和朱利亚威尼提亚。阜姆已成为一个独立邦，但是当这个办法证明是行不通的时候，这座城市就交给意大利（1924年），而河对面的苏沙克连同巴罗斯港和三角洲则划给南斯拉夫，这就需要使邓南遮退出。军队被派去了，受到很少的抵抗，事件就告结束。意大利几乎得到了它所要求的一切地方，达尔马提亚北部除外，在那里它只得到萨拉这一块被外国领土包围的土地。

　　这样，意大利就从欧洲的重新分配中出现，领土有了显著的增加（特兰提诺和伊斯的利亚），在北方与东方都有了良好的战略上的边界，对达尔马提亚海岸线比以前取得更牢固的控制。但是它既没有获得托管的土地，也没有获得殖民地，因为在利比亚沙漠中的绿洲和在遥远的朱巴兰的一条狭长的领土，既不能给它原料，也不能给它一个开拓殖民地的出路。政客们声称已经满足，但是有一个事实无法掩盖，即英国为它的帝国增加了二百五十万平方英里的领土，法国增加一百万平方英里的领土，而意大利只有十万平方英里可以夸耀，而且大部分都是沙漠。一种不如意的情绪依然存在，使意大利比较深谋远虑的阶层深有感触，他们觉得意大利没有受到宽厚的待遇，而盟国却一直在攫取它们自己的利益，因此在将来不能对它们有多大的指望，除非意大利强大到能够独立采取行动。

议会民主的解体，1918—1922 年

在胜利以后的整个三年中，意大利的国内情况越来越坏了。社会党最初对意大利曾经是一个鼓舞，他们的有利于工人阶级的许多提案曾被采纳，可是远在战前几年，他们的眼界就变得狭小了。他们大半致力于市政的管理；将近一半的意大利城市都掌握在他们手里，特别是北方的工业区。他们在工会运动中也有强大的代表性，据说他们有二百万工会会员。在战争期间，社会党一面在积极增加工资，在市政方面任意铺张，同时暴露出一种失败主义的情绪，这种情绪对于休假时的部队有过恶劣的影响，因而在很大的程度上促成卡波雷托的败北。在战后非常困难的社会与经济情况中，由于纪律的松弛、士兵关于立即复员的要求以及急欲回到正常状态的不耐烦情绪，到处增加了强暴的犯罪行为。

正是在这个时刻，意大利的社会党受到俄国的影响。既没有什么中心组织，也没有出现任何一个象贝拉·昆这样的人物，但却爆发了虐待穿军服的、特别是佩戴勋章或者绶带的残废官兵的丑恶暴行。极端的社会党人取了一个"多数派"的称号，这是"布尔什维克"的同义语，并且用锤子和镰刀作为他们的徽记。在罗马尼阿，特别是在波伦亚，他们的领袖们开创了他们的敌手所说的"恐怖时代"。在意大利全境，有时为了经济原因，有时为了政治原因而举行的狂热的罢工大会，使社会事业几乎陷于混乱的状态。火车、电讯、邮政全不可靠，工厂一接到通知就立即举行罢工，社会纪律的普遍败坏，配合着惊人的挥霍浪费，使全国工业和财政都有崩溃的危险。雇工占领工厂，并企图使管理部门为了工人的利益去经营工厂，因而使崩溃的危险达到顶点。这是一个彻底的失败。

面对着混乱和暴行，政府的怯弱和漠不关心的态度是可悲的。最坏的犯罪者是尼蒂，在他从 1919 年 6 月到 1920 年 4 月任

职期间，国家的情况不断恶化，而他的继任者焦利蒂很少想出办法或者根本没有想出办法去改善这种情况。尼蒂一步一步地向社会党的要求让步。他特赦逃兵，因而激怒了军队；他在关于卡波雷托战役的报告刚完成时就把它公布出来，其中有不利于将领、军官和士兵的调查结果，因而给予社会党一个可以用来惩罚军队的极好武器；当军官们在街上被殴打甚至被杀害的时候，他所能够做到的只不过是承认自己无力保护他们，劝他们在不值勤的时候穿上便衣。他认为这种事态是战争带来的不可避免的结果，早晚是会解决的，因此他始终拒绝用武力镇压暴行和维持秩序。他甚至不愿在发生暴行的地方执行法令，对非法罢工的为首者提出公诉。

快到 1919 年年底，尼蒂采用普选作为权宜之计，然而，选举的结果只不过加强了反对派的力量，社会党赢得 156 个席位。这时出现了一种新力量，这就是由西西里神父唐·斯图佐创立的人民党。人民党企图使现代的社会的和民主主义的思想与天主教会的古老信仰冶为一炉，它是现今天主教民主党在政治上的远祖。1919 年，他们投合农民的心意，主张分散大庄园的土地。他们在第一次竞选时赢得 101 个席位。

从 1919 年的普选到 1920 年 6 月，又一次罢工和骚乱的浪潮席卷全国，包括一次六十万工人的静坐罢工。社会党不愿入阁，但也不是十分有力地或者积极地进行革命。罢工终于自行结束，到了 1920 年秋天，任何真正的"赤色威胁"已经不存在了。社会党势力衰弱的一个迹象，便是他们在市议会选举中失去许多议席。这个形势必然会引起一种反应。已经有人企图破坏罢工，有人表示愿意在危急关头承担必不可少的服务工作，然而，他们的活动只是局部的、间歇的，而且从政府方面得到的只是阻挠。可是到 1920 年底，当真正的危机过去以后，一种小分队，法西斯的非正规军或叫墨索里尼的"分队"，开始大量出现了。

意大利简史

202

法西斯主义的兴起

1919 年 3 月，墨索里尼在米兰地方他的《意大利人民报》办公室内组成他的第一个"战斗的法西斯"，即"战斗队"。参加的约有 150 名左右的年轻人，大部分都是退伍军人，其中一些人曾在阜姆跟随过邓南遮，所有这些人都是非常热衷于粉碎所谓"赤色分子"的。抱着这个目标的不只是他们这个团体。国家主义党——法西斯主义者的天然同盟军，他们终于同法西斯主义者合并——早已组成一些类似的分队，其中最著名的是邓南遮的"勇士队"，大部分都是非常年轻的人，他们都感到苦闷，因为在他们到达能够作战的年龄以前，战争已经结束了。法西斯得到一些大厂主的资助，在意大利全境崛起。别的款项则是用勒索的方法筹集的；胆小怕事的人出钱贿赂，以便得到"保护"或者免遭手持蓖麻油瓶和大头棒的人们的毒手。法西斯党徒很快组织起来，在年底以前，他们就采取了强有力的行动；事实上，在以后两年中，意大利一直处在内战的状态。当法西斯党徒抢劫和焚烧社会党总部的时候，政府毫无作为，警察接不到指示，因而不加干涉地一旁观看。不久法西斯党徒赢得中层和上层阶级的同情与军方的善意的中立，而军方就容许法西斯党徒征调民用和军用的卡车作为他们进行袭击的用途。他们之所以享有特殊的便利，是因为以前尼蒂曾经纵容社会党员，现在焦利蒂就纵容法西斯党徒以对付社会党。他们的有力的手段不久就证明是有效的。共产党人的大本营波伦亚市和波伦亚省，在 11 月受到猛烈的进攻，他们的势力全被粉碎，"秩序"也恢复了。此刻已经全副武装和组织起来的黑衫党员，只要发现社会党人占优势的地方，他们就在那里用棒打，放火烧，抢劫一空。社会党人则用炸弹和伏击来报复。在米兰，法西斯党徒占领了市政建筑物，把市议会赶走，并且夺去了档案。在市政事务中，地方法西斯独裁政权开始代替社会党的垄断。克雷莫纳的"总督"即头目法里纳契夸耀说，他曾经（用蓖麻油和棍棒）强迫六十四个地方议会解散。

在 1921 年 5 月的选举中，法西斯党徒赢得三十五个席位，于是墨索里尼进入了议会。虽然自由党依然占多数，但是主要的势力是人民党的势力，人民党撵走焦利蒂，拥护博诺米为首相。秋天，墨索里尼召开法西斯党会议，在会议上他宣布成立国家法西斯党，并提出它的纲领，其要点是进行社会改革，提高国家在国外的威望，在国内厉行节约，恢复国家的权威，求得财政平衡，停止罢工，对劳资双方的争议实行仲裁。在这次会议上，墨索里尼演说中最惊人之处是，对于法西斯党即将接管国家的那种从容不迫的信念，他还直言不讳地表示，它已准备好一个完整的纲领，并有贯彻这个纲领的充分意志。这时登记加入法西斯党的有十五万二千人左右，其中六万二千人是工人阶级即无产阶级，约有九万人是独立谋生的人，即自由职业者、小商贩、地主、大小商业的业主。

议会的更多的纠纷导致博诺米于 1922 年 2 月辞职。在这些纠纷中，只有人民党是坚决支持政府的。由富裕的保守派所支持的、焦利蒂派的代表法克塔继任首相。法克塔的上任是进一步罢工和骚乱的信号。7 月 19 日，法克塔垮台，于是社会党领袖图拉蒂表示准备放弃不合作的原则出来组阁。这时，要镇压法西斯党徒恐怕已为时太晚了，除非能够劝说王室和军队去镇压他们。总之，社会党是分裂了，象人民党一样，许多党员没有认识到危险迫在眼前，依然争吵不休。于是法克塔的软弱无能的政府重新执政。

向罗马进军。8 月 1 日，"劳动同盟"（由社会党、总工会、共和党和一些自由党员支持的一个组织）策划一次总罢工。法西斯党员不但能够破坏罢工，由他们自己来管理必不可少的服务工作，而且罢工本身就为夺取要害部门的管理权制造一个最后的借

204

口。到了 10 月 18 日，法西斯党的四巨头——比昂基、巴尔博、戴·韦基、戴·博诺——准备一奉到墨索里尼的命令就发动政变。28 日，法西斯军队已占领从意大利北部到罗马的交通线。恐怖笼罩一切，又缺少有效的或者一致的反抗。10 月 29 日晚上，国王邀请墨索里尼到罗马，请他组织内阁。

墨索里尼当权

墨索里尼现在能够执行他的国家政策了，这个政策以某些基本目标为基础，今后他的一切立法都是为了实现这些目标。第一，国家在国民生活的一切部门中都是毫无疑问地至高无上的；第二，"不容有反对派"；第三是"帝国"。没有道德上的顾忌可以阻碍他。他的座右铭是："一切对我来说都是合法的，但是一切都不是权宜之计。"这些目标当然是根据当前的需要而掩饰起来或者伪装起来的，但是有时候它们以意外的坦率态度闪现出来。这些目标并不新颖。它们不过是国家主义党从德国吸取的教导的合乎逻辑的表现。唯一新奇的特色是对内通过报纸、无线电和电影进行有组织的宣传以欺骗人民，在国外则尽量制造出足以被人认为是最好的印象。

墨索里尼的第一届内阁，是在一个广泛的基础上设计的，包括四个人民党党员、三个国家主义党党员、两个自由党党员和两个社会民主党党员。他添设了一个新的机构，叫做"公安总监"，这个名称含有潜在的警告的暗示；担任这个职务的是曾任法西斯挺进队总司令的博诺将军，他在组织和指挥向罗马进军时已经显示出他的才能。墨索里尼对其他党派没有马上采取报复行动。他现在拥有三十万名武装的法西斯党员，已经把全国完全控制在手里，因而可以宽大为怀了。此外，毫无疑问，关于全国对他所发动的政变作出的反应，他渴望得到一个没有成见的评价。曾经被法西斯党徒占领的、抱着敌对意见的报社，凡是没有遭到破坏的，除了象尼蒂的《地区报》那样的已经被封闭的少数极端分子的报纸以外，都发还给它们的主编。在同样被占领的社会党和共产党的市区办公处，法西斯党员已经撤离，各种工人办公处（没有被烧去或被抢劫一空的）也都物归原主。这种宽容的结果证明是明智的，因为报社和市政当局的大多数人都变得谨慎而稳健了，不少的人很快成了法西斯党员。

法西斯党丝毫不想成为众议院中的许多党派之一。象罗马天主教会一样，他们不容许妥协。1923 年春天，人民党举行代表大会。他们对政府的态度是暧昧的。内阁中的该党党员马上被召见，经过同墨索里尼一次会见以后，就提出辞呈，并且立即被接受，这件事使人民党发生分裂，一派加入法西斯党，另一派坚决反对，但是由于内部分化，该党已削弱到无足轻重的地步。社会民主党也发生了类似的分裂，在墨索里尼拒绝同该党缔结同盟以后，它的领袖切萨罗公爵就辞了职。墨索里尼设计了一个新的选举方法，这个方法可以有效地废除旧的政党制度，并防止法西斯党有失败的可能性。根据 1923 年的法律，全国分成十五个大选举区，每一党提出一个全国性的候选人名单。得到选票最多的党，有资格获得众议院中三分之二的席位（356 席），剩下的席位（179 席）按比例分给其他党派。1924 年 4 月按新制度举行普选。法西斯党和它的同盟者获得百分之六十五的选票，其它党派落到无所作为的地步。

排除反对派

由于素孚众望的社会党众议员贾科莫·马太奥蒂于 6 月 10 日遭人谋杀，议会的局势已经临近严重关头。墨索里尼本人，至少是法西斯党员们，对这次谋杀案是要负责的。全国人民掀起了愤怒的浪潮；这个危机使政府完全动摇起来。为了表示抗议，反对党都离开了议会，躲到阿文廷[28]去了。他们要求取消法西斯党的国民兵，重新举行选举。甚至退役军人也动摇了。然而在元老院里，政府却得到信任票的支持。

这次危机标志着法西斯恐怖主义新浪潮的开始，这一浪潮很快就导致连一个民主政府的庄重的外貌也荡然无存了。1925年初，墨索里尼宣布说，"武力"可以"解决阿文廷问题"。现在当了法西斯党书记的罗伯托·法里纳契就是这种武力的主要工具，他用大头棒和蓖麻油促使反法西斯党派的领袖们出外流亡。出版自由遭到破坏，并为迫害剩下的反对者建立了特别法庭。

工会。法西斯党有他们自己的工会或者"辛迪加"以及其他社会组织和经济组织，这些组织不容许有竞争者。为了对付"不可靠的"或者反抗的组织，特别是那些带有政治色彩的组织——这种组织在意大利为数势必是很多的，政府颁布了一系列法令，使那些组织受到不断增加的压力。1924年1月，它们被置于地方行政长官的监视之下，他可以审查它们的书籍，设置政府事务长官管理它们的经费，最后解散它们，把它们的资产挪作别项用途。1925年，所有的团体都奉到命令：一经查问，就得随时向警察提供会员和职员的名单。最后，在1926年11月，报纸上发表一份公报，宣布说，"凡具有反法西斯性质的一切政治团体，一切有嫌疑的政党和其他组织已被解散"。

出版。出版方面的服从是必要的，但是意大利出版界却有着坚持不变的独立思考的传统。对付许多报纸困难不大，但是其他一些报纸态度坚决。意大利自由党的主要报纸之一，《晚邮报》所遭受的待遇足以显示出政府使用的手段。主编兼发行人，元老院议员阿尔伯蒂尼，是个坚持不懈而又谨慎从事的批评政府的人。由于这个人影响太大，不能马上把他解职，因此由一群资本家来收买他，于是这家报纸的言论方针改变了。1924年，意大利报纸一共有三千三百名新闻记者，三年以后，数目已不到一半，有一百多名新闻记者已被解雇，而且不准写作，他们之中很

207

小说　历史

多是过去产生过很大影响的新闻记者。

律师。代表正义和个人自由的律师们的长期对抗，形成对法西斯主义的最强烈的控诉。在意大利的每个省有两个协会，一个是兼理民事刑事的在高等法院出庭的律师协会，一个是只理民事的在初级法院出庭的律师协会。对于它们没有触动，但是各省另外组织了第三个协会，即法西斯律师协会，这个协会受到政府的支持。法西斯党员与他们的敌手之间的斗争继续了多年，由于长期的反抗所引起的愤怒，可以从一件事实上看出来：1931年，有两千多名律师的名字从准许执业者的名单上被勾去了。

极权国家的建立

从道德的观点看来，马太奥蒂被暗杀的事件及其后果，完全动摇了法西斯党的权力，但是，从墨索里尼认为唯一重要的观点即从武力的观点看来，这是一个胜利。这个事件不仅表明反对派在政治上的软弱，也表明全国对于政府所依靠的暴力政策缺乏有效的反应。这些事实使墨索里尼深信，需要有进一步镇压的法律。凭着一个出版法案，他"企图取缔颠覆性的报刊"（1925年）。实行某种管制的法律是需要的，因为在意大利，没有保护公务人员免受诽谤的法律，也没有关于蔑视法院的刑罚。然而，法西斯党怎样利用出版法，那是不难了解的。从此以后，报纸就必须是亲法西斯的了。另一条法律废除秘密结社，这是针对互济会的，由于它们的方法非常秘密，以致不能把它们完全消灭，但是从此以后，法西斯党员不许作互济会会员，互济会支部也解散了。在第一次企图谋杀"领袖"的事件发生以后，公安法对于这种企图规定了最严厉的惩罚，并且设立了保卫国家的特别法庭（1926年），由秘密警察（镇压反法西斯活动的志愿队）提出受害者名单。

还有三条法律把更多的权力放在法西斯党手里。第一条

（1925 年 12 月）规定政府首脑的权力，也就是墨索里尼本人的权力。内阁的责任和议会对政府的监督权已经消失。将来任何议案不先交给他审核就不能在议会中提出，一切概由他对国王负责，而不是对议会负责。随后，他又取得权力，使他无需征求国家其他权力机关的意见，就可以颁布具有法律效力的法令。第二条法律修改（或者消灭）生气勃勃的市政制度，用由上边指定的官吏（市长）和市议会代替地方市长和选任的市议会。第三条根本法使法西斯大议会成为国家机关。制定这个法律的结果是，国家的政治和行政机构都操在法西斯党手里，该党也已充分使用一切镇压手段。直接的武力是由庞大的警察武装使用的。

经济管制

法西斯辛迪加或工会的成立，是代表雇主和雇工双方的。加入这些工会的会员，政府声称总数有两百万人，然而这只是一个想象的数字。例如，在 1925 年 4 月，当菲亚特汽车工厂的一万八千名工人选举一个同公司的福利会有关的委员会的时候，虽然百分之九十以上的工人投了票，但是没有一个法西斯党徒当选甚至被提名。1925 年，根据维多尼宫协定，雇主和工人们的代表协议，只有法西斯党的工会才能代表他们。这个协议由1926 年 4 月 3 日的法律使其合法化，而这条法律取消了罢工的权利。经过以后的变更，工业的最后地位如下：

全国工业组成九个联合总会，四个联合总会属于雇主，四个联合总会属于在工业、商业、银行业和农业方面的工人，一个联合总会属于自由职业者。在每一个联合总会中，政府只承认由法西斯党徒控制的个别分会。但是法西斯主义要想对国民工业加以绝对控制，却存在着一个困难。意大利是日内瓦国际劳工局的参加者，曾经保证承认"自由组合的原则"。所以，在联合总会的章程中加入了第十二条款，规定雇主和雇工凡是不愿意加入法

209

小说　历史

律认可的组织的，可以组织所谓"事实上"的工会。有些这样的
工会已经组成，但是当局却不让它们长期存在，它们受到警察蹂
躏，被法西斯的小分队恫吓，直到它们不能存在时为止。这件事
在意大利国外是没有人知道的，因为墨索里尼没有触动那个最
大最有名的社会党组织——劳工总会。虽然这个中央组织仍然
原封未动，但它所指导的许多分会不是被解散，就是被置于一
个政府委员的管辖之下，以致劳工总会下面没有一个组织可以
由它管辖。于是劳工总会只好自行解散，并声称它已改信法西
斯主义了。

　　社团国家。墨索里尼的经济顾问们曾经对"社团国家"的
学说大加发挥。他们认为 19 世纪的统一运动只是在政治意义上
是成功的，法西斯主义的任务是要建立一个在经济上完整的国
家。社团国家的学说以极其空想的方式设想用精选出来的一批
批经济专家代替各政治团体，同时设想在政治意义上国家的最
后"消亡"，这种学说以后由葡萄牙人萨拉扎尔[29]更进一步加
以发展。当然，国家的"消亡"是共产主义学说的一个教义，
但是人们没有理由去设想墨索里尼会对这种想法予以片刻的考
虑。20 世纪 30 年代的教育大臣朱泽培·博塔伊是较纯粹的法西
斯主义理论家之一，他曾不断地使墨索里尼注意法西斯政权所
固有的"社团哲学"。"领袖"用通常对待小孩子的那种有趣的
容忍态度听他说，而那种容忍不是抱有牵强附会的思想的博塔
伊所应得的。社团国家是要建立在二十二个"社团"上面——
这些社团是指导和协调的团体，代表雇主和工人双方，并且置
于总联合会之上。但是这些社团是到了 1934 年才产生的，在
那个时候，墨索里尼的真正兴趣已倾注于征服一个海外的帝国。
一个叫做"法西斯与社团议会"的新的立法会议，到了 1938 年
才代替旧日的众议院而产生。

　　1927 年，公布劳动条例，这些条例在名义上确定了从前社

210

意大利简史

会党的关于工作权利的理想，同时也巩固了国家对劳资双方的控制。

国民业余互助会。墨索里尼严峻无情地决定支配国民生活的一切方面，堵塞意大利人民自发的创造力的一切渠道，在这些地方暴露得最清楚的莫过于他所大力鼓吹的国民业余互助会了。这是管理人民的休养和娱乐的一个团体。每一种运动和娱乐都得隶属于一个国家组织，这个组织的主席和秘书都是由政府委派的。国家奥林匹克委员会被提升为国家的附属机关，因此变成意大利娱乐的守护神。此后，没有得到高尔夫联合委员会的许可，高尔夫俱乐部就不得布置俱乐部之间的竞赛，开除雇员或在俱乐部建造一间新浴室。旅游俱乐部、足球和自行车俱乐部、乐队和舞蹈协会，甚至下象棋和演奏曼陀林，同样须得服从法西斯党的监督，否则就要被解散。所有这些官方的干涉都抱有一种细心掩盖着的政治目的。国民业余互助会为宣传提供一个良好的场合，而在奥林匹克比赛中获得的胜利又给新意大利充当有益的广告，那些参加奥运会的运动员都是由公家出钱训练出来的。此外，法西斯党的秘书们和组织者们一直用锐利的监视的眼光注视着文娱活动中所谓"道德和精神现象"。甚至关于爬山运动员和曼陀林演奏者的政治见解的情报，也是法西斯党徒们所一直乐于得到的。

以上便是法西斯党徒渗透工作的梗概。法西斯党所能施加压力的程度是很大的。例如，1928年3月，运输大臣规定，在签订建筑铁路的合同时，必须一直把优先权给予法西斯党徒承包人的投标，劳工介绍所替失业工人找工作的时候，也要这样做。这样一来，交不出法西斯工会会员证的无党派工人就难办了。工业界的领袖同样受到政府首脑的任意摆布：例如，班尼，身为工厂厂主联合总会会长、众议员，兼二十个其他重要公司的董事、董事长或主席，被墨索里尼解职，他的职位由皮雷利接替，后者又被免职，把职位让给沃尔皮伯爵。这样就很清楚，不管政府多么依赖工业大亨们，毫无疑问，他们是不得指挥政府的，而工人和厂主同样必须受到以"领袖"为化身的法西斯党的意志的摆布。

梵蒂冈条约

到 1927 年，意大利的政治、行政和经济生活都已操在法西斯党手里。然而，在国家生活中还有一个大问题没有解决，这就是政教的关系。不但在意大利，而且在整个天主教世界，也许没有一件事情能够象这个麻烦问题的顺利解决引起人们对"领袖"的衷心感激了。自从 1870 年以来，政教的关系一直受到"保障法"的支配，但是梵蒂冈方面并未正式予以承认，一种武装的中立把教皇和国王隔离开来。墨索里尼对教会的态度从开始起就是尊崇的，甚至是友好的。小学校内重新安上了十字架，宗教课程开设了，宗教游行不受干扰，同时民政当局在朝圣之年帮助运送朝圣者。墨索里尼不愿引起教士们的对抗，他的整个态度创造了一种可以开始谈判的和谐气氛。庇护十一世为法西斯党效了劳，帮助它摧毁了唐·斯图佐的人民党。1926 年，他通过间接的口信让一个法西斯党头目巴罗纳知道他准备在教会与政府之间达成协议。他提出两个必要的条件：签订条约，重新组成一个不管是多么小的教皇国家；订立契约，使宗教婚礼具有民间仪式的法律效力。谈判是在这个基础上极其秘密地开始的。

然而，预备会议还没有开完，就为争夺对天主教童子军的控制权而停顿下来。经过两年的对抗，教会终于屈服，这个组织被吸收到法西斯青少队内去了。于是谈判重新开始，在 1929 年 2 月，签订了拉太朗协定。在谈判中途，巴罗纳去世，于是墨索里尼亲身干预，所以在最后关键阶段，谈判是由墨索里尼和教皇两人亲自完成的。

拉太朗协定包括两个文件：一个条约和一个协定。根据前

213

者，由于建立了归罗马教廷绝对所有的梵蒂冈国家，教皇承认萨伏依王室统治下的意大利王国，这样就把自从"保障法"以来即存在于教会与政府之间的纷争告一结束。从此"罗马问题"获得解决。协定则确定教会与民政当局之间的关系，天主教被宣布为国教。所有包括在"保障法"以内的一切主权和外交特权都被确认下来，教会在一切精神事务上享有的充分自由也被承认了。

教会为取得法西斯党的这些让步所付出的代价是巨大的，因为这意味着意大利教会被置于政府的控制之下。这是按照法西斯党的一句名言而"确定了"的，这句名言就是，"一切在政府的范围以内，没有什么在政府的范围以外"，不过政府并不干涉教会对于意大利国境以外天主教世界的统治。这种被称为"和解"的事情引起了普遍的欢乐，有几个月，感激和谢恩的声明潮水般地涌进梵蒂冈来。

教会与法西斯主义。可以用来衡量教会意见的唯一标准，只有教皇本人的标准，庇护十一世在世的时候，他以勇敢的天主教徒的坦率态度谈论国民教育、种族偏见以及超国家主义的问题。但是对于大主教们和主教们就不能这样说了，他们在法西斯面前往往是卑躬屈节，对"领袖"则阿谀逢迎，虽然也有显著的例外。教皇的致辞和训谕中那些直言不讳的言语，也不能被人自由地广泛地听到，因为意大利的天主教报纸已经被钳制，教皇的言论常常得不到报道，只见于梵蒂冈的正式报纸《罗马观察报》的专栏，但是这个报纸一旦发行到梵蒂冈城的狭窄境界以外，就可能立刻被警察没收了。

214

四、外交事务，1923—1940 年

从 1923 年到 1940 年的意大利外交政策，属于墨索里尼的特殊活动范围，而这也只有被理解为他的愤世嫉俗、刚愎自用的天性的表现。在洛桑会议上，他为意大利获得第一次确实的利益，

得到了罗得岛和多德卡尼斯群岛，从而建立了东地中海的贸易基地，在那里意大利始终保持着活跃的贸易事业。此后数年内，他在执行这一政策的过程中，几乎同欧洲每一个国家都签订了通商条约，1923年同波兰、捷克斯洛伐克和奥地利签订条约，1924年同俄国和瑞士签订条约，1925年同匈牙利、西班牙、阿尔巴尼亚和希腊签订条约。但是这些良好的商务关系并不是没有经过一些困难阶段甚至险境就建立起来的。意大利对外关系的敏感点，是在亚得里亚海东岸，同南斯拉夫、阿尔巴尼亚和希腊的关系上。这三个国家位于从北方的阜姆到科孚岛的达尔马提亚海岸一带，而意大利对所有这三个国家都有所猜忌，因而相互间达成协议是既费时间而又困难的。首先就是同希腊的麻烦。

科孚事件

1923年8月，希腊的非正规军谋杀了意大利将军太利尼和他的幕僚，这些人当时是在巴黎召开的大使会议的指导下，在希腊边界上从事划界工作的。一个限时答复的最后通牒立即送到雅典，要求官方正式道歉，为受害者举行有希腊政府参加的弥撒仪式，希腊舰队向意大利国旗鸣炮致敬，赔款五十万英镑。希腊政府没有即时答应，于是意大利舰队就炮轰并占领科孚岛。希腊想把这一争论提交国际联盟处理，但是意大利拒绝，认为国际联盟无权过问，但同意接受大使会议的裁决。这个会议支持意大利，所有强加的条件都已履行，赔款也已偿付，墨索里尼以其五分之一用来抚恤死于科孚炮轰的受害者的家属。于是科孚岛上的军队撤走了。这一事件引起了议论和猜疑。法国对意大利表示同情，但是在英国，人们则激烈地批评意大利的作法。这些批评激怒了墨索里尼，引起对英国亲希腊政策的怨言。这一事件发生后，在西欧留下一种焦虑的心情，使人感到法西斯政府是对和平的危害，但是在巴尔干半岛各国看来，这次显示力量的行动却大大提

215

高了意大利的威望。三年以后，同希腊的友好关系又重新建立起来。希腊本因从小亚细亚被赶出来损失惨重而与土耳其不睦，后来，两国还是在意大利的斡旋下修补起裂痕的。

法国、阿尔巴尼亚与南斯拉夫

由于涉及法国的政策，意大利同南斯拉夫和阿尔巴尼亚的关系问题就更为错综复杂。意大利一向就对阿尔巴尼亚感兴趣，不让阿尔巴尼亚落入任何巴尔干国家的手中，是意大利政策中的一个原则。这个原则是普遍受到承认的。1921年，国际联盟在承认阿尔巴尼亚的独立之后，就曾委托意大利保护阿尔巴尼亚领土主权的完整。民族纠纷和猜忌需要经常加以注意，并需要坚决而灵活地处理。另一个使局势加剧的因素，是南斯拉夫的建国。这个新国家的组成部分包括在整个战争期间与同盟国并肩作战的塞尔维亚人和为奥地利作战的克罗地亚人[30]以及斯拉夫人，没有一支军队反抗意大利比这些人更为坚定。墨索里尼上台时，拉巴洛条约和圣玛盖丽塔协定还未获得批准。尽管墨索里尼认为它们是不令人满意的，他还是把它们提交众议院，使它们获得批准。1924年，他就整个问题同贝尔格莱德重开谈判，终于通过罗马条约——1925年作为纳图诺协定而获得批准，——把两国的关系建立在稳固的基础上。

在法西斯主义出现以后，意大利同法国的关系从未好过。巴黎成为一群深恶痛绝而又有影响的反法西斯的流亡者的活动中心。更为重要的是法国的政策，这个政策是要把一些新建立的国家，波兰、捷克斯洛伐克和南斯拉夫纳入它的轨道，给它们财政援助和军火，为他们训练军队。意大利经常害怕法南缔结同盟，向阿尔巴尼亚进攻。墨索里尼企图通过缔结通商条约和开发阿尔巴尼亚的资源来加强他对阿尔巴尼亚的控制。1926年，就已听说法国正在同南斯拉夫进行接触，但直到一年以后，才签订了一

216

个条约。不出一个月，意大利和阿尔巴尼亚签订的类似的条约也公布了。

这些政治活动的效果使意大利非常引人注目。国王和王后，首相和外交部长们，一批批的杰出人物相继访问罗马，使意大利和墨索里尼本人受宠若惊，得意忘形。墨索里尼本人总是"新闻人物"，而法西斯主义又素善宣传和大吹大擂。

1924 年，墨索里尼正式承认新的苏维埃政府，并同它订立通商条约，这两件事使欧洲大吃一惊。这是他在政策上出人意料的改变，同时也是贸易上的一着好棋，为意大利的船舶和工业产品开辟了通过海峡和黑海的航线。

德国与奥地利

1925 年，意大利在处理洛迦诺条约方面又大出风头。那个保证来因兰边界安全的协定，经过好几个月的商讨，而法国与意大利之间的相互激怒，又使意大利的态度犹豫不决。然而，墨索里尼不顾法国报纸上反法西斯情绪的不合时宜的爆发，毅然同英国和比利时站在一起，在条约上签了字，承担了在法国或德国无故遭受攻击时立即给予支援的义务。当意大利和德国于这年年底签订另一个通商条约时，洛迦诺条约的精神似乎是加强了。这一情势使意大利感到非常满意，因为它为意大利商品在欧洲大陆开辟了最广大的市场。这时刻，由于墨索里尼反对奥地利与德国之间正在谋求的合并，德国大量掀起了反意大利的情绪。作为报复，德国报纸和官方人士支持奥地利为反对意大利歧视原属奥地利的提罗尔的上阿迪杰的德国少数民族而发生的骚动，这次骚动以及 1928 年一次类似的骚动都毫无成果。通过关税同盟以间接控制奥地利的企图，也同样失败了。泛日耳曼派对这个失败明显地表现出来的愤怒，暴露了隐藏在后面的政治动机。那无非是合并运动中使出的一种压力，用来使奥地利同德国联合在一起。而

217

对意大利来说，保持奥地利的独立乃是一个生死攸关的问题。奥地利已不构成一个威胁，但是在意大利边界对面有一个与德国的巨大力量联合在一起的、一心想报仇的奥地利，就等于断送了意大利的独立。墨索里尼对这一点是明白的，在谈到德奥合并与上阿迪杰的骚动之间的关系时，他告诉众议院说，这样的合并是不能允许的。

与旧日盟国之间的紧张关系

十年来，墨索里尼一直保持着和平的外交政策。1928 年，他同土耳其签订了一个条约，还同阿比西尼亚签订了一个为期二十年的和平友好条约。在 1930 年的海军会议上，他赞成裁军，并宣称只要世界其他各国同样削减军备，意大利就准备把它的军备削减到任何水平。然而，墨索里尼本人却一直被认为是一个捣乱的因素。尽管那时候没有明显的理由足以怀疑他的诚恳，但"领袖"不时的大发雷霆和他的捉摸不定的行动，在欧洲受到磨损的神经上却引起了强烈的反应。他到意属北非洲殖民地作了一次完全合理合法的旅行，伴以他所热中的那套富有戏剧意味的豪华排场和隆重仪式，就立即引起土耳其军队的半数动员和一片广为传播的、有关意希联合进攻小亚细亚的谣言。

218

1930 年这一年，首次露出列强可能重新组合的迹象。自从战争结束以来，协约国一直仍然联合起来对抗德国，只有俄国置身局外，但是此时可以看出一种同德国接近的倾向，首先是在俄国方面，然后是在意大利方面。这个新的组合最初是在 1930 年召开的裁军会议的预备委员会上公开显示出来的，在那个委员会上，意大利同德国一起投票反对英法两国。意大利这一行动是起因于法国坚决拒绝让意大利在海军建设上享有同等吨位，意大利认为作为地中海沿岸的强国，它有权获得这种待遇。但是当墨索里尼发表好战演说时，格朗迪[31] 却被推到众议院去挥舞橄榄枝。这种两面政策是出于意大利从根本上需要盟国的结果。尽管墨索里尼雄赳赳地大谈其独立自主，不受他国指挥，实际上他心里很明白，意大利单靠自己是无法立足的。可是法西斯党对法国和英国早已厌烦了。不但由于和平会议[32]给予意大利的赔偿不充分，因而引起长期的不满，而且对于这两个强国不肯按照法西斯主义对自己的评价来承认它而感到愤怒。因此，墨索里尼好恶无常，法西斯主义已使意大利丧失两个盟国在人道上和政治上对它的同情心达到何等深刻的程度，他要么是不知道，要么是故意置之不理。

在意大利方面，同法国发生的不幸的争吵，起源于国家主义派所强烈坚持的一个信念——这个信念可以追溯到马志尼的思想体系，就是认为法国已经没落了，它所拥有的政治影响和文化影响注定要转移给新兴的意大利。因此，意大利是以妒忌心理来看待法国在利凡特和东欧的优势的。法国已经凭借结盟和给予财政援助成为欧洲大陆上最强大的国家，而意大利则竭力把巴尔干各国纳入它的势力范围，并把东地中海作为它的贸易中心，但这两种企图都未能实现。当意大利转向英国时，情形更为不妙，因为英国从直布罗陀海峡、马耳他和苏伊士堵住意大利向东西两方面推进。意大利可能做的一切，就是就马耳他和科西嘉的意大利宗主权问题发出挑衅性的叫嚣。俄国距离太远，而德国当时还太软弱，不足以提供任何砝码。

意大利简史

219

经济危机与国际主义的失败，1930—1932 年

1931 年，席卷全世界的经济大风暴使现代工业文明的整个金融和经济组织濒于崩溃。意大利象其他国家一样，也受到它的摧残。那一年的预算出现巨大赤字，而前景又更加黯淡。对外贸易一落千丈，失业人口增加，尽管利用广泛的公共工程来吸收游民，有几年失业的人口还是超过百万。1931 年秋天，为了给工

业提供经费，政府组织了意大利私产基金。政府对工业的严格控制和数目较小的对外投资，帮助国家渡过危机，因此意大利在蒙受损失较少的情况下渡过了难关。

　　1931年的金融崩溃迫使人们认识到西方文明所建立的世界性的经济制度，已经使举世结成一个整体。各国不得不认识到，即使为了获得最起码的生活必需品——衣、食、住，每个国家都要依靠其他国家的工业和资源。对这种情况的显而易见的解决办法，是采取资源统筹使用的政策。为此目的，1932年开了两个世界性会议。第一个是裁军会议。这个会议的目的在于维持这样一种均势，使世界赢得时间重获稳定。第二个是世界经济会议。这个会议企图在金融与工业的一团乱丝中找到一种合成力，以便在这个基础上建立一个更好的国际生产与分配制度。这两个会议都失败了；在每一种情形下，都证明国家主义精神是分裂的因素。裁军会议于1932年2月召开。希特勒于1933年1月被任命为德国总理。1933年10月，德国不仅退出裁军会议，而且退出国际联盟。11月，裁军会议休会，要到次年再开。

　　这个双重失败对意大利国策的影响是严重的。经济会议的垮台是由于美国坚持应优先考虑健全的对内国策，这个垮台导致有关"自给自足"、"小麦之战"、原料的积累和代用品贮备等计划的发展，终于导致为应付经济封锁而作出的全面准备。

德国的复兴

　　对意大利的未来更有重大影响的，是希特勒和国家社会主义的兴起。这使墨索里尼更迫切需要作出决定，把他的国家的命运同这两个集团中哪一个结合在一起，是同他昔日的盟国呢，还是同新兴的德国？不过他暂时采取的是个折衷办法。墨索里尼于1932年建议签订一个协定（后来通称为"四强协定"）：欧洲问题由英国、法国、德国和意大利来解决，这实际上是把预定由国际联盟要做的工作接过手来。但是这个新的神圣同盟没有实现。这个草案被法国修改、冲淡，受到小协约国[33]的抨击，被英国认为可疑。6月草签的最后草案成了一纸空文。

两年以后，1934年7月，陶尔斐斯被人暗杀[34]，纳粹分子在奥地利搞叛乱，这两件事对墨索里尼的亲德倾向是一大震动。墨索里尼突然觉察到意大利的独立濒于险境，于是他行动起来。当时在意大利北方正有十万军队在演习，他命令其中的四万人立即开赴边境。这个威胁是够严重了，叛乱终于终止，这次，德奥合并依然没有实现。这一行动是墨索里尼和平政策的顶点。从那时以后，他逐渐脱离协约国的轨道，而转入德国的轨道。

法国与阿比西尼亚战争

德国重新武装所引起的恐惧，迫使法国暂时同意大利重修旧好。墨索里尼以他特有的方式对此加以利用。自1918年以来，两国之间的对抗一直没有间断过。它们的利益、目的以及它们的基本原则（自从法西斯主义出现以来）到处发生冲突，例如在突尼斯和利比亚，在利凡特和巴尔干，甚至在阿比西尼亚，在那里，法国拥有吉布提铁路，使意大利的势力受到挫折。两国各自都忙于拉拢一些卫星国；环绕着法国的是波兰和小协约国，那些国家同它们的保护主一样，都害怕德国。而保加利亚、匈牙利以及奥地利的民族主义者，则奉意大利为盟主。如今面对着一个东山再起的德国，同意法两个主要国家之间的紧密联合所能获得的相互提携比起来，这些次等的联盟就显得不那么重要了。当时，罗马和巴黎对这一点感到同样的敏锐。于是，1935年1月，双方达成协议，夙怨暂时被忘却。法国和意大利同意在中欧采取共同的政策，意大利人在非洲得到了一些实质性的让步。关于在突尼斯的意大利人的国籍，意大利也对法国让步，但是这种让步要在二十年后才能实际生效。有一点引起很大的怀疑，就是意大利获得的真正报酬是双方取得协议，法国不反对它在阿比西尼亚的意图。在法意协定签订之后，戴·博诺将军便被任命为驻厄立特里亚[35]和索马里兰[36]的高级长官，早在1932年，他曾经作为先遣代表团被派到那里。军事准备在加紧进行。6月，艾登[37]来到罗马，带来进一步的和平建议，这些建议立即遭到拒绝。10月2日，意大利颁布全国动员令，战争爆发了。

意大利对阿比西尼亚的进攻，遭到全世界的谴责。作为国际联盟的一个重要成员国和凯洛格协定[38]的签字国，意大利竟公然蔑视集体安全的原则，无故对同在联盟中的一个弱小的成员国——它曾当过这个国家的保证者[39]——发动战争，这一事件激怒了每一个曾在协定上签字的国家。这个被牵涉到的原则是很清楚的。如果象意大利这样一个被国际联盟指为侵略者的国家不受到惩罚，得免于为对付这个紧急事件而规定的制裁，那么国际联盟作为有效的制止战争的机构便没有用了。有五十二个国家采取这个立场，投票赞成应予以制裁，只有意大利的三个卫星国，奥地利、保加利亚和匈牙利除外。国际联盟的权力已经由于未能采取行动制止日本入侵满洲而减弱了，此时如果再一次不能创立一个对侵略国进行制裁的先例，那么它的权力就会崩溃。但是这一行动所包含的政治后果是令人触目惊心的。如果意大利以武力对付制裁，并且，正如它所威吓的那样退出国际联盟，废除它于1935年同法国签订的协定，并从空中轰炸地中海上的英国舰队，那么一个新的世界大战就势必爆发。同往常一样，英国无法用有效的实力来履行它对道义原则的热烈支持。由于它的陆军已经复员，它的海军又按照它同日本和美国签订的海军协定而削弱了，它没有走向极端的准备。至于法国，由于墨索里尼威吓说要断绝新的友谊，它的政府很快就屈服了。墨索里尼还找到了一个有用而诡计多端的盟友——精明的赖伐尔，此人毫不讲道义，他所关心的只是不失掉意大利的支持。

赖伐尔试图寻找一个和平办法来解决问题。他在英国外交大臣塞缪尔·霍尔的赞助下，提出霍尔-赖伐尔协定。这个协定，在"交换领土"的幌子下，把半个阿比西尼亚拱手割给意大利，以换取阿萨布港口，作为阿比西尼亚剩余部分的出路。但是坚决拥护国际联盟的英国舆论的力量太强大了。霍尔辞了职，制裁是继续进行。赖伐尔依然是个不可忽视的人物。他千方百计地拖延，并唆使会议把关键的石油制裁——这是墨索里尼所害怕的唯一的制裁——搁置下来，从而阻扰了这些限制性措施的普遍运用，以致在战争结束以前，这些措施几乎还没有生效。使用毒气和对军队与平民滥施轰炸，以此对付一支没有大炮、飞机或防毒面具的军队，是起决定作用的，虽然并不象意大利人所设想的那样迅速，也不象 1936 年到 1941 年间的机械化战斗[40]进行得那样所向披靡。不过，墨索里尼还是于 1936 年 5 月 9 日在罗马的威尼斯大厦的阳台上用不可一世的言词宣告了阿比西尼亚的陷落。过了一个时期，这一事实也就被欧洲承认下来。制裁取消了，意大利带着它的闪闪发光而代价昂贵、无利可图的战利品又回到欧洲的外交友谊中。

制裁的政治后果

制裁的实施在意大利引起怨恨的情绪，主要是针对英国的。这也是使墨索里尼转而与德国结盟的主要因素。德国曾经留意不增加意大利的困难，但同时却充分利用意大利全神贯注于阿比西尼亚的时机，加强它自己对巴尔干的经济控制，因此墨索里尼发现了一个比法国更危险得多的对手同他在那个地区的势力相抗衡。制裁的另一个结果，是经济独立，即经济上自给自足的原则的精心运用。这个原则曾经在"小麦之战"中实际运用过，以使国家不依赖从外国进口谷物。此时，墨索里尼宣布了一个经济和工业国有化计划，目的在于为意大利提供煤、铁、橡胶和石油。

但实际上一切可能做到的，只是发展了一些次要的代用品，并安排了一旦遭受经济封锁在供应方面可供替代的来源。这一改变表示墨索里尼已清楚地预料到必须有一种代替海上贸易的办法，以及有可能同英国决裂。只有德国可以对意大利开放原料的新来源，它已经在谋求自给自足，生产代用原料。

接着，意大利和德国在西班牙内战中携手合作了，这场战争是 1936 年 7 月爆发的。不同于阿比西尼亚战役，这场战争不曾使意大利的政教分离，而是使它们靠拢。西班牙乃是欧洲中世纪天主教信仰的最后的堡垒，而维持政教之间的传统关系，使它们免于遭受西班牙共和体制下的无政府主义和共产主义分子的破坏，则是教廷的首要职责。因此，罗马教会充分准备支持法西斯党的干涉政策，而墨索里尼在抵抗共产主义和"布尔什维克"祸乱中也找到了一个有用的重整旗鼓的口号。但意大利在西班牙的主要的兴趣是在法国的开放的侧翼和英国在大西洋和地中海上航路的开放的侧翼，建立它自己的力量。

潜水艇在海上拦劫的发展，很快就牵涉到英国的利益，于是英国就召集国际不干涉[41]监督委员会开会。这个委员会上有德国和意大利的代表出席，他们口是心非地约定负责巡查地中海，并停止他们自己的潜水艇的活动。在罗马和柏林看来，英国所采取的行动必然成为软弱易欺的突出的表现。德意在西班牙开始的合作很快就有了进展。11 月，意大利外交大臣齐亚诺伯爵赴柏林，在他回来的时候，第一次使用"轴心"这个词，这是欧洲列强中间出现一种新方向的最早的显著征兆。

轴心的基础

意大利的政策现在已确定无疑地纳入纳粹主义的轨道。它同俄国结成的友谊是牺牲了，从墨索里尼斥责俄国的布尔什维克主义为欧洲公敌的声调中，可以听到希特勒的尖声嘶叫的回响。扩

224

小说 历史

充陆海空军的精密的计划宣布了，自给自足的纲领有了扩展。简言之，意大利已同纳粹纲领步骤一致了。

"轴心"于1936年形成，使墨索里尼的政策同希特勒的政策交织在一起。这个新的政治术语的含义是：中欧和东欧国家应环绕着罗马或柏林的指导政策旋转；这些国家虽然还保持着它们自己的由同情轴心政策的人们组成的政府，它们的政治生活和经济生活却须受它们所环绕着的中心控制和指导。可是当时这两个中心的目的还不一致。罗马想要维护奥地利的独立，修改匈牙利和保加利亚的边界，而柏林则企图攫取各国的最高统治权，包括罗马本身的。同德国的强有力的、滔滔不绝的宣传比起来，意大利为企图建立它的势力所作出的努力显得软弱无能，墨索里尼越是使意大利的目的与柏林的目的密切吻合，那些从属国就越不能依靠意大利的力量来保护它们免于遭受纳粹主义的侵袭。意大利财政上的虚弱也同样于它自己不利。意大利未能履行财政援助的诺言，而由于意大利国王与王后对布达佩斯的访问在匈牙利所引起的热情，又被意大利拒绝给予出口信贷和选购匈牙利剩余小麦二事抵消了。

意大利真正的弱点是在未能维护奥地利的独立这件事情上暴露出来的，尽管它有"刺刀八百万"。自墨索里尼于1934年成功地进行干涉之后，意大利的支持就不断地在减弱。1936年，奥地利首相舒施尼格想使哈普斯堡皇室复辟，以便形成一个中心，使全国环绕着它团结起来，他为此专程到威尼斯来同墨索里尼商议。结果是使他对意大利给予有效支持所抱的希望全部破灭了，奥地利为维护它的独立而进行的奋斗是孤立无援的。

在整个1937年期间，意大利援助奥地利或它在中欧的任何友邦的力量不断地在减弱。它的武装部队和军需品都已分散到遥远的地区；在三千哩外的阿比西尼亚，它得供应并维持二十五万人的陆军。在西班牙，它有数达十万从事武装干涉的"志愿军"，

225

即远征军，比希特勒在一方或斯大林在另一方所投入的军队都大得多。尽管意大利同英国订有"君子协定"（1937年1月）以维持地中海上的现状，然而，英国舆论却是不断地对它抱着更加敌对的态度。这对意大利来说，压力是太大了。9月，墨索里尼访问柏林，终于承担了义务。意大利在德日反"共产国际"[42]的协定上签了字，这一行动被希特勒称之为"伟大的政治三角"的创立。次年，1938年2月，经过通常的一套例行公事，希特勒入侵奥地利，进而把它吞并了。四年前，当奥地利面临类似的危机时，墨索里尼曾把军队开往边界，叛乱就归于失败[43]。如今可没有那种行动了。十六年来，他一直宣称让德国占领勃伦纳山口，就意味着意大利的毁灭。他由于贪图帝国，憎恨民主，竟把他的军队分散，与盟友疏远，同他本国的世仇结为一伙，把德国人引到他的后门口。墨索里尼把得意忘形的元首[44]迎到罗马，真是既挨打又受辱。5月份第一周，希特勒来到罗马，当时教皇离开了梵蒂冈，对这不朽的都城出现一个非基督教的"十字"[45]表示抗议。几个月以后，出于献媚者万无一失的本能，法西斯大会议颁布了反犹太人的"全国民族法"，这时候教皇又提出抗议。

绥靖政策

这个时期，意大利外交正忙于同英国外交部打交道，后者曾经发动一种奇怪的反击，旨在使意大利脱离德国。张伯伦[46]已踏上"绥靖政策"的道路，即"几乎不惜以任何代价谋求和平"的政策。这个问题曾由哈利法克斯勋爵阐明，要求一方采取有效措施，把意大利军队撤出西班牙，另一方承认意大利对阿比西尼亚的征服。协议于4月（1938年）达成，但直到秋天才获得批准，因为在弗朗哥将军[47]的胜利有了十足把握之前，墨索里尼不愿撤兵。最后，双方都如愿以偿。意大利军队终于撤回本国，

226

而意大利国王则被尊为"埃塞俄比亚皇帝"。

　　法国企图同意大利商定一个类似的安排，但是结果却远没有这样如意。法国对西班牙共和国的支援是法意之间真正和解的一个障碍。法国也不愿承认埃塞俄比亚帝国。虽然法国曾同意大利开始会谈，但是很快就可以看出得不到进展。一向由官方授意的意大利报纸立即发出一系列涉及突尼斯、吉布提以及苏伊士运河通航税的怨言。这年秋天，只要一提起法国，众议院就发出惊人的叫嚣，立即有人大声喊叫："突尼斯！科西嘉！尼斯！"[48]。结果在法属各殖民地引起强烈而自发的表示忠诚的呼声，法国本土的官方的和非官方的舆论都对意大利显著地强硬起来。法国在德国面前可能示弱，但是对意大利不会屈服。为了报复法国方面采取的行动，1935年的赖伐尔协定被墨索里尼正式废除。这种毫不妥协的态度自然也受了希特勒于1938年10月在慕尼黑使英法两国遭受灾难性的外交失败的启发，当时捷克斯洛伐克成为绥靖政策的牺牲品。

阿尔巴尼亚

　　1939年春天，在德国以惊人的成功夺取奥地利和苏台德以后，正是意大利也想一显身手的时候。墨索里尼环顾四周，想找一个牺牲品。阿尔巴尼亚被选中了，这个国家的被征服，不大可能立即引起国际纠纷。阿尔巴尼亚的独立自主曾被意大利支持多年，但是国王佐格近来有亲自行使自主权的倾向，并稍事挑拨南斯拉夫去反对意大利。这自然是亚得里亚海对岸的大国所不能容忍的，因为它对阿尔巴尼亚的经济控制已经牢牢在握，并且在那个国家有相当大的投资；此外，获得阿尔巴尼亚是有许多好处的。除了拥有少量而有用的石油和铁矾石[49]以外，阿尔巴尼亚还可以为入侵希腊和遏制南斯拉夫提供有用的基地。于是，远征就在极其秘密的情况下准备起来。意大利仿照德国的故伎，先向国王佐格寻衅，接着，不经警告，就派遣军队登陆，很快占领了这个国家。选定耶稣受难日[50]（4月7日）为远征军出发的日期，是有象征意义的。六天以后，英法两国对希腊和罗马尼亚的安全作出保证，因此意大利再前进一步就意味着战争。

墨索里尼此时认为聪明的办法是，缩在德国之鹰的卵翼之下，因此很快就提议同德国缔结正式同盟，这个同盟可以保证他在危急时刻得到支援。德国没有异议，双方于5月22日签订了一个为期十年的同盟条约，保证相互支持，但是意大利很慎重，在条约中插入一句，说它需要两年的备战时间。从此时起，墨索里尼的政策主要是，在希特勒的冷笑的、漠不关心的态度面前，软弱无力地蠕动着，以维护自己的权力，而希特勒则从不同他的盟友商量就执行他的计划，也不顾这些计划对盟友的心情有何影响。齐亚诺于8月在萨尔茨堡会见里宾特罗甫，企图说服他：同波兰作战将铸成错误。可是德国人不加理睬，但泽[51]事件仍按原定计划进行。一个更加触目惊心的事例，是同俄国商谈德俄协定，协定于8月24日签字，这件事，直到协定达成的前一日才告诉意大利。意大利突然发觉它已成为俄国的盟友，这会使它猛吃一惊，这一点希特勒事先一定是充分意识到的。意大利刚刚签订了反共产国际的协定，它这样做，是一反它以前对俄国的态度，如今，它又得再度反过来。也许是为了弥补他对待盟国的傲慢态度，希特勒（在战争爆发后）决定结束上阿迪杰的德国少数民族问题。在希特勒声言保护所有德国少数民族之后，这是完全投合墨索里尼的心意的。双方同意举行公民投票，操德语的少数民族有三分之二选择移居德国，意大利付出大约七十亿里拉的迁移费。

波兰与战争

在大多数意大利人的心目中，德国同俄国签订的条约，不仅是一个不神圣的盟约。它相对地把意大利推到舞台后边去了。当波兰与德国之间的战争显然要爆发的时候（8 月 31 日），墨索里尼为了维护自己的权益，建议召开国际会议来修订凡尔赛条约^[52]以"挽救和平"。希特勒勉强同意，但继续入侵。法国和英国原则上同意，但坚持德国军队必须撤出波兰国土。德国概不理睬，继续侵略，意大利则急忙宣称，它不会主动采取军事行动。希特勒对此以轻蔑而冷漠的态度回答说，德国"不需要从意大利获得军事援助"。

229

非交战态度

德国对波兰的进攻迫使英国和法国卷了进来。为了澄清它的立场，意大利宣告它采取"非交战"态度。这种立场的全部意义是否已经被人充分理解，是不能断言的，但实际上这是非常聪明的一着棋。因为如果宣战，必然会导致法国对意大利发动迅速而成功的入侵，并打乱德国的计划。实际上，非交战态度使意大利必须在边界上保持相当大的兵力，从而给未来的行动造成一种不可捉摸的气氛，使意大利可以从容准备兵力，附带在协约国的封锁线^[53]上保持一个宽大的漏洞。在迅速而成功地吞并了波兰之后，德国便开始完成它征服西欧的计划。在意大利，"轴心"一词是放弃了，为了转移人民对德国人在波兰干下的暴行的注意——这些暴行只有教廷的报纸披露过，政府相当放宽了报纸发表臆测和评论的自由。这些臆测和评论无疑都是反战的，在芬俄战争展开的时候，是敌视俄国的。1940 年 3 月，墨索里尼会见希特勒，答应到某个没有指定的时候，将支持德国。德国陆续征

意大利简史

服了丹麦和挪威，接着又征服了荷兰和比利时，使意大利人坚信德国军队是无敌于天下的。当德国人迅速攻入法国时，眼看就可以捞到便宜，于是法西斯报纸开始在舆论中煽动起好战精神来。但是采取行动依然是不安全的，墨索里尼只满足于"在旁观望"。最后，德国军队逼近巴黎，这时候向溃乱的法国军队发动进攻，似乎可以保证意大利获得辉煌胜利，于是墨索里尼鼓足勇气，于6月10日宣战。

230

五、战争、和平与宪法，1940—1947 年

参战后的意大利，1940—1942 年

小说 历史

　　也许有人可以争辩说，由于在 1939 年 5 月 22 日同德国签订了条约，意大利是不得不参战的。意大利采用"非交战国"这个名称，就已清楚地表明，鉴于同德国订有契约，它决不会是一个"中立国"。但是它所采取的进攻法国的时机，是这样露骨地投机，使世界上其他国家只能对此表示厌恶，同时也难以指望德国对它有所感激。齐亚诺认定参战是一个错误，而意大利陆军和海军首脑则耽心他们的兵力还不足以进行另一次战争。他们的忧虑很快就被证明是很有根据的。

　　从意大利的观点看来，战争必然主要在地中海进行，在这里，它的装备不足的军队有过灾难性的记录。从军官和士兵的失败主义情绪来判断，很明显，这场战争是被当作法西斯战争，而不是民族战争。甚至阿比西尼亚战争也比它得人心一些。在巴尔干和北非，败局都暂时为德国的迅速增援挽救过来，可是后来又有不可收拾的溃败接踵而来——这个溃败由于英美联军于 1943 年 7 月 10 日在西西里登陆而达到顶点。在可怕的两年内，意大利尝到了邱吉尔所说的"战争的热铁耙"的滋味，因为战争慢慢地给拖上了意大利半岛。墨索里尼总是抱怨德国人忽视地中海地

区；希特勒也许确实对他在俄国的巨大冒险事业比对北非沙漠的战争更为热中。但意大利人一开始就在经济意义和军事意义上依赖德国。墨索里尼不能拒绝德国对派遣意大利劳动队到德国工厂和农村去工作的要求。他只能听任意大利的经济状况江河日下。到1943年，粮食严重缺乏。墨索里尼让法西斯党接管粮食定量分配工作是失策了，结果使法西斯党因造成混乱及引起日益严重的粮食缺乏而受到指责。

231

墨索里尼的垮台

法西斯党正在失去全国对它的信任，而"领袖"则正在失去法西斯党对它的信任。自从意大利参战以来，法西斯大会议就没有正式召开过。会议的几个成员，尤其是齐亚诺、博塔伊和司法大臣格朗迪，开始对墨索里尼继续独掌大权的能力表示怀疑。"领袖"在战争期间衰老得快，随着民族悲剧的加深，他似乎越来越不能采取任何施政行动。他只满足于私下对德国的错误发表些玄妙的空论，仿佛他个人再也没有任何责任了。1943年2月，他对大臣们进行了小规模的清洗，但不够彻底。联军在西西里登陆三天以后，他在费尔特雷会见了希特勒。意大利军事首脑希望这次的会见可以导致大量的德国援助，但是"领袖"在静听了希特勒的高谈阔论之后，并没有带回任何给予支援的诺言。到那时候，法西斯大会议才决定把事务接管过来。他们在7月24日会见墨索里尼。格朗迪建议，独裁权力应由他交出来，宪法规定的旧有机构——国王和议会——应该恢复它们的合法权力。争论激烈地进行了几个钟头，然而，格朗迪的动议通过了。墨索里尼在7月25日凌晨明白大势已去，就提出辞职。君主政体曾是法西斯主义的非常不合逻辑的、可怜的附属品，现在却为那种荒诞的、灾难性的实验[54]提供了脱身之路。当国王请彼得·巴多利奥元帅组织新政府的时候，一定程度的宪法连续性是保存下来了。

巴多利奥时期与法西斯共和国

最初，巴多利奥的政府似乎是决心同法西斯的过去一刀两断的。法西斯党和法西斯的评议会以及工团都解散了，政治犯获得了大赦。左派人士、社会党人和天主教派获得领导职工总联合会的职位。在这个时期，巴多利奥继续作战，在理论上仍然同德国结盟，并且只要战争还须继续进行，就禁止组织政党。他面临一个非常真实的战略问题，因为德国人仍然在很大程度上对局势掌握着军事指挥权。即使如此，这个元帅还是可能被指责为心惊胆战或者用意暧昧。7月25日，德国人在意大利大约只有八个师，其中半数正在西西里作战。巴多利奥一定知道地下反抗组织的规模。如果他在7月25日所采取的策略更为勇敢，则接着若干月份在意大利土地上发生的战斗就可以大为缩短。实际上，直到8月中旬，他才同联军取得联系。9月8日，艾森豪威尔和巴多利奥宣布停战。次日，联军在萨勒诺登陆，但远不是一支足以占领该港口的兵力，因而在德国人手下遭到可怕的损失。意大利海军大部分已驶往马耳他岛，在那里投降，但是在意大利本土，德国人立即占领了罗马和意大利北部各城市。在这个期间，国王和巴多利奥把政府从罗马迁到布林迪西。

墨索里尼辞职后被捕，曾被拘留了几个星期。9月11日，他被德国伞兵救出——或者绑架走——带到德国去了。此时，以交战中的外国军队的前线为界，意大利被分成了两半。当巴多利奥的合法的君主政体统治着南方的时候，墨索里尼在北方建立起一个法西斯共和国。他给它命名为"意大利社会共和国"。"社会"这个词总是投合法西斯分子的心意的，因为它毫无含义，却依稀带有现代风味。他们在战后再用它作为党的名称——"意大利社会运动党"。德国人让墨索里尼在他的北意大利共和国中保持独立的外表。他组织了一个由意大利人组成的内阁，包括担任国防大臣的格拉齐亚尼元帅。墨索里尼答应在工农业的管理方面取得工人阶级更多的支持，试图使他的新国家具有广泛的吸引力。但实际上，社会共和国却比旧日的法西斯国家更加右倾，在精神上更接近于纳粹主义。从前的法西斯分子，包括许多报人，由于他们曾经公开欢迎 7 月 25 日的革命，此时不得不转入地下。一些更为狂热的人此时活跃起来了。法里纳契受权加紧执行反闪族法案。在签订轴心条约之前，法西斯分子从未考虑过犹太人问题，一半是因为在意大利的犹太人寥寥无几，一半是因为种族恐惧并不时常在意大利人的心理状态中出现。但是 1938 年通过了某些反闪族的法令。异族通婚已被禁止，犹太人的职业岗位也已被剥夺。如今，在 1943 年，政府采取更为残酷的步骤，这个步骤由于犹太人于 11 月被投入集中营而达到顶点。反闪族的政策是在德国压力之下采取的，7 月 25 日的革命的参加者所受的待遇可能一部分也是由于德国压力。齐亚诺和戴·博诺没有逃往南方。1944 年 1 月，他们被判有叛国罪而遭枪决了。

抵抗与解放

在这个时期，联军乘胜前进。1944 年 5 月，卡西诺前线的攻势导致罗马于 6 月被占领。正当声名赫赫的久经战斗的部队——如英国的第六装甲师——在南方粉碎德军的顽强抵抗，作出惊人的英勇事迹的时候，另一种军队正在北方形成。意大利国内的反法西斯主义的抵抗运动从小规模开始，已形成全国性的规模。意大利战后生活中一切最美好的事物都是从这一运动中产生的。1943 年 7 月 25 日的事件，只不过是一次宫廷政变，是法西斯党内部的运动。齐亚诺、格朗迪、博塔伊，甚至连向罗马进军的先辈领袖，戴·博诺和戴·韦基，都已抛弃了法西斯主义，但是他们在抛弃的时候，显然没有同那个由另一些人酝酿了很久的伟大的地下革命运动取得联系。自由世界的意大利作家和报人多年来鼓吹对法西斯主义必须用暴力革命加以摧毁。战争爆发以后，工人开始组织秘密团体。1943 年 3 月，工厂工人英勇罢工，反对都灵的统治。在巴多利奥于 7 月下令禁止组织政党的时候，已经有六个地下组织非常牢固，这就是行动党、社会党、共产党、自由党、天主教民主党和劳工民主党。8 月间，这六个组织通过瑞士报纸一致要求结束战争，并发动有组织的罢工来支持它们的要求。在北方，第一批游击队组织约在同一个时候形成，到了 1944 年夏天，它们已经组织得很完备，并与联军保持紧密联系。尽管法西斯共和国当局对人质进行大量的屠杀，抵抗的力量还是在加强。

巴多利奥的政府于 1943 年 10 月 13 日对德国宣战，但是他对法西斯分子的清洗却进行得很慢。即使纯粹从行政管理方面来看，它也是效率不大的。君主制的继续存在引起了很多摩擦。大部分陆军和海军（甚至在强烈地反对法西斯的时候），以及南方的大地主（他们很少真心反对过法西斯主义），都是忠于国王的。虔诚的天主教徒在这个时期大半是拥护君主制度的。南方人和教会——在历史上他们都是萨伏依王朝的敌人——此时，在王朝的末日，都成为它最忠实的拥护者了。自从复兴运动以来，意大利的这个王权的历史已经兜了一个圈子。但是在南方出现的六个政党当中，总的说来，舆论都反对维克托·伊曼纽尔三世继续统治，因为他曾在 1922 年开门接纳墨索里尼。联军进入罗马以后，维克托·伊曼纽尔的儿子翁贝托接过王室的职权，伊旺诺埃·博诺米替代巴多利奥为首相，他的内阁包括共产党人的领袖帕尔米罗·陶里亚蒂和天主教民主党的领袖阿尔契戴·戴·加斯贝利。

小说 历史

235

战争于 1945 年春天达到戏剧性的高潮。联军发动最后一次进攻时，游击队独自解放了米兰、热那亚和都灵。墨索里尼在科莫湖畔被游击队逮捕，于 4 月 28 日处决。5 月初德国人投降了。此时，北方的抵抗组织必须与罗马的政府联合。6 月 17 日，一个新的政府在游击队领袖、行动党的成员费鲁乔·帕里的领导下组成。和谈开始时，帕里还在任职，虽然他在和谈结束之前，早已把政府移交给戴·加斯贝利了。尽管意大利是作为一个和同盟国"共同参战的国家"而结束战争的，它还是难免在和平会议上多少被当作一个战败国来对待。它不得不放弃它对非洲帝国的一切主权要求，而的里雅斯特的命运有几年是处于不稳定状态的。

意大利共和国的基础

除了的里雅斯特问题所引起的怨恨而外，意大利人很明智地热心于建立一个新的国内政权，甚于关心和平解决领土问题。1946年3月举行的公民投票，终于决定了君主制的命运，1270万张票赞成共和制，1070万张票赞成君主制。萨伏依王室出外流亡，于是马志尼所梦想的意大利民主共和国成为现实，虽然这个共和国不久就被他的凤敌天主教团体所控制。1946年3月选出的制宪会议花了近两年的时间讨论宪法，这个宪法才于1947年12月22日最后通过。意大利宪法象20世纪大多数民主宪法一样，把实权赋予内阁会议，这个会议又依靠民选的众议院的支持。立法机构由众议院（即代议院）和参议院组成。共和国的总统由两院选举，而不是由人民直接选举。实际上，他只是国家名义上的首脑；真正的最高权力归于议会。

六、新教权主义，1947—1960年

天主教民主党、共产党与社会党

根据宪法于1948年4月18日举行的第一次选举，使天主教民主党获得显著的多数。作为斯图佐的人民党的继承者，天主教民主党人可以追溯到抵抗法西斯主义的光荣历史。自从战争结束以来，他们宣布的政纲就含有社会主义成分——给农民以土地所有权，让工人派代表参加工厂管理，但是在关于国有化的更明确

的计划方面，他们的态度则是暧昧的。只有在外交事务上，他们的政策才是明确的。他们决心使意大利同西欧反共的半个世界牢固地连接在一起。他们的聪明而机灵的领袖阿尔契戴·加斯贝利曾和那些愿意接受反共外交政策的温和的党派——朱泽培·萨拉盖特领导的，后来称为"社会民主党"的意大利劳工社会党、自由党、共和党和行动党组成政府。1949年，意大利加入北大西洋公约组织。从此意大利政界最重大的分裂取决于在外交政策上基本站在哪一方面。

自1948年以来，意大利第二个最强大的政党是共产党。意大利共产党在1945年就作为一个游击队组织出现，它受过很好的训练，有很好的组织。在战争结束时，北意大利的农民虽然对共产主义并不同情，但承认打红领带的游击队员即共产党游击队员不象那些带有其他政治色彩的游击队员那样喜欢抢劫或盗窃。从此，共产主义给予意大利艺术与文学以很大的活力。共产党正如天主教民主党一样，只是在外交政策方面才采取极端的立场。

237　在内政方面，从一开始陶里亚蒂就表现出惊人的灵活态度。他不象社会党或行动党那样坚决反对君主制。他曾先后参加过巴多利奥、博诺米、帕里和戴·加斯贝利分别领导的政府。他最初曾拒绝赞成天主教的宣传。在这一点上，他是遵循意大利共产党的先知安东尼·葛兰西的学说，葛兰西曾被法西斯分子监禁，于1937年死在罗马。葛兰西指望农民起来拥护共产主义革命，并相信他们的天主教信仰曾给他们带来社会整体的观念，这是有益的，而不是相反。共产党的力量在20世纪50年代从工业的北方转移到农业的南方，这似乎证实了葛兰西的学说。但是自从1946年以来，共产党人已经采取反教权的路线，这个路线既是教会与天主教民主党之间利害日趋一致的原因，又是它所产生的结果。

只要戴·加斯贝利在世一天，他就决心不让天主教民主党成为信教的政党或教士的政党。他很高兴看见环境迫使该党不得不与纯粹非宗教性的党派联合。共和国第一任总统，卢伊季·埃伊瑙迪，就使政体具有世俗的特征，这人并不是一个天主教民主党人——他原是都灵大学的经济学、财政学教授，为人诚实、恬静，而且具有很高的智力，他的吸引力一部分来自他与那个已死的"领袖"之间的鲜明对照。戴·加斯贝利继续当权，直到1953年为止，那时候他已经失去了他同其他中间党派缔结的联盟，同时面对着天主教民主党内部越来越大的分歧。他的辞职以及于次年去世，使天主教民主党失去了它的最能保持平衡的顾问，并使意大利失去了一个受人尊敬的政治家。

如果美国与苏联之间的世界性的斗争为天主教民主党与共产党之间的相互敌视提供了十分明显的课题，它会使意大利社会党完全陷于分裂。早在1947年1月，萨拉盖特就组成了他的单独的政党，从115名众议院议员中拉走了50名。左翼社会党人不愿与美国缔结密切的联盟，在彼得·南尼的领导下，保留着"意大利社会党"的名称。在法西斯当权时期，南尼流亡法国，他同整个西欧的左翼社会党人都有密切的联系。1948年，南尼同共产党人在选举问题上有过默契，但是在1953年的选举中这种默契就放弃了。1956年的匈牙利革命[55]以及革命的被镇压，使南尼同陶里亚蒂更加疏远，并似乎使两个社会党的破镜重圆成为可能。南尼已经在8月26日同萨拉盖特会晤，但是他们之间的分歧太大了。社会党在20世纪50年代的分裂，使意大利只有两种选择，不是加强教权制度，就是由一个渴望与俄国缔结密切联盟的政党组织政府。

天主教民主党的内部分歧

共产党于1953年在众议院552个席位中拥有143席，于1958年在众议院596个席位中仍占有140席。只是由于他们的强大，天主教民主党才团结成一个单一的党。戴·加斯贝利曾领

意大利简史

238

导这个党的中间部分，这部分人大半是人民党的较年老的残存者，虽然其中也有一些年轻人，如马里奥·谢尔巴。中间派的左右两翼都是一些对戴·加斯贝利的政策不满的人。右翼是顽固的天主教派、南方的地主和保皇党——这些人只是作为一股反共力量而集结在天主教民主党内的。这个党的右翼连续不断地责备戴·加斯贝利具有社会主义倾向。左翼是几个集团，其中以集结在格隆基和范范尼周围的那些集团较为重要。焦旺尼·格隆基对社会党人是友好的，但对意大利参加北大西洋公约组织表示不满。他始终保持着独立的观点，于1955年被选为共和国总统，1959年他对俄国的访问在党内引起了一些骚动。阿明托雷·范范尼领导一个集团，这个集团声称有一个非常进步的社会政策，但当他谈论"社团主义"时，却令人想起法西斯的风貌。他同教会的联系比中间派要密切得多。范范尼本人并不具有天主教民主党内其他领袖们所具有的抵抗法西斯主义的明晰的记录，但是他在整个1936年到1943年间，曾在意大利担任学术职务。格隆基赞成同南尼联合，范范尼却强烈地反对这个意见。在1955年的总统选举中，范范尼反对格隆基，而支持右翼实业家切萨雷·梅扎果拉，应附带说明，这人后来作为参议院议长，证明他是一个相当有能力而又廉正的人。但是范范尼在政治上的忠诚和他的目的乃是天主教民主党内复杂情况的表现，这种情况简直不能够用"左"和"右"这种常用词来划分。这个党几乎是意大利政治生活的缩影，它只是被一种共同的恐惧心理[56]团结起来的。

　　戴·加斯贝利的最后一届内阁于1953年由被认为属于天主教民主党右翼的朱泽培·佩拉领导的内阁所接替，佩拉的阁员都是他本党的党员，只有一个例外，但是他在众议院里，是依靠保皇党、自由党和共和党的支持的。可以说，这是天主教民主党第一次指望着右翼的支持，因为保皇党时常采取法西斯态度，而代表工厂厂主利益的自由党人则是徒有"自由主义者"的虚名的。当的里

小说　历史

239

雅斯特危机于 1953 年秋天突然爆发时，佩拉下令在南斯拉夫边界上局部动员的强烈行动，使他从更右的集团方面赢得了称赞。

从 1953 年到 1960 年初，天主教民主党不是在众议院内新法西斯分子的支持下执政，就是由于采取在他们自己的许多众议院议员看来似乎是社会主义的政策而冒分裂党的危险。1954 年的谢尔巴内阁、1955 年和 1959 年的安东尼·塞尼内阁以及 1958 年的范范尼内阁，都曾采取社会改革的措施，其中给人印象最深的是减少失业的瓦诺尼计划，但这些措施都受到他们自己的一般的党员的尖锐批评，而且通常都需要萨拉盖特以及众议院与内阁中的自由党人的支持。另一方面，阿多纳·佐利——他的内阁从 1957 年 2 月执政，到 1958 年春天普选时为止——依靠的却是极右翼的意大利社会运动党的选票。

教会的影响

在这个时期，政府继续加强它同天主教组织的联系。许多意大利城市的本地红衣主教的无所不在的影响，比王国建立以来任何时期还要大。在墨索里尼的政绩中，唯一在战后意大利保存下来的，就是他在教会与政府之间——梵蒂冈与意大利之间的关系上提出的解决办法。1929 年的拉太朗协定曾由 1947 年的宪法明文确认。在法西斯统治崩溃的时候，有许多传统标志依然在意大利受到忠诚的拥护，其中之一就是天主教教会。在战后，几乎所有的政治领袖都避免被指为反教权主义者，依然支持加富尔的"自由国家的自由教会"的论点的只不过是少数几个知识分子。作为教会的世俗助手的天主教行动党的政治任务越来越露骨了。教士与世俗政权的关系，在 1958 年的贝朗迪案中受到考验。普拉托的主教在他的讲坛上公开谩骂贝朗迪先生是按照世俗法而不是按照教会法结的婚。当贝朗迪到法院要求保护，免于遭受诽谤时，主教起初被判有罪，后来由最高法院赦免。这样势必产生一个问题：究竟教士是否被认为应受国家法律的约束。在欧洲其他国家的人看来，别的方面都很现代化和开明的意大利，却流行着一种奇怪的、神权政治的精神。

新法西斯分子

一件更为险恶的事，是法西斯主义的复活，尽管它也许不大可能最后成为对民主政治的真正威胁。这个"什么人"党建立于1945年，它曾唱出法西斯论调，并曾在1946年选举参加制宪会议的议员时颇有成就，但是在几年以内，就主要为意大利社会运动党即后来称为"米西尼"的党所代替了。格拉齐亚尼被释出狱以后，为意大利社会运动党所吸收，但是他却于1953年又加入天主教民主党。在那一年的普选中，有150万人投意大利社会运动党的票。这个党在1958年的选举中失利，但在众议院仍然保持着24个席位。正如佐利的短命的内阁曾经依靠新法西斯的选票一样，1960年2月成立的费南多·汤布罗尼内阁也有赖于这24名众议院议员才能维持下来。汤布罗尼是个律师，是天主教行动党培养出来的人，他组成一个清一色天主教民主党的政府，但是他公开承认，不管他在众议院获得的支持来自何方，他都毫不在意。当意大利社会运动党人发现政府需要他们时，他们的行为就变得越来越嚣张。他们曾采用法西斯敬礼方式，随之而来的是对暴力的旧有的崇拜。墨索里尼曾说："边界不是要讨论的，而是要防御的。"意大利社会运动党遵照这个不讲理的国家主义政策，要求沿南提罗尔建立坚固的防线，以对付奥地利人。1960年7月初，"米西尼"党原定在热那亚召开第六次全国代表大会。其所以挑选在这个具有左翼传统的城市开会，是有意挑衅。市民掀起的一种类似群众暴动的示威，阻止了大会的召开。警察企图驱散这个示威，他们过分地粗暴，使一百多人受了伤。汤布罗尼内阁想把制造热那亚骚乱的罪名加给共产党的明显企图，更激起

241

小说

历史

了伊米利亚的勒佐、摩德纳、巴马、那不勒斯和巴勒莫的新的示威。到 7 月 12 日，示威者同警察发生冲突，死了十个人。"米西尼"党在腊万纳放火烧毁一个游击队领袖的家，并向设在罗马城内的苏联商务代办处和意大利共产党总部投掷自制的炸弹。在众议院内，左翼党派紧密联合起来，共同抵抗法西斯主义。类似 1945 年的气氛又出现了。天主教民主党深恐激起人民阵线的形成，就敦促汤布罗尼于 7 月 19 日辞职。在众议院内的社会民主党人、共和党人和自由党人的支持下，一个新的内阁于月底由那个短小精悍、脾气暴戾、精力充沛的托斯卡纳人阿明托雷·范范尼组成。

242

意大利简史

1945 年以来的经济发展

1960 年夏天在意大利普遍发生政治骚动的消息，使外部世界多少感到有些吃惊，因为意大利近年来已呈现一片繁荣的气象，物质成就给人以深刻的印象。自从战争结束以来，它的经济上的恢复在许多方面都是惊人的。1945 年它曾面临严重的通货膨胀和预算收支上的混乱。更大的灾难只是由于接受美国的援助而得幸免。但是 1946 年上半年，对外贸易已经有显著的恢复。它的经济大大得力于 20 世纪 50 年代在波河流域发现的大量甲烷即天然气，以及在西西里和阿布鲁齐发现的石油。从此意大利再也不那么依靠进口的煤了。从 1947 年到 1950 年，通货膨胀停止了，这也许是戴·加斯贝利政府的主要成就。工业生产迅速增长。高标准的设计使意大利产品容易在国外找到市场。但是这幅好景也有比较阴暗的一面。在意大利克服通货膨胀比在工人充分就业和享受较高的生活水准的国家要容易一些。那个导致普遍失业的人口过剩的老问题，依然存在。1955 年在塞尼内阁任财政部长的埃齐奥·瓦诺尼提出一个用大量政府投资在萧条的地区应付失业问题的十年计划。瓦诺尼于 1956 年去世，当时判断他的计划的成败还为时太早。那时失业人数依然停留在二百万这个可怕的数字上下。极南部地区的人民依然贫困不堪，他们对政府用投资拖拉机和专家指导的方式去援助他们的尝试并不信任。即使贫穷的南方不能给北方的实业家提供广大的国内市场，意大利的国际政策却仍给他们带来很大的希望。它是欧洲共同市场的成员，这个资格能导致经济方面和政治方面的巨大的发展。

243

小说

历史

结　论

　　意大利经济的继续进展，最终还有赖于其国内政治上的稳定程度。议会制度在意大利从未顺利地运用过。1960 年 7 月的危机等于发出警告，政治自由这株植物不及它的外貌所表现的那样能耐寒。自由民主政体总是面临着一个问题：对于那些一旦自己当政，完全不能容忍自由政党制度的政党，究竟能给予它们以多大的容忍？在意大利，这个问题由于宪法附录中有禁止"在任何形式下重新组织从前的法西斯党"这句话而进一步尖锐化了。不管意大利社会运动党应否解散，有一个事实似乎是清楚的：没有一个意大利民主政府经得起再靠新法西斯党的选票存在下去。在一个有将近六百名议员的众议院中，24 个议员似乎是很少的，但法西斯党在 1922 年也只有 35 名议员，当时，正如在 1960 年 7 月一样，他们也是忠实地支持一个显然是自由主义的政府。

　　在意大利，两党议会制度从未出现过。加富尔、戴普雷蒂斯、克里斯皮和焦利蒂，他们几乎在一切方面都不同，但在这方面是相似的：他们当中没有谁领导过一个单靠本身能治理国家的完整的政党；他们全都组成联合政府，目的在于使尽量多的党派感到满意。自从战争结束以来，天主教民主党的内阁总理们通常都遵循联合政府的传统，总是不得不依靠众议院中其他党派的支持。近年来，这个党本身只是作为防共水闸而结合在一起的。它的自然倾向是要分裂，正如已经分裂的社会党一样。意大利政治生活就是这样为两种情况所苦，一是那些大的政党有分裂的倾向，二是需要不断地把那些追求职位的个别政客联合起来。然而，不可忘记，意大利目前这种不稳定的民主制度也远比法西斯分子的极权统治要好得多。意大利共和国经历了它最初的艰难岁月而依然存在。即使它在1960年面临的危险还是相当大的，那些危险也已经被巨大的潜力，尤其是被更为广泛的欧洲共同体的整体化的前景所抵消了。

244

意大利简史

注 释

[1] 戴普雷蒂斯（Depretis，Agostino，1813—1887）从1876年起担任意大利首相。——译者，下同

[2] 焦旺尼·焦利蒂（Giovanni Giolitti，1842—1928）是意大利资产阶级政治家，多次任意大利首相。

[3] 尼科太拉（Nicotera，Giovanni，1828—1894）是前马志尼派，曾参加意大利1848年的革命，并曾参加马志尼进攻罗马的战争。1876年和1891年先后任内务大臣。

[4] 贝纳戴托·卡伊罗利（Benedetto Cairoli，1826—1889）是前马志尼派，曾在国王亨伯特统治下任首相，1879—1881年间领导一个"左翼"内阁。

[5] 狄斯雷利（Disraeli，Benjamin，1804—1881）是英国资产阶级政治家及作家，曾任首相。

[6] 狄斯雷利曾劝诱土耳其割让塞浦路斯岛与英国。

[7] 扎纳戴利（Zanardelli，Giuseppe，1826—1903）是意大利众议院议员，曾任司法大臣，并一度担任首相。

[8] 鲁迪尼侯爵（Marquis Rudini，1839—1908）于1891年和1896年两度担任意大利首相。

[9] 梅纳利克二世（Menelik Ⅱ，1844—1913年）是埃塞俄比亚国王，1896年在阿杜瓦（Aduwa）击败意大利军队而使国家获得独立。

[10] 指安科纳（Ancona）边区，在东海岸。

[11] 蒙太奇托里奥宫（Montecitorio）是罗马的议会大厦。

[12] 亚利安（Aryan）是一种印欧语系。纳粹德国制造操亚利安语的种族是一种优

秀种族的理论，用以反对操希伯来语的犹太种族。

[13] "闪族"指操希伯来语的犹太人，反闪族主义就是反犹太人主义。

[14] 参看切口页码 118。

[15] 邓南遮（D'Annunzio, Gabriele, 1863—1938）是意大利法西斯主义作家。

[16] 指达达尼尔海峡（Straits of Dardanelles）。

[17] 贝尼托·墨索里尼（Benito Mussolini, 1883—1945）是意大利法西斯党头目，是马克思主义的死敌。

[18] 1914 年 6 月初，意大利全国各地为抗议政府镇压反对军国主义的示威游行而举行总罢工。罢工被反动政府镇压下去，工人死伤数百人，被捕者数千人，因此称为"六月流血周"。

[19] 卢贝（Roubet, Emile Françis, 1838—1929）于 1899 年当选为法国第七任总统。

[20] 阿尔赫西拉斯（Algeciras）在西班牙。

[21] 弗朗西斯·斐迪南（Francis Ferdinand）是奥地利的大公，为奥匈帝国的王位继承人，于 1914 年 6 月 28 日在萨拉热窝（Sarajevo, 现今南斯拉夫领土）被一个塞尔维亚人暗杀。奥地利于 1914 年 7 月 24 日向塞尔维亚（Serbia）发出最后通牒，要求禁止塞尔维亚报纸、学校及群众团体的一切反奥地利运动，反对奥地利的文武官员一概免职，并由奥匈帝国派员参加会审凶手。塞尔维亚表示除奥匈帝国派员参加会审一条不能接受外，其他各条全部接受。但奥地利仍然不满。1914 年 7 月 28 日，奥匈帝国政府向塞尔维亚宣战。

[22] 乌得鲁·威尔逊（Woodrow Wilson, 1856—1924）是 1913—1921 年间美国第二十八任总统。

[23] 奥兰多（Orlando, V. Emanule, 1860—1952）是 1917—1919 年间意大利首相，曾出席巴黎和会。

[24] 克莱蒙梭（Clemenceau, Georges, 1841—1929）是 1917—1920 年间法国总理。

[25] 桑尼诺男爵（Baron Sonnino, Sidney, 1847—1922）是意大利首相，巴黎和会时任意大利外交大臣。

[26] 尼蒂（Nitti, Francesco Saverio, 1868—1953）是 1919—1920 年间意大利首相。

[27] 蒂托尼（Tittoni, Tommaso, 1855—1931）是 1919—1921 年间意大利外交大臣。

[28] 阿文廷山原是古罗马反对贵族权力的平民避难之地，所在地方，见本书 76 页注。

[29] 萨拉扎尔（Salazar, Anonio de Oliveira, 生于 1889 年）是 1933 年以后葡萄牙的独裁者。

小说 历史

[30] 指克罗地亚（Croatia）地方的人，主要是斯拉夫人。

[31] 格朗迪（Grandi，Disso，生于 1895 年）是法西斯政客。

[32] 指 1919 年在凡尔赛召开的和平会议。

[33] "小协约国"是第一次世界大战后，捷克斯洛伐克、罗马尼亚和南斯拉夫在法国支持下建立的军事集团。为别于英、法、俄等大国所组成的协约国，故名。

[34] 陶尔斐斯（Dollfuss，Engelbert，1892—1934），是奥地利首相。他因反对德国国社党并吞奥地利，企图联合法意两国，而于 1934 年 7 月被纳粹党徒暗杀。

[35] 厄立特里亚（Eritrea）是意大利当时在阿比西尼亚的殖民地。参看切口页码 180。

[36] 索马里兰（Somaliland）在东非，当时为意大利的保护国。

[37] 艾登（Eden，Anthony，生于 1897 年）是英国保守党党员，在邱吉尔（Churchill）任英国首相时期任英国外交大臣，1955—1957 年任英国首相。

[38] "凯洛格协定"（Kellogg Pact）又称为"凯洛格—白里安协定"，为 1928 年 8 月 27 日由十五个国家在巴黎签订的反对把战争作为"国家的工具"的协定。凯洛格（1856—1937）是美国资产阶级政治家，曾于 1927 年任美国国务卿，与法国外交部长白里安（Briand，1862—1932）共同提出非战公约。

[39] 指 1906 年意大利与英法承认阿比西尼亚的独立。

[40] 指第二次世界大战期间的北非战役。

[41] 指制止德意干涉西班牙内战。

[42] 指第三国际。

[43] 参看切口页码 220。

[44] "元首"是希特勒的头衔。

[45] 指纳粹德国的国徽"卍"。

[46] 张伯伦（Chamberlain，Neville，1869—1940）是英国保守党政客，于 1937—1940 年任首相。

[47] 弗朗哥（Franco，Francisco，生于 1892 年）是西班牙叛军头目，1939 年成为西班牙法西斯独裁者。

[48] 突尼斯（Tunis）、科西嘉（Corsica）、尼斯（Nice）这三个地方都被法国占领。

[49] 提炼铝的原料。

[50] 所谓"耶稣受难日"是"耶稣复活节"前的星期五。

[51] 但泽（Danzig）是波兰在波罗的海的一个港口，根据第一次世界大战后的凡尔赛条约划为自由市，第二次大战开始时为德国侵占。

[52] 指德国和与德国作战的国家于 1919 年 6 月 28 日签订的凡尔赛条约，该条约剥夺了德国在欧洲的一些土地和它在国外的所有的殖民地，并限制德国的军事力量。

[53] 指英法对德国的海上封锁。

[54] 指法西斯统治。

[55] 指 1956 年以伊姆雷·纳吉（Imre Nagy）为首的匈牙利反革命叛乱。

[56] 诬指对共产主义的恐惧心理。

小说　历史

参考书目录

　　本书主要史料来源于意大利文本——有文件性质的材料，也有第二手材料。书中一些新的说明，在英文著作中是找不到的。因此下列书目并非史料目录，而是只适于进一步阅读的精选的英文著作。

G. Luzzatto, *An Economic History of Italy*（London, 1961）. 卢扎托：《意大利经济史》（伦敦，1961 年）。

P. Villari, *Mediaeval Italy from Charlemagne to Henry VII*（London, 1910）. 维拉里：《中世纪意大利，从查理曼到亨利七世》（伦敦，1910 年）。

J. C. L. Sismondi, *A History of the Italian Republics*（London, 1894）. 西斯蒙迪：《意大利各共和国的历史》（伦敦，1894 年）。

F. Gregorovius, *History of the City of Rome in the Middle Ages*（London, 1894—1902）. 格雷戈罗维厄斯：《中世纪罗马城的历史》（伦敦，1894—1902 年）。

F. Schevill, *History of Florence*（London repr. 1961）. 谢维尔：《佛罗伦萨史》（伦敦，1961 年重印）。

D. P. Waley, *The Papal State in the Thirteenth Century*（London, 1961）. 韦利：《十三世纪的教皇辖地》（伦敦，1961 年）。

D. Hay, *The Italian Renaissance in its Historical Background*（Cambridge, 1961）. 海：《意大利文艺复兴的历史背景》（剑桥，1961 年）。

J. Burckhardt, *The Civilization of the Renaissance in Italy*(many edns.). 伯克哈特:《意大利文艺复兴的文化》(多种版本)。

K. D. Vernon, *Italy 1494—1792* (Cambridge, 1909). 弗农:《意大利, 1494—1792 年》(剑桥, 1909 年)。

H. G. Koenigsberger, *The Government of Sicily under Philip II of Spain* (London, 1951). 凯尼格斯伯杰:《西班牙菲利普二世统治下的 西西里政府》(伦敦, 1951 年)。

Harold Acton, *The Bourbons of Naples* (London, 1956). 哈罗德·阿克顿: 《那不勒斯的几个波旁王朝》(伦敦, 1956 年)。

The Last Bourbons of Naples (London, 1961). 哈罗德·阿克顿: 《那不勒斯的最后几个波旁王朝》(伦敦, 1961 年)。

G. T. Romani, *The Neapolitan Revolution of 1820—21* (Evanston, 1950) . 罗马尼:《1820—1821 年的那不勒斯革命》(伊万斯顿, 1950 年)。

E. E. Y. Hales, *Revolution and Papacy, 1769—1846* (London, 1960). 黑尔斯:《革命与教皇政权, 1769—1846 年》(伦敦, 1960 年)。

Mazzini and the Secret Socities (London, 1956). 黑尔斯:《马志 尼与秘密会社》(伦敦, 1956 年)。

Pio Nono (London, 1954). 黑尔斯:《庇护九世》(伦敦, 1954 年)。

G. O. Griffith, *Mazzini, Prophet of Modern Europe* (London, 1932). 格里 菲思:《近代欧洲的先知马志尼》(伦敦, 1932 年)。

G. F.‐H. and J. Berkeley, *Italy in the Making,* 3 vols. , Cambridge, 1932—40). 格·弗‐赫和伯克利:《意大利在建成中》(共三卷, 剑桥, 1932—1940 年)。

G. M. Trevelyan, *Manin and the Venetian Revolution of 1848* (London, 1923). 特雷维廉:《马宁与 1848 年的威尼斯革命》(伦敦, 1923 年)。

Garibaldi's Defence of the Roman Republic (London, 1907). 特雷 维廉:《加里波迪保卫罗马共和国》(伦敦, 1907 年)。

Garibaldi and the Thousand (London, 1909). 特雷维廉:《加里

小说
历史

波迪与千人团》（伦敦，1909 年）。

Garibaldi and the Making of Italy(London,1911). 特雷维廉:《加里波迪与意大利的建成》（伦敦，1911 年）。

A. J. Whyte, *The Political Life and Letters of Cavour, 1848—1861* （ Oxford, 1930). 怀特:《加富尔的政治生涯与书信，1848—1861 年》（牛津，1930 年）。

W. K. Hancock, *Ricasoli and the Risorgimento in Tuscany* (London, 1926). 汉考克:《里卡索利与托斯卡纳的复兴运动》（伦敦，1926 年）。

D. Mack Smith, *Cavour and Garibaldi, 1860* (Cambridge, 1954). 麦克·史密斯:《加富尔与加里波迪，1860 年》（剑桥，1954 年）。

Garibaldi (London, 1957). 麦克·史密斯:《加里波迪》（伦敦，1957 年）。

Italy, a Modern History (Michigan, 1959). 麦克·史密斯:《意大利现代史》（密执安，1959 年）。

B. Croce, *History of Italy, 1871—1915* (Engl. transl. 1929). 克罗齐:《意大利史，1871—1915 年》（英文译本，1929 年）。

A. W. Salomone, *Italian Democracy, 1900—1914, the political scene in the Giolittian era* (Philadelphia, 1945). 萨洛蒙:《意大利民主政治，1900—1914 年：焦利蒂时代的政治情况》（费拉德尔菲亚，1945 年）。

R. Webster, *Christian Democracy in Italy, 1860—1960* (London, 1961). 韦伯斯特:《意大利天主教民主党，1860—1960 年》（伦敦，1961 年）。

E. Wiskemann, *The Rome-Berlin Axis* (Oxford, 1947). 威斯克曼:《罗马—柏林轴心》（牛津，1947 年）。

M. Grindrod, *The Rebuilding of Italy*, 1945—1955 (London, 1955). 格林德罗德:《意大利的重建，1945—1955 年》（伦敦，1955 年）。

246

意大利简史

247

索 引 [1]

小
说

历
史

Abyssinia　阿比西尼亚（现称 Ethiopia 埃塞俄比亚）。

　　invasion of 1896　1896 年对阿比西尼亚的入侵，180—181

　　relations with Fascist Italy　阿比西尼亚同法西斯意大利的关系，
　　　　217、221。

　　Abyssinian War　阿比西尼亚战争，221—223、226—227。

Action Party　行动党，234、235、236、237。

Adelaide，widow of Lothair II　阿德莱德，罗泰耳二世的寡妇，35。

Adelfi，secret society　阿戴尔菲，秘密会社，115、124。

Adowa，battle of　阿杜瓦（阿多瓦）战役，180—181。

Aequi，highlanders　伊奎人，山地人，7。

Agnadello，battle of　阿尼亚戴洛战役，90。

Aix-la-Chapelle，Peace of　埃克斯－拉－夏佩尔和约，102。

Alaric the Goth，sacks Rome　哥特人阿拉里克洗劫罗马，16。

Albania　阿尔巴尼亚。

　　Italian ambitions in　意大利人对阿尔巴尼亚的野心，191、194、
　　　　198、199。

　　treaties with　同阿尔巴尼亚签订的和约，214、215、216。

　　invasion of　对阿尔巴尼亚的入侵，227—228。

Alberic，'prince and senator of Rome'　阿尔伯里克，"罗马的皇子及
　　元老院议员"，35。

Alberti，Leon Battista，artist　利昂·巴蒂斯塔·阿尔伯蒂，艺术家，82。

Alberti，Mario，economist　马里奥·阿尔伯蒂，经济学家，189。

Alboin，Lombard leader， invades Italy　阿尔博恩，伦巴第人的领袖，入侵意大利，30。

Albornoz，Egidio，Cardinal，Legate of Avignon Papacy in Italy　埃季迪奥·阿尔博诺兹，红衣主教，阿维尼翁教廷驻意大利的使节，63—65。

Alexander Ⅲ，Pope　亚历山大三世，教皇，45。

Alexander Ⅵ，Pope　亚历山大六世，教皇，83、88、89。

Alfonso of Aragon，king of Sicily and Naples　阿拉冈阿尔方索（阿尔方斯），西西里和那不勒斯的国王，61—62、80、83。

Amadeus Ⅱ，of Savoy　萨伏依的阿马戴乌斯（阿马迪厄斯）二世，101。

Amalfi，traffics with Saracens　阿马尔菲同萨拉森人通商，35。

Ambrose，Saint，Bishop of Milan　圣安布罗斯，米兰的主教，27。

Anagni，capture of Pope Boniface Ⅷ at　教皇卜尼法斯八世在阿纳尼被俘虏，55、56、57。

Arabs，*see* Saracens　阿拉伯人，参看萨拉森人条。

Aragon，*see* Spain　阿拉冈，参看西班牙条。

Arianism　阿里安教（阿里乌斯 Arius 教），26、27、29。

army，Italian　意大利军队。

in Piedmont　皮埃蒙特的意大利军队，187。

suppression of social disorder by　意大利军队镇压社会骚乱，182—183。

inefficiency of　意大利军队的无能，193、194—195、200。

achievement in first World War　意大利军队在第一次世界大战中的战绩，196。

unpopularity　意大利军队不得人心，200—201。

encouragement of Fascism by　意大利军队对法西斯主义的鼓励，202、206。

dispersal of strength under Fascism　在法西斯主义统治下兵力的

分散，225。

weakness on declaration of war, 1940　意大利军队在 1940 年宣战时的弱点，230。

support for monarchy　意大利军队支持君主政体，234。

Arnold of Brescia　布里西亚的阿诺德，45。

Arnolfo di Cambio,　Florentine Architect，阿诺尔福·迪·康比奥，佛罗伦萨建筑师，69。

arts and sciences 艺术与科学。

Greek influence　希腊影响，14。

pre-Roman architecture　罗马征服前的建筑，18。

Roman public works　罗马公共土木工程，20。

provincial development　在外省的发展，21。

Byzantine influence　拜占廷影响，30。

Sicilian ecclecticism　西西里的混合艺术，39。

at court of Frederick Ⅱ　在腓特烈二世的宫廷里，48。

in medieval Florence　在中世纪的佛罗伦萨，69。

in Verona　在维罗纳，73。

Renaissance–*see* Renaissance　文艺复兴，参看文艺复兴条。

post–Renaissance　文艺复兴时期以后的艺术与科学，99、103—104、108—109。

French pillage　法国人的掠夺，115。

and nationalism　艺术、科学与民族感情，129、131。

and communism　艺术、科学与共产主义，236。

Asia Minor　小亚细亚。

Italian expansionist interest in　意大利在小亚细亚的扩张主义利益，194。

Versailles settlement　凡尔赛解决办法，197—198。

Greeks expelled from　希腊人被赶出小亚细亚，215。

field of Italian rivalry with France　意大利同法国竞争的场合，218，219。

Astronomica Platonica, secret society 柏拉图天文学会，秘密会社，117。

Attila, leader of the Huns 阿提拉，匈奴人的领袖，27。

Augustus Caesar 奥古斯都·凯撒，10、13、14。

Aurelian, Emperor 奥勒利安（奥里力安、奥勒良、奥里略、奥里利亚努斯 Aurelianus），皇帝，15、16、21。

Austria 奥地利。

    becomes dominant power in Italy 奥地利成为在意大利占优势的力量，101—102、121—122。

    unpopularity 奥地利不得人心，102、130—131、132。

    war with First French Republic 对法兰西第一共和国的战争，110—117。

    war with First French Empire 对法兰西第一帝国的战争，118—119。

    reactionary policy 反动的政策，122—123、133、146。

    intervention in independent states 对各独立国家的干涉，126—129。

    confronted by revival of French influence 面临法国势力的复活，128—129、133。

    relations with kingdom of Sardinia 同撒丁王国的关系，126、133—134。

    revolution of 1848 1848 年的革命，136—138。

    disputes with Savoy 同萨伏依的争执，144、146。

    liberalisation of later rule in Italy 奥地利后期统治在意大利的自由化，148。

    declares war on Savoy 对萨伏依宣战，149—150。

    in second War of Independence 在第二次独立战争中，150—152。

    Venetian problem 威尼斯问题，159、161—162、165。

    war with Prussia and Italy 对普鲁士和意大利作战，163—165。

    in Triple Alliance 在三国同盟中，176、178，191—192。

意大利简史

empress assassinated　皇后被暗杀，183。

attitude to Libyan war　对利比亚战争的态度，189。

ultimatum to Serbia　给塞尔维亚的最后通牒，192。

Italy declares war on　意大利对奥地利宣战，193—194。

at war with Italy　对意大利作战，194—196。

treaty with Italy　同意大利签订条约，214。

Austrian nationalists friendship for Italy　奥地利民族主义者对意大利的友谊，221。

Italian attitude to the Anschluss　意大利对德奥合并的态度，217、220、225、227。

supports Abyssinian War　支持阿比西尼亚战争，222。

annexed by Germany　被德国吞并，226。

dispute over Tyrol　对于提罗尔的争执，241。

Avignon, removal of papal seat to　教皇驻地迁至阿维尼翁（读音为阿维尼约，一译阿维农），55、62、65。

Axis, the Rome-Berlin　罗马-柏林轴心，224—226，228、229、233。

Badoglio, Mashal Pietro　彼得·巴多利奥元帅，231—234。

Balbo, Fascist veteran　巴尔波，法西斯老将领，204。

Balkans　巴尔干各国。

economic penetration by Italy　意大利的经济渗透，189、191。

Italian prestige in　意大利在巴尔干各国的威信，215。

field of rivalry with France　同法国竞争的场所，218、221。

German penetration of　德国在巴尔干各国的渗透，223。

Barbarossa, see Frederik I, Holy Roman Emperor　巴巴罗萨，参看腓特烈一世，神圣罗马帝国皇帝条。

Basel, Council of　巴塞尔会议，81。

Bava-Beccaris, General　巴瓦-贝卡里斯，将军，183。

Beauharnais, Eugene, Viceroy of Italy　欧仁·博阿尔纳，统治意大利的总督，117、118—119。

小说

历史

248

Beccaria, Marquis, eighteenth century criminologist　贝卡里亚（贝卡利亚）侯爵，18世纪犯罪学家，109。

Belisarius, Byzantine general　贝利撒留（贝利萨里乌斯），拜占廷的将军，29、44。

Bellandi case　贝朗迪案件，240。

Bellini, Giovanni　焦旺尼·贝利尼，90。

Benevento, battle of　本尼凡托（即Beneventum本尼凡通）（本尼文托，贝尼温陀）战役，50、53。

Benevento, duchy of　本尼凡托公国，30、34。

Benevento gap, campaign for, between Romans and Oscans　罗马人与奥斯基人争夺本尼凡托山口的战役，11。

Berengar, Marquess of Ivrea　贝伦加尔，伊夫雷亚的侯爵，35。

Berlin, Congress of　柏林会议，174—175。

Bernini, Gian Lorenzo　姜·洛伦佐·贝尼尼，99。

Berthier, French general　贝蒂埃，法国将军，111—112。

Bessarion, Cardinal and Greek scholar　伯萨里翁，红衣主教及希腊学者，81。

Bianchi, Fascist veteran　比昂基，法西斯老将领，204。

Bismarck　俾斯麦（俾士麦），163—165、174、175、177、178、186。

Boccaccio　薄伽丘（卜伽丘），60。

Bologna　波伦亚（读音为波洛尼亚），44、48。

　　medieval university　中世纪的大学，62。

　　relation with other states　同其他国家的关系，65、75、91。

　　and French Revolution　波伦亚与法国大革命，111、118。

　　and Risorgimento　波伦亚与复兴运动，134、151。

　　and communism　波伦亚与共产主义，200、203。

　　other references　其他，99、128、140。

Bonaparte, Joseph　约瑟·波拿巴，118。

Bonaparte, *see* Napoleon I　波拿巴，参看拿破仑一世条。

Boniface VIII, Pope　卜尼法斯（博尼费斯）八世，教皇，52—55、

57。

Boniface IX, Pope　卜尼法斯九世，教皇，65。

Bonomi, Ivanoe　伊瓦诺埃·博诺米，235。

Borgia, Cesare　切萨雷·波贾，83、89、90、91、93。

Bottai, Giuseppe　朱泽培（朱塞佩）·博塔伊，210、231、234。

Botticelli　波提舍里（波提切利），86。

Brescia　布里西亚。

　　early bishopric　早期主教管区，27。

　　siege by Henry VII　被亨利七世围攻，57。

　　annexed by Venice　被威尼斯吞并，79。

　　joins Transpadane Republic　加入河北共和国，111。

　　see also Arnold　并参看阿诺德条。

Bronze Age　青铜时代，3、18。

Brunelleschi　布鲁纳勒斯基，69。

Bruno, Giordano　焦达诺·布鲁诺，99。

Bulgaria　保加利亚，221、222。

Byzantine Empire　拜占廷（拜占廷）帝国。

　　division of Roman Empire　罗马帝国的瓜分，16。

　　and papal political power　拜占廷帝国与教皇的政治权力，26、
　　　28。

　　influence in early middle ages　在中世纪早期的影响，29—31、32—33、
　　　37、40。

　　relations with Carolingians　同加洛林帝国的皇帝们的关系，34、35—36、
　　　44。

　　relations with Sicily　同西西里的关系，38—39、51。

　　relations with Venice and Genoa　同威尼斯和热那亚的关系，67、
　　　68。

　　fall of Constantinople　君士坦丁堡的陷落，68。

Cadorna, General, commander-in-chief 1915　卡多纳将军，1915

年的总司令，195。

Cairoli，Benedetto，prime minister　贝纳戴托·卡伊罗利，首相，
174—175。

Calixtus II，Pope　卡利克西图斯二世，教皇，42。

Cambrai，League of　康布雷联盟，90—91、92。

Campanella，Tommaso，philosopher　托马索·康帕纳拉，哲学家，99。

Campo Formio，treaty of　坎波佛米奥条约，111。

Can Grande della Scala，of Verona　维罗纳的坎·格朗戴·戴拉·斯卡拉，
72—73。

Canossa，humiliation of Emperor Henry IV at　皇帝亨利四世在卡诺沙　249
（卡诺萨）受辱，41。

capital city，of modern Italy　现代意大利的首都。

　　at Turin　在都灵，157。

　　at Florence　在佛罗伦萨，162。

　　at Rome　在罗马，169。

Caporetto，battle of　卡波雷托战役，195、196、200、201。

Carbonari，secret society　烧炭党人，秘密会社，115、124—125、
126、129。

Cardinals　红衣主教们。

　　College of　红衣主教团，52、65、81。

　　modern political influence of　红衣主教们对现代政治的影响，
　　　240。

Carmagnola，death of　卡马尼约拉之死，79。

Carpaccio　卡帕乔，90。

Carthage　迦太基 8、9、10、19。

Castelfidardo，battle of　卡斯太尔菲达多战役，155。

Câteau-Cambrésis，Treaty of　卡托－孔布雷齐（康布雷西斯）条约，
97、98。

Catholic Action　天主教行动党，240、241。

Catholicism　天主教，163、170、184、193、201、238。

意
大
利
简
史

Cavour　加富尔。

　　early life　早年生活，143。

　　reforms effected by　加富尔实行的改革，143—144。

　　constitutionalism　立宪制度，144、156—157、243。

　　policy with regard to Crimean War　对克里米亚战争的政策，144—145。

　　at the Congress of Paris　在巴黎会议上，145—147。

　　encouragement of Italian nationalism　鼓励意大利民族主义，147、148、152。

　　understanding with Napoleon Ⅲ　同拿破仑三世达成的协议，147—148、149。

　　provokes war with Austria　激起对奥地利的战争，149—150。

　　reaction to the Peace of Villafranca　对维拉弗朗卡和约的反应，151—152。

　　relation with Garibaldi　同加里波迪的关系，152、154—155。

　　creation of unified kingdom of Italy　建立统一的意大利王国，155—156。

　　death　加富尔之死，156、163。

　　posthumous influence　身后的影响，159、240。

Celestine V, Pope　塞勒斯廷五世，教皇，54。

Celts, see Gauls　凯尔特人（克尔特人、塞尔特人），参看高卢人条。

censorship　检查制度。

　　postal, under Austrian rule　在奥地利统治下对邮政的检查，123。

　　of press, in Naples　对报刊的检查，在那不勒斯，125。

　　of press, in Papal States　对报刊的检查，在教皇辖地，135。

　　of press, in Piedmont　对报刊的检查，在皮埃蒙特，135。

　　rejection of, in Republic of Rome　罗马共和国拒绝检查制度，139。

　　abolition of, in unified kingdom　统一的王国废除检查制度，159。

　　free speech restricted by Crispi　克里斯皮限制言论自由，177。

小说

历史

under Fascism 在法西斯主义统治下的检查制度，205、206、207、208、213—214、229。

Cerchi，family of 切尔基家族，53。

Chamberlain, Neville 尼维尔·张伯伦，226。

Championnet, French general 尚皮奥纳，法国将军，113、114。

Charlemagne, Emperor 查理曼（查理大帝），皇帝，32—33、34、44。

Charles V, Emperor 查理（查理斯、查尔斯）五世，皇帝，94—97。

Charles VI, Emperor 查理六世，皇帝，101。

Charles I, of Anjou 安茹查理一世，50、51。

Charles II, of Naples 那不勒斯的查理二世，53。

Charles III, of Naples（Don Carlos） 那不勒斯的查理三世（唐·查理），103、107。

Charles VIII, of France 法国查理八世，76、84、87—89。

Charles Albert, of Sardinia and Savoy 撒丁和萨伏依的查理·阿尔伯特，126、129、132、133—134、135、136—137、138、141、142。

Charles Felix, of Sardinia and Savoy 撒丁和萨伏依的查理·费利克斯，126。

Charles of Valois，brother of Philip IV of France 瓦卢瓦查理，法国菲利普四世的弟兄，54。

Christian Democratic Party 天主教民主党，163、201、212、234、235、236、238—240、241、243。

Christianity 基督教。

　　early 早期基督教，23—24。

　　changing attitude of Roman Empire 罗马帝国对基督教态度的改变，25—26。

　　early heresies 早期的异端，25—26。

　　iconoclastic heresy 破坏偶像的异端，32。

　　eleventh century reforms 11 世纪的改革，39—40。

　　investiture controversy 授职礼问题的争论，40—43。

　　reforming tendency of middle classes 中产阶级的改革倾向，52。

Savonarola　萨沃纳罗拉，88。

the Counter-Reformation　反改革运动，95、98—99、100。

worldliness of Church　教会的世俗利欲，103、104、106。

eighteenth-century reforms　18 世纪的改革，105—107。

impact of French Revolution　法国大革命的冲击，110、114。

liberal Catholicism　自由主义的天主教，163—170。

doctrine of Papal Infallibility　教皇无谬论，168、170。

under Fascist regime　在法西斯制度下，212、213—214、226。

anti-republicanism　反对共和制度，234。

Ciano, Count　齐亚诺（恰诺、查诺）伯爵，224、228、230、231、233、234。

Ciompi, rising of, at Florence　梳毛工人在佛罗伦萨起义，72。

Cisalpine Republic　阿尔卑斯山南（内阿尔卑斯、南阿尔卑斯、契萨尔皮纳）共和国，111、117。

citizenship of Rome　罗马公民权，8、12、14、22。

city civilization　城市文明。

　in Greek settlements　希腊殖民地的城市文明，5。

　originating as Roman colonies　起源于罗马殖民地的城市文明，12。

　undisturbed by Teutonic settlement　未受条顿移民骚扰的城市文明，17。

　embellished in Roman Empire　罗马帝国粉饰的城市文明，21。

　ninth and tenth century struggles　9 世纪和 10 世纪的斗争，34—35。

rise of communes　自治市的兴起，43—44。

　influence of middle classes　中产阶级的影响，51—52。

　late medieval despotism　中世纪晚期的专制政治，58、62、71、72。

　commercial expansion　商业的扩张，65—69。

　republicanism　共和制度，75、79、81。

in Italian League　意大利联盟中的城市文明，80。

eighteenth century crime rate　18 世纪的犯罪率，104。

see also individual cities by name，*and* Guelfs and Ghibellines 并参看个别城市名称条及格尔夫派与吉伯林派条。

civil wars，Roman　罗马内战，14、19。

Civitate，battle of　契维塔太战役，37。

Clarendon，Lord　克拉伦敦勋爵，146—147。

Claudius，Emperor　克劳狄乌斯（克劳迪亚斯、克劳狄），皇帝，23。

Clemenceau　克莱蒙梭（克里孟梭），197。

Clement，Bishop of Rome　克力门（克莱门特），罗马主教，24。

Clement V，Pope　克力门五世，教皇，55、56、57、60、62。

Clement Ⅶ，Pope　克力门七世，教皇，65、94、95、96。

Clement Ⅷ，Pope　克力门八世，教皇，100。

Clement Ⅷ，Pope　克力门十三世，教皇，104。

Cognac，League of　科涅克联盟，95。

coloni，Roman garrison settlements　农民（科洛尼），罗马屯垦团，12、17、21。

coloniae，self-governing communities under Rome　科洛尼埃，罗马统治下的自治殖民城市，15、22。

Colonna，family of　科隆纳家族，52、55、63、81。

Commodus，Emperor　高摩达（康茂德），皇帝，17。

Communist Party　共产党，200—203、205、212、224、234、235、236—237、238、243。

condottiere　雇佣兵队长，61、76、78—79。

Conrad，son of Emperor Frederick Ⅱ　康拉德，皇帝腓特烈二世的儿子，49、50。

Conradin，son of Conrad　康拉丁，康拉德的儿子，50。

Conservatism，in kingdom of Italy　意大利王国的保守主义，158、166、171、193、204。

Constance，Council of　康斯坦次（君士坦士、君士坦司）会议，65、

意大利简史

81。

Constantine，Emperor　君士坦丁，皇帝，16、21、26。

Donation of　君士坦丁的赠予，32。

Constantinople　君士坦丁堡。

　　foundation of　君士坦丁堡的建立，16、21。

　　becomes patriarchate　君士坦丁堡成为"大主教"管区，26。

　　Second Council of　第二次君士坦丁堡会议，26。

　　as centre of Empire　君士坦丁堡作为帝国的中心，28—30。

　　conquered in Fourth Crusade　君士坦丁堡在第四次十字军远征中
　　　　被征服，67。

　　fall of　君士坦丁堡的陷落，80、82。

Constitutions　宪法。

　　Spanish of 1812　1812 年的西班牙宪法，124、126。

　　Piedmontese　皮埃蒙特宪法，141—142，157。

　　Fascist 'Corporate' State　法西斯的"社团国家"，210，231。

　　Italian Republic　意大利共和国，235—236。

Corfu incident　科孚（即克基拉 Corcyra）事件，214—215。

Corradini, nationalist journalist　科拉迪尼，国家主义的报刊编辑，
　　187—188。

Corsica　科西嘉，6、53、67、219、227。

Counter-Reformation　反改革运动，95、98—99、100。

Crimean War　克里米亚战争，144—145。

Crispi, Francesco, prime minister　弗朗切斯科·克里斯皮，首相。

　　early career　早期经历，153、154。

　　political methods　政治手段，172、177、243。

　　first ministry　第一次内阁，177—179。

　　second ministry　第二次内阁，179—181。

　　other references　其他，174、182、187。

crusades　十字军远征，42、44、67、82。

Cumae, battle of　库米（丘米）战役，5。

Custozza，battle of　库斯托扎战役，164。

Czechoslovakia　捷克斯洛伐克，197、214、216、227。

D'Annunzio　邓南遮，188、189、194、199、202。

Dante　但丁，30、55—56、73。

Da Vinci，Leonardo　利奥纳多·达·芬奇，89、148。

De Bono，veteran Fascist　戴·博诺，老法西斯党徒，204、205、221、233、234。

Decius，Roman Emperor　德休斯（德修斯、狄西阿），罗马皇帝，25。

De Gasperi，Alcide　阿尔契戴·戴·加斯贝利，235、236、237、242。

Depretis，Agostino，prime minister　阿果斯蒂诺·戴普雷蒂斯，首相，172—173、176、177、243。

Desiderius，King of the Lambards　德西迪里厄斯，伦巴第人的国王，32。

De Vecchi，veteran Fascist　戴·韦基，老法西斯党徒，204、234。

Diocletian，Emperor　戴克里先，皇帝，15、16、25。

Disarmament Conferences　裁军会议，217、218、219—220、222。

Dodecanese　多德卡尼斯，214。

Donatello　多纳太洛（多那台罗），86。

Donati，Corso，Florentine aristocrat　科尔索·多纳蒂，佛罗伦萨贵族，53。

Doria，Andrea　安德烈亚·多里亚，95。

Economic History　经济史。

（1）Roman　罗马经济史。

grain supply　谷物供应，16—17、19、21。

pre-Roman agriculture　罗马征服前的农业，17。

Roman agriculture　罗马农业，19—20、21。

exports　出口，20。

population decline　人口下降，21。

economic weakness 经济上的弱点，22。

（2）Medieval 中世纪经济史。

Mediterranean commerce 地中海商业，65—69。

Florentine textiles and banking 佛罗伦萨的呢料与银

行业，69、86。

（3）1494—1815 1494—1815 年的经济史。

new trade routes 新的通商航线，90。

eighteenth century reforms 18 世纪的改革，105、107、109。

Napoleonic reforms 拿破仑的改革，119。

（4）1815—1861 1815—1861 年的经济史。

industrial development 工业的发展，122。

industrialism and patriotism 工业主义与爱国主义，

131—132。

Mazzini's policies 马志尼的政策，140。

Cavour's policies 加富尔的政策，143。

（5）1861—1914 1861—1914 年的经济史。

effects of unification 统一的效果，159—160。

deficiencies of early policy 早期政策的缺陷，167、

171、178。

rapid development in early twentieth century 20 世纪初

叶的迅速发展，185—187。

（6）1918—1940 1918—1940 年的经济史。

situation at Armistice 第一次世界大战停战后的情势，

196。

economic control under Fascism 法西斯统治下的经济

管制，209—212。

trade advantages from foreign policy 从对外政策得到

的通商便利，216、217。

economic crisis of 1931 1931 年的经济危机，219。

economic weakness 经济上的弱点，220、222、224。

economic causes of invasion of Albania　入侵阿尔巴尼亚的经济原因，227。

（7）1940—1960　1940—1960 年的经济史。

economic consequences of the war　战争在经济上的后果，230—231、242。

post-war recovery　战后的恢复，242—243。

Eden, Sir Anthony（Lord Avon），安东尼·艾登勋爵（亚芬勋爵），221。

Edward III, King of England, borrows from Florentine bankers　爱德华三世，英国国王，向佛罗伦萨银行家借款，69。

Egidian Constitutions　埃季迪奥（Egidio）宪法，65。

Einaudi, Luigi, first president of Italy　卢伊季·埃伊瑙迪，第一任意大利总统，237。

England　英国。

converted to Christianity　改信基督教，31。

connection with Norman Sicily　同诺曼第人的西西里的关系，39。

wool trade　羊毛贸易，67、69。

intervention in Naples　对那不勒斯的干涉，113、114—115。

policy to Austria　对奥地利的政策，119、121、133。

policy to Savoy　对萨伏依的政策，121、137、143—144、146—147、149。

and the Quadruple Alliance　英国与四国同盟，122—123、129。

supports reform in Italy　支持意大利的改革，128、133。

alliance with Savoy in Crimean War　在克里米亚战争中同萨伏依联盟，143—145。

attitude to the liberation of Sicily and Naples　对解放西西里和那不勒斯的态度，153、154、155。

encourages Italian colonial expansion　鼓励意大利的殖民扩张，180、189。

friendship with Italy before 1914　1914 年以前同意大利的友谊，191。

意
大
利
简
史

alliance with Italy in 1915　1915 年同意大利联盟，194。

at Versailles conference　在凡尔赛会议上，197—198。

relations with Fascist Italy　同法西斯意大利的关系，215、218—219、220、221—224、225、226、228。

declares war on Nazi Germany　对纳粹德国宣战，227、228—229。

see also World War, Second　并参看第二次世界大战条。

Epicureanism, philosophy　伊壁鸠鲁派的哲学思想，23。

Este, family of　埃斯特家族，62、83、87、89、91、97、100。

Etruscan Republic　埃特鲁里亚（埃特鲁斯康）共和国，112—113。

Etruscans　埃特鲁里亚人（埃特鲁斯康人、埃特鲁斯基人 Etrusci）。

history of　埃特鲁里亚人的历史，3—5、6、7—8、11。

influence of　埃特鲁里亚人的影响，5。

language of　埃特鲁里亚人的语言，1。

Eugenius Ⅳ, Pope　尤金尼厄斯四世，教皇，81。

European Common Market　欧洲共同市场，243、244。

exarchate　总督管区，32。

expansionism　扩张主义。

humiliating war with Austria　对奥地利的丢脸战争，164—165。

humiliating adventure in Abyssinia　在阿比西尼亚的丢脸冒险，180—181。

cult of imperialism　对帝国主义的崇拜，187—189。

conquest of Libya　征服利比亚，189—190。

Treaty of London　伦敦条约，194、197。

Treaty of Versailles　凡尔赛条约，199—200。

and Fascism　扩张主义与法西斯主义，204—205、214—216。

conquest of Abyssinia　征服阿比西尼亚，221—223。

conquest of Albania　征服阿尔巴尼亚，227—228。

Fabrizi, Nicola, agent of Mazzini　尼科拉·法布里齐，马志尼的代表，153。

Fanfani，Amintore 阿明托雷·范范尼，238—239、242。

Farinacci，Roberto，Fascist leader 罗伯特·法里纳契，法西斯头子，206，233。

Farini, Luigi Carlo, Florentine nationalist 卢伊季·查理·法里尼，佛罗伦萨爱国主义者，151、152。

Farnese，Alessandro，duke of Parma 亚历山大罗（亚历山德罗）·法纳塞，巴马的公爵，98。

Farnese，Elizabeth，wife of Philip V of Spain 伊丽莎白·法纳塞，西班牙菲利普五世的妻子，103。

Fascism 法西斯主义。

    antecedents of 法西斯主义的来历，157—158、172—173、177、179—180、183、185、186—187。

    ideological origins 法西斯主义意识形态的由来，187—189、190、199、204—205。

    and Treaty of Versailles 法西斯主义与凡尔赛条约，199—200。

    party launched 法西斯党的开始，202—203。

    march on Rome 向罗马进军，204。

    political theory 政治理论，204、210、220、223。

    administration of regime 法西斯制度的施政，209—212。

    relations with Church 同教会的关系，212—214、240。

    opposition to 反对法西斯主义，216、230、231、233。

    collapse of 法西斯主义的垮台，231—235。

    for neo-fascism，*see* Italian Social Movement 关于新法西斯主义，参看意大利社会运动党条。

Ferdinand，King of Spain 斐迪南（菲迪南德），西班牙国王，88—89。

Ferdinand I，Emperor of Austria 斐迪南一世，奥地利皇帝，133。

Ferdinand I，King of Naples 斐迪南一世，那不勒斯的国王，108、113、114—115、118、121、124—125、128。

Ferdinand II，King of Naples 斐迪南二世，那不勒斯的国王，128、135、146。

Ferrante，King of Naples and Sicily　费朗太（斐兰太），那不勒斯和西西里的国王，84。

Fiume　阜姆（即 Rijeka 里耶卡），198、199、202、214。

Flaminian Way，Roman road　弗拉米尼亚大道，罗马道路，11。

Florence　佛罗伦萨（佛罗棱萨、佛罗伦斯）。

　　advantageous location　有利的位置，44。

　　politics at time of Pope Boniface VIII　教皇卜尼法斯八世时代的政治，53—54。

　　Dante and　但丁与佛罗伦萨，55—56。

　　opposition to Emperor Henry VII　反对皇帝亨利七世，58、60。

　　attitude to Rienzi　对里安齐的态度，63。

　　conquest of Pisa　征服彼萨，67。

　　importance in late Middle Ages　在中世纪晚期的重要性，69—71。

　　internal politics in fourteenth century　14 世纪的国内政治，71—72。

　　opposed to Visconti expansion　反对维斯孔蒂的扩张，75、76。

　　support to Milan against Venice　支持米兰反对威尼斯，79—80。

　　joins the Italian League　参加意大利联盟，80。

　　artistic initiative in Renaissance　在文艺复兴时期对艺术的倡导，81—82。

　　late fifteenth century diplomacy and wars　在 15 世纪末叶的外交与战争，83、87—93。

　　under the Medici　在梅迪奇家族的统治下，84—87。

　　in time of Savonarola　在萨沃纳罗拉的时代，88。

　　return of the Medici　梅迪奇家族的人回到佛罗伦萨，88、92、95。

　　the last Florentine Republic　最后的佛罗伦萨共和国，95。

　　creation of Grand Duchy of Tuscany　托斯卡纳大公国的建立，97。

　　in seventeenth century　在 17 世纪，99。

　　passes to Austrian hands on extinction of Medici（see also Tuscany）在梅迪奇家族灭绝时落到奥地利人手里，103（并参看托斯

卡纳条）。

city occupied by French 佛罗伦萨城被法国人占领，112。

martial law in 1898 1898 年的戒严令，182。

Four-Power Pact 四强协定，220。

Fra Angelico 昂杰利科神弟，82。

France 法国。

    commences intervention in Italian affairs 开始干涉意大利的事务，50—51。

    assists Pope Boniface VIII 帮助教皇卜尼法斯八世，54。

    papal seat removed to 教皇驻地迁到法国，55。

    opposition to policy of Emperor Henry VII in Italy 反对皇帝亨利七世在意大利的政策，57—58。

    exercises suzerainty over Genoa 行使对热那亚的宗主权，69。

    claims to Duchy of Milan 对米兰公国的主权要求，75、80。

    and the Italian League 法国与意大利联盟，80。

    Angevin claims on Naples 昂热万家族对那不勒斯的主权要求，50—51、61、84、94、97。

    invasion of Italy in 1494; in 1498—1494 年入侵意大利，87—89；1498 年入侵意大利，89—92。

    intervention of Francis I 弗朗西斯一世的干涉，93、94。

    conflict with Charles V 同查理五世的冲突，94—95、97。

relations with Piedmont in sixteenth century 在 16 世纪同皮埃蒙特的关系，98。

intervention in Mantua 对曼图亚的干涉，101。

1789 Revolution 1789 年的法国大革命，110。

declares war on Austria and Sardinia（Savoy） 对奥地利和撒丁（萨伏依）宣战，110。

invasion of Italy 入侵意大利，110—115、116—117。

influence in Italy eradicated by Congress of Vienna 维也纳会议铲除法国在意大利的势力，121。

意
大
利
简
史

Louis Philippe's Italian policy　路易·菲利普对意大利的政策，128、129、133。

revolution of 1848　1848年的革命，136。

suppresses the Roman Republic　对罗马共和国的镇压，140。

relations with Savoy　同萨伏依的关系，143、144—150。

war with Austria　对奥地利的战争，150—151。

opposition to unification of Italy　反对意大利统一，155。

garrison in Rome　在罗马的驻防军，140、154、159、161—162、165—167、168。

attitude on Venetian problem　对威尼斯问题的态度，163—164。

Franco-Prussian War　普法战争，168。

Italy's rival in North Africa　意大利在北非的竞争者，175、189。

alienated by Triple Alliance　被三国同盟疏远，178、180。

growing cordiality with Italy before 1914—1914年以前同意大利日益亲近，191—192。

alliance with Italy in 1915　1915年同意大利联盟，194。

at Versailles conference　在凡尔赛会议上，197—198。

relations with Fascist Italy　同法西斯意大利的关系，215、216、218—219、220、221—223、226—227、228。

encouragement of new nations　对几个新国家的鼓励，216。

declares war on Nazi Germany　对纳粹德国宣战，227、228—229。

see also World War, Second　并参看第二次世界大战条。

Francis, Saint　圣弗朗西斯（法兰西斯），46。

Francis I, King of France　弗朗西斯一世，法国国王，93、94—95。

Francis of Lorraine, Grand Duke of Tuscany, husband of Maria Theresa　洛林的弗朗西斯，托斯卡纳的大公，玛丽亚·特里萨的丈夫，103。

Francis IV, Archduke of Modena　弗朗西斯四世，摩德纳的大公，127—128。

Franciscans, order of　弗朗西斯修道会（圣芳济会），46、54。

Franco，General　弗朗哥（佛朗哥）将军，226。

Franco-Prussian War　普法战争，168。

Franks　法兰克人。

 invade the Roman Empire　入侵罗马帝国，16。

 cross the Alps　越过阿尔卑斯山，28。

 invited into Italy by Pope Stephen Ⅱ　被教皇斯蒂芬二世迎入意大利， 253
  32。

 establish the Holy Roman Empire　建立神圣罗马帝国，33。

Frederick I，Emperor　腓特烈（弗雷德里克）一世，皇帝，45—46。

Frederick Ⅱ，Emperor　腓特烈二世，皇帝，46—48、49、50。

Frederick of Aragon，'King of Trinacria'　阿拉冈的腓特烈，"特里纳
 克里亚的国王"，53、54、57、61。

Freemasonry　互济会，109—110、115、193、208。

Gaetani，family of　加埃塔尼家族，52。

Galiani，eighteenth century economist　加利亚尼，18 世纪的经济学家，
 109。

Galileo　伽利略（伽里略），99。

Garibaldi　加里波迪（加里波的、加里波第）。

 military commander of the Roman Republic　罗马共和国军事指挥
  官，140。

 supported by Cavour　受加富尔支持，148。

 liberates Sicily and Naples　解放西西里和那不勒斯，103、152—
  155、160。

 and the Roman and Venetian questions　加里波迪与罗马和威尼斯
  问题，161、166—167。

 tradition of　加里波迪的传统，173、174、189。

Gaul，Roman province of　高卢，罗马的一个行省，20、27。

Gauls　高卢人，2、4、10。

Genoa　热那亚（热诺阿）。

意
大
利
简
史

conquest by the Romans　被罗马人征服，10。

in the Roman road system　在罗马道路系统中，12。

war against Saracens　对萨拉森人作战，35、44。

Mediterranean power　在地中海的势力，53。

power and prosperity in fourteenth century　在 14 世纪的势力和繁荣，67—68。

rivalry with Venice　同威尼斯竞争，68。

internal weakness　国内的弱点，68—69。

conquered by Milan　被米兰征服，76、77、78。

in the war between Charles V and Francis I　在查理五世与弗朗西斯一世之间的战争中，95。

centre of revolutionary activity　革命活动的中心，110、114。

incorporated into Savoy　并入萨伏依，121。

agitates for reform　鼓吹改革运动，135。

Napoleon Ⅲ lands at　拿破仑三世在热那亚登陆，150。

liberated by partisans　被游击队解放，235。

and 1960 M. S. I. Congress　热那亚与1960年的米西尼代表大会，241。

Germany　德国。

kingdom founded　王国的建立，33。

linked with Italy under the Ottos　在奥托一世、奥托二世和奥托三世的统治下同意大利联合，36。

conflict of Church and State in　德国的政教冲突，40。

yields Italian predominance to France　德国在意大利的优势让位于法国，50。

renewed interest in Italy　对意大利重感兴趣，89、93、94—97。

Prussia in Quadruple Alliance　普鲁士加入四国同盟，122—123。

supports reform in Italy　支持意大利的改革，128。

revolution of 1848 in　1848 年的德国革命，136。

enmity with France　同法国不睦，149、151。

Italy joins in war on Austria 意大利参加对奥地利的战争，163—165。

Franco-Prussian War 普法战争，168。

in the Triple Alliance 在三国同盟中，175。

opposed by Italy at Algeciras 在阿尔黑西拉斯会议中遭到意大利的反对，192。

Italy at war with 意大利对德国作战，194—196。

Weimar Republic's relations with Italy 魏玛共和国同意大利的关系，216—217、218。

revival under Nazism 在纳粹统治下的复兴，220、221。

attitude to Abyssinian War 对阿比西尼亚战争的态度，223。

co-operation with Italy over Spanish Civil War 在西班牙内战中同意大利合作，223。

formation of Rome-Berlin Axis 罗马-柏林轴心的形成，224—226、228。

Munich agreement 慕尼黑协定，227。

pact with Russia 同俄国订立互不侵犯条约，228。

invasion of Poland 入侵波兰，228—229。

see also World War, Second 并参看第二次世界大战条。

Ghibellines, *see* Guelfs 吉伯林派，参看格尔夫派。

Gibraltar 直布罗陀，218。

Gioberti, Abbé, author of the *Primato* 焦贝蒂神父，《优先地位》的作者，132、137—138、187。

Giolitti, Giovanni, prime minister 焦旺尼·焦利蒂，首相inpre-1914 politics 在1914年以前的政治活动，179、190—191。

neutralism in 1914 1914年的中立主义，193。

in post-1918 politics 1918年以后的政治活动，199、201、203。

general assessments 总的评价，172、183—185、186、243。

Giorgione 焦尔焦纳，90。

Giotto 焦托（乔托），69。

Giusti, satirist　朱斯蒂，讽刺作家，131、173。

Gladstone　格拉德斯通，146。

Goldoni　哥尔多尼，104。

Gonzaga, family of　冈扎加家族，100—101。

Goths　哥特人，16、28、29。

Governments　政府。

　　pre-Roman　罗马征服前的政府，18。

　　Roman Republic　罗马共和国，9、11—12、22。

　　Roman Empire　罗马帝国，15、16、20、21、22—23。

　　early Medieval　中世纪初期的政府，30、33、34、43。

　　of kingdom of Sicily　西西里王国的政府，38、48。

　　in Papal territories　教皇领土上的政府，46、65。

　　of Venice　威尼斯的政府，68。

　　city despotism　城市专制政治，72—73、74、85—86、93。

　　benevolent despotism　开明的专制政治，104—108。

　　French-made republics　法国扶植的共和国，111—113、115、117。

　　Napoleonic monarchies　拿破仑建立的君主国，117、119。

　　Mazzini's Roman Republic　马志尼的罗马共和国，139—140。

　　Piedmontese constitution　皮埃蒙特宪法，141—142、157—158。

　　administration of kingdom of Italy　意大利王国的行政管理，159—160、177。

　　repression in the kingdom of Italy　意大利王国的镇压，177、179—180、182—183。

　　universal suffrage　普选的权利，190。

　　under Fascism　法西斯统治下的政府，206—212。

　　Italian Republic　意大利共和国，235—236。

Gramsci, Antonio, Communist　安东尼·葛兰西（格朗斯契），共产党员，237。

Grandi, Fascist politician　格朗迪，法西斯政客，218、231、234。

小说

历史

Graziani, Marshal　格拉齐亚尼，元帅，233、241。

Greece　希腊。

    early influence and colonies in Italy　在早期的影响和在意大利的殖民地，3—7、8。

    political domination by Rome　在政治上被罗马统治，14。

    cultural influence on Rome　在文化上对罗马的影响，14。

    share in formation of Christianity　参与基督教的形成，23、24。

    Venetian and Genoese colonisation in later Middle Ages，中世纪晚期威尼斯和热那亚在希腊开拓殖民地，64。

    Renaissance interest in Ancient　文艺复兴运动对古希腊的兴趣，81、86、91。

    Venice expelled by Turks　威尼斯人被土耳其人赶出希腊岛屿，100。

    treaty with　意大利同希腊签订条约，214。

    Corfu incident　科孚事件，214—215。

    Italian invasion of　意大利入侵希腊，227。

Gregory the Great, Pope　格雷戈里（格雷哥里、格列高里）大教皇，27、31。

Gregory V, Pope　格雷戈里五世，教皇，36。

Gregory VII, Pope　格雷戈里七世，教皇，40—42、52。

Gregory IX, Pope　格雷戈里九世，教皇，30、48。

Gregory XI, Pope　格雷戈里十一世，教皇，65。

Gregory XVI, Pope　格雷戈里十六世，教皇，129。

Gronchi, Giovanni, Christian Democrat　焦旺尼·格隆基，天主教民主党人，238、239。

Guelfs and Ghibellines　格尔夫派与吉伯林派。

    origin of conflict between　两派之间的冲突的由来，47。

    and Manfred of Sicily　同西西里的曼弗雷德的关系，49、50。

    in local politics　在地方的政治中，51—53、71、72—73、88。

    and Emperor Henry VII　同皇帝亨利七世的关系，56、60。

意
大
利
简
史

Guibert，Archbishop of Ravenna 圭伯特，腊万拉的大主教，42。

Guiscard，Robert 罗伯特·圭斯卡德，37、38、39、42。

Guiscard，King Roger I of Sicily 圭斯卡德，西西里的国王罗杰一世，38。

Guiscard，King Roger Ⅱ of Sicily 圭斯卡德，西西里的国王罗杰二世，39。

Habsburg，family of 哈布斯堡（即哈普斯堡 Hapsburg）家族，93、97、100—101。

Halifax，Lord 哈利法克斯勋爵，226。

Hamilton，Sir William 威廉·汉密尔顿（汉米尔顿）勋爵，113。

Hannibal 汉尼拔（汉尼巴尔），6、19。

Hawkwood，Sir John 约翰·霍克伍德勋爵，78。

Henry Ⅲ，Emperor 亨利三世，皇帝，40。

Henry Ⅳ，Emperor 亨利四世，皇帝，41。

Henry Ⅴ，Emperor 亨利五世，皇帝，42。

Henry Ⅵ，Emperor 亨利六世，皇帝，46。

Henry Ⅶ，Emperor 亨利七世，皇帝，55、56—58、60、72。

Henry Ⅱ，King of England 亨利二世，英国国王，39。

Hildebrand，*see* Gregory Ⅶ 希尔德布兰德（希尔得布兰），参看格雷戈里七世条。

Hitler 希特勒，219—220、225、229、231。

Hoare，Sir Samuel 塞缪尔·霍尔勋爵，222。

Hohenstaufen，family of 霍恩斯陶芬（霍亨斯陶芬）家族，46、47、49、50。

Holy League 神圣联盟，92。

Honorius Ⅲ，Pope 霍诺里乌斯三世，教皇，47。

Humbert I，King of Italy 亨伯特一世，意大利国王，174、175、176、180、182、183。

Hungarians 匈牙利人。

小说

历史

Magyar invasions，ninth and tenth centuries　9 世纪和 10 世纪马扎尔人的入侵，34—35。

allies of nationalists against Austrian rule　民族主义者们联合反对奥地利的统治，127、133、161—162。

treaty with Hungary　同匈牙利签订条约，214、221、225。

support for Abyssinian War　支持阿比西尼亚战争，222。

rising of 1956　1956 年的叛乱，238。

iconoclastic controversy　关于破坏偶像的争论，32。

Innocent Ⅲ，Pope　英诺森（英诺森特）三世，教皇，46—47、49。

Innocent Ⅳ，Pope　英诺森四世，教皇，48。

Innocent Ⅶ，Pope　英诺森七世，教皇，86。

investiture controversy　关于授职礼问题的争论，40—43。

Iron Age　铁器时代，3。

Isonzo，battle of　伊松佐（伊桑佐）战役，195。

Istria　伊斯的利亚（伊斯特里亚、伊斯特拉），194、198、199。

Italian League　意大利联盟，80—81、83。

Italian Republic　意大利共和国。

formed by Napoleon I　拿破仑一世建立的意大利共和国，117。

transformed into a monarchy　转变为君主国，117。

Italian Socialist Party　意大利社会党，232、234、237—238。

Italian Social Movement　意大利社会运动党，232—233、240—242、243。

Italian Social Republic　意大利社会共和国，232—233、234。

Italy，kingdom of　意大利王国。

created by Napoleon I　拿破仑一世建立的意大利王国，117—119。

founded by Victor Emmanuel Ⅱ　维克托·伊曼纽尔二世建立的意大利王国，155。

James，King of Aragon　詹姆斯，阿拉冈的国王，53。

意大利简史

Japan，allied with Italy and Germany 日本同意大利和德国联盟，226。

Jews 犹太人。

    and spread of Christianity 犹太人与基督教的传布，24。

    in Norman Sicily 犹太人在诺曼第人统治下的西西里，39。

    policy of Frederick II towards 腓特烈二世对犹太人的政策，48。

under Fascism 在法西斯统治下的犹太人，226、233。

Joanna I，of Naples 乔安娜一世，那不勒斯的女王，61。

Joanna II，of Naples 乔安娜二世，那不勒斯的女王，61。

John，King of England 约翰，英国国王，46。

John XII，Pope 约翰十二世，教皇，35、36。

John X XII，Pope 约翰二十二世，教皇，62。

Joseph II，Emperor 约瑟（约瑟夫）二世，皇帝，105。

Julius II，Pope 朱利乌斯（优里乌斯）二世，教皇，91—92、100。

Julius Caesar 朱利乌斯·凯撒，10、14。

Justinian，Byzantine Emperor 查士丁尼（贾斯蒂尼安），拜占廷皇帝，
    29、30。

Kellogg Pact 凯洛格（克洛格）公约，221。

255 Kossuth 科苏特（噶苏土），133。

Labour Democratic Party 劳工民主党，234。

Ladislas，King of Naples 拉迪斯拉斯，那不勒斯国王，61。

La Farina，Sicilian revolutionary 拉·法里纳，西西里革命者，153、
    154。

La Marmora，General，soldier–politician 拉·马莫拉将军，军人政客，
    145、152、163—165。

language 语言。

    pre-Roman 罗马征服前的语言，1—3。

    Latin and Greek 拉丁语与希腊语，14。

    early ecclesiastical 早期的教会语言，24、27。

    continuation of Greek in S. Italy 希腊语在南意大利继续通用，

28、39。

humanist interest in Greek　人文学者对希腊语[2]的兴趣，81—82。

Lateran Agreements, of 1929　1929 年的拉太朗（拉特兰）协定，170、213、240。

Lateran Council, of 1059　1059 年的拉太朗会议，40。

lati fundi, Roman estates　广阔的地产，罗马的地产，19。

Latin League　拉丁联盟，7—8、18。

Lausanne Conference　洛桑会议，214。

Law of Guarantees　保障法，169、171、212。

Laval　赖伐尔，222、227。

law　法律。

　　Roman: *see* Roman Law　罗马的法律：参看罗马法条。

　　in eighteenth-century kingdom of Naples　在 18 世纪的那不勒斯王国，107。

　　the Code Napoléon　拿破仑法典，119。

　　legal code of Kingdom of Italy　意大利王国的法典，159、177。

　　opposition to Fascism of legal professions　律师业对法西斯主义的反抗，207。

League of Nations　国际联盟。

　　and Corfu incident　国际联盟与科孚事件，215。

　　entrusts Albanian defence to Italy　国际联盟委托意大利保护阿尔巴尼亚，215。

　　significance of Four-Power Pact for　四强协定对国际联盟的意义，220。

　　and the Abyssinian War　国际联盟与阿比西尼亚战争，222。

Lechfeld, battle of　勒希费尔德战役，35。

Legnano, battle of　莱尼亚诺战役，45。

Leo the Great, Pope　利奥（立奥）大教皇，27。

Leo III, Pope　利奥三世，教皇，33。

Leo IV，Pope　利奥四世，教皇，34。

Leo IX，Pope　利奥九世，教皇，37、40。

Leo X，Pope　利奥十世，教皇，92。

Leo the Isaurian，Byzantine Emperor　伊索里亚人利奥，拜占廷皇帝，
　　32。

Leopold，Grand Duke of Tuscany　利奥波德，托斯卡纳的大公，105—106。

Lepanto，battle of　勒潘托（勒颂多）战役，100。

Liberal Party　自由党。

　　pre-fascist　在法西斯上台以前，184—185、186、193、203、
　　　　204、205。

　　post-fascist　在法西斯垮台以后，234、236、239、241—242。

Libya　利比亚。

　　conquest of　对利此亚的征服，189、191、193、194。

　　development　利比亚的发展，198、199。

　　visited by Mussolini　墨索里尼访问利比亚，217。

　　clash with French interests　同法国利益发生冲突，221。

Ligurian Republic　利古里亚共和国，111、121。

Linus，Bishop of Rome　莱纳斯，罗马主教，23。

Lissa，battle of　利萨战役，165。

literature　文学。

　　Greek influence　希腊影响，14。

　　in cosmopolitan Rome　在国际都市罗马，21。

　　vernacular poetry in Sicily　西西里的方言诗，48。

　　the *Divina Commedia*　《神曲》，55—56。

　　at the court of Robert of Anjou　在安茹罗伯特的宫廷里，60。

　　Renaissance—*see* Renaissance　文艺复兴—参看文艺复兴条。

　　Goldoni　哥尔多尼，104。

　　romantic movement　浪漫主义运动，122、130。

　　in the nationalist revival　复兴民族主义的文学，129—132、
　　　　188—189。

anti-fascist writers　反法西斯的作家，234。

communist writers　共产主义作家，236。

Little Entente　小协约国，220、221。

local government，modern　现代的地方政府，203、208。

Locarno，Treaty of　洛迦诺（洛加诺）条约，216。

Lodi，Treaty of　洛迪条约，78、80。

Lombard League　伦巴第联盟，45、48。

Lombards　伦巴第人（伦巴人），28、30—32、34、37。

Lombardy 伦巴第（伦巴底、龙巴第）。

eighteenth-century social reforms　18 世纪的社会改革，104—105。

formation of Cisalpine Republic　阿尔卑斯山南共和国的组成，111。

reoccupied by Napoleon　被拿破仑重新占领，117。

regained by Austria　被奥地利重新夺去，118—119。

formed into Kingdom of Italy by Napoleon　由拿破仑并入意大利王国，117—118。

regained by Austria at Congress of Vienna　在维也纳会议上被奥地利重新夺去，121。

nationalist plots　民族主义者的秘密计划，126。

revolt of 1848　1848 年的革命，136、138。

liberalisation of Austrian rule　奥地利统治的自由化，148。

surrendered by Austria　奥地利放弃伦巴第，151。

London，Treaty of　伦敦条约，194、197。

Lothair，Emperor　罗泰耳（罗退耳，罗塔尔），皇帝，33。

Louis Ⅱ，Emperor　路易二世，皇帝，34。

Louis the Bavarian，Emperor　巴伐利亚人路易，皇帝，61、63、71。

Louis，Saint，King of France　圣路易，法国国王，50。

Louis ⅩⅡ，King of France　路易十二世，法国国王，89、90、92。

Louis ⅩⅣ，King of France　路易十四世，法国国王，101。

意
大
利
简
史

256

Louis Philippe，King of France　路易·菲利普，法国国王，128、129、133。

Lunéville，Treaty of　吕纳微尔（吕内维尔）条约，117。

Lyons，Committee of　里昂委员会，117。

Lyons，Council of　里昂会议，48。

Macdonald，French general　麦克唐纳（麦唐纳），法国将军，114。

Machiavelli　马基雅弗利（马基雅维里），92—93。

Magenta，battle of　马詹塔战役，150、153。

Magyars，*see* Hungarians　马扎尔（马扎儿）人，参看匈牙利人条。

Malmesbury，Lord　马姆斯伯里勋爵，149。

Malpighi，Marcello，pioneer scientist　马切洛·马尔皮吉，生物学的先驱，99。

Malta　马耳他（马尔他、摩尔太）岛，39、218—219、232。

Manfred，King of Sicily　曼弗雷德，西西里国王，49—50、51、55。

Manin，Daniele　丹尼尔·马宁，138—139。

Manzoni　曼佐尼，130、173。

Marengo，battle of　马伦戈战役，117。

Maria Theresa[3]，Empress　玛丽亚（玛利亚）·特里萨，皇后，103、105。

Marie Louise，wife of Napoleon I，subsequently Duchess of Parma　玛丽·路易丝，拿破仑一世的妻子，后来成为巴马的女公爵，121。

Marignano，battle of　马里尼亚诺（马麟雅诺）战役，93。

Marozia，mother of Alberic　玛罗齐亚，阿尔伯里克的母亲，35。

Martin V，Pope　马丁五世，教皇，65、81。

Maso D'Albizzi，leader of Florence　马索·迪·阿尔比齐，佛罗伦萨的领袖，72。

Masséna，French general　马塞纳，法国将军，114、116。

Matilda，Countess of Tuscany　玛蒂尔达，托斯卡纳的女伯爵，41、42。

小说
历史

Matteotti, Giacomo　贾科莫·马太奥蒂，206、208。

Maximalists, extreme Socialists　多数派，过激的社会党员，200。

Maximilian, Emperor　马克西米连（马克西米利安），皇帝，89。

Maximilian, Archduke, Emperor of Mexico　马克西米连大公，墨西哥皇帝，148。

Mazzini, Giuseppe　朱泽培（朱塞佩）·马志尼。

　　and 'Young Italy' society　马志尼与"青年意大利"协会，129—130。

　　his intrigues　马志尼的秘密计划，133、144、153。

　　his republicanism　马志尼的共和主义思想，130、137、152、159、167、235。

　　and Republic of Rome　马志尼与罗马共和国，139—140。

　　and Venetian problem　马志尼与威尼斯问题，161。

　　and Roman problem　马志尼与罗马问题，166。

　　tradition of　马志尼的传统，171、187、218。

　　death of　马志尼之死，173。

Medici, Cosimo dei　科西莫·戴伊·梅迪奇（美第奇、美迪奇，麦第奇），72、79、84—86。

Medici, family of　梅迪奇家族，85—87、88、92、95—96、97、99、103。

Medici, Lorenzo dei　洛伦佐·戴伊·梅迪奇，83、85—87。

Medici, Piero dei　皮埃洛·戴伊·梅迪奇，86、88。

Meloria, battle of　梅洛里亚战役，67。

Menelik, King of Abyssinia　梅纳利克（梅内利克），阿比西尼亚国王，180。

Mentana, battle of　曼塔纳战役，167。

Metternich, Prince　梅特涅公爵，122—123、126、133、134、135、136。

Michelangelo　米开朗琪罗（米开兰基罗），91、95。

Milan　米兰。

意大利简史

administrative centre of Roman Empire under Diocletian 米兰在戴克里先统治下成为罗马帝国的行政中心，16。

Edict of 米兰敕令，26。

with Ravenna, the seat of Western Emperor 米兰同腊万纳一起成为西方皇帝的驻地，26。

ecclesiastical authority of Bishop in early Church 早期教会的米兰主教的教权，27。

contested appointment of Archbishop 争夺任命大主教的权力，41。

advantageous location 有利地位，44。

aggression on neighbouring cities, and conflict with Frederick II 对邻邦的侵略以及同腓特烈二世的冲突，45。

expansion under the Visconti 在维斯孔蒂统治下的扩张，73—75、76—78。

seized by Francesco Sforza 被弗朗切斯科·斯福扎占领，79。

joins the Italian League 参加意大利联盟，80。

late fifteenth century politics 15世纪末叶的政治，83、87—93。

French claims upon 法国对米兰的主权要求，75、93、94、97。

Philip II of Spain becomes Duke 西班牙菲利普二世成为米兰公爵，97。

in War of Spanish Succession 在争夺西班牙王位继承权的战争中，101。

attacked by Don Carlos 受到唐·查理的攻击，103。

eighteenth century crime rate 18世纪的犯罪率，104。

province renamed Lombardy(see also Lombardy) 重新命名为"伦巴第省"，104（并参看伦巴第条）。

city of, joins Cisalpine Republic 米兰城加入阿尔卑斯山南共和国，111；under Austrian rule 处在奥地利统治之下，118—119、136、144；a Socialist stronghold 社会主义者的堡垒，179、182、183、203；liberated by partisans 被游击队解放，235。

Miollis，French general　米奥利斯，法国将军，112。

Misley，Henry，nationalist conspirator　亨利·米斯利，民族主义的密谋家，127—128。

Mithraism　太阳神崇拜，23。

Monarchist Party　保皇党，239。

Montaperto，battle of　蒙塔佩托战役，50。

Montecchio，Academy of　蒙太基奥的学院，109。

Monteverdi　蒙太韦迪，99。

Munich，agreement　慕尼黑协定，227。

municipia，self-governing communities under Rome　穆尼基皮亚，罗马统治下的自治市，15、22。

Murat，Marshal，King Joachim of Naples　米拉元帅，那不勒斯的约阿希姆国王，118—119。

Mussolini，Benito　贝尼托·墨索里尼。

　　early socialism　早年的社会主义，190、191。

　　interventionism in first World War　在第一次世界大战中的干涉主义，193。

　　founds Fascist movement　创建法西斯主义运动，202、203。

　　seizes power　夺取权力，204—208。

　　internal policies　国内政策，203、204—205、210、212—213、240。

　　arbitrary power　独裁权力，211—212。

　　foreign policy（*see also* World War，Second）　对外政策，214—228、241（并参看第二次世界大战条）。

　　downfall　墨索里尼的垮台，231—235。

Naples，Kingdom of　那不勒斯（那波利 Napoli）王国。

　　a Norman duchy　那不勒斯成为诺曼第公国，37。

　　separated from Sicily　同西西里分离，51。

　　cultural life under Robert of Anjou　安茹罗伯特统治下的文化生

257

活，60。

political weakness 政治上的弱点，60—61。

Angevin monarchs after Robert of Anjou 安茹罗伯特死后的昂热万君主们，61。

reunited with Sicily under Alfonso of Aragon 在阿拉冈的阿尔方索的统治下同西西里再次联合，61—62、83—84。

conflict with Genoa 同热那亚冲突，67。

late fifteenth century diplomacy and wars 15 世纪末叶的外交政策和战争，80、83、87—88。

conquered by Charles VIII of France 被法国查理八世征服，88。

united with Sicily under Spanish rule 在西班牙的统治下同西西里联合，89。

French designs upon 法国对那不勒斯王国的意图，94。

under Charles V 在查理五世的统治下，94、95。

effect of Spanish rule in sixteenth and seventeenth centuries 16、17 世纪西班牙统治的影响，98。

assigned to Austria by Peace of Utrecht 根据乌特勒支和约割让给奥地利，101。

captured by Don Carlos 被唐·查理占领，103。

eighteenth century social reforms 18 世纪的社会改革，106—108。

eighteenth century intellectual life 18 世纪的知识界的活动，109。

during French Revolution 在法国大革命时期，110—111、113、114—115、117。

under Napoleonic rule 在拿破仑统治下，118—119。

restoration of Ferdinand 斐迪南的复辟，121。

accepts Quadruple Alliance 参加四国同盟，123。

revolt of 1820 1820 年的起义，124—125。

revolution of 1848 1848 年的革命，135—137、140。

repressive policy of Ferdinand II 斐迪南二世的镇压政策，146。

overthrow by Garibaldi 被加里波迪推翻，155。

Naples，modern 现代的那不勒斯。

　　remoteness from national capital 离首都遥远，157。

　　brigandage prevalent 劫掠横行，160。

　　traditional corruption 传统的贪污腐败，171、174。

　　martial law in 1898 1898 年的戒严令，182。

　　anti-fascist demonstrations in 1960 1960 年的反法西斯示威游行，
　　　　241。

Napoleon I 拿破仑一世，103、108、113、116—118、119—120、121—
　　122。

Napoleon III 拿破仑三世。

　　puts down Republic of Rome 镇压罗马共和国，140。

　　collaboration with Cavour 同加富尔合作，146—150。

　　divergencies of policy 政策上的分歧，151—152、155。

　　and French garrisons in Rome 拿破仑三世与法国在罗马的驻防
　　　　军，156、160—162、165—167、168。

　　attitude to Austro-Prussian War 对普奥战争的态度，163—165。

　　death 拿破仑三世之死，173。

Narses，Byzantine general 纳塞斯，拜占廷的将军，29。

Nationalism 国家主义。

　　Machiavelli's hope for independent Italy 马基雅弗利对独立的意大
　　　　利的希望，92。

　　effect of Austrian rule 奥地利统治的影响，102。

　　reaction to French invasion 对法国入侵的反应，114—116。

　　the 'Kingdom of Italy' "意大利王国"，117—118、119—120。

　　intelligentsia's contribution 知识分子的贡献，129—132。

　　cult of power 权力崇拜，186、187—188、199—200。

　　nationalist politics 国家主义政治，159、162、166、189—190、
　　　　193、202、205。

　　see also expansionism and Fascism 并参看扩张主义条和法西斯主
　　　　义条。

意大利简史

NATO　北大西洋公约，236、238。

Nelson　纳尔逊[4]，113、114。

Nenni, Pietro, socialist　彼得·南尼，社会党党员，237—238、239。

Niccoli, Niccolo, humanist　尼科洛·尼科利，人文学者，86。

Nicholas II, Pope　尼古拉（尼古拉斯）二世，教皇，37。

Nicholas V, Pope　尼古拉五世，教皇，80、82。

Nile, battle of　尼罗河战役，113。

Nitti, Francesco, prime minister　弗朗切斯科·尼蒂，首相，198、199、203、205。

Nogaret, agent of Philip IV of France　诺加雷，法国菲利普四世的代表，55。

Normans　诺曼第人（诺曼人）。

　　settlement in Southern Italy　在南意大利定居，37。

　　alliance with Papacy　同教廷联盟，37—38、42、43。

　　conquest of Sicily　征服西西里，38。

　　payment of tribute to Pope　献给教皇的岁贡，107。

Odovacar, rules Italy on termination of Empire in West　奥多亚克（鄂多亚克，鄂多亚塞 Odoacer）在西方帝国灭亡后统治意大利，188—189。

Oriani, Alfredo, historian　阿尔弗烈德·奥里亚尼，历史学家，188—189。

Orlando, Vittorio, prime minister　维托里奥·奥兰多（奥朗多），首相，197、198。

Orsini, family of　奥西尼家族，52、63。

Orsini, Felice　费利切·奥西尼，147。

Orthodox Church, Eastern　东方正教教会，27、32、40、81。

Ostia, battle of　奥斯提亚（奥斯替亚）战役，34。

Otto I, Emperor　奥托（鄂图）一世，皇帝，35—36。

Otto II, Emperor　奥托二世，皇帝，36。

Otto Ⅲ，Emperor　奥托三世，皇帝，36。

pagi，tribal units　区，部落单位，18、22。

Palestrina　帕勒特里纳，99。

Palmerston，Lord　帕默斯顿勋爵，156。

Papacy　教皇政权、教廷。

early history　早期历史，23—26。

policy in early Middle Ages　在中世纪早期的政策，26、27、28—29、
　　30—31、32、34—35、37。

relations with temporal powers　同世俗权力的关系，32、33、35、36、
　　40。

eleventh century reforms　11 世纪的改革，39—40。

struggle with Henry Ⅳ　同亨利四世的斗争，41—42。

authority in twelfth century　在 12 世纪的权力，42—43。

conflict with Frederick Ⅰ　同腓特烈一世的冲突，45。

authority under Innocent Ⅲ　在英诺森三世统治下的权力，46—47。

conflict with Frederick Ⅱ　同腓特烈二世的冲突，47—48。

conflict with Manfred of Sicily　同西西里的曼弗雷德的冲突，49。

development of Papal States　教皇辖地的发展，46、50。

dependence on external aid　对外国援助的依赖，50、51、54。

repressive influence in sixteenth and seventeeth centuries　16、17 世纪
　　的镇压的影响，98—99。

expansion of Papal States in seventeenth century　17 世纪教皇辖地的扩
　　张，100。

eighteenth century splendour　18 世纪的豪华生活，103。

co-operation in ecclesiastical reforms　在教会改革中的合作，105、107。

state encroachments on spiritual power　政府对宗教权力的侵占，100、
　　107、108。

bulls against Freemasonry　谴责互济会的教皇训谕，109。

attitude to French Revolution　对法国大革命的态度，110。

意
大
利
简
史

Pope flees from Rome　教皇离开罗马逃往法国，112。

　　Pope exiled to Savona　教皇被放逐到萨沃纳，118。

　　recovery of Papal States at Congress of Vienna　在维也纳会议上恢复教皇辖地，121。

　　rejects Quadruple Alliance　拒绝参加四国同盟，123。

　　suppresses nationalist unrest　镇压民族主义者的骚乱，124、126—127。

　　resists international pressure for reform　抗拒国际上要求改革的压力，128。

　　nationalist support for　民族主义者对教皇政权的支持，132、133、134—135。

　　support from Kingdom of Sardinia　撒丁王国的支持，134。

　　policy of Pius IX　庇护九世的政策，134、135、137、146。

　　relations with Kingdom of Italy　同意大利王国的关系，155、160—162、165—167、169、213。

　　support from Napoleon III　拿破仑三世的支持，161、165—167、168。

　　doctrine of Papal Infallibility　教皇无谬论，168。

　　opposition to Socialism　反对社会主义，180、184。

　　relations with Fascist State　同法西斯政府的关系，212、223—224、226。

　　relations with Christian Democrats　同天主教民主党的关系，240。

Paris, Congress of　巴黎会议，145—147。

Parri, Ferruccio, partisan and prime minister　费鲁乔·帕里，游击队员及首相，235。

Parthenopean Republic　帕特诺珀（Parthenope）共和国，113。

partisans　游击队员，234、235、236、241。

party-system　政党制度。

　　in Kingdom of Italy　在意大利王国，158—159、160。

　　deterioration　政党制度的堕落，171—173、183—185。

小
说

历
史

destruction　政党制度的毁灭，205—207。

revival in Italian Republic　政党制度在意大利共和国的复兴，234、243。

Pavia, battle of　帕维亚（巴威亚）战役，94。

Pella, Giuseppe, Christian Democrat　朱泽培·佩拉，天主教民主党党员，239。

Pelloux, General and prime minister　佩卢，将军及首相，182—183。

Pepe, Neapolitan general　佩帕，那不勒斯的将军，124—125、137。

Pepin, King of the Franks　丕平，法兰克人的国王，32。

Pepoli, family of　佩波利家族，62、65。

Persians　波斯人，16。

Peter, King of Aragon　彼得，阿拉冈的国王，51、53。

Peter, Saint　圣彼得，23、41。

Petrarch　彼特拉克（佩脱拉克），60。

Philip IV, King of France　菲利普（腓力、菲力浦）四世，法国国王，54。

Philip II, King of Spain　菲利普二世，西班牙国王，97。

Philip V, King of Spain　菲利普五世，西班牙国王，103。

Phoenicians　腓尼基人，3、5、6、7。

Piave, battle of　皮亚维河战役，195、196。

Piemont　皮埃蒙特（皮蒙特、比蒙特）。

frontiers with Milan in fourteenth century　在14世纪同米兰的共同边界，75。

continuance of feudalism　封建制度的持续，105。

absorbed by France in 1798　1798年被法国吞并，113。

reaction to French occupation　对法国占领的反应，114。

reabsorbed into France　被法国重新吞并，118。

rejoins kingdom of Sardinia at Congress of Vienna　在维也纳会议上再次加入撒丁王国，121。

military revolt　军队叛变，126。

initiative in 1848　1848 年的进取精神，137—138。

1848 Constitution　1848 年的宪法，141—142、157—158。

Right-wing tradition　右翼传统，158—159、160。

military tradition　军事传统，187。

see also Savoy 并参看萨伏依条。

Pisa　彼萨（比萨）。

a Roman city　彼萨成为一个罗马城市，12。

wars against Saracens　对萨拉森人作战，44。

defeated by Genoa　被热那亚击败，67。

subject to Florence　向佛罗伦萨屈服，78。

other references　其他，53、57、75。

Pistoia, Synod of　皮斯托亚宗教会议，106。

Pius Ⅱ, Pope　庇护二世，教皇，82、84。

Pius Ⅸ, Pope　庇护九世，教皇，132、133，134—135、137、146、173。

Pius Ⅺ, Pope　庇护十一世，教皇，212—213。

Poland　波兰，214、216、221、228—229。

police　警察。

Austrian　奥地利警察，123。

unpopularity in Naples　在那不勒斯不得人心，125。

in Lombardy　在伦巴第，126。

in Papal States　在教皇辖地，127、135。

in unified kingdom　在统一的王国，159。

under Fascism　在法西斯统治下，205、208、209。

action in Genoa, 1960　1960 年在热那亚的行动，241。

Pragmatic Sanction, of 554　554 年的国事诏书，29。

Press　报刊。

Il Caffé《咖啡馆》，109。

Gli Annali《年鉴》，131。

Politecnico《工艺》杂志，131。

259

Rivista Europa 《欧洲评论》，131。

Il Risorgimento 《复兴报》，143。

Il Diritto 《权利报》，162。

Critica Sociale 《社会批评报》，181。

Lotta di Classe 《阶级斗争报》，181。

Avanti 《前进》报，181、190、191。

LIdea Nazionale 《国家思想报》，187。

Il Tricolare 《三色报》，187、190。

Popolo dItalia 《意大利人民报》，202。

Il Paese 《地区报》，205。

Corriere della Sera 《晚邮报》，207。

Osservatore Romano 《罗马观察报》，214。

Probus，Emperor 普罗布斯，皇帝，15。

procurationes [5] 管事，21。

Provence 普罗文斯（普罗温斯）。

　　a Roman province 普罗文斯成为罗马的一个行省，10。

　　in Roman road-system 在罗马道路系统中，13。

　　falls with Italy under Partition of Verdun 根据凡尔登条约的瓜分，
　　　　同意大利一起归于罗泰耳，33。

　　Saracen settlement 普罗文斯成为萨拉森人的殖民地，34。

　　link with Naples under Angevins 在昂热万家族的统治下同那不勒
　　　　斯联合，50、61。

Prussia，*see* Germany 普鲁士，参看德国条。

Punic War 布匿战争。

　　First 第一次布匿战争，9。

　　Second 第二次布匿战争，10。

Pyrrhus 皮鲁斯（皮洛士），7。

Quadruple Alliance 四国同盟，122、125、129。

Radetzky, Marshal　拉德茨基元帅，136—137、138、148。

Raggi, secret society　拉季党，秘密会社，115。

Rapallo, Treaty of　拉巴洛（拉帕洛）条约，198、215。

Raphael　拉斐尔，30、91。

Rattazzi, Urbano, prime minister　乌尔班·拉塔齐，首相，161、166—167、173。

Ravenna　腊万纳（拉文那、拉温那）。

 new centre of Roman Empire in the West　罗马帝国在西方的新中心，26。

 one of the earliest bishoprics　最早的主教管区之一，27。

 a centre of Byzantine influence　拜占廷势力的中心，28、29、30、44。

 falls to the Lombards　被伦巴第人攻陷，32。

 part of the Papal States　腊万纳成为教皇辖地的一部分，46。

 battle of　腊万纳战役，92。

Renaissance　文艺复兴。

 political background　政治背景，76、81。

 papal encouragement of art and literature　教皇对艺术与文学的鼓励，81、82、91。

 contact with Greece　同希腊接触，81—82。

 Florentine initiative　佛罗伦萨的倡导，81、85、86。

 lavishness　奢侈生活，83、87。

 in Milan　在米兰，89。

 in Venice　在威尼斯，90。

 Italian supremacy in the arts　意大利在艺术上的最高权力，93。

 effect of the sack of Rome　罗马遭受洗劫的影响，95。

republicanism　共和制度。

 Savonarola's belief in　萨沃纳罗拉对共和制度的信仰，88。

 Machiavelli's belief in　马基雅弗利对共和制度的信仰，93。

 the last Florentine Republic　最后的佛罗伦萨共和国，95。

response to French Revolution 对法国大革命的反应，110、111、112、113、117。

Mazzini's belief in 马志尼对共和制度的信仰，129、132。

the republics of Venice and Rome 威尼斯共和国与罗马共和国，138—140。

in united Kingdom of Italy 在统一的意大利王国，166—167、176、191、204。

Catholic opposition to 天主教反对共和制度，234。

referendum of 1946 1946 年的公民投票，235。

See also Roman Republic—as a posthumous ideal；cities [6] — republicanism；Italian Social Republic 并参看罗马共和国——作为后世的理想条；城市 [7] ——共和制度条；意大利社会共和国条。

Republican Party 共和党，239、241—242。

Reunion，Council of 教派大统一会议，81。

Rhodes 罗得（罗陀斯、罗兹）岛，214。

Ricasoli，Baron Bettino 贝蒂诺·里卡索利男爵，151、152、165、166。

Ricci，Scipione，bishop of Pistoia 希皮奥纳·里契，皮斯托亚的主教，106。

Rienzi 里安齐，63。

Rivarola，Cardinal 里瓦罗拉，红衣主教，126—127。

Robert of Anjou，King of Naples 安茹罗伯特，那不勒斯国王，57、60—61、62、71、73。

Romagnosi，G. D.，journalist 格·德·罗马约西，报刊编辑，131。

Roman Empire 罗马帝国。

establishment 罗马帝国的建立，14—15。

administration 行政管理，16、20、22—23。

social organization 社会组织，20—22。

economic life 经济生活，19—20、21、22。

termination in West　罗马帝国在西方的灭亡，17、27、28—29。

as a posthumous ideal　作为后世的理想，40、56。

see also Byzantine Empire　参看拜占廷帝国条。

Roman law　罗马法[8]。

codification by Justinian　查士丁尼编纂的罗马法，30。

as interpreted by Holy Roman Empire　神圣罗马帝国所解释的罗马法，45。

inspires legal system of Frederick II　罗马法对腓特烈二世的法律体系的启示，48。

in kingdom of Naples　在那不勒斯王国，107。

Roman Republic　罗马共和国。

Roman conquest of Italy　罗马征服意大利，8—11。

overseas expansion　海外扩张，9、10，13—14。

civil wars　内战，14、19。

social organization　社会组织，18。

military organization　军事组织，11—12。

colonial administration　殖民地的行政管理，9、11—12。

as a posthumous ideal　作为后世的理想，43、49、63。

Roman roads　罗马道路，11、12—13、44。

Rome　罗马。

as Etruscan stronghold　罗马成为埃特鲁里亚的要塞，4。

advantageous location　有利的位置，7。

hub of road-system　道路的中枢，12。

as an imperial capital　作为帝国的首都，15。

declining prestige in later Empire　在帝国晚期威信下降，16。

cosmopolitanism　国际都市，21。

one of main centres of early Christianity　早期基督教主要中心之一，23、24。

under the early Popes　在早期教皇们的统治下，28—29、32。

scene of coronation of Charlemagne　查理曼加冕的场所，33。

260

小说

历史

tenth century power of aristocracy 10 世纪罗马的贵族权力，35、39。

under the Saxon Emperors 在萨克森皇帝们的统治下，36。

sacked by the Normans 被诺曼第人洗劫，42。

republican movement 共和运动，45、49、63。

increased Papal power under Innocent III 在英诺森三世的统治下教皇权力的增长，46。

rivalry of Colonna and Orsini 科隆纳家族与奥西尼家族之间的竞争，52。

coronation of Henry VII at 亨利七世在罗马加冕，57。

effect of removal of Papacy to Avignon 教皇迁往阿维尼翁的影响，62—63。

the rule of Rienzi 里安齐的统治，63。

attempt of Avignon Popes to revive power 阿维尼翁的教皇们企图恢复权力，63—65。

decline and revival of papal power 教皇权力的衰落与复兴，65、81。

rebuilding in Renaissance 文艺复兴时期的重建，81—82、91。

sacked by Germans and Spanish 被德国人和西班牙人洗劫，95。

academies in seventeenth century 17 世纪的学院，99。

prestige in eighteenth century 在 18 世纪的威信，103—104。

eighteenth century crime rate 18 世纪的犯罪率，104。

during French Revolution 在法国大革命期间，111、112—113。

second city of the French Empire 罗马成为法兰西帝国的第二都市，118。

international conference of 1830 1830 年的国际会议，128。

revolt of 1848 1848 年的革命，135、138—140。

status of city after 1861 1861 年后罗马城的地位，156、159、160—162、165—167。

French garrison 法国驻防军，154、159、161、162、165—167、

168。

occupied by Italian Army 被意大利军队占领，168—169。

Fascist march on 法西斯党徒向罗马进军，204。

Treaty of（with Yugoslavia）（同南斯拉夫）签订罗马条约，216。

occupied by Germans 被德国人占领，232。

occupied by allies 被盟军占领，233。

Romulus Augustulus, Emperor 罗穆卢斯（罗慕洛、罗米拉斯）·奥古斯图卢斯，皇帝，29。

Roncaglia, Diet of 龙卡利亚会议，45。

Roumania 罗马尼亚，228。

Rossini 罗西尼，131。

Rudolf of Habsburg, Holy Roman Emperor 哈普斯堡[9]家族的卢道夫，神圣罗马帝国皇帝，50。

Rudolph of Swabia 斯瓦比亚的卢道夫，41。

Ruffio[10], Cardinal 鲁福，红衣主教，114—115。

Russia 俄国。

purchases Tuscan navy 购买托斯卡纳的军舰，105。

allied with Austria against France 同奥地利联合，反对法国，113、114、118。

in Quadruple Alliance 在四国同盟中，122—123。

intrigue with nationalists against Austria 同国家主义者策划反对奥地利，127。

attitude to Cavour's policy 对加富尔的政策的态度，149。

economic penetration by Italy 意大利对俄国的经济渗透，189。

collapse in First World War 在第一次世界大战中崩溃，195、198。

influence of Bolshevik revolution 布尔什维克革命的影响，200。

treaty with 墨索里尼同俄国订立条约，214、216。

Russian approaches to Weimar Republic 俄国同魏玛共和国接近，218。

estrangement from Italy　同意大利疏远，224。

pact with Germany　同德国订立互不侵犯条约，228。

Russo–Finnish War（*see also* World War，Second）俄芬战争，229（并参看第二次世界大战条）。

struggle with U.S.A.　同美国斗争，237。

demonstrations against　反俄示威，241。

Sabellian　萨贝利（萨比利、萨伯利 Sabelli）。

language　语言，1。

movement　南下，6。

Sabines　萨比尼人（Sabini）（萨宾人），7。

Salandra, prime minister　萨朗德拉，首相，194。

Salasco, Armistice of　萨拉斯科停战协定，137、138。

Salerno landing　在萨勒诺（即萨勒农 Salernum）登陆，232。

Salinguerra, family of　萨林圭拉家族，62。

Samnites　桑尼特斯人（即桑尼翁 Samnium 人），8、10。

Sanfedisti, terrorist organizations　桑费迪斯蒂，恐怖组织，126。

Saracens　萨拉森人。

conquer Sicily　征服西西里，28、34。

contained by Charlemagne　被查理曼抑制，33。

raids on Italy　对意大利的洗劫，34—35，44。

influence on Kingdom of Sicily　对西西里王国的影响，38—39。

interrupt Mediterranean trade　使地中海贸易中断，43。

driven from Sardinia　被赶出撒丁岛，44。

Saragat, Giuseppe, socialist　朱泽培·萨拉盖特，社会党人，236、237、238、239。

Sardinia, island of　撒丁岛，9、44、53、67、101、102、135。

Sardinia, kingdom of, *see* Savoy　撒丁王国，参看萨伏依条。

Sarpi, Paolo, Venetian friar　保罗·萨皮，威尼斯修道士，100。

Savonarola, Girolamo　季罗拉莫·萨沃纳罗拉（萨伏纳罗拉），88。

Savoy　萨伏依（萨伏衣、萨瓦）。

relations of duchy with France in sixteenth century　16 世纪萨伏依公国同法国的关系，98。

increased power resulting from Franco-Spanish conflict　萨伏依的权力由于法国与西班牙之间的斗争而增长，101。

dukes of become Kings of Sardinia　萨伏依的公爵们成为撒丁的国王们，102。

acquisitions by Peace of Aix-la-Chapelle　根据埃克斯－拉－夏佩尔和约收回，102—103。

eighteenth century development　在 18 世纪的发展，108。

war with French Republic　对法兰西共和国作战，110、113、114。

absorbed into France　并入法国，118。

strengthened by Congress of Vienna　由于维也纳会议而得到巩固，121。

rejects Quadruple Alliance　拒绝参加四国同盟，123。

Piedmontese revolt　皮埃蒙特人的起义，126。

relations with 'Young Italy' movement　同"青年意大利"运动的关系，130、134、152。

supported by reformists　在改革派的支持下，132、135、139、142。

in the first War of Independence　在第一次独立战争中，136—137。

1848 Constitution of Piedmont　1848 年的皮埃蒙特宪法，141—142。

diplomacy of Cavour　加富尔的外交政策，144—150、152。

war with Austria, 1859　1859 年对奥地利作战，150—151。

invades the Papal States　袭击教皇辖地，154—155。

founds Kingdom of Italy　建立意大利王国，155、157—158。

Saxon emperors　萨克森皇帝们，35。

Scelba, Marie, Christian Democrat　马里奥·谢尔巴，天主教民主党员，
　　238、239。

Schism, the Great　大分裂，65、81。

science，see arts and sciences　科学，参看艺术与科学条。

secret societies　秘密会社，115—116、117、124、126、129、208。

Segni, Antonio, Christian Democrat　安东尼·塞尼，天主教民主党员，
　　239、242。

Senate，Roman　罗马元老院，15、16、20、29、46、50。

Septimus[11] Severus，Emperor　塞普提穆斯[12]·塞威鲁斯，皇帝，
　　15、16。

Sforza, Francesco　弗朗切斯科·斯福扎，79—80。

Sforza, Francesco，son of Lodovico　弗朗切斯科·斯福扎，洛多维科
　　的儿子，94、96。

Sforza，Lodovico　洛多维科·斯福扎，87、88—89、92、94。

Sforza, Massimiliano　马西米利亚诺（马西米连诺）·斯福扎，92。

Sicilies，kingdom of the Two, *see* Naples[13]　两西西里王国，参看那
　　不勒斯条。

Sicily　西西里。

　　early history　早期历史，2、6、9。

　　conquered by Romans　被罗马人征服，14。

　　slave rising　奴隶起义，19。

　　in early Middle Ages　在中世纪初期，28。

　　conquered by Saracens　被萨拉森人征服，28、34。

　　conquered by Normans　被诺曼第人征服，38。

　　civilization under the Normans　在诺曼第人统治下的文化，38—
　　　39、40。

　　political situation in 1154　1154 年的政治形势，45。

　　conquered by Henry VI　被亨利六世征服，46。

　　under Frederick II　在腓特烈二世统治下，47—48、49—50。

　　the 'Sicilian Vespers'　"西西里晚祷"，51。

under Spanish rule 在西班牙统治下，51、53、54、61—62、83—84、89、94。

awarded to Savoy in Treaty of Utrecht 根据乌特勒支条约分配给萨伏依，101。

exchanged for Sardinia with Austria 用西西里同奥地利交换撒丁，102。

conquered by Don Carlos 被唐·查理征服，103。

during French Revolution 在法国大革命时期，111、113。

during First Empire 在第一帝国时期，118。

re-united with Naples 同那不勒斯重新联合，121。

revolt of 1848 1848年的起义，135。

liberation of 西西里的解放，152—154。

remoteness from national capital 离首都遥远的西西里，157。

rebellion of 1893 1893年的起义，179。

discovery of methane 发现甲烷（天然气），242。

Siena 锡耶纳，49、50、75、82。

Sixtus IV, Pope 西克斯图斯四世，教皇，83、91。

Social Democratic Party 社会民主党，232、234、236、237、241—242。

social history 社会史。

Pre-Roman 罗马征服前的社会史，18。

changes under Republic and Empire 在共和国与帝国统治下的变化，19—20、22。

middle classes in late Middle Ages 中世纪晚期的中产阶级，51—52。

poverty in eighteenth century 在18世纪人民的贫困，103—104、106。

social reform in eighteenth century 18世纪的社会改革，104—108、109。

impact of Code Napoleon 拿破仑法典的冲击，119。

impact of 'Young Italy' "青年意大利"协会的冲击，130、139—140。

illiteracy in 1860　1860年的文盲，157。

corruption　贪污腐败，167、171—173。

social reforms　社会改革，177、186—187。

social disorders　社会骚乱，181—183、191。

emigration　海外移民，186。

situation after first World War　第一次世界大战后的形势，196—197、200—202。

Fascist programme　法西斯纲领，203、210—212。　　262

effect of economic crisis of 1931　1931年的经济危机的影响，219。

Vanoni plan　瓦诺尼计划，239、242。

Socialist Movement　社会主义运动。

pre-fascist　法西斯党上台以前的社会主义运动，176、179—182、186—187、190、193、200—204、205、206。

post-fascist, *see* Italian Socialist Party and Social Democratic Party　法西斯党垮台以后的社会主义运动，参看意大利社会党条和社会民主党条。

Social War　联盟战争，14、22。

Solferino, battle of　索尔菲里诺战役，150。

Spain　西班牙。

agricultural competition with Italy under Roman Empire。
在罗马帝国统治下同意大利进行农业竞争，20。

accepts ecclesiastical authority of Milan　接受米兰的教会权力，27。

interest in Sicily　对西西里的兴趣，51、53、54。

interest in Naples　对那不勒斯的兴趣，88。

sixteenth century policy in Italy　在16世纪对意大利的政策，89、90、92。

意
大
利
简
史

united with Holy Roman Empire under Charles V　在查理五世统治下同神圣罗马帝国联合，94。

all Imperial rights in Italy transferred to Spain　皇帝在意大利的全部权利移交给西班牙，97。

resulting 150 years of inertia　造成 150 年的呆滞，98。

involves Italy in French wars　使意大利卷入法西战争，100—101。

revolt of 1820　1820 年的起义，124。

military intervention against Roman Republic　对罗马共和国的武力干涉，140。

treaty with　同西班牙订立条约，214。

Spanish Civil War　西班牙内战，223—224、225、226。

see also Naples and Sicily　并参看那不勒斯条[14]和西西里条。

Spanish Succession, War of　争夺西班牙王位继承权的战争，101。

Spini, banking house of　斯皮尼银行家族，53。

Spoleto, duchy of　斯波累托（斯波莱托）公国，30、40。

sport　体育运动，211。

Stalin　斯大林，225。

Stephen II, Pope　斯蒂芬（斯梯芬）二世，教皇，32。

Stoicism, philosophy　斯多葛派的哲学，23。

Sturzo, Don　唐·斯图佐，201、212、236。

Suez Canal　苏伊士运河，218、227。

Switzerland　瑞士。

control of Alpine passes　控制阿尔卑斯山口，76。

support the Holy League　支持神圣联盟，92。

defeated by Francis I　被弗朗西斯一世击败，93。

trade with　同瑞士通商，134。

treaty with　同瑞士订立条约，214。

use of Swiss press by anti-Fascists　反法西斯战士利用瑞士报纸，234。

Sylvester I, Pope　西尔威斯特（西薇斯德）一世，教皇，32。

Sylvester II, Pope　西尔威斯特二世，教皇，36。

Syracuse　叙拉古（即锡拉库扎 Siracusa），7、9、10。

Syria　叙利亚，14。

Tagliacozzo, battle of [15]　塔利亚科佐战役，50。

Tambroni，Fernando, prime minister　费南多·汤布罗尼，首相，241。

Tancred of Hauteville　豪特维尔的坦克雷德，37。

Tanucci, Marquis, viceroy of Naples　塔努契侯爵，那不勒斯的总督，107—108。

Taranto　塔兰托，6、9、10、12。

Terramare culture　特拉马拉（Terramara）（特拉马尔）文化，3。

Theodora, Empress　西奥多拉，皇后，30。

Theodoric, King of the Goths　西奥多里克（狄奥多里克），哥特人的国王，29。

Theodosius, Emperor　西奥多西乌斯（狄奥多西、提奥多西），皇帝，16、21。

Theophano, Greek princess　西奥法诺，希腊公主，36。

Titian　提善（替善），90。

Todi, Jacopone da，poet　雅各波纳·达·托迪，诗人，54。

Togliatti, Palmiro　帕尔米罗·陶里亚蒂，235、236—238。

trades unions　工会。

　　oppose Fascist movement　反对法西斯主义运动，204、234。

　　under Fascist rule　在法西斯统治下，206—207、209、210、232。

Trentino, the　特兰提诺（特伦的诺），165、174、175、178、192、194、195、199。

Trieste　的里雅斯特。

　　in Austrian Empire　在奥地利帝国，165、191、192。

　　Italian claims　意大利的要求，194、198。

　　incorporated in Italy　并入意大利，199。

意大利简史

post-war problem 战后问题 235、239。

Triple Alliance 三国同盟，175—176、178、191—192、194。

Tunisia 突尼斯（Tunis）（突尼西亚），175、176、221、227。

Turkey 土耳其。

    Italy declares war on 意大利对土耳其宣战，189。

    Italy mediates in dispute with Greece 意大利调解土耳其和希腊的争执，219。

    treaty with 同土耳其签订条约，217。

    suspicious of Italy 土耳其对意大利的猜疑，218。

Turks 土耳其人，67、80、82、100、114。

Tuscany 托斯卡纳（Toscana）（托斯坎尼）。

    eighteenth-century social reforms 18 世纪的社会改革，105—106。

    forms Etruscan Republic 托斯卡纳组成埃特鲁里亚共和国，112。

    reaction to French occupation 对法国占领的反应，114。

    reoccupied by Napoleon 被拿破仑重新占领，118。

    Austrian power re-established by Congress of Vienna 维也纳会议重新建立奥地利在托斯卡纳的权力，121、122。

    accepts Quadruple Alliance 参加四国同盟，123。

    revolution of 1848 1848 年的革命，135、137、138。

    overthrow of Grand Duke 托斯卡纳大公的被推翻，150、151、152。

    retains separate penal system 保持单独的刑事制度，159。

Tyrol, the [16] 提罗尔（Tirol），165、175、217。

Ubaldini, Ottaviano, cardinal 奥塔维亚诺·乌巴尔迪尼，红衣主教，52。

Umberto, King, son of Victor Emmanuel III 翁贝托国王，维克托·伊曼纽尔三世的儿子，234、235。

Unam Sanctam, Bull "一道圣谕"，教皇的训令，52。

United States of America　美利坚合众国。

opposition to Italian expansionist claims　反对意大利的扩张主义要求，197。

struggle with U.S.S.R.　同苏联斗争，237。

Urban II, Pope　乌尔班（厄本）二世，教皇，42、44。

Urban IV, Pope　乌尔班四世，教皇，50。

Urban V, Pope　乌尔班五世，教皇，65。

Urban VI, Pope　乌尔班六世，教皇，65。

Utrecht, Peace of　乌特勒支（乌特列支、乌得勒支）和约，101—102。

Valens, Emperor　瓦伦斯（未楞斯），皇帝，16。

Valentinian, Emperor　瓦林梯尼安（发楞廷尼安），皇帝，16、26。

Valerian, Emperor　瓦勒里安（发利立安），皇帝，25。

Vanoni Plan　瓦诺尼计划，239、242。

Veii, Etruscan stronghold　韦伊（威伊），埃特鲁里亚的要塞，5、8。

Venice　威尼斯。

　　defeats the Magyars　击败马扎尔人，35。

　　early development of　威尼斯的早期发展，44。

　　supports the Lombard League　支持伦巴第联盟，45。

　　interest in Ferrara　对斐拉拉的兴趣，62。

　　power and prosperity in fourteenth century　在14世纪的权力与繁荣，65—67。

　　rivalry with Genoa　同热那亚竞争，68。

　　constitution　宪法[17]，68。

　　attitude to Visconti expansion　对维斯孔蒂的扩张的态度，75、78。

　　extension of western frontiers　西部边疆的扩张，79—80。

　　joins the Italian League　加入意大利联盟，80。

　　fifteenth century diplomacy and wars　在15世纪的外交政策与战

意
大
利
简
史

争，83、87—93。

in seventeenth century　在 17 世纪，100。

in eighteenth century　在 18 世纪，103—104、108。

handed to Austria by treaty of Campo Formio　根据坎波佛米奥条约移交给奥地利，111。

included in 'the Kingdom of Italy'　加入"意大利王国"，117。

recovered by Austria at Congress of Vienna　在维也纳会议上被奥地利收回，121。

in first War of Independence　在第一次独立战争中，137、138—139、140。

remains in Austrian hands after unification of Italy　意大利统一后留在奥地利人手里，151、159、161—162、163—164。

ceded by Austria　由奥地利让给意大利，165。

Verdun, Partition of　凡尔登条约的瓜分，33。

Verdi　韦迪，131。

Verona　维罗纳（味罗纳），27、44、72—73。

Verri, Pietro, eighteenth-century economist　彼得·韦里，18 世纪经济学家，109。

Versailles, Treaty of　凡尔赛条约，197—199、229。

Vico, Giambattista　姜巴蒂斯塔·维科，109。

Victor, Bishop of Rome　维克托（维克多），罗马主教，24。

Victor Amadeus III, King of Sardinia and Savoy　维克托·阿马戴乌斯三世，撒丁和萨伏依的国王，108、110、113。

Victor Emmanuel I, King of Sardinia and Savoy　维克托·伊曼纽尔一世，撒丁和萨伏依的国王，121、126。

Victor Emmanuel II, King of Sardinia and Savoy　维克托·伊曼纽尔二世，撒丁和萨伏依的国王，103、138、142、145、147、150、151、153、155、161—162、168、173。

Victor Emmanuel III, King of Italy　维克托·伊曼纽尔三世，意大利国王，183、204、231、234。

小说 历史

Vienna， Congress of 维也纳会议，103、121—122、149。

Villafranca, Peace of 维拉弗朗卡和约，151。

Villanovan culture 维朗诺瓦（微兰诺瓦）文化，3。

Visconti, family of 维斯孔蒂（维斯空提、威斯康梯）家族，65、
72—73、73—76、76—78。

Visconti, Filippo Maria 菲利普·马里亚·维斯孔蒂，76—77、79。

Visconti,Gian Galeazzo 姜·加勒阿佐·维斯孔蒂，73—75、76。

Vittorio Veneto, battle of 维托里奥威尼托战役，196。

Volsci， the 沃尔斯基人（沃尔斯奇人），7。

Volturno， battle of 沃尔图诺河战役，155。

von Schuschnigg, Austrian chancellor 冯·舒施尼格，奥地利总理，
225。

意
大
利
简
史

Walter de Brienne， Duke of Athens， lord of Florence 华尔特·德·布
里恩，雅典的公爵，佛罗伦萨的统治者，71。

Wars of Independence 独立战争。

First 第一次独立战争，122、136—137、140—141。

Second 第二次独立战争，150—151。

Wenzel, Emperor 温策尔，皇帝，75。

William II, King of Sicily 威廉二世，西西里国王，39。

Wilson, Woodrow 乌得鲁·威尔逊，197。

World War, First 第一次世界大战。

Italian neutrality declared 意大利宣布中立，192。

Italy joins Entente powers 意大利加入协约国，193—194。

course of the war 战争的进程，194—196。

World War, Second 第二次世界大战。

outbreak 第二次世界大战的爆发，228—229。

Italian neutrality 意大利的中立，229—230。

Italy declares war on France and Britain 意大利对法国和英国宣战，
230。

course of the war 战争的进程，230—231。

Italian withdrawal from German alliance 意大利退出同德国缔结的联盟，232—235。

Worms，Concordat of 沃姆斯协定，42。

Young Italy，*see* Mazzini 青年意大利，参看马志尼条。

Yugoslavia 南斯拉夫。

    formation of 南斯拉夫的构成，197、198。

    opposition to Italian claims 反对意大利的要求，198、199、214、215—216。

    alliance with France 同法国联盟，216。

    relations with Albania 同阿尔巴尼亚的关系，227。

    tension over Trieste 在的里雅斯特问题上的紧张关系，239。

Zog，King of Albania 佐格，阿尔巴尼亚国王，227。

Zoli，Adone，prime minister 阿多纳·佐利，首相，239—240、241。

注 释

[1] 这是原书的索引。索引各条目后面的数字为原书页码。原书页码排在译文切口一边相应地位上。西方书籍的索引，一般是由索引编写人编写的，因此本书的索引有些地方与正文稍有出入。——译者，下同

[2] 原书索引有误，"希腊语"应作"希腊文学"，而且应放在 literature（"文学条"）下面。

[3] 切口页码 103 及 105 作 Teresa（特里萨）。

[4] 原书索引将此条放在 Nenni，Pietro，socialist（彼得·南尼，社会党党员条）之后。

[5] 切口页码 21 原文是 procuratores。

[6] 原文有误，cities 应作 city civilization（城市文明）。

[7] "城市"应作"城市文明"。

［8］原书索引把这条（包括四小条）排在 Robert of Anjou，*King of Naples*（安茹罗伯特，那不勒斯国王条）之后。

［9］原文是 Habsburg（哈布斯堡），本书一律译为"哈普斯堡"（Hapsburg）。

［10］切口页码 114 及 115 作 Ruffo（鲁福），此处却是 Ruffio（鲁菲奥）。

［11］原文有误，Septimus 应作 Septimius（塞普提米乌斯）。

［12］"塞普提穆斯"应作"塞普提米乌斯"。

［13］原书索引把这条排在 Sicily（西西里条）之后。

［14］所谓"那不勒斯条"实际上是两条，一条叫作"Naples，Kingdom of"（那不勒斯王国条），另一条叫作"Naples，modern"（现代的那不勒斯条）。

［15］原书索引把这条排在 Tancred of Hauteville（豪特维尔的坦克雷德条）之后。

［16］原书索引把这条排在 Theophano，Greek princess（西奥法诺，希腊公主条）之后。

［17］切口页码 68 页中讲的是 justice（司法），不是 constitution（宪法）。

意大利简史

译名对照表

　　"原书索引"大条目下的译名（各译名前均有原文）未收入"译名对照表"，只有几个按原文不易查出的专名是例外，如大条目"Fra Angelico"中的 Angelico（昂杰利科）。

Abruzzi　阿布鲁齐

Acqui　阿克魁

Acragas　阿克拉加斯（即 Agrigento 阿格里琴托）

Adalia　阿达利亚

Adda　阿达河

Adige　阿迪杰

Adone　阿多纳

Adriatic　亚得里亚海（亚得利亚海）

Aegean　爱琴海

Aegina　埃吉纳岛（伊斋那岛）

Aemilia　（同 Emilia）伊米利亚（艾米利亚、埃米利亚）

Aeneas　伊纳阿斯

Aesernia　伊塞尔尼亚

Aesis　伊西斯

Agostino　阿果斯蒂诺

Agrigento　阿格里琴托（阿格立真坦）

Alba　阿尔巴

Alba Fucens　阿尔巴福肯斯

Alberdeen　阿尔伯丁

Alberrico　阿尔伯里科

Albert　阿尔伯特（艾伯特）

Alberti　阿尔伯蒂

Albertini　阿尔伯蒂尼

Albi　阿尔比

Albizzi　阿尔比齐

Alcide　阿尔契戴

Alessandria　亚历山大里亚（意）（亚里散里阿）

Alessandrina　亚历山大里娜（亚历山德里娜）

Alessandro　亚历山大罗（亚历山大、亚历山德罗）

Alexandria　亚历山大里亚

Alfred　阿尔弗烈德（阿尔弗雷德）

Alfredo　（同 Alfred）阿尔弗烈德

Algeciras　阿尔黑西拉斯

Alighieri　阿利吉埃里（阿利盖里）

Alps　阿尔卑斯山

Alto Adige　上阿迪杰

Alvinzi　阿尔文齐

Amando　阿芒多

Amastris　阿马斯特里斯

Amintore　阿明托雷

Ancona　安科纳

Andrea　安德烈亚

Angelico　昂杰利科

Angelo　昂杰洛

Angevin　昂热万（安格文）

Anjou　安茹（昂儒）

Antibes　昂蒂布

Antioch　（Antiochia）安提奥克（即安塔基亚）（安条克）

Antium　安提翁

Antivari　安提瓦里

Antonio　安东尼

Antonis　安东尼斯

Apennines　亚平宁山（阿平宁）

Appia　阿皮亚

Apulia　阿普利亚（阿普里亚）

Aquileia　阿奎勒亚（阿揆雷雅、阿歧雷雅）

Aragon　阿拉冈（亚拉冈）

Arese　阿雷塞

Arezzo　阿雷佐

Argos　阿戈斯（亚各斯）

Ariminum　阿里米农

Arno　阿尔诺河

Arretium　阿雷提翁（即 Arezzo 阿雷佐）

Aryan　亚利安

Aspromonte　阿斯普罗山

Assab　阿萨布

Assisi　阿西西

Asti　阿斯提

Ateste　阿特斯特

Atria　阿特里亚

Augusta　奥古斯塔

Augusta Praetoria　奥古斯塔行宫

Augusta Taurinorum　奥古斯塔陶里诺龙

Augustulus　奥古斯图卢斯

Aurellac　奥里亚克

Auximun　奥克西蒙

Avellino　阿韦利诺

Aventine　阿文廷

Aversa　阿韦尔萨

Azeglio　阿泽利奥

Azov　亚速海（阿速夫海）

Azzo　阿佐

意大利简史

Babylon　巴比伦

Bagno　巴尼约

Bakunin　巴枯宁

Balilla　巴利拉

Baratieri　巴拉蒂埃里

Barbiano　巴比亚诺

Barcelona　巴塞罗纳（巴塞罗那、巴基洛纳）

Bardi　巴尔迪

Bardo　巴尔多

Barga　巴尔加

Bari　巴里

Baron　巴朗

Barone　巴罗纳

Baroque　巴罗克（巴罗柯、巴洛克）

Barôs　巴罗斯

Basic　巴西克

Basseville　巴塞维尔

Battista　巴蒂斯塔

Bavaria　巴伐利亚（巴威）

Beatrice　蓓阿特丽切（比亚特里斯）

Beaulieu　博利厄

Bela　贝拉

Bellegarde　贝勒加德

Bellini　贝利尼

Belluno　贝卢诺

Benedetto　贝纳戴托

Beneventum　本尼凡通（即 Benevento 本尼凡托）（贝尼文通）

Benito　贝尼托

Benni　班尼

Benozzo　贝诺佐

Bentivoglio　班蒂沃利奥

Bergamo　贝加摩

Bernabò　贝纳博

Bernard　贝纳德

Berry　贝里

Bersaglieri　贝尔萨利埃里

Bettino　贝蒂诺

Biarritz　比亚里茨

Bissolati　比索拉蒂

Bolzano　博尔扎诺

Bonaparte　波拿巴

Bono　博诺

Bononia　博诺尼亚

Bosnia　波斯尼亚

Bosphorus　（Bosporus）博斯普鲁斯（博斯福鲁）

Bourbon　波旁（布尔邦、巴本）

Braccio　布拉乔

Bradaluccio　布拉达卢乔

Bramante　布拉曼太

Brenner　勃伦纳（布雷内）

Bretigny　布雷蒂尼（布雷提尼）

Brienne　布里恩

Brindisi　布林迪西（布林的西）

Brixia　布里克西亚

Brown　布朗

Bruges　布鲁日

Brundisium　布伦迪西翁（即 Brindisi 布林迪西）

Brunswick（Braunschweig）布伦斯威克（不伦瑞克）

Bruttium　布鲁提翁（勃罗丁）

Burgundy　勃艮第（布尔戈尼 Bourgogne）

Butrito　布特里托

Buxentum　布克森通

Caere　基雷

Caesar　凯撒（恺撒、西泽）

Caffa　卡法

Calabria　卡拉布里亚（喀拉布里亚）

Calatafimi　卡拉塔菲米

Calimala　卡利马拉

Callipolis　卡利波利斯

Caltabellotta　卡尔塔贝洛塔

Camarina　卡马里纳（卡马利那）

Cambio　康比奥

Camillo　卡米洛

Campagna　坎帕尼阿（坎帕涅亚、康帕尼阿）

Campania　坎帕尼亚（康帕尼亚、坎佩尼亚）

Can　坎

Candia　干地亚岛（即 Crete 克里特岛）

Capodistria　卡波迪斯特里亚

Caprera　卡普雷拉

Capua　卡普亚

Caracciolo　卡拉乔洛

Carascosa　卡拉斯科萨

Carlo　（同 Charles）查理（卡洛）

Carlos　（同 Charles）查理（卡洛斯）

Carolina　卡罗莱娜

Carolingian　加洛林（卡罗林吉安）

Carrara　卡腊腊（卡拉拉）

Carso　卡索

Carthusian　卡素赞

Casentino　卡散提诺

Cassia　卡西亚

Cassino　卡西诺

Castrum Novum　新卡斯特龙

Catana　卡塔纳（即 Catania 卡塔尼亚）（卡塔那）

Catania　卡塔尼亚

Caterina　卡太里娜

Caulonia　考洛尼亚

Cecina　切契纳河

Cephalonia　克法罗尼亚岛（克法利尼亚 Cephallenia）

Ceprano　切普拉诺

Cesare　切萨雷

Cesaro　切萨罗

Chassepot　夏斯波

Cherasco　凯拉斯科

Chioggia 基奥贾

Chios 开俄斯岛

Chrzanowski 克向诺夫斯墓

Churchill 邱吉尔（丘吉尔）

Cimento 契曼托

Ciminia 契米尼亚

Cispadane 河南（契斯帕达纳）

Clarence 克拉伦斯

Classis 克拉西斯

Clothilde 克洛蒂尔德

Cluny 克吕尼（克卢尼）

Clusium 克卢西翁

Colonna 科隆纳

Comacchio 科马基奥

Como 科莫湖

Concordia 康科迪亚

Constance 康丝坦丝（女人名）

Copernicus 哥白尼

Copia 科皮亚

Corradini 科拉迪尼

Corso 科尔索

Corti 科蒂

Cortona 科托纳

Cosa 科萨

Cosimo 科西莫（柯西莫）

Cracow 克拉科夫

Cremona 克雷莫纳（克利摩那）

Crete 克里特岛

Croat（Croatia） 克罗地亚人（克罗亚特人）

Croton 克罗通（即 Crotone 克罗托纳）

Crotone 克罗托纳

Curzola 库佐拉群岛

Cyprus 塞浦路斯岛

Cyrenaica 昔兰尼加

Da 达

Dalmatia 达尔马提亚

Daniele 丹尼尔

Danube 多瑙河

Danzig 但泽

de 戴（意大利语）

de 德（法语）

dei 戴伊

della 戴拉

Dertona 德尔托纳

di 迪

Diavolo 迪亚沃洛

Diaz 迪亚兹（狄亚斯）

Disraeli 狄斯雷利（迪斯雷利）

Dnieper 第聂伯河（德涅伯河）

Dogali 多加利

Dollfuss 陶尔斐斯

dom 唐

Dominic 多米尼克

don 唐

Donati 多纳蒂

Donato 多纳托

Duphot 迪福

Durazzo 都拉索（即 Durres 都拉斯）

Edmund 埃德蒙

Eisenhower 艾森豪威尔

Elba 厄尔巴岛

Elizabeth 伊丽莎白（伊利萨白）

Emilia （同 Aemilia）伊米利亚（艾米利亚、埃米利亚）

Emmanuel 伊曼纽尔（厄马努埃尔）

Emmanuele （同 Emmanuel）伊曼纽尔

Entente 协约国

Epirus 埃皮鲁斯（厄庇鲁斯）

Eporedia 埃波雷迪亚

Ercole 埃科勒

Eritrea 厄立特里亚

Etruria 埃特鲁里亚（伊特鲁立亚、伊达拉里亚）

Eugene 欧仁

Evanoe 伊瓦诺埃

Ezio 埃齐奥

Ezzelino 埃泽利诺

Facta 法克塔

Faenza 法恩扎（法安扎）

Faesulae 菲苏利

Falerii 法勒里伊

Fanum 法隆（法农、法诺 Fano）

Farina 法里纳

Farinacci 法里纳契

Farnese 法纳塞

Fatinisti 法蒂尼斯蒂

Federico 费戴里科

Felice 费利切

Felix 费利克斯

Feltre 费尔特雷

Fernando 费南多

Ferrara 斐拉拉（弗拉拉）

Ferruccio 费鲁乔

Fiat 菲亚特

Ficino 菲契诺

Filiberto 菲利贝尔托

Filippo （同 Philip）菲利普

Firmum 菲尔蒙（菲尔姆）

Flanders 弗兰得尔（佛兰得尔、佛兰德、法兰德斯）

Fleury 弗勒里

Flotte 弗洛特

Foix 富瓦

Fondi 丰迪

Forli 弗利（福里）

Fossalta 福萨尔塔

Francesco 弗朗切斯科（弗朗契斯科）

Fraxinet 弗拉克西纳特

Fregellae 弗雷格利

Fregenae 弗雷格尼（弗列该莱）

Friuli 弗留利

Froissart　弗鲁瓦萨尔

Gabriele　加布里埃勒

Gaeta　加埃塔

Galata　加拉塔

Galeazzo　加勒阿佐

Galicia　加里西亚（加利西亚）

Gallia Cisalpine　阿尔卑斯山南
　　高卢（内阿尔卑斯高卢、南
　　阿尔卑斯高卢）

Gallia Narbonensis　纳玻嫩西斯
　　高卢

Gandolfo　冈多尔福

Garda　加尔达湖

Garfagnana　加法尼亚纳

Gascon　加斯孔人

Gasperi　加斯贝利（加斯佩里）

Gaston　加斯东

Gastone　加斯托纳

Gela　杰拉

Geneva　日内瓦

Genève　热纳夫尔山口

Genovesi　杰诺韦西

Genua　格努亚（即 Genoa 热那
　　亚）

George　乔治

Gerbert　格伯特

Germain-en-Laye　热尔曼—昂—
　　莱

Ghiberti　吉贝蒂

Giacomo　贾科莫

Giambattista　姜巴蒂斯塔

Giampietro　姜皮埃特罗

Gian　姜

Gibilrossa　季比尔罗萨

Gioachino　焦阿基诺

Giordano　焦达诺

Giovanni　焦旺尼

Girolamo　季罗拉莫

Giuliano　朱利亚诺

Giuseppe　朱泽培（朱塞佩）

Gonzaga　冈扎加

Gorizia　戈里齐亚

Gothhard　果特哈德

Govone　果沃纳

Gozzoli　果佐利

Grande　格朗戴

Graviscae　格拉维斯基

Guicciardini　圭恰迪尼

Gyulai　久莱（古莱）

Hadria　哈德里亚

Hapsburg　哈普斯堡（即 Habsburg
　　哈布斯堡）

Hapsburg-Lorraine　哈普斯堡 —
　　洛林

Harvey　哈维

Hauteville　奥特维尔

Helvetia　赫尔维西亚

Heraclea　赫拉克勒亚

Herculaneum　赫邱娄尼恩

Hercules　赫尔克里斯（赫尔克里士、海格力斯）

Hernici　赫尔尼基人

Herzogovina （Hercegovina） 黑塞哥维那

Himera　希梅拉（希墨拉）

Hipponium　希波尼翁

Hohenlohe　霍恩洛黑（霍亨洛黑）

Hydrus　希德鲁斯

Iberia　伊比里亚（伊比利亚）

Illyria　伊利里亚

Imola　伊莫拉

Ionia　伊奥尼亚（爱奥尼亚）

Isabella　伊莎贝拉

Isauria　伊索里亚

Islam　伊斯兰

Itchili　伊特基利

Ivanoe　伊瓦诺埃

Ivrea　伊夫雷亚

Jacobin　雅各宾

Jacopone　雅各波纳

Jean　让（琼）

Jerome　热罗姆

Jerusalem　耶路撒冷

Jibuti　吉布提

Joachim　约阿希姆（若阿基姆）

Jubaland　朱巴兰

Julia　朱利亚（朱里亚）

Julian Alps　朱利亚阿尔卑斯山

Kenya　肯尼亚

Kolowrat　科洛拉特

Konia　科尼亚

Kroja　克罗亚

Kun　昆（孔）

La　拉

Laibach　莱巴赫

Lajos　拉约什

Lanza　朗扎（郎扎）

Latinisti　拉蒂尼斯蒂

Latium　拉齐奥（Latium 读"拉提乌姆"，也读"拉希姆"，一译拉丁姆。拉齐奥是意大利语 Lazio 的译音）

Laus　拉乌斯

Leghorn （Livorno） 里窝那（勒格霍恩、来亨）

Legnago　莱尼亚戈

Lemnos　利姆诺斯岛（楞诺斯岛，勒谟诺斯岛）

Lenda　兰达

Lentini　伦蒂尼（伦提尼）

Leon　利昂

Leonard　利奥纳多

Leontini　勒翁提尼（即 Lentini 伦蒂尼）

Lesbos 累斯博斯岛（莱斯博斯岛、列斯堡岛）

Levant 利凡特（利凡得，勒旺）

Lilybaeum 利吕比翁

Lincei 林切伊

Lionel 莱昂纳尔

Livenza 利万札河

Locri 洛克里

Lodovico 洛多维科

Lorenzo 洛伦佐（罗伦索）

Lorraine 洛林

Loubet 卢贝

Louise 路易丝（女人名）

Lucan 卢肯

Lucania 卢卡尼亚（路卡尼亚）

Lucca 卢卡（卢加）

Luceria 卢克里亚

Luigi 卢伊季

Luna 卢纳（卢那）

Lunigiana 卢尼贾纳

Luxemburg 卢森堡

Macedonia 马其顿

Macerata 马切拉塔

Mackau 麦考

Madrid 马德里

Magro 马格罗河

Mamora 马莫拉

Manfredi 曼弗雷迪

Mantua 曼图亚（孟都阿）

Manzini 曼齐尼

Marcello 马切洛

Marco Polo 马可孛罗（马哥孛罗）

Margaret 玛格丽特（马加丽特）

Margherita 玛盖丽塔（玛格丽塔）

Maria 马里亚（男人名）

Marino （即 San Marino）圣马力诺

Mario 马里奥

Mark 马可

Marmara 马尔马拉海（玛摩拉 Marmora）

Marsala 马尔萨拉

Marseilles 马赛

Marsilio 马西利奥

Marx 马克思

Masa 马萨

Massawa 马萨瓦

Massimiliano 马西米利亚诺（马西米连诺、马克西米连）

Massimo 马西莫

Matteo 马太奥

Maurienne 莫里昂

Mazzara 马扎拉

Medma 梅德马

Megara 梅加腊（墨加拉，麦加腊）

Merzagora 梅扎果拉

Messana　墨萨拿（即 Messina 墨
　西拿）（墨萨那）

Messapia　梅萨皮亚（麦萨庇亚）

Messina　墨西拿

Metapontum　梅塔蓬通

Michael　迈克尔

Michelozzo　米开洛佐

Miguel　米盖尔

Milazzo　米拉措（米拉佐）

Mincio　明乔河

Minturnae　明图尼

Missini　米西尼

Modena　摩德纳（莫德纳）

Modigliana　莫迪利亚纳

Monembasia（Monemvasia）莫嫩
　瓦西亚

Monreale　蒙雷阿勒

Montecarlo　蒙太卡洛

Montecitorio　蒙太契托里奥

Montefeltro　蒙太费尔特罗

Monte Nevoso　蒙太纳沃佐

Montferrat（即 Monferrat）孟菲拉

Monza　蒙扎

Morea　摩利亚（即 Peloponnesus
　伯罗奔尼撒）（莫雷亚）

Morocco　摩洛哥

Moselle　摩泽尔河

Moslem　穆斯林

Motya（Motye）莫提亚

Mugello　穆杰洛

Mundy　芒迪

Mutina　穆提纳

Mylae　米利（即 Milazzo 米拉措）

Narbonensis　纳玻嫩西斯（即
　Provence 普罗文斯）

Nauplia　纳夫普利亚（为现代希
　腊语读音）（瑙普利亚，为
　古代希腊语读音）

Navarino　纳瓦里诺

Navona　纳沃纳

Naxos　纳克索斯（那克索斯）

Neapolis　纳阿波利斯（即 Naples
　那不勒斯），意思是"新城"

Negropont　纳格罗蓬特岛（即
　Euboea 优卑亚岛）

Neipperg　尼佩格（尼佩克）

Nelson　纳尔逊（奈尔逊）

Netherlands　尼得兰（尼德兰）

Nettuno　纳图诺

Neustria　纽斯特里亚（纽斯的里
　亚）

Nevers　纳韦尔

Neville　尼维尔

Newton　牛顿

Nicaea　尼西亚（即 Nice 尼斯）

Niccoli　尼科利

Niccolini　尼科利尼

Niccolo　尼科洛

Nice　尼斯

意大利简史

Nicola　尼科拉（尼古拉）

Nicomedia　尼科梅迪亚

Nicotera　尼科太拉

Nikolsburg　尼科尔斯堡

Nola　诺拉

Noricum　诺里孔

Normandy　诺曼第（诺曼第）

North Sea　北海

Novara　诺瓦拉

Oberto　奥贝托

Octavius（Octavianus）　屋大维
（渥大维）

Ofanto　奥方托

Oglio　奥利奥河

Ombrone　翁布罗纳河

Oporto　波尔图（Porto）（奥波
尔图）

Ordelaffi　奥戴拉菲

Orleans　奥尔良

Orsini　奥西尼

Oscans　（拉丁语 Osci）奥斯基人
（奥斯康人、奥斯坎人）

Otranto　奥特朗托

Ottaviano　奥塔维亚诺

Ottoman　奥托曼（鄂图曼）

Oudinot　乌迪诺

Padua（Padova）帕多瓦（帕杜亚）

Padus　帕都斯河（即 Po 波河）

（帕杜斯河）

Paestum　皮斯通（拍斯坦）

Palaeologus　帕利奥洛古斯

Palermo　巴勒莫（巴勒摩）

Palestine　巴勒斯坦

Palmiro　帕尔米罗

Pannonia　班诺尼亚

Panormus　巴诺穆斯(Palermo 巴
勒莫）（帕诺穆斯、巴诺马
斯）

Paolo　（同 Paul）保罗

Parma　巴马（帕尔马）

Pasic　帕西克

Patavium　帕塔维翁

Paul　保罗

Pelavicini　佩拉维契尼

Pepoli　佩波利

Perugia　佩鲁贾

Peruzzi　佩鲁齐

Pesaro　佩扎罗

Peschiera　佩斯基埃拉

Petronio　佩特罗尼奥

Phaetia　菲提亚

Philippe　（同 Philip）菲利普

Phocea　福西亚（佛斯亚）

Phoenicia　腓尼基

Piacenza　皮亚琴察（即 Placentia
普拉肯提亚）

Piccolomini　皮科洛米尼

Pier　皮埃尔

小说 历史

Piero　皮埃罗

Pietro　（同 Peter）彼得

Pinerolo　皮纳罗洛

Piombino　皮昂比诺

Pirelli　皮雷利

Pisae　（同 Pisa）彼萨

Pisano　皮萨诺

Pisaurum　皮索龙

Placentia　普拉肯提亚（即 Piacenza
　　皮亚琴察）（普拉森西亚）

Plato　柏拉图

Pliny the Elder　老普利尼（老普
　　林尼）

Plombières　普隆比埃（普龙比埃）

Po　波河

Pola　普拉（波拉）

Pompeii　潘沛依（庞培，庞贝）

Pontremoli　朋特雷莫利

Popilia　波皮利亚

Populonia　波普洛尼亚

Posidonia（Poseidonia）　波瑟多
　　尼亚（即 Paestum 皮斯通）
　　（波赛多尼亚、波塞多尼亚）

Postumia　波斯图米亚

Potentia　波顿提亚(即Potenza 波
　　坦察）

Prague　布拉格

Prato　普拉托

Presidi　普雷西迪

Prina　普里纳

Procida　普罗契达岛

Purgi　普尔吉

Pyrenees　比利牛斯山脉

Pyxus　皮克苏斯

Quarto　夸托

Quintino　昆蒂诺

Quirinal　魁里纳尔

Radezki　拉德茨基

Radicofani　拉迪科法尼

Reggio　勒佐（即 Rhegiun 勒吉
　　翁）

Renda　兰达

Rene　雷纳

Reno　雷诺河

Rhaetia　里提亚（里细亚）

Rhegium　勒吉翁（即 Reggio 勒
　　佐）（雷吉翁）

Rhine　来因河（来因河）

Rhineland　来因兰（莱茵兰）

Riario　里亚里奥

Ribbentrop　里宾特罗甫（里班
　　特罗普）

Rieti　里埃蒂

Rimini　里米尼

Rinaldo　里纳尔多

Roberto　（同 Robert）罗伯特

Rodrigo　罗德里果

Roger　罗杰

Romagna　罗马尼阿（罗曼亚、罗马涅亚）

Romano　罗马诺

Rompagna　龙帕尼亚

Rothschild　罗思柴尔德（罗茨彻尔德）

Rotondo　罗通多山

Revere　罗韦雷

Rubicon　鲁比肯河（卢比康河）

Rudini　鲁迪尼

Ruffo　鲁福

S. 圣

Sabina　萨比纳

Sacco-Liri　萨科－利里

Sadowa　萨多瓦

Sari　萨菲

Sala　撒拉

Salaria　萨拉里亚大道、盐路

Salazar　萨拉萨尔

Salemi　萨勒米

Salernum　萨勒农（即 Salerno 萨勒诺）

Saluzzo　萨卢佐（萨卢索）

Salzburg　萨尔茨堡

Samnium　桑尼翁

Samuel　塞缪尔

San　圣

San Marino　圣马力诺

Sansepolcro　桑塞波尔克罗

Santarosa　桑塔罗萨

Santorre　桑托雷

Sapienza　萨皮安扎

Saracco　萨拉科

Sarnico　萨尼科

Sarzana　萨尔扎纳

Saturnia　萨图尼亚

Save　萨夫河

Savio　萨维奥河

Savona　萨沃纳

Saxons　萨克森人（撒克逊人）

Saxony（德语 Sachsen）萨克森

Scala　斯卡拉

Scandinavia　斯堪的纳维亚半岛

Schleswig-Holstein　石勒苏益格－荷尔斯泰因（施勒斯维希－霍尔斯坦）

Schuschnigg　舒施尼格（许尼格）

Sciara　斯恰拉

Scipione　希皮奥纳

Scodra　斯科德拉

Scott　司各脱

Scyllaeum　斯基利翁（西利翁）

Šebenik　塞贝尼克

Sele　瑟勒（塞勒）

Selinunte　塞利农特（即 Selinus 塞利努斯）

Selinus　塞利努斯（即 Selinunte 塞利农特）

Sella　塞拉

Sena Gallica　高卢塞纳（高卢瑟那）

Serbia（Servia）　塞尔维亚

Serchio　塞尔基奥河

Servite　塞尔维太

Sesia　瑟锡亚河（塞西亚河）

Severrus　塞威鲁斯

Sforza　斯福扎

Sibari　锡巴里（即 Sybaris 绪巴里斯）（西巴里）

Sicanians　（拉丁语 Sicani）西卡尼人（即 Sicilians 西西里人）（西卡尼安人）

Sicels　（希腊语 Sikeloi）锡克洛人（西克洛人、西塞尔人）

Simplon　辛普龙

Siponto　锡朋托（即 Sipontum 锡朋通）

Sipontum　锡朋通（即 Siponto 锡朋托）

Siracusa　锡腊库扎（即 Syracuse 叙拉古）

Sirmium　锡尔米翁（西尔米翁）

Sistine　西斯廷

Smyrna　士麦拿（即 Izmir 伊兹密尔）

Solunto　索隆托（即 Solus 索卢斯）

Solus　索卢斯（即 Solunto 索隆托）

Somaliland　索马里兰

Sonnino　桑尼诺

Southampton　南安普敦（扫桑波敦）

Spezia　斯培西亚（斯佩齐亚）

Splügen　斯普吕根

Spoletium　斯波累提翁（即 Spoleto 斯波累托）

St.　圣

Sta.　圣

Stoics　斯多葛派（斯多噶派）

Sudetenland　苏台德

Šusak　苏沙克

Suvarov　苏瓦洛夫（苏瓦罗夫）

Swabia　斯瓦比亚

Sybaris　绪巴里斯（即 Sibari 锡巴里）

Sykes-Picot　赛克思－皮科特

Sylvius　西尔维乌斯

Taddeo　塔戴奥

Tana　塔纳

Taormina　塔奥米纳

Tarentum　塔伦通（即 Taranto 塔兰托）（塔壬同、他林敦）

Tarquini　塔奎尼

Tarracina　塔拉基纳

Tchernaia　切纳亚

Teano　太阿诺

意大利简史

Tellini 太利尼

Tempsa 坦普萨

Teresa 特雷萨（特里萨）

Tergeste 特格斯特

Terina 太里纳

Teutons 条顿人

Theresa（同 Teresa）特雷萨（特里萨）

Thermisi 塞米西

Thomas 托马斯

Thurii 图里伊（图里）

Tiber 台伯河（即 Tevere 特韦雷河）（梯伯河）

Ticino 提契诺河

Tittoni 蒂托尼

Tivoli 蒂沃利

Tommaso 托马索

Torre 托雷

Totila 托提纳

Trapani 特腊帕尼

Trasimeno 特拉西梅诺湖

Trebbia 特雷比亚河

Trebizond（Trabzon）特拉布松（特雷比松）

Treia 特雷亚

Trento 特兰托（特棱托）

Treviso 特雷维佐

Trier 特里尔

Trinacria 特里纳克里亚

Tripoli 的黎波里

Tripolitania 的黎波里塔尼亚

Trivulzio 特里武尔齐奥

Troppau 特罗波

Tudor 都铎

Turati 图拉蒂

Turin 都灵

Tuscans（拉丁语 Tusci）托斯卡纳人（图斯基人、塔斯康人、托斯康人）

Tyndaris 廷达里斯

Tyrrhenians（Tyrrhenia）提勒尼亚人（即 Etrurians 埃特鲁里亚人）（提勒尼安人）

Uccialli 乌恰利

Udine 乌迪纳

Umbria 翁布里亚（翁布利亚）

Umbrians （拉丁语 Umberi）翁布里亚人（翁伯里人、翁布里安人）

Urbano（同 Urban）乌尔班（乌尔巴诺）

Urbino 乌尔比诺

Val d'Ossola 瓦尔多索拉

Valentina 瓦兰蒂娜

Vallani 瓦拉尼

Val Levantina 瓦尔勒旺提纳

Valois 瓦卢瓦

Valona（Vlore）发罗拉（瓦洛

纳）

Vandals　汪达尔人

Var　瓦尔河

Vatican　梵蒂冈（梵谛冈）

Vecchi　韦基

Vecchio　韦基奥

Velia　韦利亚

Venetia　威尼提亚（即 Veneto 威
尼托）（威尼西亚）

Veneto　威尼托（即 Venetia 威尼
提亚）

Venezia　（即 Venice）威尼斯。
（威尼齐亚）

Venusia　韦努西亚

Verceli　韦切利

Vetulonia　韦图洛尼亚

Vibo Valentia　韦博瓦伦提亚

Vicenza　维琴察

Vidoni　维多尼

Vinci　芬奇

Vitale　维塔勒

Vittorio Veneto　维托里奥威尼托

Volaterrae　沃拉特利

Volci　沃尔基

Volpi　沃尔皮

Volsinii　沃尔西尼伊

Volterra　沃尔太拉

Von　冯

Walewsky　瓦列夫斯基

Walter　华尔特

Welf　韦尔夫

William Tell　《威廉·特尔》（《威
廉·退尔》）

Woodrow　乌得鲁

Würmser　维尔姆塞

Zanardelli　扎纳戴利

Zante　臧特岛（赞德岛）

Zara　萨拉（扎达尔 Zadar）

意大利简史

文景

社 科 新 知 文 艺 新 潮

Horizon

意大利简史

[英]赫德 韦利 编　罗念生 译

出 品 人：姚映然
责任编辑：马晓玲　朱艺星
封扉设计：储　平

出　　　品　北京世纪文景文化传播有限责任公司
　　　　　　（北京朝阳区东土城路8号林达大厦A座4A　100013）
出版发行　上海世纪出版股份有限公司
印　　　刷　北京汇瑞嘉合文化发展有限公司
制　　　版　北京大观世纪文化传媒有限公司

开 本：635×965mm　1/16
印 张：28.25　字 数：319,000　插页：2
2016年5月第1版　2016年5月第1次印刷
定 价：79.00元
ISBN：978−7−208−13500−0/ I ·1473

图书在版编目（CIP）数据

意大利简史/（英）赫德（Hearder，H.），（英）韦
利（Waley, D.P.）编；罗念生译. —上海：上海人民
出版社，2015
　（罗念生全集）
书名原文：A Short History of Italy
ISBN 978-7-208-13500-0

I.① 意… II.① 赫… ② 韦… ③ 罗… III.① 意大利
−历史 IV.①K546

中国版本图书馆CIP数据核字（2015）第299407号

本书如有印装错误，请致电本社更换　010-52187586